Psychotherapie nach Flucht und Vertreibung

Eine praxisorientierte und interprofessionelle Perspektive
auf die Hilfe für Flüchtlinge

Herausgegeben von
Maria Borcsa, Christoph Nikendei

Unter Mitarbeit von

Kayvan Bozorgmehr
Ahmad Bransi
Benjamin Bulgay
Judith Daniels
Cassandra Derreza-Greeven
Anika Dienemann
Anja Greinacher
Ferdinand Haenel
Thomas Hegemann
Katrin Hirseland
Alfons Hollederer
Ljiljana Joksimovic
Birsen Kahraman
Jan Ilhan Kizilhan

Esther Kleefeldt
Katharina Lumpp
Antje Manthey
Natascha Raible
Martin Sack
Christine Schneider
Monika Schröder
John Singhammer
Stefan Telöken
Eva van Keuk
Manfred Wildner
Veronika Wolf
Maria Würfel

1 Abbildung

Georg Thieme Verlag
Stuttgart · New York

Impressum

Bibliografische Information
der Deutschen Nationalbibliothek
Die Deutsche Nationalbibliothek verzeichnet diese Publikation in der Deutschen Nationalbibliografie;
detaillierte bibliografische Daten sind im Internet über http://dnb.d-nb.de abrufbar.

Ihre Meinung ist uns wichtig! Bitte schreiben Sie uns unter
www.thieme.de/service/feedback.html

Wichtiger Hinweis: Wie jede Wissenschaft ist die Medizin ständigen Entwicklungen unterworfen. Forschung und klinische Erfahrung erweitern unsere Erkenntnisse, insbesondere was Behandlung und medikamentöse Therapie anbelangt. Soweit in diesem Werk eine Dosierung oder eine Applikation erwähnt wird, darf der Leser zwar darauf vertrauen, dass Autoren, Herausgeber und Verlag große Sorgfalt darauf verwandt haben, dass diese Angabe **dem Wissensstand bei Fertigstellung des Werkes** entspricht.

Für Angaben über Dosierungsanweisungen und Applikationsformen kann vom Verlag jedoch keine Gewähr übernommen werden. **Jeder Benutzer ist angehalten**, durch sorgfältige Prüfung der Beipackzettel der verwendeten Präparate und gegebenenfalls nach Konsultation eines Spezialisten festzustellen, ob die dort gegebene Empfehlung für Dosierungen oder die Beachtung von Kontraindikationen gegenüber der Angabe in diesem Buch abweicht. Eine solche Prüfung ist besonders wichtig bei selten verwendeten Präparaten oder solchen, die neu auf den Markt gebracht worden sind. **Jede Dosierung oder Applikation erfolgt auf eigene Gefahr des Benutzers.** Autoren und Verlag appellieren an jeden Benutzer, ihm etwa auffallende Ungenauigkeiten dem Verlag mitzuteilen.

© 2017 Georg Thieme Verlag KG
Rüdigerstr. 14
70469 Stuttgart
Deutschland
www.thieme.de

Printed in Germany

Zeichnungen: Heike Hübner, Berlin
Umschlaggestaltung: Thieme Verlagsgruppe
Umschlagabbildung: © tai111 – Fotolia.com
Redaktion: Elke Renz, Stutensee
Satz: SOMMER media GmbH & Co. KG, Feuchtwangen
Gesetzt in: Arbortext APP-Desktop 9.1 Unicode M180
Druck: Westermann Druck Zwickau GmbH, Zwickau

DOI 10.1055/b-004-140698

ISBN 978-3-13-240745-9   1 2 3 4 5 6

Auch erhältlich als E-Book:
eISBN (PDF) 978-3-13-240750-3
eISBN (epub) 978-3-13-240751-0

Geschützte Warennamen (Warenzeichen ®) werden nicht immer besonders kenntlich gemacht. Aus dem Fehlen eines solchen Hinweises kann also nicht geschlossen werden, dass es sich um einen freien Warennamen handelt.
Das Werk, einschließlich aller seiner Teile, ist urheberrechtlich geschützt. Jede Verwendung außerhalb der engen Grenzen des Urheberrechtsgesetzes ist ohne Zustimmung des Verlages unzulässig und strafbar. Das gilt insbesondere für Vervielfältigungen, Übersetzungen, Mikroverfilmungen oder die Einspeicherung und Verarbeitung in elektronischen Systemen.

Preface by the International Organization for Migration, the UN Migration Agency

IOM was born in 1951 out of the chaos and displacement of Western Europe following the Second World War. Mandated to help European governments to identify resettlement countries for the estimated 11 million people uprooted by the war, it arranged transport for nearly a million migrants during the 1950 s. While IOM's history tracks the man-made and natural disasters of the past half century – Hungary 1956, Czechoslovakia 1968, Chile 1973, the Vietnamese Boat People 1975, Kuwait 1990, Kosovo and Timor 1999, the Asian tsunami and Pakistan earthquake of 2004/2005 and those of Haiti in 2010, and more recently Syria, South Sudan and the European "migrant crisis" of 2015–1016 – its credo that humane and orderly migration benefits migrants and society has steadily gained international acceptance.

With 166 member states, a further 8 states holding observer status and offices in over 100 countries, IOM is today the leading intergovernmental organisation in the field of migration and works closely with governmental, intergovernmental and non-governmental partners. From its roots as an operational logistics agency, it has broadened its scope to become the leading international agency working with governments and civil society to advance the understanding of migration issues, encourage social and economic development through migration, and uphold the human dignity and well-being of migrants. IOM activities that cut across these areas include the promotion of international migration law, policy debate and guidance, protection of migrants' rights, assistance to migrants in need, including victims of human trafficking, unaccompanied minors and people displaced by wars and disasters, migration health and the gender dimension of migration, as well as the mental health and psychosocial wellbeing of all migrants.

For 2015, the Internal Displacement Monitoring Centre (IDMC) reported that 59.9 million people around the world were living in a condition of displacement forced by armed conflict, generalized violence and natural disasters, being it international or internal to their countries. In 2016, 387.487 people were reported to be arriving in Europe, by land and sea (IOM data). The migrants, refugees and asylum seekers fleeing from persecution, torture and war are subject to abnormal stressors, due to the terrifying conditions in their native land, but also due to undignified and dangerous experiences during their flight. Furthermore, once arriving in their areas of transit or final destination, stressors like being sheltered in overcrowded reception centres, as well as the bureaucratic procedures, the time of wait in a suspended situation and the stigma deriving from adverse political discourses on migration can aggravate the psychological burden on these individuals and families. Not all migrants, asylum seekers and refugees develop adverse psychological reactions because of this accumulation of stressors and it would be wrong to create a default association between migration and vulnerability to mental disorders. The existing evidence, although sparse and often methodologically weak, suggests a higher prevalence of certain mental disorders in asylum seekers and refugees than in non-refugee populations, including depression, PTSD and psychoses. However, even if statistically significant, these differences are very thin in absolute numbers, and regard a comparatively very small percentage of the various refugee populations. By contrary, the resilience of migrants, asylum seekers and refugees to abnormal stressors is evident and, if anything, the factors substantiating their resilience haven't been investigated enough. Moreover, a mental trauma narrative has characterized the discourse on migration in the last decade in a way that risks to be subservient to the "objectification" and "problematization" of migrants, refugees and asylum seekers to the default association of these individuals with concepts of "vulnerability", "problem" and "threat". Yet, the abnormality of the stressors migrants, asylum seekers and refugees are subject to before departure, during their travels, and upon arrival calls for a right-based provision of psychological and psychosocial support for them. Moreover, a small percentage of the population is suffering from mental disorders, either pre-existing, or exacerbated by the abnormal stressors or created by the adverse conditions of their recent past. The responses to these disorders can't be read within a purely biomedical approach, and with usual clinical criteria, but they need to account for cultural and anthropological differences and for the sequelae that the traumatic events of the past and the present can play on the clinical constructs.

We are pleased to introduce to German speaking readers this volume on psychotherapy after flight and expulsion. The book you hold in your hands takes on the responsibility to address the above mentioned elements in the psychosocial and psychotherapeutic health care system in Germany. The aim is to enhance professional and efficient support for refugees and their families.

We wish that it might receive the attention needed.

With our best regards,
Guglielmo Schinina
Head, Mental Health, Psychosocial Response and Intercultural Communication
International Organization for Migration

Vorwort

Liebe Leserinnen und Leser,

die psychotherapeutische und psychosoziale Arbeit mit aus Krisen- und Kriegsgebieten geflüchteten Menschen ist durch vielfältige Besonderheiten geprägt. Es handelt sich bei diesen Personen um eine besonders belastete Gruppe von Individuen und Familien, die nicht nur im Heimatland, sondern auch auf der Flucht Zeiten von Bedrohung, Furcht und Schrecken erlebt haben, von denen sie zum Teil schwer gezeichnet sind. Nach der Migration sind sie als Asylsuchende ebenfalls zahlreichen Stressoren ausgesetzt, die die Verarbeitung der Erlebnisse im Heimatland und während der Flucht zusätzlich erschweren.

Mit diesem Band zur „Psychotherapie nach Flucht und Vertreibung" halten Sie ein Werk in Händen, welches auf die Herausforderungen in der psychosozialen Betreuung und psychotherapeutischen Behandlung eingehen will. Es ist ein Buch, das aus einer interprofessionellen Perspektive für Psychotherapeut(inn)en und andere Helfer(innen) in der Versorgung von Geflüchteten entwickelt und geschrieben wurde.

Der Schwerpunkt des Buches ist in der psychotherapeutischen Arbeit mit Geflüchteten, der Begegnung im therapeutischen Prozess und der Einbindung von Sprachmittlern zu sehen. Diese Themen werden umrahmt von Informationen zur globalen und europäischen Flüchtlingsbewegung, asylrechtlichen Fragen, Aspekten der Sozialberatung, Selbstfürsorge von Helfer(innen) und gutachterlichen Problemstellungen. Es vertieft spezifische Lebensabschnitte und -phasen von Geflüchteten und stellt einen Praxisleitfaden und Therapieführer zur Verfügung.

Das Buch gliedert sich in acht Abschnitte. Beginnend mit Beiträgen des UNHCR und des deutschen Ministeriums für Migration und Flüchtlinge, wird ein Einblick auf die weltweiten Krisen und deren Auswirkungen auf die Flüchtlings- und Migrationsbewegung gewährt, inklusive der rechtlich-juristischen Rahmenbedingungen des Asylverfahrens aber auch der medizinischen Versorgung. Von Expert(innen) der Versorgungsforschung werden in einem zweiten Abschnitt die relevantesten körperlichen und psychischen Erkrankungen bei Geflüchteten dargestellt, die Prävalenzen benannt und der Zugang zur Versorgung erläutert. Der dritte Teil beleuchtet die Kooperation mit Sprachmittlern, die interkulturellen Aspekte der Behandlung und den Einfluss von Institutionen auf die psychotherapeutische Arbeit. Die Ätiologie, Symptomatik, Anamneseerhebung, sowie die Behandlung von Traumafolgestörungen und deren komorbiden psychischen Begleiterkrankungen stellen den Kern des nächsten Abschnitts dar. In Folge wird die Arbeit mit besonderen Subgruppen von Geflüchteten (unbegleitete Kinder und Jugendliche, Familien, ältere Menschen) diskutiert. Im sechsten Teil stehen die sozialarbeiterische Beratung und Begleitung sowie die Spezifika von Begutachtungen im Rahmen der asylrechtlichen Verfahren im Vordergrund; auf Belastungen der Helfer(innen), Selbstfürsorge und Supervision fokussiert der siebte Abschnitt des Buches. Im letzten Teil werden mittels eines Praxisleitfadens und Therapieführers hands-on-Hilfestellungen gegeben und Adressen für die Vermittlung ambulanter und stationärer psychotherapeutischer Behandlungen von Geflüchteten dargeboten.

Entsprechend dieser Agenda erhoffen wir uns mit diesem Buch die Vernetzung und Verbesserung der psychotherapeutischen Versorgung von geflüchteten Menschen zu stärken.

Wir möchten uns ganz herzlich bedanken bei Korinna Engeli und Laura Bohnert vom Thieme Verlag, die mit ihrer Idee zu diesem Band und der freundlichen und kompetenten Betreuung maßgeblich zum Gelingen beigetragen haben. Als Herausgeber möchten wir allen Autorinnen und Autoren danken, die sich mit ihren qualitativ hochwertigen und ansprechenden Beiträgen zudem vorbildlich an die Zeitabsprachen hielten.

Eine Notiz zur gendergerechten Sprache: wir haben uns bemüht die Pluralform oder geschlechtsneutrale Begriffe zu wählen, dort wo es möglich und sinnvoll erschien. Ansonsten wechseln sich die weibliche und männliche Form in Personenbestimmungen ab.

Wir wünschen uns, dass dieses Buch bei Ihrer Arbeit ein wertvoller Begleiter ist und zur Professionalität und Sicherheit im Kontakt mit geflüchteten Menschen beiträgt.

Die Herausgeber im Juni 2017,
Prof. Dr. Maria Borcsa
Prof. Dr. Christoph Nikendei

Anschriften

Herausgeber

Prof. Dr. phil. Maria **Borcsa**
Hochschule Nordhausen
Institut für Sozialmedizin, Rehabilitationswissenschaften und Versorgungsforschung
Weinberghof 4
99734 Nordhausen

Prof. (apl.) Dr. med. Christoph **Nikendei**, MME
Universitätsklinikum Heidelberg
Klinik für Allgemeine Innere Medizin und Psychosomatik
Thibautstr. 4
69115 Heidelberg

Mitarbeiter

Dr. med. Kayvan **Bozorgmehr**
Universitätsklinikum Heidelberg
Abteilung für Allgemeinmedizin und Versorgungsforschung
Im Neuenheimer Feld 130.3
69120 Heidelberg

Dr. med. Ahmad **Bransi**
Oberbergklinik Weserbergland
Psychotherapie, Psychiatrie und Psychosomatik
Brede 29
32699 Extertal

Dipl.-Päd. Benjamin **Bulgay**
Lern-Planet
Rheinstr. 95
65185 Wiesbaden

Prof. Dr. rer. nat. Judith **Daniels**
University of Groningen
Department of Clinical Psychology and Experimental Psychopathology
Grote Kruisstraat 2
9712 TS Groningen
Niederlande

Cassandra **Derreza-Greeven** M. Sc.
Universitätsklinikum Heidelberg
Klinik für Allgemeine Innere Medizin und Psychosomatik
Thibautstr. 4
69115 Heidelberg

Anika **Dienemann**
Bundesfachverband Unbegleitete Minderjährige Flüchtlinge e.V
Paulsenstr. 55–56
12163 Berlin

Anja **Greinacher** M. Sc.
Universitätsklinikum Heidelberg
Klinik für Allgemeine Innere Medizin und Psychosomatik
Thibautstr. 4
69115 Heidelberg

Dr. med. Ferdinand **Haenel**
Charité – Campus Mitte
Klinik für Psychiatrie und Psychotherapie
Zentrum ÜBERLEBEN gGmbH
Vormals Behandlungszentrum für Folteropfer
Turmstr. 21
10559 Berlin

Dr. med. Thomas **Hegemann**
InterCultura München
Landshuter Allee 21
80637 München

Katrin **Hirseland** M. A.
Bundesamt für Migration und Flüchtlinge
Frankenstr. 210
90461 Nürnberg

Prof. Dr. p.h. Alfons **Hollederer**
Bayerisches Landesamt für Gesundheit und Lebensmittelsicherheit (LGL)
Sachgebiet Versorgungsqualität, Gesundheitsökonomie und Gesundheitssystemanalyse (GE 6)
Bayerisches Haus der Gesundheit
Schweinauer Hauptstr. 80
90441 Nürnberg

Dr. med. Ljiljana **Joksimovic**
LVR-Klinikum Düsseldorf
Klinik für Psychosomatische Medizin
Bergische Landstr. 2
40629 Düsseldorf

Dr. phil. Birsen **Kahraman**
Praxis für Psychotherapie und Supervision
Waltherstr. 23
80337 München

Anschriften

Prof. Dr. phil. Dr. rer. soc. Jan Ilhan **Kizilhan**
Duale Hochschule Baden-Württemberg
Schramberger Str. 26
78054 Villingen-Schwenningen

Esther **Kleefeldt**
XENION Psychosoziale Hilfen für politisch Verfolgte e.V.
Paulsenstr. 55–56
12163 Berlin

Katharina **Lumpp**
UNHCR-Vertretung in Deutschland
Zimmerstr. 79/89
10117 Berlin

Dipl.-Psych. Antje **Manthey**
Charité – Universitätsmedizin Berlin
Klinik für Psychiatrie und Psychotherapie
Forschungsbereich Mind and Brain
Chariteplatz 1
10117 Berlin

Natascha **Raible** M. Sc.
Bayrisches Landesamt für Gesundheit und Lebensmittelsicherheit
Sachgebiet Versorgungsqualität, Gesundheitsökonomie und Gesundheitssystemanalyse (GE 6)
Schweinauer Hauptstr. 80
90441 Nürnberg

Prof. Dr. med. Martin **Sack**
Technische Universität München
Klinikum rechts der Isar
Klinik und Poliklinik für psychosomatische Medizin
Langerstr. 3
81675 München

Christine **Schneider**
Universitätsklinikum Heidelberg
Abteilung für Allgemeinmedizin und Versorgungsforschung
Im Neuenheimer Feld 130
69120 Heidelberg

Dipl.-Psych. Monika **Schröder**
LVR-Klinikum Düsseldorf
Klinik für Psychosomatische Medizin und Psychotherapie
Institutsambulanz für Transkulturelle Psychosomatische Medizin und Psychotherapie
Bergische Landstr. 2
40629 Düsseldorf

Dr. phil. John **Singhammer**
Klinikum der Ludwig-Maximilians-Universität München
Campus Innenstadt
Institut für Allgemeinmedizin
Pettenkoferstr. 8a
80336 München

Stefan **Telöken**
UNHCR-Vertretung in Deutschland
Zimmerstr. 79/80
10117 Berlin

Dipl.-Psych. Eva **van Keuk**
Psychosoziales Zentrum für Flüchtlinge
Benrather Str. 7
40213 Düsseldorf

Prof. Dr. med. Manfred **Wildner**, MPH
Bayerisches Landesamt für Gesundheit und Lebensmittelsicherheit
Landesinstitut für Gesundheit (GE)
Veterinärstr. 2
85764 Oberschleißheim

Dipl.-Psych. Veronika **Wolf**
Psychosoziales Zentrum für Flüchtlinge
Benrather Str. 7
40213 Düsseldorf

Maria **Würfel** M. A.
Unabhängige Sozial- und Verfahrensberatung für Flüchtlinge – Diakonisches Werk der evangelischen Kirche und Caritasverband Heidelberg e. V.
Turnerstr. 38
69126 Heidelberg

Inhaltsverzeichnis

1	**Einführung**..	**14**

1.1	**Krisenherde und Flucht**........	14
	Katharina Lumpp, Stefan Telöken	
1.1.1	Geflüchtete schützen heißt global Verantwortung teilen............	14
1.1.2	Globale Trends	14
1.1.3	Hauptgründe für traurige Höchstzahl................................	14
1.1.4	Geflüchtete bleiben meist in der Region, aus der sie stammen......	14
1.1.5	Flucht in und nach Europa	15
1.1.6	Der Konflikt in Syrien als größte Flüchtlingstragödie..............	15
1.1.7	Weltweit steigt die Zahl bewaffneter Konflikte	16
1.1.8	Unterfinanzierung der Flüchtlingshilfe...........................	16
1.1.9	Geflüchtete in Camps sind in der Minderzahl	16
1.1.10	Humanitäre Hilfe reicht nicht aus .	17
1.1.11	Internationales Flüchtlingsvölkerrecht	17
1.1.12	Innereuropäische Verantwortungsteilung	18
1.1.13	Mangel an innereuropäischer Solidarität...........................	18
1.1.14	New Yorker Erklärung zu Geflüchteten und Migrant(inn)en	19
1.1.15	Globaler Flüchtlingspakt in 2018 ..	19
1.1.16	Literatur........................	19

1.2	**Flucht und Asyl: Rechtliche Rahmenbedingungen, aktuelle Daten und Trends**..............	20
	Katrin Hirseland	
1.2.1	Die Entwicklung der Flüchtlingssituation weltweit	20
1.2.2	Asylsuchende in der Europäischen Union	21
1.2.3	Asylverfahren und Flüchtlingsschutz in Deutschland	23
1.2.4	Literatur.......................	26

1.3	**Die aktuelle Situation und Herausforderungen der psychiatrisch-psychotherapeutischen Gesundheitsversorgung von Geflüchteten in Deutschland**	27
	Natascha Raible, John Singhammer, Alfons Hollederer, Manfred Wildner	
1.3.1	Einleitung	27
1.3.2	Versorgungsbedarf..............	28
1.3.3	Gesetzliche Rahmenbedingungen .	28
1.3.4	Zugang zum Gesundheitssystem ..	29
1.3.5	Regionale und kommunale Unterschiede in der Gewährleistung und Inanspruchnahme von Gesundheitsleistungen	29
1.3.6	Herausforderungen und Perspektiven bei der Versorgung von Geflüchteten	30
1.3.7	Literatur.......................	31

2	**Prävalenz körperlicher und psychischer Erkrankungen bei Asylsuchenden und Geflüchteten**...	**32**
	Christine Schneider, Kayvan Bozorgmehr	

2.1	**Einleitung**.....................	32
2.2	**Körperliche Erkrankungen**......	32
2.2.1	Infektionserkrankungen	33
2.2.2	Chronische nicht-übertragbare Erkrankungen	35
2.2.3	Gesundheit von minderjährigen Geflüchteten	35

2.3	**Psychische Erkrankungen**	36
2.3.1	Das Spektrum psychischer Erkrankungen........................	36
2.3.2	Posttraumatische Belastungsstörung........................	38
2.3.3	Depressive Störungen	39
2.3.4	Angststörungen.................	39
2.3.5	Schmerzsyndrome und somatoforme Beschwerden	39

2.3.6	Suizidale Gedanken	40	2.3.8	Psychische Erkrankungen bei Minderjährigen	40	
2.3.7	Suchterkrankungen und Substanzmissbrauch	40	2.4	**Literatur**	42	

3 Allgemeine und spezifische Grundsätze zur psychotherapeutischen Arbeit mit Geflüchteten ... 45

3.1 Sprachliche Verständigung und Arbeit mit Dolmetscher(inne)n . 45
Thomas Hegemann

- 3.1.1 Einführung ... 45
- 3.1.2 Dolmetschen ... 47
- 3.1.3 Rolle der Dolmetscher(innen) ... 48
- 3.1.4 Funktion von Vermittlungsdiensten ... 48
- 3.1.5 Standards des Gemeindedolmetschens ... 49
- 3.1.6 Anforderungen beim Einsatz von Laiendolmetscher(inne)n ... 50
- 3.1.7 Einweisung von Laiendolmetscher(inne)n ... 51
- 3.1.8 Literatur ... 52

3.2 Interkulturelle Aspekte der Therapiebeziehung bei Migrations- und Fluchtgeschichte ... 53
Birsen Kahraman

- 3.2.1 Bedeutung der therapeutischen Beziehung ... 53
- 3.2.2 Kultur- und machtsensible Therapie ... 56
- 3.2.3 Literatur ... 64

3.3 Institutionelle Einflüsse auf die psychotherapeutische Arbeit mit geflohenen Menschen ... 65
Monika Schröder, Ljiljana Joksimovic

- 3.3.1 Einleitung ... 65
- 3.3.2 Barrieren der Inanspruchnahme ... 65
- 3.3.3 Grundlegende Voraussetzungen auf institutioneller Ebene ... 66
- 3.3.4 Konkrete Umsetzungsschritte ... 68
- 3.3.5 Sprachbarrieren ... 69
- 3.3.6 „Diversity"-Management als Voraussetzung für ganzheitlich orientierte Behandlungsansätze ... 70
- 3.3.7 Literatur ... 71

4 Psychotherapeutische Unterstützung bei Traumafolgestörungen und psychischer Komorbidität ... 73

4.1 Traumafolgestörung und psychische Komorbidität: Konzeption und Diagnostik ... 73
Christoph Nikendei, Anja Greinacher, Martin Sack

- 4.1.1 Trauma, Trauma-Ereignis, Traumafolgestörung – eine Begriffsklärung ... 73
- 4.1.2 Traumafolgestörungen ... 74
- 4.1.3 Trauma-Ereignisse und Belastungen im Kontext von Flucht und Vertreibung ... 76
- 4.1.4 Prädiktoren von Traumafolgestörung und Resilienzfaktoren ... 79
- 4.1.5 Psychische Komorbidität ... 80
- 4.1.6 Diagnostik der Traumafolgestörungen ... 81
- 4.1.7 Literatur ... 84

4.2 Therapie von Traumafolgestörungen: Gesamtbehandlungsplan, Therapieverfahren und deren Wirksamkeit ... 86
Christoph Nikendei, Anja Greinacher, Martin Sack

- 4.2.1 Therapieziele, Indikationsstellung und Gesamtbehandlungsplan ... 86
- 4.2.2 Traumatherapeutische Methoden und Techniken ... 88
- 4.2.3 Rahmenbedingungen und Zugang zur Versorgung ... 96
- 4.2.4 Behandlungsangebote ... 96
- 4.2.5 Literatur ... 98

4.3	**Spezifische Situationen in der psychotherapeutischen Begegnung**..................	100	4.3.8	Empfehlungen im Umgang mit Patient(inn)en aus anderen Kulturen	112	
	Jan I. Kizilhan		4.3.9	Literatur.......................	113	
4.3.1	Einleitung	100	**4.4**	**Geflüchtete Patient(inn)en in der Krise – Möglichkeiten der psychotherapeutischen Unterstützung**....................	114	
4.3.2	Der narrative Ansatz	102				
4.3.3	Das psychotherapeutische Gespräch	103				
4.3.4	Erwartungen an die Psychotherapie	105				
4.3.5	Unterschiedliche Symptomdarstellung.....................	107		*Eva van Keuk, Veronika Wolf*		
			4.4.1	Einführung.....................	114	
4.3.6	Kultursensible Diagnostik	108	4.4.2	Kriseninterventionen im transkulturellen Setting mit Geflüchteten..	122	
4.3.7	Kultursensible Behandlung.......	110				
			4.4.3	Literatur.......................	129	

5 Lebensabschnitte 131

5.1	**Unbegleitete Kinder und Jugendliche**.......................	131	5.2.6	Überweisungskontexte und Aufträge	147
			5.2.7	Therapeutische Methoden und Settings	148
	Esther Kleefeldt, Anika Dienemann		5.2.8	Literatur.......................	150
5.1.1	Unbegleitete minderjährige Geflüchtete – Ankommen in Deutschland...................	131	**5.3**	**Ältere Menschen**	151
				Ahmad Bransi	
5.1.2	Psychotherapie mit unbegleiteten Kindern und Jugendlichen........	135	5.3.1	Ältere Flüchtlinge	151
			5.3.2	Psychischer Gesundheitszustand von älteren Flüchtlingen	151
5.1.3	Literatur.......................	141			
5.2	**Familien**	142	5.3.3	Ressourcen älterer Flüchtlinge	152
	Maria Borcsa		5.3.4	Besondere Aspekte der seelischen Gesundheit	152
5.2.1	Einleitung	142	5.3.5	Gesundheitsverhalten	153
5.2.2	Kenntnisse aus der Migrationsforschung......................	142	5.3.6	Krankheitsverständnis...........	153
			5.3.7	Einfluss auf die Behandlung	153
5.2.3	Familie und Trauma	144	5.3.8	Die therapeutische Arbeit	154
5.2.4	Soziokulturell traumatisierte Familien – Sprechen oder Schweigen?..	145	5.3.9	Literatur.......................	155
5.2.5	Therapeutische Haltung	146			

6 Vernetzung und Zusammenarbeit 156

6.1	**Geflüchtete und Sozialberatung – ein Überblick**	156	6.1.5	Literatur.......................	164
			6.2	**Begutachtung psychisch reaktiver Traumafolgen in aufenthaltsrechtlichen Verfahren**	165
	Maria Würfel				
6.1.1	Rahmenbedingungen der Sozialen Arbeit mit Geflüchteten..........	156			
6.1.2	Besondere Aufgaben der Sozialen Arbeit im Asylverfahren	159		*Ferdinand Haenel*	
6.1.3	Grenzen und Herausforderungen für Sozialarbeitende	162	6.2.1	Die Begutachtung und ihre Hindernisse..........................	165
			6.2.2	Zur Problemlösung..............	173
6.1.4	Chancen der Sozialen Arbeit und Schnittstellen zur Psychotherapie .	162	6.2.3	Literatur.......................	174

7 Belastung und Selbstfürsorge der Helfer(innen) ... 175

7.1 Besondere Belastungen in der Psychotherapie mit Geflüchteten ... 175
Judith Daniels, Antje Manthey, Christoph Nikendei

- 7.1.1 Definition und Entstehungsmodelle der Sekundären Traumatisierung ... 175
- 7.1.2 Begriffsverwirrung „Compassion fatigue" und „Vicarious traumatization" ... 177
- 7.1.3 Studien zur Sekundärtraumatisierung ... 178
- 7.1.4 Studien zur Sekundärtraumatisierung im Umgang mit traumatisierten Flüchtlingen ... 179
- 7.1.5 Literatur ... 180

7.2 Selbstfürsorge und Supervision ... 181
Benjamin Bulgay, Maria Borcsa

- 7.2.1 Erfahrungssituation von Helfer(inne)n ... 181
- 7.2.2 Supervision im Kontext der Arbeit mit geflüchteten Menschen ... 182
- 7.2.3 Inhalte und Themen in der Supervision – Fokus: Arbeit mit unbegleiteten minderjährigen Asylbewerber(inne)n und Flüchtlingsfamilien ... 184
- 7.2.4 Literatur ... 187

8 Praxisleitfaden und Therapieführer ... 188
Anja Greinacher, Cassandra Derreza-Greeven, Christoph Nikendei

- 8.1 Diagnostik ... 188
- 8.2 Behandlungsangebote ... 193
- 8.3 Beratungs- und Behandlungszentren für Migrant(inn)en, Geflüchtete und Folteropfer ... 199
- 8.4 Telefonische Hilfsangebote für Geflüchtete und Folteropfer ... 200
- 8.5 Online-Hilfe: Informations-, Selbstfürsorge- und Therapiemodule für Flüchtlinge und belastete Helfer ... 200
- 8.6 Sachverständigen-Gutachter(innen) ... 200
- 8.7 Literatur ... 201

Sachverzeichnis ... 203

1 Einführung

1.1 Krisenherde und Flucht

Katharina Lumpp, Stefan Telöken

1.1.1 Geflüchtete schützen heißt global Verantwortung teilen

Millionenfache Flucht und Vertreibung von Menschen sind kein neues Phänomen der Gegenwart. Schätzungen zufolge waren in den 40er Jahren des 20. Jahrhunderts weltweit rund 175 Mio. Menschen auf der Flucht. Allein durch den Bürgerkrieg in China wurden damals zeitweise 90 Mio. Menschen zur Flucht gezwungen und vertrieben. Auch die Trennung des indischen Subkontinents in zwei unabhängige Staaten – Indien und Pakistan – führte zur Flucht von geschätzten 20 Mio. Menschen. Und in Europa waren es 60 Mio. (dazu gehören auch 12 Mio. Deutsche), die durch die Katastrophe des Zweiten Weltkrieges und als dessen Folge ihre Heimat verloren haben.

1.1.2 Globale Trends

Gemessen an diesen Schätzungen hatte das globale Phänomen „Flucht und Vertreibung" damals einen wesentlich größeren Umfang als die heutigen Fluchtbewegungen. Und dennoch muss von einem dramatischen Ausmaß gesprochen werden, nimmt man die derzeitige globale Gesamtzahl in den Blick: 65 Mio. Menschen sind weltweit auf der Flucht vor Krieg, Bürgerkrieg, Verfolgung und massiven Menschenrechtsverletzungen, so der UNHCR in seiner aktuellen Jahresstatistik für das Jahr 2015 [2]. Dies waren 5 Mio. mehr als noch im Jahr zuvor, die ihre Heimat verloren haben. Das bedeutet, auf die Erdbevölkerung umgerechnet, dass *ein Mensch von 113* sich auf der Flucht befindet oder, anders veranschaulicht, dass derzeit 24 Menschen pro Minute – das sind statistisch zwei Menschen pro Atemzug – heimatlos werden.

Zu Beginn unseres Jahrhunderts bot sich noch ein anderes Bild: Konflikte schienen auf einem guten Weg zu Lösungen, und die Zahl der Geflüchteten weltweit nahm ab: Millionen von Geflüchteten konnten in ihre Heimatländer zurückkehren. Im Jahr 2015 hingegen waren es lediglich 200 000, während die Zahl der Geflüchteten und Binnenvertriebenen weltweit einen traurigen Höchststand seit Einführung der globalen UNHCR-Statistik erreichte [2].

1.1.3 Hauptgründe für traurige Höchstzahl

Dafür gibt es 3 Hauptgründe:
- *Flüchtlingssituationen dauern länger an.* So gibt es Konflikte in Afghanistan und Somalia bereits seit jeweils drei, beziehungsweise vier Jahrzehnten. Aus Afghanistan gibt es immer noch 1,6 Mio. Geflüchtete in Pakistan, rund eine Mio. im Iran und mehrere hunderttausend afghanische Geflüchtete über den Globus verstreut. Über 1,1 Mio. Menschen sind zudem innerhalb Afghanistans auf der Flucht. Somalia bietet ein ähnliches Schreckensbild: 1,1 Mio. Binnenvertriebene und eine Mio. Geflüchtete hat der mittlerweile jahrzehntelange Konflikt entwurzelt.
- Neben diesen dauerhaften Krisenherden nehmen jedoch auch *neue oder wieder aufflammende Konflikte* zu, die Menschen in die Flucht treiben, der größte davon ist der Syrien-Konflikt. Allein in den letzten fünf Jahren gab es eine Vielzahl weiterer Bürgerkriege oder bürgerkriegsartige Auseinandersetzungen, unter anderem im Süd-Sudan, Jemen, Burundi, der Ukraine und der Zentralafrikanischen Republik.
- Zudem lassen *effektive und dauerhafte Lösungen für Geflüchtete immer länger auf sich warten.* Stattdessen bleibt die Suche nach politischen Lösungen von Konflikten immer öfter erfolglos.

1.1.4 Geflüchtete bleiben meist in der Region, aus der sie stammen

Zwei Drittel der Menschen auf der Flucht sind sogenannte Binnenvertriebene – Geflüchtete im eigenen Land. Es sind Menschen, die oft unter schwierigsten Bedingungen zwischen den Fronten in einem Bürgerkrieg zu überleben versuchen, vielfach, weil Fluchtwege in die Sicherheit über internationale Grenzen hinweg versperrt sind.

Auch von den 21 Mio. Menschen, die Zuflucht außerhalb ihres Herkunftslandes suchen, hält sich die große Mehrheit der Geflüchteten außerhalb Europas auf. Insgesamt haben 86 % der Geflüchteten, die 2015 unter dem Mandat des UNHCR standen, in Ländern mit niedrigem bis mittlerem Einkommen Schutz gesucht – nur 6 % hingegen in Europa. Es sind sogar über 90 % in den erstgenannten, wenn auch die palästinensischen Geflüchteten miteinbezogen werden. Die meisten Staaten, in denen Geflüchtete Aufnahme finden, grenzen dabei direkt an Konfliktgebiete an [3].

Flucht ist deshalb zuvorderst ein Phänomen, dessen unmittelbare Auswirkungen in erster Linie von den Ländern und Gesellschaften getragen werden, die sich in geografischer Nähe zu Konflikten befinden, zumindest in der rein statistischen Betrachtung.

Transkontinentale, spontane Fluchtbewegungen in größerem Umfang haben über Jahrzehnte nicht stattgefunden. Dies änderte sich erst 2015, als vor allem Geflüchtete aus Syrien, Afghanistan und dem Irak zu Hunderttausenden Zuflucht in der Europäischen Union suchten.

Zwar hatte es bereits zuvor über Jahre hinweg aus vielen Konfliktgebieten der Welt eine größere Zahl von Asylbewerbern in Europa gegeben, doch blieb ihre Gesamtzahl relativ gering und erreichte pro Herkunftsland und Jahr lediglich niedrige 5-stellige Zahlen.

1.1.5 Flucht in und nach Europa

Die meisten Asylantragsteller in der Europäischen Union kamen hingegen selbst aus Europa. So wurden Anfang der 1990er Jahre bis dahin als beispiellos geltende Rekordzahlen von Asylantragstellern in Staaten der Europäischen Union gezählt (1992: über 700 000 [2]), vor allem in Deutschland. Ihre Mehrzahl stammte jedoch aus Europa – aus dem zerfallenen Ostblock, dem ehemaligen Jugoslawien und der Türkei. Und die in schieren Zahlen größte Flüchtlingstragödie nach dem Zweiten Weltkrieg, mit der sich Europa in 5 Jahrzehnten auseinandersetzen musste, war eine Folge des gewaltsamen Zerfalls des ehemaligen Jugoslawiens.

Die Auflösung der Sowjetunion hat zeitgleich, ausgelöst durch bewaffnete Separationskonflikte, ebenfalls zu Massenfluchtbewegungen geführt. Bis heute schwelt der Konflikt zwischen den Nachbarstaaten Armenien und Aserbaidschan um die Enklave Berg-Karabach. Über 630 000 Menschen konnten bislang nicht dorthin zurückkehren. In Georgien leben 284 000 Menschen aus Südossetien und Abchasien. Sie hoffen immer noch auf eine Rückkehr in ihre Heimat.

Und in jüngster Zeit hat der Ukraine-Konflikt Europa erschüttert: 1,6 Mio. Menschen sind aus dem umkämpften Osten des Landes in andere Landesteile geflohen. Mehrere Hunderttausend haben zumindest vorübergehend Zuflucht in der Russischen Föderation gesucht.

1.1.6 Der Konflikt in Syrien als größte Flüchtlingstragödie

Europa und hier vor allem der Osten des Kontinents ist also durchaus auch weiterhin ein Brennpunkt mit Blick auf Massenfluchtbewegungen. Vor allem die Auswirkungen des eskalierenden Syrien-Konflikts haben jedoch eine neue Entwicklung in Gang gebracht. Dessen geografische Nähe zu Europa einhergehend mit der realen Möglichkeit eines Fluchtwegs über die Türkei nach Griechenland ermöglichten mehreren hunderttausend Syrern, Zuflucht und Schutz in der Europäischen Union zu finden, vor allem in Deutschland, Schweden und Österreich.

Doch auch diese neue Entwicklung änderte nichts an der Tatsache, dass wer Schutz vor Krieg und Verfolgung sucht, zumeist in der Nähe seiner Heimat bleibt oder bleiben muss, weil es hierzu keine Alternative gibt. Der Syrien-Konflikt mit seiner brutalen, menschenverachtenden Gewalt hat rund zwölf Mio. Menschen heimatlos gemacht. Von seiner Dimension her ist dies in absoluten Zahlen die größte Flüchtlingstragödie dieses Jahrhunderts.

So befinden sich entgegen der Wahrnehmung vieler Menschen in Europa die meisten schutzsuchenden Syrer nicht in Europa. Über vier Mio. Syrer wurden allein von der Türkei aufgenommen, rund eine Mio. vom Libanon, und über 600 000 von Jordanien. In Syrien selbst wird die größte Zahl Schutzsuchender gezählt. Über sechs Mio. Binnenvertriebene, so eine UN-Schätzung, sind innerhalb Syriens geflohen und befinden sich unter schwierigsten Bedingungen und in oft lebensbedrohender Sicherheitslage.

Syriens Nachbarstaat Irak, wo in Teilen ebenfalls erbittert gekämpft und die Zivilbevölkerung mit barbarischen Mitteln terrorisiert wird, war im letzten Jahr, wie auch bereits in den beiden Jahrzehnten zuvor, ein Hauptherkunftsland von Asylbewerber(inne)n in Europa. Doch ihre Gesamtzahl bleibt relativ gering, vergleicht man sie mit jener der Binnenvertriebenen innerhalb des Iraks, die mittlerweile auf über 4,4 Mio. geschätzt wird, darunter rund 2 Mio., die seit 2014 ihre Heimatorte im Norden Iraks verlassen mussten.

Einführung

1.1.7 Weltweit steigt die Zahl bewaffneter Konflikte

Wie im Nahen Osten, so steigt in vielen Weltregionen seit 5 Jahren die Zahl der bewaffneten Konflikte und damit der Opfer. In den meisten dieser Konflikte gibt es zum Teil erheblich mehr Binnenvertriebene als Geflüchtete. Dies gilt für zahlreiche neue kriegerische Auseinandersetzungen wie im Jemen mit seinen über 2,5 Mio. Binnenvertriebenen (rund 10 % der Gesamtbevölkerung) und rund 200 000 Geflüchteten in der benachbarten Region, aber auch für Jahrzehnte alte Konflikte wie in Kolumbien, wo 7,3 Mio. Menschen im Land selbst als entwurzelt gelten, im Ausland hingegen „lediglich" 360 000 Menschen Zuflucht gesucht haben.

Auch in Afrika finden sich vergleichbare Trends mit Blick auf Flucht und Vertreibung, so im Norden Nigerias, wo durch den Vormarsch von Boko Haram mittlerweile 2, 2 Mio. Menschen ihre Heimatdörfer und -städte fluchtartig verlassen mussten. Im nicht zur Ruhe kommenden Süd-Sudan sind 1,2 Mio. Menschen auf der Flucht, rund eine Million haben in den Nachbarländern Zuflucht gefunden.

In der Demokratischen Republik Kongo leben 1,6 Mio. Binnenvertriebene, 540 000 Einwohner des Landes befinden sich in den Nachbarländern als Geflüchtete. Mehrere Konflikte im Sudan bilden den Hintergrund für 3,6 Mio. Binnenvertriebene im Lande selbst, vor allem in Darfur, sowie für 622 000 Geflüchtete im Ausland.

1.1.8 Unterfinanzierung der Flüchtlingshilfe

Es ist vielfach vermutet worden, dass der Flüchtlingsexodus nach Europa im Jahre 2015 auch durch die Unterfinanzierung der Hilfsprogramme in der Konfliktregion im Nahen Osten ausgelöst wurde. Unabhängig von der Berechtigung dieser Aussage muss festgestellt werden, dass es um viele Hilfsprogramme für Geflüchtete anderswo auf der Welt, trotz der zweifellos vorhandenen Dringlichkeit, noch schlechter (zum Teil viel schlechter) bestellt ist.

So steht für Hilfsprogramme von UNHCR und anderen humanitären Organisationen in Afrika und anderswo in den eher von der Weltöffentlichkeit vergessenen Krisen oftmals nicht die Hälfte dessen an finanziellen Mitteln zur Verfügung, die eigentlich benötigt wird [1]. Dies gilt für einige der dramatischsten Flüchtlingssituationen der Welt: Das Somalia-Hilfsprogramm von UNHCR und Partnerorganisationen erreicht gerade mal 20 % der erforderlichen Gesamtsumme, die Etats für Süd-Sudan und Nigeria sind zu 25 % finanziert. Und dies sind nur einige Beispiele von vielen.

Dabei wird heute von den Geberstaaten weltweit mehr Geld für humanitäre Hilfsmaßnahmen bereitgestellt als jemals zuvor. Das UNHCR-Budget hat im Jahre 2016 mit veranschlagten 7,4 Mrd. US-Dollar einen historischen Höchststand erreicht. Tatsächlich kann die Organisation aber Jahr für Jahr jeweils nur mit wenig mehr als die Hälfte des veranschlagten und eigentlich benötigten Gesamtetats rechnen, so auch im Jahr 2016 [1].

Die unmittelbaren Folgen der Unterfinanzierung sind gravierend: Zumindest 1,3 Mio. Geflüchtete und Binnenvertriebene erhalten keine der eigentlich notwendigen und vorgesehenen Unterstützung von UNHCR, weitere 5 Mio. keine grundlegenden Hilfsgüter, 2,4 Mio. besonders vulnerable Geflüchtete bleiben ohne finanzielle Unterstützung, 500 000 Frauen erhalten keine Hygieneartikel. 1, 7 Mio. Kinder können nicht zur Grundschule gehen.

Zu bedenken ist: Rund die Hälfte aller Geflüchteten auf der Welt sind Kinder und Jugendliche bis zu 18 Jahren. Nur 50 % von ihnen haben jemals eine Grundschule besucht, geschätzte 20 % eine weiterführende Schule und ein verschwindend geringer Prozentsatz eine Hochschule. Immerhin: Mit dem vom deutschen Auswärtigen Amt finanzierten DAFI-Stipendienprogramm wird seit mehr als 20 Jahren Tausenden von Geflüchteten die Möglichkeit gegeben, in ihren jeweiligen Gastländern ein Hochschulstudium aufzunehmen. Im Jahr 2016 konnten so mehr als 5 000 Studierende in 40 Ländern gefördert werden.

1.1.9 Geflüchtete in Camps sind in der Minderzahl

Zu bedenken ist auch, dass entgegen der allgemeinen Wahrnehmung in der Öffentlichkeit lediglich 10 % der weltweiten Flüchtlingsbevölkerung in verwalteten Lagern lebt. Das heißt, die meisten Geflüchteten leben zusammen mit der einheimischen Bevölkerung ihrer Aufnahmeländer, oft unter prekären Bedingungen.

Die Situation syrischer Geflüchteter ist hierfür ein schlagendes Beispiel: Nur knapp 20 % der weit über 4 Mio. syrischen Geflüchteten in den Erstaufnahmeländern der Region lebt in offiziellen

Flüchtlingslagern. Die bekannten Fernsehbilder von Zaatari, dem Flüchtlingslager in Jordanien, dürfen nicht darüber hinwegtäuschen, dass die allermeisten syrischen Geflüchteten in und um die Hauptstadt Amman und in anderen kleineren Städten und Dörfern in Jordanien zu finden sind. Im Libanon gibt es kein Dorf und keine Stadt, wo nicht syrische Geflüchtete Zuflucht gesucht haben.

Spätestens drei Jahre nach Beginn des Konfliktes griff die Hoffnungslosigkeit unter den syrischen Geflüchteten um sich. Die baldige Heimkehr erwies sich zunehmend als Illusion, der Aufenthalt in den Nachbarländern wurde für die meisten Geflüchteten zu einem täglichen Existenzkampf.

Die Armut unter ihnen nahm dramatisch zu: Nach UNHCR-Erhebungen lebten Mitte 2015 die überwältigende Mehrzahl (86 %) der syrischen Geflüchteten in Jordanien unter der (extremen) Armutsgrenze, im Libanon waren es 70 % [6].

Dies soll nicht heißen, dass man dem Geschehen ohnmächtig gegenübersteht. Trotz der zweifellos sehr schwierigen Situation ist in den Nachbarstaaten durch die Kooperation von Hilfsorganisationen und nationalen Einrichtungen ein engmaschiges Netz der Hilfe mit funktionierenden Unterstützungsstrukturen geschaffen worden. So wurde die systematische Einbindung von Geflüchteten in diese Strukturen vorangetrieben, sogenannte *cash assistance* Programme erreichen Hunderttausende von Menschen und eine umfassende Registrierung wurde ermöglicht, auf die systematische und zielgerichtete Hilfe aufbauen konnte.

Auf diesen Erfahrungen aufbauend, setzte der UNHCR in Zusammenarbeit mit UN-Schwester-Organisationen sowie zahlreichen anderen lokalen und internationalen Organisationen sowie Institutionen der Aufnahmestaaten mit einem erweiterten Hilfsplan für syrische Geflüchtete an. Er umfasst eine strategische Neuausrichtung des Hilfsansatzes für die Region, indem er humanitäre Nothilfemaßnahmen für Geflüchtete mit der Unterstützung für Aufnahmegemeinden verknüpft. Es sollen sowohl die wirtschaftliche Selbstständigkeit von Geflüchteten als auch die lokalen Strukturen von Aufnahmegemeinschaften gestärkt werden.

1.1.10 Humanitäre Hilfe reicht nicht aus

Die Situation syrischer Geflüchteter ist nur ein Beispiel dafür, dass die vorhandenen Etats der Geberstaaten für humanitäre Hilfe mit der stetig wachsenden Zahl Hilfsempfängern nicht Schritt halten konnten. Nicht zuletzt deshalb setzt sich auch der Gedanke zunehmend durch, dass Maßnahmen der humanitären Hilfe allein nicht mehr ausreichen. Erst eine Verknüpfung mit dem Aktionsfeld der Entwicklungszusammenarbeit kann der kritischen Situation von Geflüchteten sowie der Aufnahmeländer und deren Bevölkerungen gerecht werden.

Bereits bei der Ausarbeitung des UN-Hilfsplans für syrische Geflüchtete spielte der richtungsweisende Gedanke eine Rolle, Flüchtlingshilfe umfassender zu konzipieren. Dies begründet sich nicht nur aus der Tatsache, dass selbst Rekordetats der humanitären Hilfe nicht ausreichen, den vorhandenen Bedarf zu decken. Die Verknüpfung mit Maßnahmen der Entwicklungszusammenarbeit ist auch unabdingbar mit Blick sowohl auf die Kapazitäten vieler Aufnahmeländer von Geflüchteten als auch auf die angestrebten Lösungen für langjährige Flüchtlingsprobleme.

Das Ziel: Durch verstärktes Engagement von Akteuren der Entwicklungszusammenarbeit sollen Geflüchtete in die Lage versetzt werden, in ihren Aufnahmeländern für sich selbst sorgen zu können, und Aufnahmeländer von Geflüchteten sollen unterstützt werden. Dies bedeutet eine Einbindung von Geflüchteten in die soziale Infrastruktur eines Aufnahmelandes, ohne dass sich dies nachteilig für die jeweils einheimische Bevölkerung auswirkt.

1.1.11 Internationales Flüchtlingsvölkerrecht

Eine effektive und nachhaltige Unterstützung von Geflüchteten verlangt also nach einer Neustrukturierung der konkreten Hilfsmaßnahmen. Unabdingbar ist aber auch ein international funktionierendes System zum Schutz von Geflüchteten. Dies gilt heute wie vor 65 Jahren, als die Genfer Flüchtlingskonvention im Jahre 1951 von einer UN-Bevollmächtigtenkonferenz in Genf verabschiedet wurde.

Mit der Genfer Flüchtlingskonvention wurde der rechtliche Schutz von Geflüchteten im Völkerrecht verankert. Zentral für den Flüchtlingsschutz ist die ausdrückliche Verpflichtung des *Non-Refoulement-Gebotes* – die Verpflichtung, Schutzsuchende weder direkt noch indirekt zurück- oder auszuweisen und damit der Gefahr der Verfolgung auszusetzen. Darüber hinaus ist die Genfer Flüchtlingskonvention ein Manifest dafür, dass es keine nationalstaatlichen Lösungen gibt, will man angemessene Antworten finden, die den Opfern von Flucht und Vertreibung selbst wie auch den Staaten und Gesellschaften gerecht werden, die diese Menschen aufnehmen und im ganz elementaren Sinne schützen.

Internationaler Flüchtlingsschutz bedeutet deshalb Teilung der gemeinsamen Verantwortung im internationalen Maßstab. In diesem Sinne heißt es in der Präambel des Abkommens, dass sich aus der Gewährung von Schutz schwere Belastungen für einzelne Länder ergeben können und deshalb eine Lösung der Probleme ohne internationale Zusammenarbeit nicht erreicht werden kann.

Die Genfer Flüchtlingskonvention hat angesichts einer Welt, in der immer mehr Menschen vor Verfolgung, massiven Menschenrechtsverletzungen, Krieg und Gewalt fliehen müssen, nichts von ihrer Relevanz verloren. Im Gegenteil: Das auf ihr aufbauende internationale Rechtssystem hat über Jahrzehnte Millionen von Menschen überlebensnotwendigen Schutz gegeben. Es hat bleibende Bedeutung, dass inmitten einer globalen epochalen Zeitenwende mit all ihren furchtbaren Verwerfungen das moderne internationale Flüchtlingsrecht gleichsam als Antwort der Zivilisation auf die Barbarei entstanden ist.

Es ist dieser Teil der „alten Welt", der bei der derzeit oftmals konstatierten „neuen Weltordnung" und den damit einhergehenden Mängeln in der Konfliktprävention unbedingt bewahrt werden muss, um die Beachtung von Menschenrechten und gute Regierungsführung sicherzustellen.

1.1.12 Innereuropäische Verantwortungsteilung

Vor diesem Hintergrund hat das Jahr 2015 überdeutlich werden lassen, dass es gerade dort, wo das internationale Flüchtlingsrecht seine Wurzeln hat, an einer kohärenten und solidarischen Antwort auf die Aufnahme von Geflüchteten fehlt. Statt eines gemeinsamen Handelns der Europäischen Union erlebte die Welt das Gegenteil: Einzelne Staaten reagierten auf die Ankunft von Geflüchteten in großer Zahl mit unilateralen restriktiven Maßnahmen, die nicht im Einklang stehen mit dem Prinzip solidarischen Handelns.

Oftmals ist diese Situation als eine Krise des Rechts bezeichnet worden. Dies ist jedoch irreführend. Es handelt sich vielmehr um eine Krise der Verantwortungsteilung.

Es ist viel Kritisches gesagt worden über die Bemühungen zur Harmonisierung einer gemeinsamen europäischen Asylpolitik. Darüber wurde mitunter vergessen, dass die EU gleichzeitig auch der Motor war bei der Weiterentwicklung des internationalen Flüchtlingsrechts und dass eine Vielzahl von Lücken auf der rechtlichen wie praktischen Ebene geschlossen wurden. Unabhängig von der Umsetzung in die Praxis gilt: Es wurden EU-weit Standards für die Behandlung von Geflüchteten vereinbart und rechtlich kodifiziert, die auch für das internationale, globale System zum Flüchtlingsschutz positive neue Maßstäbe setzten. Qualität und Solidarität sollten dabei als Eckpfeiler europäischer Asylpolitik gelten.

1.1.13 Mangel an innereuropäischer Solidarität

Im letzten Jahr wurde jedoch offensichtlich, dass es vor allem an innereuropäischer Solidarität, dem gegenseitigen Vertrauen und gemeinsamen Willen fehlte, die unabdingbar sind für ein funktionierendes zwischenstaatliches System. Letzten Endes blieb es einigen wenigen Staaten, darunter Deutschland, und deren engagierten Zivilgesellschaften überlassen, dem europäischen Anspruch gerecht zu werden, sich konsequent für den Flüchtlingsschutz einzusetzen und Geflüchtete aufzunehmen.

Die Europäische Union konterkarierte damit in der Praxis, was sie über Jahre hinweg als Ziel verfolgte: ein gemeinsames Schutzsystem zu verwirklichen, in der die Verantwortung gemeinsam getragen und fair verteilt wird. Und dies in einer Situation, mit der die EU keineswegs überfordert sein sollte: In einer im Weltvergleich von Wohlstand geprägten Staatengemeinschaft mit rund 500 Mio. Einwohnern sollte es möglich sein, angesichts einer Million Schutzsuchender im Sinne einer gemeinsamen Verantwortung für den Flüchtlingsschutz zu handeln.

Stattdessen mehren sich die Toten im Mittelmeer. Im Jahr 2016 ließen mehr Menschen ihr Leben bei dem Versuch, Europa zu erreichen, als jemals zuvor [4]. Die weltweit nachwirkenden Bilder von Geflüchteten und Migrant(inn)en, die auf zumeist seeuntüchtigen und überfüllten Booten das Mittelmeer Richtung Europa unter höchster Lebensgefahr überqueren, zeigen überdeutlich die Dringlichkeit, der Tendenz zur Re-Nationalisierung der Flüchtlingspolitik eine neue Vision entgegensetzen, die auf alten, aber heute wie damals relevanten Traditionen und Werten beruht.

1.1.14 New Yorker Erklärung zu Geflüchteten und Migrant(inn)en

Vor diesem Hintergrund fand am 19. September 2016 in New York ein UN-Gipfel zum Thema Flucht- und Migrationsbewegungen statt [5]. Dabei wurde in der Schlusserklärung klargestellt: Die Genfer Flüchtlingskonvention mit ihren völkerrechtlichen eindeutigen Verpflichtungen gilt uneingeschränkt auch in Zukunft. Bei der zentralen Bestimmung des Nicht-Zurückweisungsgebots *(Non-Refoulement)* werden keine Abstriche gemacht. Der individuelle Schutzanspruch bleibt unangetastet.

Die Schlusserklärung geht jedoch noch weiter und setzt beim Flüchtlingsschutz wichtige Akzente zum Thema Verantwortungsteilung. Auf Grundlage unveränderter rechtlicher Verpflichtungen sollen gleichzeitig weitergehende Vereinbarungen geschlossen werden. Im Mittelpunkt stehen dabei jene Staaten, die bei der Aufnahme von Geflüchteten von der internationalen Staatengemeinschaft nicht genügend Unterstützung erhalten. So wird explizit anerkannt, dass der Schutz von Geflüchteten und die Unterstützung von Aufnahmestaaten eine gemeinsam geteilte internationale Verantwortung sind.

Zudem bietet die Erklärung ein starkes Bekenntnis zugunsten gut finanzierter Humanitärer Hilfe und eines reibungslosen Übergangs zu nachhaltigen Maßnahmen, die in die Resilienz (Widerstandsfähigkeit) sowohl von Geflüchteten als auch den sie aufnehmenden lokalen Gemeinschaften investieren. Hierfür sollen zusätzliche und berechenbare finanzielle Mittel für die humanitäre Hilfe und die Entwicklungszusammenarbeit bereitgestellt werden.

Darüber hinaus heißt es in der Erklärung: Zur Entlastung der Haupterstaufnahmeländer in den Konfliktzonen dieser Welt braucht es auch einen Ausbau von *Resettlement* und humanitären Aufnahmeprogrammen durch Drittländer. Die organisierte Aufnahme von Geflüchteten aus Erstzufluchtsländern ermöglicht neben dem Familiennachzug und der Visa-Erteilung aus humanitären Gründen bzw. zur Studien- oder Arbeitsaufnahme einen sicheren, legalen Weg aus der Konfliktzone.

Die grundlegende Idee der internationalen Verantwortungsteilung beim Flüchtlingsschutz muss Größe, Prosperität und die zur Verfügung stehenden Ressourcen eines Staates im Blick haben. Wer Solidarität übt, überlässt es nicht dem Zufall der geografischen Nähe, die Aufnahme einer großen Zahl von Geflüchteten bewältigen zu müssen. Deshalb ist auch notwendig, wie beim UN-Gipfel angezeigt, ein Bündel von weiteren Maßnahmen in verschiedenen Bereichen vorzunehmen, wie beispielsweise den Handelsbeziehungen, dem Arbeitsmarkt sowie im Bildungs- und Berufsqualifizierungssektor. Dafür soll die Verantwortung nicht nur auf den Schultern von NGOs und UN-Organisationen liegen. Regierungen, Unternehmen, multilaterale Finanzinstitutionen, zivilgesellschaftliche, humanitäre Akteure, aber auch solche aus der Entwicklungszusammenarbeit müssen von Anfang an an einem Strang ziehen, um gemeinsam nachhaltige Lösungen zu entwickeln.

1.1.15 Globaler Flüchtlingspakt in 2018

Dass sich 193 Staaten auf diese Punkte einigen konnten, ist nicht nur bemerkenswert, sondern ein entscheidender Schritt in Richtung eines globalen Flüchtlingspakts. Er soll in 2 Jahren als verbindliche Vereinbarung eine umfassende und solidarische Antwort auf die Herausforderungen des internationalen Flüchtlingsschutzes geben.

65 Jahre nach Verabschiedung der Genfer Flüchtlingskonvention ist damit der Weg zur konkreten Weiterentwicklung des internationalen Systems zum Schutz von Geflüchteten eingeleitet.

Die Erwartungen sind hoch, denn, so UN-Flüchtlingskommissar Filippo Grandi beim New Yorker Gipfel, „die Welt – schockiert von den Bildern der in großer Zahl fliehenden Menschen und dem Sterben auf dem Meer – will nicht, dass unsere Absichten auf Papier bleiben". Erforderlich seien hingegen praktisches Handeln und Ergebnisse. Mit Flucht und Vertreibung, betonte Grandi, müsse „auf Grundlage von Prinzipien umgegangen und Lösungen mit Mut und einer Vision angestrebt werden" [1].

1.1.16 Literatur

[1] Grandi, F. High Commissioner Fillipo Grandi's opening statement at the 67th session of the Executive Committee of the High Commissioner's Programme, 3 October 2016. Im Internet: http://www.unhcr.org/uk/57e52c777, Stand: 05.12.2016

[2] UNHCR, Hrsg. Global Trends. Forced displacement in 2015. Juni 2016. Im Internet: http://www.unhcr.org/statistics/unhcrstats/576408cd7/unhcr-global-trends-2015.html; Stand: 05.12.2016. Pressemitteilung: http://www.unhcr.de/presse/pressemitteilungen/artikel/276e4e75b3c815528feb15b5876448b0/flucht-und-vertreibung-2015-drastisch-gestiegen.html; Stand: 10.03.17

[3] UNHCR. Jordan Refugee Response. Vulnerability Assessment Framework Baseline Survey (21.05.2015). Im Internet: http://reliefweb.int/report/jordan/jordan-refugee-response-vulnerability-assessment-framework-baseline-survey-may-2015; Stand: 05.12.2016

[4] UNHCR. Pressemitteilung, 27. Oktober 2016: Im Internet: http://www.unhcr.de/presse/nachrichten/artikel/e363ccffe4379e85be785accbc1f3a29/2016-droht-toedlichstes-jahr-im-mittelmeer-zu-werden.html; Stand: 04.05.2017

[5] UNHCR. Pressemitteilung, 7. September 2016 (mit weiteren Materialien zum Gipfel). Im Internet: http://www.unhcr.de/archiv/nachrichten/artikel/610b6e933b1aa4b065cb36c5e52dfcfe/zentraler-un-gipfel-zu-fluechtlingen-und-migranten.html; Stand: 04.05.2017. Dt. Übersetzung der New Yorker Erklärung: https://www.unric.org/de/voelkerrecht/103; Stand: 04.05.2017

1.2 Flucht und Asyl: Rechtliche Rahmenbedingungen, aktuelle Daten und Trends

Katrin Hirseland

Der Beitrag gibt ausschließlich die persönliche Meinung der Autorin wieder.

1.2.1 Die Entwicklung der Flüchtlingssituation weltweit

Die im Sommer 2016 veröffentlichten Daten des Hohen Flüchtlingskommissars der Vereinten Nationen (UNHCR) zeigen: Die Zahl der Flüchtlinge steigt weiter – in Deutschland, der EU und global. In den letzten 5 Jahren verzeichnet der UNHCR 50 % mehr Flüchtlinge, Binnenvertriebene und Asylsuchende: Von 42,5 Mio. in 2011 stieg ihre Zahl 2014 auf fast 60 Mio. und zuletzt 2015 auf weltweit 65,3 Mio. – der höchste Stand, den der UNHCR jemals verzeichnet hat und in etwa so viel wie die Einwohnerzahl Großbritanniens oder Frankreichs ([21]: 5). Die Mehrzahl – über 40 Mio. – sucht dabei Schutz im eigenen Land, rund ⅓ hat sein Herkunftsland verlassen. Einen Asylantrag stellt nur ein Teil der Geflüchteten: Weltweit befanden sich Ende 2015 3,2 Mio. Menschen in einem Asylverfahren.

Fluchtursachen und Herkunftsregionen: Warum und woher fliehen die Menschen?

Die Zahl der Konflikte und ihre Dauer haben in den letzten Jahren zugenommen. Zu den langjährigen Konflikten etwa in Somalia oder Afghanistan sind neue hinzugekommen. Der größte davon ist der Bürgerkrieg in Syrien, vor dem bis heute 11,7 Mio. Menschen innerhalb des Landes oder über seine Grenzen geflohen sind ([21]: 6). Der Bürgerkrieg und die Unruhen in Syrien und dem Nordirak haben die regionalen Schwerpunkte der Fluchtbewegungen verschoben: Stammten 30 Jahre lang die meisten internationalen Geflüchteten aus Afghanistan, ist seit 2014 Syrien das Hauptherkunftsland. Ende 2015 hatten rund 4,9 Mio. Menschen ihr Land verlassen und waren beim UNHCR registriert. Afghanistan ist mit 2,7 Mio. internationalen Flüchtlingen nun das zweitgrößte Herkunftsland, es folgen Somalia (1,1 Mio. Flüchtlinge), der Südsudan (780 000), der Sudan (630 000), die Demokratische Republik Kongo (540 000) und die Zentralafrikanische Republik (470 000) ([21]: 17).

Ein großer Teil der Geflüchteten, die ihr Land verlassen, suchen Schutz vor gewaltsamen Konflikten, Menschenrechtsverletzungen oder politischer, ethnischer und religiöser Verfolgung und können nach der Genfer Flüchtlingskonvention [19] als Flüchtling anerkannt werden. In den letzten Jahren ist jedoch auch die Zahl der Menschen gewachsen, die ihr Heimatland aufgrund extremer Naturereignisse, wirtschaftlicher Not oder Perspektivlosigkeit verlassen, um in einem anderen Land ein neues Leben für sich und ihre Familie aufzubauen. Viele dieser Menschen kommen auf denselben Wegen wie Asylsuchende. Auch ihre Motive sind verständlich, jedoch keine Gründe für Schutz nach der Genfer Flüchtlingskonvention. Diese Vermischung von Flucht- und anderen Migrationsbewegungen hat in den letzten Jahren zugenommen.

Auf der Suche nach Schutz: Wohin fliehen die Menschen?

Die allermeisten Vertriebenen (rund 90 %) suchen innerhalb oder in der Nähe ihres Heimatlandes Schutz. So haben zwar 120 Länder syrische Flüchtlinge aufgenommen, die Hauptlast schultern jedoch die Nachbarländer des Bürgerkriegslandes:

Bis Herbst 2016 sind 1,1 Mio. Syrer in den Libanon geflohen, 2,5 Mio. sind in der Türkei registriert und 630 000 in Jordanien ([21]: 16). Ebenfalls hohe Zahlen von Flüchtlingen – ganz überwiegend aus Afghanistan – hat Pakistan aufgenommen, das 1,6 Mio. Menschen Schutz bietet, ferner der Iran mit 980 000 Flüchtlingen. Auf dem afrikanischen Kontinent sind Äthiopien und Kenia mit 736 000 bzw. 550 000 Flüchtlingen Hauptzielländer vieler Menschen (UNHCR 2016a: 6f).

Und Europa? Für die EU, die Schweiz und Norwegen zusammen nennt das Europäische Unterstützungsbüro für Asylfragen (EASO) für 2015 fast 1,4 Mio. Asylanträge im Jahr 2015, die höchste Zahl und der stärkste Anstieg (+110 %) seit Beginn der Datenerhebung auf EU-Ebene im Jahr 2008 ([13]: 5). 2016 lagen die bei EASO verzeichneten Daten bei über 1,2 Mio. Asylanträgen ([14]: 1).

Diese Zahlen zeigen trotz des Anstiegs in der EU: Der weitaus größte Teil der Geflüchteten sucht Schutz in armen Regionen, deren ökonomische und soziale Rahmenbedingungen für die Unterstützung einer großen Zahl schutzsuchender Menschen deutlich schlechter sind als die der Industriestaaten. Im 3. Jahr in Folge befanden sich 2015 rund 9 von 10 Flüchtlingen unter UN-Mandat (86 %) in Ländern, die als wirtschaftlich weniger entwickelt gelten ([21]: 18).

Besonders deutlich wird dies, wenn man die Zahl ins Verhältnis zur Gesamtbevölkerung eines Landes setzt: Mit 183 registrierten Flüchtlingen pro 1000 Einwohner war der Libanon 2015 das Land mit der größten Dichte an Flüchtlingen, gefolgt von Jordanien (87), Nauru (50) und der Türkei (32). Unter den 10 Ländern mit dem höchsten Verhältnis von registrierten Flüchtlingen bzw. Asylbewerber(inne)n zur Bevölkerung fanden sich Mitte 2015 nach Angaben des UNHCR nur zwei EU-Länder: Schweden und Malta mit jeweils 17 Asylsuchenden pro 1000 Einwohner ([21]: 18).

1.2.2 Asylsuchende in der Europäischen Union

In den letzten Jahren hat die Zahl der Menschen, die in den Mitgliedstaaten der EU Schutz suchen, stark zugenommen. Bereits 2014 ist ihre Zahl deutlich gestiegen: 627 000 Menschen haben 2014 in einem EU-Mitgliedstaat Asyl beantragt – ein Anstieg um 45 % im Vergleich zu 2013. 2015 und 2016 waren es dann jeweils rund 1,3 Mio. (nur Erstanträge) [15]. Ursache hierfür ist die zuletzt große Zahl von Menschen, die das Mittelmeer überqueren, um in Europa Schutz zu finden. Nach Angabe des UNHCR haben 2015 über 1 Mio. Menschen die EU über den Meerweg erreicht, häufig in völlig untauglichen Schleuserbooten und unter Einsatz ihres Lebens; 2014 waren es noch 218 000. Sie haben überwiegend an den Küsten Griechenlands (80 %) und Italiens (20 %) den Boden der EU betreten. Unter ihnen war die Hälfte Syrer, 20 % Afghanen und 7 % Iraker [20]. Viele von ihnen hatten sich zunächst in Ländern in ihrer Herkunftsregion aufgehalten.

Was hat dazu geführt, dass die Menschen von ihrem ersten Zufluchtsort nach Europa weitergezogen sind, trotz des beschwerlichen, teuren und gefährlichen Weges über das Mittelmeer? Ein Grund war die sich verschlechternde humanitäre Situation in den Flüchtlingslagern in der Region rund um Syrien und den Irak: Die Mittel der UN-Hilfsorganisationen für die humanitäre Hilfe reichten 2015 nicht mehr aus, um alle Menschen in den Flüchtlingslagern ausreichend zu ernähren und ihnen Bildung und Ausbildung und damit eine Perspektive zu bieten. Viele Menschen machten sich daher auf den Weg, um der Perspektivlosigkeit in den Flüchtlingslagern in Richtung Europa zu entkommen.

Die Situation in den Anrainerstaaten Syriens hat sich mittlerweile wieder verbessert, nachdem die internationale Staatengemeinschaft im Februar 2016 rund 11 Mrd. US-Dollar zur Lösung der Flüchtlingskrise in Syrien und den Nachbarländern bereitgestellt hat, 2,3 Mrd. davon stammen aus Deutschland [9]. Der vorübergehende Mangel an Hilfsgeldern führte jedoch zu einem starken Anstieg der Asylanträge in der EU in der 2. Jahreshälfte 2015.

Schutz in der EU: Herkunfts- und Zielländer

Die Asylsuchenden in der EU sind ungleichmäßig verteilt. Fünf EU-Staaten haben in 2015 zusammen rund 75 % aller erstmaligen Asylbewerber aufgenommen: Jeder 3. Asylantrag in der EU wurde 2015 in Deutschland gestellt (442 000 Erstanträge bzw. 35 % aller in der EU gestellten Erstanträge – die Zahl der tatsächlich nach Deutschland eingereisten Asylsuchenden lag in 2015 jedoch noch darüber, s. u.). Darauf folgten Ungarn (177 000, jedoch ganz überwiegend nur als Transitland), Schweden (162 000), Österreich (88 000) und Italien (84 000) ([13]: 11). In 2016 zeigt sich ein ähnliches Bild.

Eine genauere Betrachtung der einzelnen EU-Staaten und ihrer jeweils stärksten Herkunftsländer von Asylsuchenden zeigte noch im Jahr 2014 deutliche Unterschiede: Während etwa in Frankreich die größte Gruppe der Asylsuchenden aus der Demokratischen Republik Kongo und die an 3. Stelle aus Bangladesch stammten, spielten diese Herkunftsländer in Deutschland kaum eine Rolle. Ähnlich verhielt es sich mit Italien, wo 2014 an 1. Stelle Flüchtlinge aus Nigeria und an 2. Stelle aus Mali standen – Herkunftsländer, aus denen in anderen EU-Staaten kaum Flüchtlinge ankommen. Seit 2015 führen jedoch in fast allen EU-Mitgliedstaaten Syrien und der Irak die Liste der Hauptherkunftsländer an. Die Zahl der Asylsuchenden aus Syrien stieg von 50 000 in 2013 auf nahezu 123 000 in 2014 und 363 000 in 2015 (Erstanträge) und damit auf 29 % aller Erstanträge in der EU. An 2. Stelle der Herkunftsländer stand 2015 Afghanistan (178 000), an 3. Stelle der Irak (121.500). Auf diese 3 Staatsangehörigkeiten entfiel 2015 über die Hälfte aller erstmaligen Asylbewerber in der EU [16]. Auch in 2016 waren dies die Top 3-Herkunftsländer mit rund der Hälfte der in der EU gestellten Erstanträge auf Asyl ([14]: 1).

Neben der wachsenden Zahl von Schutzsuchenden aus den (Bürger)Kriegsregionen des Nahen Ostens war in der EU in den letzten Jahren insbesondere eine weitere Entwicklung kennzeichnend: ein plötzlicher und unerwarteter Zugang von Antragsteller(inne)n aus europäischen Ländern, die selbst einen Beitritt in die EU anstreben. Ab Sommer 2012 war zunächst ein Anstieg von Asylsuchenden aus Serbien, Mazedonien und Bosnien-Herzegowina zu verzeichnen, der bis Ende 2014 anhielt. Anfang 2015 nahm für einige Monate die Zahl der Antragsteller aus dem Kosovo unerwartet stark zu, wenige Monate später die aus Albanien. Betroffen hiervon waren insbesondere Ungarn (überwiegend als Transitland), Österreich und Deutschland. Allein aus dem Kosovo kamen 2015 in Deutschland 37 000 Antragsteller, aus Albanien 55 000 [6]. In ihren Asylanhörungen nannten diese Menschen ganz überwiegend Armut, schwierige Lebensbedingungen und den Wunsch nach einer besseren Zukunft als Motive für ihren Asylantrag. Auch wenn diese Gründe persönlich nachvollziehbar sind, bilden sie keinen Rechtsgrund für internationalen Schutz. Als abgelehnte Asylbewerber(innen) sind sie ausreisepflichtig. In 2016 nahm ihre Zahl wieder stark ab.

EU-weit wurden im Jahr 2015 fast 600 000 erstinstanzliche Entscheidungen über Asyl-Erstanträge getroffen. Gut 50 % der Entscheidungen waren dabei positiv: 308 000 Menschen erhielten 2015 in der EU einen Flüchtlingsstatus, einen subsidiären Schutzstatus oder einen Aufenthaltsstatus aus humanitären Gründen (d. h. ein Abschiebeverbot), fast die Hälfte von ihnen waren Syrer.

Die Ergebnisse von Asylentscheidungen und somit die Anerkennungsquoten sind in der EU je nach Herkunftsland sehr unterschiedlich. Betrachtet man die 20 Staatsangehörigkeitsgruppen, auf die im Jahr 2015 die höchste Zahl an Entscheidungen zu Erstanträgen in der EU entfiel, lag die Anerkennungsquote zwischen weniger als 3 % für Staatsangehörige der westlichen Balkanstaaten und über 97 % für Syrer [17].

Gemeinsames Europäisches Asylsystem – einheitliche Praxis?

Trotz des bestehenden einheitlichen EU-Regelwerks gibt es Unterschiede zwischen den Mitgliedstaaten, etwa bei der Unterbringung der Asylsuchenden, bei der Verfahrensdauer oder bei der Entscheidungspraxis zu einzelnen Herkunftsländern. Unterschiedlich sind auch die Rahmenbedingungen und Möglichkeiten für anerkannte Flüchtlinge, (finanzielle) Unterstützung zu erhalten und eine Arbeit zu finden. Dies, aber auch die Frage, wo bereits Diaspora-Gemeinden leben, führt dazu, dass einzelne EU-Staaten beliebtere Zielländer von Geflüchteten sind als andere.

Die EU hat in den letzten Jahren viele Schritte hin zu einem Gemeinsamen Europäischen Asylsystem unternommen. Einheitliche Standards sollen sicherstellen, dass Asylsuchende in jedem Mitgliedstaat ein faires und nach den gleichen Regeln durchgeführtes Asylverfahren erwarten können. Hierzu hat die EU ein umfangreiches Regelwerk entwickelt, das von den Mitgliedstaaten umzusetzen ist [12]. Es beruht insbesondere auf

- der Asylverfahrensrichtlinie, die den rechtlichen Rahmen für gerechte, schnelle und qualitativ gute Asylentscheidungen abstecken soll;
- der Richtlinie über die Aufnahmebedingungen, mit der sichergestellt werden soll, dass in der gesamten EU humane Aufnahmebedingungen für Asylsuchende gelten;
- der Anerkennungsrichtlinie, die Gründe für die Gewährung von Schutz definiert.

Umstritten ist insbesondere ein weiteres Regelwerk, die so genannte Dublin-Verordnung, die regelt, welcher Mitgliedstaat für die Entscheidung eines Asylantrags zuständig ist. Sie sieht vor, dass jemand, der in einem Mitgliedstaat bereits einen Asylantrag gestellt hat oder dort registriert wurde, nicht gleichzeitig in einem anderen EU-Land ein Asylverfahren durchführen kann. Der Antrag muss in diesem Fall von dem Staat bearbeitet werden, in dem zunächst Asyl beantragt wurde. In der Praxis stellen sich Probleme bei der Umsetzung der Verordnung. Die EU-Kommission hat daher im Sommer 2016 Vorschläge zu einer Reform vorgelegt. Der Grundsatz, wonach Asylbewerber ihren Asylantrag in dem Land stellen müssen, in dem sie erstmals EU-Boden betreten, soll nach dem Willen der EU-Kommission ergänzt werden durch einen Fairness-Mechanismus und finanzielle Beiträge für die Länder, die sich nicht an einer Verteilung von Asylbewerbern innerhalb der EU beteiligen [11].

Im Mai 2015 hat die Europäische Kommission ihre „Europäische Migrationsagenda" veröffentlicht und in der Folge umfangreiche Maßnahmen eingeleitet, um die Mitgliedstaaten bei der Aufnahme von Asylsuchenden zu unterstützen und die Asylzuwanderung in die EU besser zu steuern. Hierzu gehören u. a.:
- Sofortmaßnahmen zur Rettung von Menschenleben auf See und zur Bekämpfung krimineller Schleusernetze
- die Umverteilung von 160 000 schutzbedürftigen Menschen aus den am stärksten betroffenen Mitgliedstaaten
- die Einrichtung so genannter Hotspots – Auffanglager – an den EU-Außengrenzen in Italien und Griechenland
- ein Aktionsplan zur Rückkehr abgelehnter Asylsuchender

Um langfristig flexibler reagieren und Anträge schneller bearbeiten zu können, haben viele EU-Staaten Umstrukturierungen der Asylverwaltungen vorgenommen, zusätzliches Personal eingestellt und die Aufgabenwahrnehmung im Bereich Asylverfahren, Unterbringung und Versorgung neu organisiert. So hatte etwa das deutsche Bundesamt für Migration und Flüchtlinge (BAMF) 2013 noch rund 2000 Mitarbeitende, Ende 2016 waren es rund 9000 Mitarbeitende. Zudem haben einige EU-Mitgliedstaaten auf die hohe Zahl von aussichtslosen Asylsuchenden aus den Ländern des Westbalkans damit reagiert, ihre Listen sicherer Herkunftsstaaten zu erweitern, so auch Deutschland.

1.2.3 Asylverfahren und Flüchtlingsschutz in Deutschland

Entwicklung in Deutschland in den letzten Jahren

Von 1990 bis Ende 2016 haben rund 4 Mio. Menschen in Deutschland einen Asylantrag gestellt (Erst- und Folgeanträge). Nach dem Höchststand 1992 mit 438 000 Anträgen ging ihre Zahl zurück bis auf 28 000 Erst- und Folgeanträge in 2007. Von heute aus betrachtet erscheint diese Zahl klein – in der 2. Hälfte 2015 stellten in einem Monat mehr Menschen einen Antrag auf Schutz in der Bundesrepublik Deutschland als im Jahr 2007 insgesamt.

Seit 2008 wächst die Zahl der Asylsuchenden in Deutschland wieder kontinuierlich. 2014 wurden rund 203 000 Asylanträge beim BAMF gestellt, über 7-mal so viele wie noch 6 Jahre zuvor und ein Anstieg um 60 % im Vergleich zum Vorjahr. 2015 waren es knapp 477 000 – ein erneuter Anstieg um 135 % (BAMF 2016a, zur Einordnung der Zahlen vgl. unten). Insbesondere aus den Krisenländern Syrien, Afghanistan, Iran, Irak, Eritrea und Somalia ist die Zahl der Anträge seit 2008 stark gestiegen. Aus Syrien haben seit Beginn des Bürgerkriegs 2011 bis Ende 2016 rund 500 000 Menschen einen Asylantrag in Deutschland gestellt. In absoluten Zahlen nimmt Deutschland in der EU und weltweit damit die meisten Asylanträge entgegen. Im Verhältnis zur Bevölkerung steht es mit knapp 6 Antragstellern pro 1000 Einwohner jedoch nicht an der Spitze der EU-Staaten (2014: 2,5).

In den letzten Jahren ist in Deutschland auch die Zahl von Asylbewerbern aus Ländern gewachsen, in denen wirtschaftlich schwierige Situationen und eine hohe Arbeitslosigkeit herrschen, gekoppelt mit einem schwach ausgeprägten Sozialsystem. Dies war insbesondere der Fall bei der unvorhersehbaren, sprunghaften Zunahme der Anträge aus den Westbalkanländern Serbien, Mazedonien und Bosnien-Herzegowina ab Sommer 2012 sowie aus dem Kosovo und Albanien im Frühjahr 2015. Unbestritten ist: Viele der Menschen, die aus diesen Ländern zu uns kommen, leben in wirtschaftlich prekären Situationen. Dies allein ermöglicht jedoch noch keinen Schutz vor Verfolgung in der Bundesrepublik Deutschland. Sie haben daher über den Weg des Asyls ganz überwiegend keine Bleibeperspektive in Deutschland und müssen nach einer negativen Asylentscheidung in ihr Herkunftsland zurückkehren. Aufgrund der geringen

Tab. 1.1 Asylbewerber in Deutschland – Top Ten Herkunftsländer 2015 (Erst- und Folgeanträge).

Rang	Herkunftsland	2015	Vorjahresrang	2014
1	Syrien	162.510	1	41.100
2	Albanien	54.762	9	8.113
3	Kosovo	37.095	6	8.923
4	Afghanistan	31.902	4	9.673
5	Irak	31.379	5	9.499
6	Serbien	26.945	2	27.148
7	Mazedonien	14.131	7	8.906
8	ungeklärt	12.166	–	–
9	Eritrea	10.990	3	13.253
10	Pakistan	8.472	–	–

Bundesamt für Migration und Flüchtlinge 2016

Erfolgsaussichten ist die Zahl der Antragsteller aus diesen Ländern mittlerweile wieder stark zurückgegangen (ausführlicher vgl. [18]: 22).

Das Asylverfahren: Aufgabenteilung zwischen Bund, Ländern und Kommunen

Die Aufgabenteilung im Bereich Asyl und Flüchtlingsschutz ist in Deutschland stark vom Föderalismus geprägt. Für das Asylverfahren im engeren Sinn ist der Bund – das Bundesamt für Migration und Flüchtlinge – zuständig, für Unterbringung, soziale Betreuung und (gesundheitliche) Versorgung sind es die Länder, die dies z. T. an die Kommunen und Kreise übertragen. Die Verteilung der Asylbewerber auf die Bundesländer erfolgt nach einem festgelegten Satz, dem Königsteiner Schlüssel, auf den sich die Länder jährlich neu einigen.

Wer sich in Deutschland als asylsuchend meldet, wird registriert; persönliche Daten, ein Lichtbild und Fingerabdrücke werden gespeichert. Seit Inkrafttreten des so genannten Datenaustauschverbesserungsgesetzes Anfang Februar 2016 geschieht dies beim ersten Kontakt mit Behörden standardisiert und in einer zentralen Datenbank, auf die alle beteiligten Behörden in dem Umfang Zugriff haben, wie es für ihre jeweiligen Aufgabenbereiche erforderlich ist. Als Nachweis für die Registrierung erhalten Asylsuchende den neu eingeführten Ankunftsnachweis. Er dient nicht nur als Nachweis für die Berechtigung zum Aufenthalt in Deutschland, sondern gibt auch Zugang zu staatlichen Leistungen wie etwa Unterbringung, medizinischer Versorgung und Verpflegung.

Asylbewerber sind gesetzlich verpflichtet, bis zu 6 Wochen, längstens jedoch 6 Monate in einer Erstaufnahme-Einrichtung des für sie zuständigen Bundeslandes zu leben. Anschließend werden sie innerhalb des Bundeslandes weiter auf Unterkünfte verteilt, wobei die Länder unterschiedliche Ansätze verfolgen, was die Unterbringung in Gemeinschaftsunterkünften oder dezentral in Wohnungen betrifft. Der Bund hat zugesagt, angesichts der stark gewachsenen Zahlen von Asylsuchenden und damit auch der Mehrkosten für Unterbringung und Integration einen Teil dieser Kosten für die Jahre 2016–2018 zu übernehmen. Neben einem Kostenanteil von 2,6 Mrd. Euro für Unterkunft entlastet der Bund die Länder, Kommunen und Gemeinden in diesem Zeitraum mit einer jährlichen Integrationspauschale von 2 Mrd. Euro.

Nach der Verteilung in ein Bundesland stellen die Asylsuchenden in einem der Ankunftszentren des BAMF ihren Asylantrag. Hier oder in einer Außenstelle des BAMF findet mithilfe eines Dolmetschers auch ihre persönliche Anhörung statt (für eine ausführliche Beschreibung des Asylverfahrens vgl. BAMF 2016c). Bei der Identitätsfeststellung prüft das BAMF auch, ob der Antragsteller bereits in einem anderen EU-Mitgliedstaat registriert ist bzw. einen Asylantrag gestellt hat und die Zuständigkeit für den Asylantrag daher nicht bei Deutschland liegt.

Im Rahmen der Einzelfallprüfung, die Kern jedes Asylverfahrens ist, prüfen die Asylentscheider des BAMF mit geschulter, fachlicher Kompetenz, ob Asylgründe aufgrund staatlicher Verfolgung, Schutzgründe nach der Genfer Flüchtlingskonvention, Gründe für subsidiären Schutz oder für Abschiebungsverbote vorliegen. Für die Anhörungen besonders vulnerabler Gruppen (z. B. traumatisierte Menschen, Opfer von sexueller Gewalt oder Menschenhandel) setzt das BAMF besonders geschulte Sonderbeauftragte ein. Asylbewerber(innen), die für keine der Schutzformen die Voraussetzungen erfüllen, erhalten einen ablehnenden Bescheid, verbunden mit der Aufforderung, Deutschland zu verlassen. Sie können gegen die Entscheidung des BAMF Rechtsmittel einlegen.

Die Situation im Jahr 2015

Eine Besonderheit stellt das Jahr 2015 dar: Die Zahl der Menschen, die in 2015 als Asylsuchende nach Deutschland eingereist sind, lag deutlich über den tatsächlich gestellten Asylanträgen: Knapp 900 000 Menschen wurden 2015 nach ihrer Einreise in Deutschland als Asylsuchende registriert, bei nur 477 000 Asylanträgen. Die unvorhersehbar hohe Zahl von Asylsuchenden im letzten Jahr hat alle föderalen Ebenen – Bund, Länder und Kommunen bzw. Kreise – vor große Herausforderungen gestellt. Es entstanden daher nicht nur Unterbringungsschwierigkeiten für die Länder und Kommunen, sondern zum Teil auch Wartezeiten bei der Asylantragstellung beim BAMF. Dies erklärt die niedrigere Zahl der Asylanträge.

Durch kurzfristigen, hohen Personalzuwachs und Veränderungen im Verfahren konnte das BAMF seine Kapazitäten zur Antragsannahme und -bearbeitung stark ausbauen und sowohl die Antragsannahme für die Menschen nachholen, die in 2015 noch keinen Antrag stellen konnten, als auch deutlich mehr Asylverfahren entscheiden. In 2016 hat das BAMF mit rund 700 000 Anträgen über so viele Asylverfahren entschieden wie nie zuvor in einem Jahr [8].

Die Schutzquote und damit der Anteil der Menschen, die als Asylberechtigte bzw. anerkannte Flüchtlinge oder aufgrund von subsidiärem Schutz bzw. Abschiebeschutz in Deutschland bleiben können, lagen im Jahr 2015 bei fast 50 %, 2016 bei 62 % (2014: 31,5 %). Der hohe Anteil Schutzberechtigter ist auf die große Zahl von Asylbewerber(inne)n aus Herkunftsländern bzw. -regionen wie Syrien, dem Nordirak oder Eritrea zurückzuführen. Besonders niedrig sind die Schutzquoten für die Westbalkanstaaten oder für nordafrikanische Länder, hier liegen selten Schutzgründe vor.

Rund 174 000-mal hat das BAMF 2016 negativ über Asylanträge entschieden. Abgelehnte Asylsuchende müssen Deutschland verlassen. Im Jahr 2016 sind rund 54 000 freiwillig über vom Bund finanzierte Rückkehrprogramme in ihr Herkunftsland zurückgekehrt (hinzu kommen einzelne Rückkehrprogramme der Bundesländer). Rückführungen von abgelehnten Asylbewerber(inne)n, die nicht freiwillig ausgereist sind, fanden 2015 rund 25 000-mal statt, mehrheitlich von abgelehnten Asylsuchenden aus den Westbalkanstaaten.

Exkurs: Rechtliche Rahmenbedingungen für die Gesundheitsversorgung

Asylbewerber(innen) im laufenden Asylverfahren erhalten eine Aufenthaltsgestattung, die ein vorläufiges Bleiberecht in Deutschland zur Durchführung des Asylverfahrens gewährt. Nach einem positiven Bescheid des BAMF erhalten Asylberechtigte und Personen, denen die Flüchtlingseigenschaft zuerkannt wurde, von ihrer zuständigen Ausländerbehörde zunächst eine Aufenthaltserlaubnis für 3 Jahre, die im Anschluss unter bestimmten Voraussetzungen in eine unbefristete Niederlassungserlaubnis umgewandelt werden kann. Subsidiär Schutzberechtigte erhalten eine 1-jährige Aufenthaltserlaubnis, die für jeweils 2 Jahre verlängert werden und nach 5 Jahren unter bestimmten Voraussetzungen in eine unbefristete Niederlassungserlaubnis münden kann. Personen, für die ein nationales Abschiebungsverbot festgestellt wurde, erhalten ebenfalls eine Aufenthaltserlaubnis für mindestens 1 Jahr, die wiederholt verlängert werden kann.

Der Zugang zu Gesundheitsversorgung für Asylsuchende ist im Asylbewerberleistungsgesetz (AsylbLG) geregelt. Während ihres Asylverfahrens besteht für Asylbewerber in den ersten 15 Monaten Zugang zu Gesundheitsleistungen im Rahmen einer Akut- und Schmerzbehandlung, zu Schutzimpfungen und Vorsorgeuntersuchungen (§ 4 Absatz 1 AsylbLG). Eine längerfristig angelegte Behandlung chronischer Erkrankungen, zu denen auch psychische Erkrankungen gehören, schließt dies zunächst grundsätzlich nicht ein. Das AsylbLG eröffnet jedoch für Einzelfälle die Möglichkeit über die Akutversorgung hinausgehender Leistungen (§ 6 Absatz 1 AsylbLG) und damit im Einzelfall auch die Behandlung psychischer Erkrankungen. Personen, die in besonders vulnerable Gruppen fallen (etwa Personen mit psychischen Störungen oder Opfer von Folter oder sexueller Gewalt) haben aufgrund europarechtlicher Vorgaben einen besonderen Anspruch auf die notwendige medizinische oder sonstige Hilfe, einschließlich erforderlichenfalls einer geeigneten psychologischen Betreuung ([10]: 3).

Seit einer Gesetzesänderung Anfang 2015 sind anerkannte Schutzberechtigte und auch Asylsuchende im laufenden Asylverfahren, wenn dieses länger als 15 Monate dauert, leistungsrechtlich in ihrer Gesundheitsversorgung den gesetzlich Krankenversicherten gleichgestellt – zuvor galt eine Wartefrist von 48 Monaten. Bei einem entsprechenden Krankheitsbild besteht dann auch Anspruch auf die Kostenübernahme für eine Psychotherapie ([10]: 3). Schutzberechtigte fallen in den Anwendungsbereich des SGB II oder SGB XII und sind daher entweder selbst krankenversichert oder leistungsrechtlich den gesetzlich Krankenversicherten gleichgestellt. Daher haben auch sie Anspruch auf diese Leistungen.

Fazit

Die Zahl der gewalttätigen Konflikte und ihre Dauer haben in den letzten Jahren zugenommen. Weltweit, in der EU und in Deutschland ist die Zahl der Menschen deutlich gestiegen, die Schutz suchen bzw. Asyl beantragen. Knapp 900 000 Geflüchtete sind 2015 nach Deutschland gekommen. Diese hohe Zahl war für alle Akteure des Asylsystems eine große Herausforderung – kurzfristig insbesondere in Bezug auf ihre Verteilung, Unterbringung und die Bearbeitung ihrer Asylanträge; mittel- und langfristig mit Blick auf ihre Gesundheitsversorgung und nicht zuletzt ihre Integration.

Seit Abschluss der EU-Türkei-Vereinbarung Ende März 2016 und dem Schutz der EU-Außengrenzen zwischen der Türkei und Griechenland sind die Flüchtlingsbewegungen auf der Westbalkanroute stark zurückgegangen. Über das Mittelmeer kommen nach wie vor viele Menschen nach Europa, Mitte 2016 ist jedoch noch kein deutlicher Anstieg im Vergleich zu 2015 auf dieser Route zu verzeichnen. Laut UNHCR kamen in den ersten 6 Monaten 2016 rund 250 000 Menschen über das Mittelmeer nach Europa [21].

In Deutschland ist in 2016 die Zahl der neu eintreffenden Asylsuchenden deutlich zurückgegangen. Insgesamt wurden in 2016 bundesweit rund 280 000 Zugänge von Asylsuchenden registriert. Die Zahl der beim BAMF gestellten Asylanträge liegt mit fast 750 000 jedoch deutlich darüber – dies, weil das BAMF im Jahr 2016 viele Anträge von Personen angenommen hat, die bereits 2015 nach Deutschland eingereist waren, aber noch keinen Asylantrag stellen konnten.

In Deutschland wurden unterschiedliche Initiativen angestoßen, um die Steuerung des Zugangs von Asylsuchenden und das Asylverfahren zu optimieren. Neben der Personalaufstockung des BAMF und neuen Verfahrensabläufen zur schnelleren Bearbeitung der Asylanträge werden dabei insbesondere das neue Registrierungssystem und der damit verbundene Ankunftsnachweis eine deutliche Verbesserung bringen (s. o.).

Die großen humanitären Krisen haben auch in 2016 keine kurzfristigen Lösungen gefunden, auch wenn die hohen Zahlen von Asylsuchenden aus 2015 in 2016 nicht erneut erreicht wurden. Die nachhaltige Veränderung der Fluchtursachen in den Herkunftsregionen bleibt eine zentrale Aufgabe für die internationale Staatengemeinschaft.

1.2.4 Literatur

[6] Bundesamt für Migration und Flüchtlinge 2016a: Asylgeschäftsstatistik für den Monat Dezember 2015 und das Berichtsjahr 2015 (6.1.2016). Im Internet: http://www.bamf.de/SharedDocs/Anlagen/DE/Downloads/Infothek/Statistik/Asyl/201512-statistik-anlage-asyl-geschaeftsbericht.html?nn=1694460 (Stand: 4.11.2016)

[7] Bundesamt für Migration und Flüchtlinge 2016b: Ablauf des deutschen Asylverfahrens. Ein Überblick über die einzelnen Verfahrensschritte und rechtlichen Grundlagen. Nürnberg 2016

[8] Bundesamt für Migration und Flüchtlinge 2017: Asylgeschäftsstatistik für den Monat Dezember 2016 (5.1.2017). Im Internet: http://www.bamf.de/SharedDocs/Anlagen/DE/Downloads/Infothek/Statistik/Asyl/201612-statistik-anlage-asyl-geschaeftsbericht.pdf?_blob_publicationFile (Stand: 5.1.2017)

[9] Bundesregierung 2016a: Geberkonferenz in London. 11 Milliarden Dollar für syrische Flüchtlinge (4.2.2016). Im Internet: https://www.bundesregierung.de/Content/DE/Reiseberichte/2016-02-04-syrien-konferenz-london.html (Stand: 4.11.2016)

[10] Bundesregierung 2016b: Antwort der Bundesregierung auf die Kleine Anfrage der Abgeordneten Maria Klein-Schmeink et al.: Verbesserungen der gesundheitlichen und psychosozialen Versorgung von Geflüchteten zur Umsetzung der EU-Aufnahmerichtlinie (4.7.2016). Im Internet: http://dip21.bundestag.de/dip21/btd/18/090/1809009.pdf (Stand: 4.11.2016)

[11] Europäische Kommission. Dublin-Reform: Kommission legt Vorschläge zu gerechteren Verteilung von Flüchtlingen vor (20.07.2016). Im Internet: https://ec.europa.eu/germany/news/dublin-reform-kommission-legt-vorschl%C3%A4ge-zu-gerechteren-verteilung-von-fl%C3%BCchtlingen-vor_de (Stand: 4.11.2016)
[12] Europäische Kommission. Das Gemeinsame Europäische Asylsystem. Brüssel: 2015
[13] European Asylum Support Office (EASO). Annual Report on the Situation of Asylum in the European Union 2015 (2016). Im Internet: https://www.easo.europa.eu/sites/default/files/public/EN_%20Annual%20Report%202015_1.pdf (Stand: 4.11.2016)
[14] European Asylum Support Office (EASO). Latest Asylum Trends – 2016 Overview. Im Internet: https://www.easo.europa.eu/sites/default/files/Latest%20Asylum%20Trends%20Overview%202016%20final.pdf (Stand: 17.3.2017)
[15] Eurostat 2016a: Asylum Statistics (2.3.2016/20.4.2016). Im Internet: http://ec.europa.eu/eurostat/statistics-explained/index.php/Asylum_statistics (Stand: 17.3.2017)
[16] Eurostat 2016b. Pressemitteilung 44/2016. Asyl in den EU-Mitgliedstaaten. Rekordzahl von über 1,2 Millionen registrierten erstmaligen Asylbewerbern im Jahr 2015 (4.3.2016). Im Internet: http://ec.europa.eu/eurostat/documents/2995521/7203837/3-04032016-AP-DE.pdf/9fcd72ad-c249-4f85-8c6d-e9fc2614af1b (Stand: 4.11.2016)
[17] Eurostat 2016c: Pressemitteilung 75/2016. Asylentscheidungen in der EU. EU-Mitgliedstaaten erkannten im Jahr 2015 über 330 000 Asylbewerber als schutzberechtigt an (20.4.2016). Im Internet: http://ec.europa.eu/eurostat/documents/2995521/7233422/3-20042016-AP-DE.pdf/caf97549-b14d-45f3-bf91-20cfa5e6f072 (Stand: 4.11.2016)
[18] Hirseland, K. Aktuelle Zahlen und Entwicklungen. APuZ 2015; 23: 17–25
[19] UNHCR. Genfer Flüchtlingskonvention. Im Internet: http://www.unhcr.de/mandat/genfer-fluechtlingskonvention.html (Stand: 5.11.2016)
[20] UNHCR. Press release: A million refugees and migrants flee to Europe in 2015 (22.12.2015). Im Internet: http://unhcr.org/567918556.html (Stand: 4.11.2016)
[21] UNHCR 2016a: Global Trends. Forced Displacement in 2015 (20.6.2016). Im Internet: http://www.unhcr.org/576408cd7.pdf (Stand: 4.11.2016)
[22] UNHCR 2016b: Refugees/Migrants Emergency Response – Mediterranean (last update 12.6.2016). Im Internet: http://data.unhcr.org/mediterranean/regional.php (Stand: 4.11.2016)

1.3 Die aktuelle Situation und Herausforderungen der psychiatrisch-psychotherapeutischen Gesundheitsversorgung von Geflüchteten in Deutschland

Natascha Raible, John Singhammer, Alfons Hollederer, Manfred Wildner

1.3.1 Einleitung

„Die Würde des Menschen ist unantastbar. Sie zu achten und zu schützen ist Verpflichtung aller staatlichen Gewalt" – diese Sätze stellen nach Artikel 1, Absatz 1 des Grundgesetzes für die Bundesrepublik Deutschland den obersten Verfassungsgrundsatz dar. „Das Deutsche Volk bekennt sich darum" nach Absatz 2 des Artikels 1 „zu unverletzlichen und unveräußerlichen Menschenrechten als Grundlage jeder menschlichen Gemeinschaft, des Friedens und der Gerechtigkeit in der Welt." [32]. Das Grundgesetz wurde im Jahr 1949 unter dem Eindruck eines Jahrhunderts der Kriege, Not und Vertreibung verabschiedet. Es bezieht sich auf die Menschenrechte, welche im vorhergehenden Jahr von der Generalversammlung der Vereinten Nationen mit der „Allgemeinen Erklärung der Menschenrechte" verabschiedet wurden [38]. Im Jahr 1966 folgte der von Deutschland ratifizierte „Internationale Pakt über wirtschaftliche, soziale und kulturelle Rechte", der folgendes Gesundheitsrecht in Artikel 12 festlegte: „Die Vertragsstaaten erkennen das Recht eines jeden auf das für ihn erreichbare Höchstmaß an körperlicher und geistiger Gesundheit an." [33]. Zusätzlich bestehen eine Reihe von Konventionen, die den Schutz einzelner Menschenrechte weiter regulieren, wie die Genfer Flüchtlingskonvention oder die UN-Kinderrechtskonvention. Es gilt der Grundsatz der Universalität der Menschenrechte – auch für Geflüchtete.

Noch nie waren in der Geschichte so viele Menschen weltweit auf der Flucht wie heute. Entsprechend dem *United Nations High Commisioner for Refugees* sind im Jahr 2015 weltweit mehr als 60 Mio. Menschen auf der Flucht gewesen. Die meisten Geflüchteten suchen einen neuen Aufenthaltsort innerhalb oder in der Nähe ihres Herkunftslandes, viele auch in Europa – insbesondere in Deutschland. Vor allem Geflüchtete aus Syrien,

Irak, Afghanistan, aber auch aus den afrikanischen Ländern, nehmen Deutschland als einen sicheren Lebensort wahr und beantragen Asyl. Die meisten Asylsuchenden haben ein Land im Krieg hinter sich gelassen. Viele wurden im Laufe der Migration mit potenziell traumatisierenden Erlebnissen konfrontiert.

1.3.2 Versorgungsbedarf

Für eine Analyse der psychiatrischen Versorgung von Asylsuchenden und Geflüchteten sind die Versorgungsbedarfe und -bedürfnisse sowie individuelle und strukturelle Einflussfaktoren auf die Gesundheitsversorgung zu berücksichtigen. Der Versorgungsbedarf kann bei Geflüchteten derzeit nicht mit Sicherheit bestimmt werden, denn es gibt nur wenige Studien, und die Ergebnisse variieren deutlich. Eine internationale Metaanalyse von Steel et al. [36] mit insgesamt 181 eingeschlossenen Studien berichtet von Prävalenzraten von 30,6 % für die posttraumatische Belastungsstörung (PTBS) und 30,8 % für depressive Erkrankungen bei Opfern von Folter und Vertreibung, wobei sich die Prävalenzraten der einzelnen Studien stark unterscheiden (PTBS 0–99 %, depressive Erkrankungen 3–86 %) [36].

Bislang gibt es nur wenige belastbare Untersuchungen über den Versorgungsbedarf von Asylbewerber(inne)n in Deutschland. Eine systematische Übersicht von Bozorgmehr et al. [26] ergab anhand von 14 Studien ebenfalls äußerst heterogene Prävalenzen für PTBS (6,7 %–76,7 %) und andere psychische Erkrankungen [26]. Von einer Metaanalyse mit quantitativen empirischen Methoden wurden seitens der Autoren aufgrund der heterogenen Studiendesigns und Datenerhebungen abgesehen, die Relevanz von PTBS wird jedoch in der Mehrzahl der Studien bestätigt [26]. So ermittelte bspw. eine Studie (n = 76) von Gäbel et al. [31] eine Punktprävalenz von 40 % für PTBS bei Erstantragstellern. Eine weitere Untersuchung von Butollo [29] (n = 77) im Rahmen einer Gutachterstelle zur Erkennung von psychischen Störungen bei Asylbewerber(inne)n berichtet von einer Prävalenz von 50 % therapiebedürftiger psychischer Erkrankungen, wobei zu den häufigsten Diagnosen ebenfalls die PTBS (27,3 %) und Depressionen (14,3 %) zählten [29]. Auch eine größere Untersuchung von Richter, Lehfeld u. Niklewski [34], die auf 283 Asylbewerber(innen) der Erstaufnahme-Einrichtung Zirndorf beschränkt ist, kam zu dem Ergebnis, dass bei 63,6 % Asylbewerber(inne)n eine psychiatrische Diagnose gegeben ist. PTBS war mit einem Anteil von 32,2 % ebenfalls die häufigste Diagnose [34].

Festzuhalten ist, dass die Repräsentativität und Vergleichbarkeit der bisherigen Studien aufgrund der unterschiedlichen Zusammensetzung der Studienpopulationen, Fallzahlen, Zugänge, Erhebungsmethoden und unterschiedlichen Regionalbezügen nicht gegeben sind. Sie liefern aber Hinweise in einer Situation, in der es keine Gesundheitssurveys bei Geflüchteten in Deutschland gibt. Weiterhin ist anzumerken, dass Ergebnisse internationaler Studien auch darauf hinweisen, dass Asylsuchende im Vergleich zur einheimischen Bevölkerung weniger häufig psychotherapeutische Leistungen in Anspruch nehmen [30].

Obgleich der Bedarf nicht eindeutig bestimmt werden kann, sind die derzeit geltenden Voraussetzungen entscheidend dafür, ob eine adäquate Versorgung von Asylsuchenden erfolgen kann. Im folgenden Abschnitt werden deshalb die Rahmenbedingungen, die für Asylsuchende und Geflüchtete in Deutschland für die Inanspruchnahme der Gesundheitsversorgung relevant sind, und die hieraus resultierenden Herausforderungen dargestellt.

1.3.3 Gesetzliche Rahmenbedingungen

Der Zugang zur Gesundheitsversorgung ist für Asylsuchende in Deutschland gesetzlich beschränkt. Der Umfang und das Ausmaß der abrechenbaren Gesundheitsleistungen werden durch das AsylbLG bestimmt. Demnach haben Asylsuchende Anspruch auf eine (zahn-)ärztliche Behandlung, wenn akute Erkrankungen oder Schmerzzustände vorliegen (§ 4 AsylbLG). Ebenfalls werden Leistungen für Schwangere und Wöchnerinnen sowie Schutzimpfungen (gemäß §§ 47, 52 Absatz 1 Satz 1 SGB XII) und medizinisch gebotene Vorsorgeuntersuchungen zur Verhütung und Früherkennung von Erkrankungen gewährt.

Die Kosten weiterer erforderlicher Gesundheitsleistungen können im Rahmen von § 6 AsylbLG bewilligt werden, sofern sie „im Einzelfall zur Sicherung der […] Gesundheit unerlässlich" sind. Im Rahmen dieses Ermessensspielraums können auch psychotherapeutische Behandlungen seitens der Behörde gewährt werden. In akuten Notfallsituationen kann auch ohne Bewilligung eine sofortige Behandlung in Anspruch genommen werden.

Anzumerken ist, dass seit Ablauf der Umsetzungsfrist der EU-Aufnahme-Richtlinie (2013/33/EU) Asylsuchende, die zu den besonders schutzbedürftigen Personen zählen, das Recht auf die Gewährleistung angemessener Unterstützung haben, u. a. auch auf medizinische Behandlung und psychosoziale Betreuung. Schutzbedürftige sind demnach z. B. Minderjährige, Behinderte, ältere Menschen, Schwangere, Alleinerziehende, Opfer des Menschenhandels, Personen mit schweren Erkrankungen oder mit psychischen Störungen sowie Opfer von Folter oder Vergewaltigung [35].

Die eingeschränkte Inanspruchnahme des Gesundheitssystems durch Asylbewerber(innen) nach §§ 4, 6 AsylbLG endet, wenn sich der Aufenthaltsstatus ändert (z. B. durch Anerkennung) oder sich ein Asylbewerber 15 Monate dauerhaft in Deutschland befindet. Anschließend erhalten Asylbewerber(innen) gemäß SGB XII annähernd die gleichen Leistungen wie GKV-Versicherte und haben direkten Zugang zum Gesundheitssystem (§ 2 AsylbLG).

Die Umsetzung des AsylbLG wird gemäß § 10 AsylbLG vom Bund auf die Länder übertragen, wobei die Länder bei der Umsetzung vielfältigen Gestaltungsspielraum haben. Meist übertragen die Bundesländer ihre Aufgaben zu einem großen Teil an die Kommunen und stellen ihnen die finanziellen Mittel zur Verfügung.

1.3.4 Zugang zum Gesundheitssystem

Bei der Ankunft in einer Erstaufnahme-Einrichtung ist eine gesundheitliche Erstuntersuchung obligatorisch (§ 62 Asylverfahrensgesetz). Das Ausmaß der diagnostischen Tests und Untersuchungen unterscheidet sich zwischen den Bundesländern [27], [37]. Nach ersten Erkenntnissen findet ein Screening nur beim Auftreten von Symptomen statt [27]. An der medizinischen Erstversorgung beteiligt sich der Öffentliche Gesundheitsdienst (ÖGD), z. B. die Gesundheitsämter, als Koordinator direkt oder indirekt [37] nach dem Subsidiaritätsprinzip, d. h. nachrangig, sofern die Leistungen der Regelversorgung nicht ausreichen.

Nach der Registrierung hat ein Asylbewerber Zugang zu den Strukturen der Regelversorgung im Rahmen des AsylbLG (Kap. Exkurs: Rechtliche Rahmenbedingungen für die Gesundheitsversorgung). Asylbewerber(innen) müssen sich in den meisten Bundesländern (ohne elektronische Gesundheitskarte) vor jeder medizinischen Behandlung an das zuständige (Sozial-)Amt wenden und die Leistungen bewilligen lassen. Dieses holt häufig eine sachverständige ärztliche Bewertung über das örtlich zuständige Gesundheitsamt (ÖGD) ein. Der Zugang zur medizinischen Versorgung kann durch diese bürokratischen Erfordernisse erschwert oder zeitlich verzögert werden. Hinzu kommt, dass die Entscheidung über die Gewährung der Behandlungskosten von Sachbearbeitern der Verwaltung erfolgt, die häufig medizinisch nicht vorgebildet sind. Dies tangiert eine adäquate Einschätzung der Behandlungsnotwendigkeit. Die vorhandenen Sprachbarrieren erschweren diesen Prozess zusätzlich.

Um den Zugang zum Gesundheitssystem zu vereinfachen und die Verwaltungsprozesse und -kosten zu verringern, erhalten Asylbewerber(innen) in manchen Bundesländern bereits nach der Registrierung eine elektronische Gesundheitskarte. Jedoch unterscheiden sich auch hier die Finanzierung und der Umfang der gewährten Leistungen, z. B. die Gewährung von Psychotherapien, zwischen den Ländern deutlich [39].

Für unbegleitete minderjährige Geflüchtete gelten besondere Regelungen. Das Jugendamt muss einen unbegleiteten Minderjährigen in Obhut nehmen (§ 42 Abs. 2 Satz 3 SGB VIII) und ist daher für die Sicherstellung der Gesundheitsversorgung verantwortlich.

1.3.5 Regionale und kommunale Unterschiede in der Gewährleistung und Inanspruchnahme von Gesundheitsleistungen

Aus der föderalen Ausgestaltung des AsylbLG und dem regional unterschiedlichen Zusammenspiel von Ländern und Kommunen resultiert eine heterogene Umsetzungspraxis. Die Mehrheit der Bundesländer hat die elektronische Gesundheitskarte für Asylbewerber(innen) bislang nicht eingeführt. Doch auch in Bundesländern ohne elektronische Gesundheitskarte existieren – trotz einheitlicher Bundesgesetzgebung – wesentliche Unterschiede beim Bewilligungsverfahren [25].

Auch die Strukturen, Prozesse und die Leistungsfähigkeit der zuständigen Gesundheitsämter variieren regional stark [27], [37]. Es gibt zudem Hinweise darauf, dass die Informationsweitergabe gesundheitsrelevanter Daten (z. B. Anamnese, durchgeführte Maßnahmen etc.) zwischen dem

ÖGD und den niedergelassenen Ärzten der Regelversorgung nur unzureichend stattfindet [27], [37]. Eine stärkere Einbindung des ÖGDs als erster Ansprechpartner im Versorgungssystem bei der Erfassung, Einleitung, Kommunikation und Koordination erster therapeutischer Maßnahmen bietet eine Chance zur Optimierung der Schnittstellenprobleme. Dies kann jedoch nur gelingen, wenn ausreichend Kapazitäten zur Verfügung stehen.

Neben den gesetzlichen Rahmenbedingungen prägen weitere strukturelle Merkmale wie die Bereitstellung von spezifischen Betreuungs- und Behandlungsangeboten oder der Zugang zur Sprachmittlung die Gesundheitsversorgung von Asylbewerber(inne)n. Ambulante psychiatrisch-psychotherapeutische Versorgungsstrukturen, die eine spezifische Behandlung von Geflüchteten ermöglichen, existieren in vielen Kommunen nicht [37]. Ein relevanter Anteil der spezifischen Behandlung findet außerhalb der Regelversorgung in den Psychosozialen Zentren für Flüchtlinge und Folteropfer statt [23]. Die hohe Anzahl an Personen auf den Wartelisten der Zentren [23], die langen Wartezeiten auf einen Psychotherapieplatz im Allgemeinen [28] und die besonderen Erfordernisse der zielgruppenspezifischen Behandlung deuten auf eine drohende Unterversorgung in vielen Regionen hin. Hinzu kommt, dass die Behandlungszentren in Städten angesiedelt und adäquate Versorgungsstrukturen in ländlichen Regionen weniger gegeben sind.

Die psychosoziale Betreuung und Behandlung von psychischen Erkrankungen erfordern eine professionelle, interkulturell kompetente Sprachmittlung. Doch die Verfügbarkeit eines medizinisch sachkundigen, interkulturell qualifizierten Dolmetschers ist häufig nicht gegeben und auch die Finanzierung ist unsicher [37].

1.3.6 Herausforderungen und Perspektiven bei der Versorgung von Geflüchteten

Für Asylsuchende sind das unzureichende Wissen über das deutsche Gesundheitssystem sowie Sprachbarrieren wesentliche Herausforderungen. Darüber hinaus zählen kulturell unterschiedliche Krankheitsauffassungen, die Angst vor Stigmatisierung und verschiedene Erwartungen an eine Behandlung zu den relevanten individuellen Einflussfaktoren [24].

Auf der strukturellen Ebene sind v. a. die gesetzlichen und systemischen Rahmenbedingungen ausschlaggebend für Angebote und Inanspruchnahme der psychiatrisch-psychotherapeutischen Versorgung. Einheitliche und rechtssichere Empfehlungen für Erkrankungen und gesundheitliche Zustände, die einen Leistungsanspruch rechtfertigen, existieren nicht. Diese wären jedoch dringend erforderlich, um eine gleichwertige bedarfsgerechte Versorgung sicherzustellen.

Unsicherheiten in Bezug auf die Leistungsgewährung und Refinanzierung können den Mangel an spezifischen Behandlungsangeboten vor Ort verstärken und die Kooperation zwischen Psychosozialen Zentren und niedergelassenen Ärzten der Regelversorgung erschweren. Wichtig ist es daher, Transparenz zu schaffen und allen Beteiligten ausreichende Informationen zur Verfügung zu stellen.

Um die Behandlungskapazitäten zu erhöhen, wurde im Rahmen des Asylverfahrensbeschleunigungsgesetzes (AsylVfBeschlG) die Ermächtigung von Psychotherapeut(inn)en zur vertragspsychotherapeutischen Versorgung erleichtert. Telematische Anwendungen (z. B. im Sinne von videobasierten Dolmetscherpools) könnten zudem die häufig nicht ausreichende Sprachmittlung vor Ort unterstützen. Auch weitergehende Maßnahmen und der Einbezug anderer Strukturen und Personengruppen (ÖGD, Sozialarbeiter(innen), Ehrenamtliche, etc.) im Sinne eines Stufenmodells könnten aussichtsreich für die Versorgung sein und einen niedrigschwelligen Zugang ermöglichen.

Ein weiterer struktureller Hemmfaktor ist die unzureichende Erfassung und Weitergabe von Gesundheitsdaten, insbesondere bei Ortswechsel der Geflüchteten. Neben längeren Wartezeiten und der Verzögerung nachfolgender Behandlungen kann dies Über-, Unter- und Fehlversorgung bedingen. Ein standardisiertes, bundesweit einheitliches Vorgehen sowie Strukturen zur Koordinierung und zur Bündelung und Weitergabe der Informationen wären wünschenswert.

Es ist zu konstatieren, dass gegenwärtig weder die Verbreitung von Traumafolgestörungen (Kap. 1.3.2) noch der Bedarf oder das Bedürfnis nach psychotherapeutischen Leistungen von Asylsuchenden ausreichend bekannt sind. Grundkenntnisse zur Prävalenz sowie zu geschlechts- und migrantenspezifischen Bedürfnissen sind für die Etablierung einer ausreichenden und adäquaten Versorgung unverzichtbar. Versorgungsforschung und Berichterstattung sollte hier ansetzen.

1.3 Psychiatrisch-psychotherapeutische Gesundheitsversorgung

Die Gesundheitsversorgung von Geflüchteten bedeutet für das Gesundheitssystem in Deutschland eine der größten Herausforderungen der Gegenwart. Gerade die psychotherapeutischen und psychosozialen Versorgungsangebote müssen angesichts der Vielzahl an traumatisierten Geflüchteten weiterentwickelt werden, um dem Bedarf gerecht zu werden. Nach dem Grundgesetz der Bundesrepublik Deutschland stellen die Menschenwürde und die Menschenrechte die höchsten Handlungsnormen – geschützt durch die Ewigkeitsgarantie nach Art. 79 – dar. Zu den Menschenrechten zählt das Recht auf Gesundheit. Die Menschenrechte sind nach diesem Anspruch unteilbar.

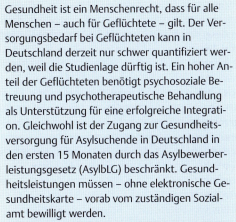

Fazit

Gesundheit ist ein Menschenrecht, dass für alle Menschen – auch für Geflüchtete – gilt. Der Versorgungsbedarf bei Geflüchteten kann in Deutschland derzeit nur schwer quantifiziert werden, weil die Studienlage dürftig ist. Ein hoher Anteil der Geflüchteten benötigt psychosoziale Betreuung und psychotherapeutische Behandlung als Unterstützung für eine erfolgreiche Integration. Gleichwohl ist der Zugang zur Gesundheitsversorgung für Asylsuchende in Deutschland in den ersten 15 Monaten durch das Asylbewerberleistungsgesetz (AsylbLG) beschränkt. Gesundheitsleistungen müssen – ohne elektronische Gesundheitskarte – vorab vom zuständigen Sozialamt bewilligt werden.

Die psychosoziale Betreuung und Behandlung von psychischen Erkrankungen bei Geflüchteten erfordern zielgruppenspezifische Versorgungsangebote mit professioneller Sprachmittlung. Schnittstellenprobleme und Unsicherheiten bzgl. der Gewährung von Leistungen prägen die medizinische Versorgung und erschweren eine bedarfsgerechte Versorgung.

1.3.7 Literatur

[23] Baron J, Flory L. Versorgungsbericht zur psychosozialen Versorgung von Flüchtlingen und Folteropfern in Deutschland. Berlin: Bundesweite Arbeitsgemeinschaft der Psychosozialen Zentren für Flüchtlinge und Folteropfer; 2016
[24] Baschin K, Ülsmann D, Jacobi F et al. Utilization of the mental health care system. Psychotherapeut 2012; 57(1): 7–14
[25] Bötel A, Steinbrück A. Lebenslagen von Asylbewerbern Vorschläge zur Verwaltungs- und Verfahrensvereinfachung. Vorstudie. Robert Bosch Stiftung; 2014
[26] Bozorgmehr K, Mohsenpour A, Saure D et al. Systematic review and evidence mapping of empirical studies on health status and medical care among refugees and asylum seekers in Germany (1990–2014). Bundesgesundheitsbl 2016; 59 (5): 599–620
[27] Bozorgmehr K, Nöst S, Thaiss H M et al. Die gesundheitliche Versorgungssituation von Asylsuchenden. Bundesweite Bestandsaufnahme über die Gesundheitsämter. Bundesgesundheitsbl 2016; 59: 545–55
[28] BPtK-Studie zu Wartezeiten in der ambulanten psychotherapeutischen Versorgung. Umfrage der Landespsychotherapeutenkammern und der BPtK. Berlin: Bundespsychotherapeutenkammer; 2011
[29] Butollo W. Gutachterstelle zur Erkennung psychischer Störungen bei Asylbewerbern. Abschlussbericht der LMU, Departement Psychologie, Lehrstuhl Klinische Psychologie & Psychotherapie. München: Ludwig-Maximilians-Universität; 2012:100
[30] Durbin A, Moineddin R, Lin E et al. Mental health service use by recent immigrants from different world regions and by non-immigrants in Ontario, Canada: a cross-sectional study. BMC Health Serv Res 2015; 15(1): 1–15
[31] Gäbel U, Ruf M, Schauer M et al. Prävalenz der posttraumatischen Belastungsstörung (PTSD) und Möglichkeiten der Ermittlung in der Asylverfahrenspraxis. Z Klin Psychol Psychother 2006; 35(1): 12–20
[32] Grundgesetz für die Bundesrepublik Deutschland. Berlin: Deutscher Bundestag; 2015
[33] Internationaler Pakt über wirtschaftliche, soziale und kulturelle Rechte vom 19. Dezember 1996, Bundesgesetzblatt (BGBl) 1976 II: 428
[34] Richter K, Lehfeld H, Niklewski G. Warten auf Asyl: Psychiatrische Diagnosen in der zentralen Aufnahmeeinrichtung in Bayern. Gesundheitswesen 2015; 77(11): 834–38
[35] Richtlinie 2013/33/EU des europäischen Parlaments und des Rates. Amtsblatt der Europäischen Union, 2013
[36] Steel Z, Chey T, Silove D et al. Association of torture and other potentially traumatic events with mental health outcomes among populations exposed to mass conflict and displacement: A systematic review and meta-analysis. JAMA 2009; 302(5): 537–49
[37] Tinnemann P, Gundlach F, Nitschke H et al. Medizinische Versorgung von Flüchtlingen durch den Öffentlichen Gesundheitsdienst: Allzeit bereit – nur wie lange noch? Gesundheitswesen 2016; 78(04): 195–99
[38] Vereinte Nationen. Allgemeine Erklärung der Menschenrechte. Resolution der Generalversammlung. 217 A (III). Generalversammlung: 1948
[39] Wächter-Raquet, M. Einführung der Gesundheitskarte für Asylsuchende und Flüchtlinge. Der Umsetzungsstand im Überblick der Bundesländer: Gütersloh: Bertelsmann Stiftung; 2016: 36

2 Prävalenz körperlicher und psychischer Erkrankungen bei Asylsuchenden und Geflüchteten

Christine Schneider, Kayvan Bozorgmehr

2.1 Einleitung

Eine zunehmende Zahl von Menschen flieht aus ihren Heimatländern vor Kriegszuständen und Hungersnöten und sucht Schutz in anderen Ländern. Deutschland beherbergt in absoluten Zahlen die größte Anzahl an Schutzsuchenden in Europa.

So stehen das deutsche Gesundheitssystem, aber auch Ärzte und Therapeut(inn)en vor der großen Herausforderung, eine adäquate medizinische Versorgung für Geflüchtete sicherzustellen. Eine Vielzahl rechtlicher und bürokratischer Hürden erschwert dabei eine adäquate Behandlung. Durch unzureichende Gesundheitsversorgung im Herkunftsland, widrige Fluchtbedingungen und traumatisierende Erlebnisse stellen Geflüchtete eine besonders vulnerable Gruppe dar. Repräsentative Daten zum körperlichen und psychischen Gesundheitszustand von Geflüchteten in Deutschland sind noch immer rar [52]. Asylsuchende und Geflüchtete sind bisher weder in Gesundheitssurveys des Bundes eingeschlossen [84], noch existieren aussagekräftige epidemiologische Studien über ihren Gesundheitszustand jenseits einzelner Erkrankungen [52]. Hinzu kommt, dass angesichts der inhärenten Dynamiken der Fluchtbewegungen mit Blick auf die Herkunftsländer sowie Migrationsrouten epidemiologische Erkenntnisse unter Umständen eine kurze Halbwertszeit haben. Aus den Erkenntnissen vieler regionaler Studien [52] und den Rückgriff auf Untersuchungen in vorherigen Flüchtlingspopulationen lässt sich jedoch in ihrer Gesamtheit ein vorsichtiges richtungsweisendes Bild über das vorherrschende Krankheitsspektrum bei Asylsuchenden in Deutschland gewinnen, das im Folgenden dargestellt werden soll.

2.2 Körperliche Erkrankungen

Die Mehrheit der Geflüchteten entstammt Regionen, in denen die Gesundheitssysteme aufgrund von Armut und Bürgerkriegen in einem desolaten Zustand sind. Jedoch war in vielen Ländern bereits vor Ausbruch von Konflikten und Krisen vielen Menschen eine adäquate medizinische Versorgung aus finanziellen oder ethnischen Gründen verwehrt. So ist davon auszugehen, dass viele Geflüchtete schon im Heimatland unter gesundheitlichen Beschwerden litten, die nicht ausreichend behandelt wurden. Die belastenden Umstände und körperlichen Strapazen während der Flucht begünstigen die Verschlimmerung bestehender und das Auftreten neuer Erkrankungen. Zusätzliche Risikofaktoren für das Auftreten und die Verbreitung von Infektionskrankheiten stellen hohe Prävalenzen in den Herkunftsländern, fehlender Impfschutz und die Flucht per se dar [47]. Doch auch nach Ankunft in Deutschland fördert die Unterbringung in improvisierten Unterkünften durch die beengte Wohnsituation und mangelnde Basishygiene die Ausbreitung infektiöser Erkrankungen [42], [73].

Anhand von Daten des Bremer Gesundheitsprogrammes (1993–1994) beschreibt Mohammadzadeh [79] Erkrankungen der Atmungsorgane als die am häufigsten auftretenden gesundheitlichen Beschwerden, gefolgt von Hauterkrankungen, Krankheiten des Gastrointestinaltrakts und Schmerzzuständen. In den Jahren 2001–2008 wurden als häufigste Einzelbefunde geschlechtsübergreifend Kopfschmerz (17,2 %), Grippe (ca. 5 %) und Atemwegsinfektionen (ca. 5 %) diagnostiziert. Auch die aktuellen Daten des Bremer Gesundheitsprogramms aus den Folgejahren lassen trotz des kontinuierlichen Anstiegs der Flüchtlingszahlen keine bedeutenden Unterschiede im Krankheitsspektrum erkennen [79]. Erstuntersuchungen, Impfungen und Beratungen (ICD-10 Kapitel Z) stellten mit 29,6 % die häufigsten Behandlungsgründe dar, gefolgt von Atemwegserkrankungen (18,1 %), unspezifischen (Schmerz-)Symptomen (16,9 %), Erkrankungen des Verdauungstraktes (6,1 %) und des muskuloskelettalen Systems (6 %). Infektiöse und parasitäre sowie psychische Erkrankungen stellten in der Gesamtschau aller Jahre nur einen sehr kleinen Anteil der gestellten Diagnosen dar.

Ein bedeutender Teil der häufig diagnostizierten unklaren Beschwerden und Schmerzsymptome ist jedoch als Somatisierung der psychischen Belastungen während der Flucht und des Asylverfahrens zu werten [71]. In einer qualitativen Auswertung der von Asylsuchenden in Osnabrück genannten gesundheitlichen Beschwerden zeigt sich ein fast identisches Spektrum an Krankheitsbildern, das durch Magen-Darm-Beschwerden, Schmerzzustände und Erkältungskrankheiten dominiert wird [48]. In Einklang damit unterstreichen aktuellere Daten aus München das gehäufte Vorkommen von Atemwegsinfektionen, vor allem durch unspezifische virale Erreger, sowie neuropsychiatrischen Syndromen und gastrointestinalen Erkrankungen [42].

Anhand der Übereinstimmung der aufgeführten Beispiele lässt sich ein Krankheitsspektrum erkennen, das von Schmerzsymptomen, gastrointestinalen und respiratorischen Erkrankungen dominiert wird und nur einen geringen Anteil – zumeist im Promillebereich – schwerer infektiöser Erkrankungen aufweist. Auffallend ist eine große Bandbreite der Beschwerden, die im Wesentlichen dem allgemeinärztlichen Krankheitsspektrum entspricht, doch sollten Infektionskrankheiten mit Blick auf die Geoepidemiologie stets bedacht werden. Für Geflüchtete bestehen hohe Hürden im Zugang zur medizinischen Primärversorgung [90]. Daher ist es umso bedeutender, dass Personen, die regelmäßigen Kontakt zu Geflüchteten haben, sensibilisiert sind für häufige Krankheitsbilder, um beim Auftreten von körperlichen Krankheitssymptomen im Bedarfsfall eine entsprechende Behandlung zu initiieren.

2.2.1 Infektionserkrankungen

Stellungnahmen des Robert Koch Instituts betonen, dass von Asylsuchenden keine erhöhte Gefährdung für die Allgemeinbevölkerung ausgeht [86]. Dennoch sind Geflüchtete nicht nur aufgrund erhöhter Prävalenz von Infektionskrankheiten und eingeschränkten Möglichkeiten der Impfung in den Herkunftsländern, sondern auch durch widrige Bedingungen auf der Flucht und in den Aufnahmeeinrichtungen besonders gefährdet gegenüber infektiösen Erkrankungen [47]. Eine Auswertung repräsentativer Daten des Robert Koch Instituts [85] belegt, dass der größte Anteil aller Ausbrüche in Gemeinschaftsunterkünften für Asylsuchende (2004–2014) auf impfpräventable Erkrankungen und Schmierinfektionen zurückzuführen war, darunter vor allem Windpocken, Masern, Skabies, Rotaviren, Salmonellen und Tuberkulose [73]. Der Großteil der Infektionen (87 %) wurde erst in Deutschland erworben [73]. Es zeigten sich in den letzten Jahren eine deutliche Zunahme von Fällen pro Ausbruch und gehäufte Ausbrüchen von Skabies und infektiösen Gastroenteritiden, die sich durch Verschlechterung der Gesundheitssysteme in den Herkunftsländern, aber auch durch die hohe Inanspruchnahme der Gesundheitsangebote und der Unterbringungsmöglichkeiten in Deutschland erklären lassen [73]. Durch verbesserte Primärprävention im Sinne von Impfungen, hygienischen Standards und Aufklärung ließe sich daher die Mehrheit der Ausbrüche in Gemeinschaftsunterkünften vermeiden.

Unter allen Asylsuchenden des Bremer Gesundheitsprogramms waren im Zeitraum von 2001–2008 15 % aller männlichen und 11 % aller weiblichen Asylsuchenden von infektiösen Erkrankungen betroffen. Wesentlich häufiger als schwerwiegende Erkrankungen wie HIV, Hepatitiden oder Tuberkulose wurden Dermatophytosen, Läuse- und Filzlausbefall und Skabies diagnostiziert [71]. Aktuelle Daten des Bremer Gesundheitsprogramms zeigen ähnliche Erkenntnisse [79]. Da die Verbreitung dieser Erreger durch schlechten Allgemeinzustand, engen zwischenmenschlichen Kontakt und unzureichende Hygienebedingungen gefördert wird, ist von einem gesundheitsschädlichen Einfluss der Lebensbedingungen während der Flucht und in den Aufnahmeeinrichtungen auszugehen [71].

Unter den nach Infektionsschutzgesetz meldepflichtigen Erkrankungen traten bei Asylsuchenden im Jahr 2016 vor allem impfpräventable und gastrointestinale Krankheiten auf. Am häufigsten wurden Windpocken (1091 Fälle), Influenza (455 Fälle), Rotavirus- (117 Fälle) und Norovirus-Gastroenteritiden (102 Fälle) gemeldet. Durch gezielte Untersuchung in Erstaufnahmezentren im gesamten Bundesgebiet wurden in den ersten 13 Kalenderwochen 2016 zudem 615 Fälle von Tuberkulose und 235 Fälle von Hepatitis B diagnostiziert [86].

Die beschriebenen Erkenntnisse sprechen für eine hohe Prävalenz vielfältiger infektiöser Erkrankungen, die durch ausreichende Hygiene und Impfungen vermeidbar wären. Dabei bilden dermatologische, parasitäre und gastrointestinale Erkrankungen einen weitaus größeren Teil als schwerwiegende Krankheiten wie Tuberkulose und Hepatitis.

Gastrointestinale Erkrankungen werden vor allem durch kontaminierte Nahrung, verunreinigtes Trinkwasser oder durch Schmierinfektion übertragen, daher begünstigt unzureichende Lebensmittelhygiene auf der Flucht und in den Unterkünften das Auftreten und die Verbreitung von Magen-Darm-Infektionen [47]. Infektiöse gastrointestinale Erkrankungen wie Rotaviren, Noroviren, Salmonellen und Shigellen waren im Jahr 2014 für ⅕ aller Krankheitsausbrüche in Einrichtungen verantwortlich [73]. Bei jedem 5. Asylsuchenden wurden in einer Untersuchung von Stuhlproben (fakultativ) pathogene Erreger diagnostiziert [64], eine behandlungsbedürftige parasitäre Erkrankung wurde bei 3,5 % aller Asylsuchenden nachgewiesen [73].

Unter den infektiösen Erkrankungen stellten Windpocken die häufigste nach IfsG meldepflichtige Infektion unter Asylsuchenden in Deutschland im Jahr 2016 dar. In einer zentralen Aufnahmeeinrichtung zeigte sich im adoleszenten Alter eine im Vergleich zur deutschen Allgemeinbevölkerung deutlich niedrigere Immunität (Mädchen: 73,8 %, Jungen: 80,5 %) [89].

Trotz der wiederholt berichteten Masernausbrüche in Asylunterkünften liegen nur wenige aktuelle Daten zum Auftreten unter Asylsuchenden in Deutschland vor. Keine ethnische Subpopulation der Asylsuchenden weist eine ausreichende Immunität gegen Masern auf, doch besonders Asylsuchende aus den Staaten des Westbalkans sind meist nur äußerst unzureichend geschützt [96].

Die systematische Impfung aller Geflüchteten bei Ankunft in Deutschland ist zur Eindämmung der Maserninfektionen ebenso wichtig wie ein adäquates Handeln im Fall eines Ausbruchs. Sowohl aus medizinischer als auch aus monetärer und logistischer Sicht stellt die Riegelungsimpfung aller Bewohner die bevorzugte Methode der Eindämmung dar [95].

Die Prävalenz der Hepatitis B liegt in den Herkunftsländern der Geflüchteten deutlich höher als in Deutschland. Erwartungsgemäß zeigte sich in einem Flüchtlingskollektiv in Norddeutschland im Jahr 2015 eine gegenüber der deutschen Allgemeinbevölkerung erhöhte Prävalenz von 2,3 % (Männer: 2,5 %, Frauen: 1,2 %) [69]. Ein direkter Vergleich der Prävalenzen zwischen Geflüchteten und der Bevölkerung ist jedoch nur schwer möglich, da die Zahlen zur deutschen Allgemeinbevölkerung meist nicht auf Screening-Programmen, sondern auf Krankheitsfällen beruhen.

In Anbetracht der zuvor erwähnten schwierigen hygienischen Bedingungen und des engen Kontaktes in Massenunterkünften stellen vor allem hochvirämische Träger ein potenzielles Gesundheitsrisiko dar, das durch den großen Anteil nicht immuner Personen von 60 % verstärkt wird [69]. Die Prävalenz der Hepatitis B kann aufgrund der stetigen Schwankungen der Herkunftsländer nur näherungsweise und als Momentaufnahme geschätzt werden. In einer Vollerhebung unter Asylsuchenden in Bayern wurde im 1. Halbjahr 2015 – ähnlich zu den Vorjahreswerten – bei 4 % aller Asylsuchenden das Hepatitis B-Virus nachgewiesen [93]. In Bremen (2001–2008) wurde hingegen eine Gesamtprävalenz von Hepatitis A, B und C von nur 0,27 % beschrieben [71] und in München von 0,9 % [42].

In der Bevölkerung herrscht eine große Angst, dass durch Geflüchtete die Tuberkulose in Deutschland eingeschleppt werden könne [76]. Vernachlässigt wird dabei, dass die Erkrankung auch in Deutschland bei niedriger Inzidenz weiterhin endemisch vorkommt. Nationale [45] und internationale Studien [59] belegen weiterhin, dass die Immigration aus sogenannten Tuberkulose-Hochinzidenzländern die Epidemiologie der Aufnahmeländer im Sinne von Übertragungen auf die einheimische Bevölkerung nicht beeinflusst. Insgesamt sind jedoch, nicht zuletzt aufgrund der verpflichtenden Gesundheitsuntersuchung nach § 62 Asylgesetz, viele Tuberkulose-Neuerkrankungen in Deutschland bei Asylsuchenden aus Hochinzidenzländern zu verzeichnen. Neben dem höheren Tuberkulosevorkommen in den Hochinzidenzländern begünstigen altersbedingte Faktoren (junges bis mittleres Erwachsenenalter), potenzielle Tuberkulose-Exposition während der Flucht, Aufenthalt in Lagern oder Gefängnissen sowie die psychischen und physischen Belastungen, die eine Reaktivierung einer latenten Tuberkulose bewirken können, das erhöhte Krankheitsrisiko dieser Population [56].

Eine systematische Übersichtsarbeit und Metaanalyse internationaler Studien zum Tuberkulosevorkommen bei Asylsuchenden ergab eine mittlere Fallfindung im Rahmen von Tuberkulose-Screeningprogrammen von 2,7 pro 1000 untersuchten Asylsuchenden bzw. von 11,7 pro 1000 bei anerkannten Flüchtlingen [44]. Dass nur ein Bruchteil der Tuberkulosefälle bei Asylsuchenden durch das verpflichtende Röntgen-Screening identifiziert wird [60], unterstreicht die Bedeutung guter, barrierefreier Primärversorgung bei der frühzeitigen Erkennung latenter Tuberkulose-Infektionen sowie später erworbener Infektionen, die im Rahmen von Screening-Programmen nicht erkannt werden [52], [60]. Aus den wenigen in

Deutschland vorliegenden Studien [52] ist bekannt, dass Asylsuchende medizinische Hilfe in vielen Fällen verspätet aufsuchten, sodass eine Sensibilisierung der Versorger sowie eine bessere Aufklärung dieser Population über Symptome, Therapiemöglichkeiten und die Notwendigkeit der Therapie-Adhärenz erforderlich ist [60], [77].

Die Kenntnis über das Vorkommen schwerwiegender Infektionserkrankungen ist auch aus psychosozialer Sicht wichtig, da die Diagnostik und Therapie nicht zuletzt eine zusätzliche Belastung für den Patienten und seine Angehörigen darstellen können. Somit sind auch psychosoziale Versorgungsangebote notwendig, um die Gesamtsituation von Geflüchteten mit Infektionserkrankungen zu stabilisieren und eine erfolgreiche Therapie zu ermöglichen [91].

2.2.2 Chronische nicht-übertragbare Erkrankungen

Nicht-übertragbare chronische Erkrankungen bilden neben Infektionserkrankungen eine bedeutende Dimension des unter Geflüchteten vorherrschenden Krankheitsspektrums. Unter Asylsuchenden in München wurden häufig Hypertonie, Herzinsuffizienz, dialysepflichtige Niereninsuffizienz und Diabetes mellitus diagnostiziert [42]. Obwohl die Therapie chronischer Erkrankungen sowohl aus medizinischer als auch aus gesundheitsökonomischer Sicht von großer Relevanz ist, ist die Datenlage zu Asylsuchenden in Deutschland sehr spärlich [52]. Studien zu Asylsuchenden in den Niederlanden weisen auf eine hohe Mortalität durch chronische Leiden wie Krebs und kardiovaskuläre Erkrankungen hin, wobei diese jedoch seltener als in der heimischen Bevölkerung auftreten [67]. Diabetes mellitus hingegen ist in vielen Herkunftsländern Asylsuchender prävalenter als in Deutschland, und aufgrund vermehrter Risikofaktoren für Diabetes (PTBS, genetische Prädisposition, niedriges Geburtsgewicht, Hungersnot in der Kindheit und ungesunder Lebensstil in den Aufnahmeländern) stellen Asylsuchende eine Hochrisikogruppe für Diabetes dar [67]. In den Niederlanden wurde eine bei Asylsuchenden doppelt so hohe Diabetesprävalenz als in der Allgemeinbevölkerung konstatiert [67], die bei vergleichbaren Herkunftsregionen und Bedingungen im Aufnahmeland vermutlich annähernd auch auf Deutschland zutrifft. Besonders im Falle von schwerwiegenden infektiösen und chronischen Erkrankungen bietet sich für Therapeut(inn)en, die in einem engen Vertrauensverhältnis zu Geflüchteten stehen, die Möglichkeit, die Compliance der Geflüchteten bezüglich der langfristigen somatischen Therapien zu stärken.

2.2.3 Gesundheit von minderjährigen Geflüchteten

Minderjährige Geflüchtete sind ebenso wie Erwachsene enormen gesundheitlichen Stressoren vor und während der Flucht sowie Benachteiligungen im Aufnahmeland ausgesetzt. Im Vergleich zu in Deutschland geborenen Kindern oder Migrant(inn)en mit sicherem Aufenthaltsstatus leiden Flüchtlingskinder unter einem schlechteren allgemeinen und psychischen Gesundheitszustand [97]. Zahnprobleme, Infektionen, Hautprobleme, Magen-Darm-Beschwerden und Schmerzsymptome werden dabei häufig beobachtet [94]. Bei ⅕ aller Kinder eines Studienkollektivs zeigte sich ein pathologischer Zahnstatus und bei ⅓ der Mädchen eine Eisenmangelanämie (Spallek Tempes). Des Weiteren litt über die Hälfte der untersuchten geflüchteten Kinder unter mindestens einer Infektion, 15,7 % sogar unter zwei Infektionen. Als besonders vulnerable Gruppe präsentierten sich Kinder aus dem subsaharischen Afrika mit einer Infektionsprävalenz von 87 %. Zunächst überraschend scheint, dass der subjektiv schlechtere Gesundheitszustand bei Kindern asylsuchender Eltern nicht primär durch den aufenthaltsrechtlichen Flüchtlingsstatus verursacht, sondern vielmehr durch den Migrationshintergrund und niedrigen sozialen Status beeinflusst wird. Doch besteht aufgrund der sozialen und finanziellen Degradierung im Rahmen der Flucht und des Asylverfahrens eine enge Verknüpfung des Flüchtlingsstatus und der sozialen Positionierung. Ein – wenn auch indirekter – schädlicher Einfluss der mit Flucht und Asylverfahren assoziierten Umstände auf die subjektive Gesundheit von Kindern lässt sich daher durchaus konstatieren [97].

Weiterhin ist eine verminderte Teilnahme an kinderärztlichen Vorsorgeprogrammen bei geflüchteten Kindern zu konstatieren [63]. Für Kinder mit unsicherem Aufenthaltsstatus wurde mehrfach [63], [97] ein im Vergleich zur „Normalbevölkerung" reduzierter Impfschutz festgestellt, der am ehesten in migrationsbedingten Hindernissen (Sprachbarrieren, fehlende Zugänglichkeit) begründet liegt; ein Beispiel: nur 38 % der Kinder von Asylsuchenden im Landkreis Reutlingen erhielten eine vollständige Immunisierung gegen Masern, Mumps und Röteln, während die Rate bei einheimischen Kindern bei etwa 85 % liegt [55].

2.3 Psychische Erkrankungen

Menschen, die aus ihren Heimatländern fliehen und in europäischen Staaten Zuflucht suchen, durchleben eine Vielzahl an traumatischen Erlebnissen und sind über mehrere Monate oder gar Jahre psychischen Stressoren exponiert. Nicht nur die existenzbedrohlichen Zustände in der Heimat, sondern auch dramatische Fluchterlebnisse und die Lebensbedingungen während des Asylverfahrens können zu Traumatisierungen führen, die durch das Leben in permanenter Unsicherheit verschlimmert werden können.

Laut einer Untersuchung von Bogic [50] hatten Asylsuchende aus dem ehemaligen Jugoslawien, die 2005–2006 befragt wurden und im Durchschnitt ca. 10 Jahre im Exil lebten, während des Balkankrieges gemittelt 7,8 traumatische Kriegserlebnisse durchlebt, darunter Bombardierung (84,9 %), Obdachlosigkeit (64,3 %) und Belagerung (59,3 %). 54 % einer anderen Gruppe von Asylsuchenden aus dem ehemaligen Jugoslawien berichteten von Gewalterleben gegen die eigene Person, 62 % gegen ein Familienmitglied und 64 % vom Aufenthalt in einem Kriegsgebiet, was sich mit Aussagen Asylsuchender verschiedener Herkunftsregionen in einer Unterkunft in Zirndorf deckte [81]. Die untersuchten Geflüchteten aus Bosnien mit schwerer PTBS hatten gemittelt 12 kriegsbezogene Belastungssituationen erlebt, wobei am häufigsten von Todesangst, Gehirnwäsche, gewaltsamer Trennung, Obdachlosigkeit, körperlicher Folter sowie von Entführung und Vergewaltigung berichtet wurde [72]. Während der Flucht stellten mangelhafte Unterbringungen (52,9 %), die Trennung von Familienmitgliedern (52,2 %) und finanzielle Sorgen (52,2 %) neben der dauernden Ungewissheit die schwerwiegendsten Stressoren dar [50].

In der Postmigrationsphase stellt die lange Dauer des Asylverfahrens die zentrale Belastung dar, womit eine permanente Zukunftsangst verbunden ist und zahlreiche Restriktionen einer erfolgreichen Integration im Wege stehen. Die erzwungene Arbeitslosigkeit, das Gefühl der sozialen Degradierung und erlebte Diskriminierung sind nur einige von vielen berichteten Postmigrationsstressoren, die das Auftreten psychischer Erkrankungen fördern ([48], [71], 35–37). Die Unterbringung in Massenunterkünften wirkt sich durch fehlende Privatsphäre und das enge Zusammenleben mit eingeschränkten Handlungsmöglichkeiten als sehr belastend auf die seelische Gesundheit aus [43], [48], [71], [83]. So berichtete ein beträchtlicher Anteil Asylsuchender einer Gemeinschaftsunterkunft in Würzburg von einer Verschlechterung der psychischen Gesundheit seit der Unterbringung in der Gemeinschaftsunterkunft [43]. Die Dauer des Asylverfahrens korreliert daher signifikant mit dem Auftreten psychischer Erkrankungen [43], [51].

Ferner stellt die Anhörung eine psychische Strapaze dar, denn Asylsuchende sind gezwungen, ihre Fluchtgründe ausführlich darzulegen, wodurch eine Retraumatisierung erzeugt werden kann [51].

Insgesamt korrelieren ein niedriger Bildungsstand, eine höhere Anzahl traumatischer Erlebnisse während und nach dem Krieg, migrationsbedingter Stress, fehlendes Gefühl der Akzeptanz im Zielland und ein unsicherer Aufenthaltsstatus jeweils unabhängig voneinander mit einer hohen Prävalenz von psychischen Erkrankungen. Während sich kriegsbezogene Faktoren auf die Entstehung und Ausprägung der posttraumatischen Belastungsstörungen (PTBS) auswirken, scheinen die Stressoren der Postmigrationsphase eher Depressionen, Angststörungen und Substanzmissbrauch zu beeinflussen [50].

2.3.1 Das Spektrum psychischer Erkrankungen

Die deutsche Forschungslandschaft zur psychischen Gesundheit von Geflüchteten ist geprägt von einer großen Vielfalt hinsichtlich der Studienpopulationen (Altersgruppen und Herkunftsländer), der Sampling-Strategien und der Methodik bzw. der verwendeten Instrumente zur Diagnostik [52]. Obwohl insgesamt eine Vielzahl qualitativer und quantitativer Studien zur psychischen Belastung von Asylsuchenden in Deutschland existiert, lässt die Diversität und der eher beispielhafte Charakter vieler Studien bisher keine bundesweit belastbaren Erkenntnisse über Prävalenzen zu [52]. Die Zusammenschau aller bis 2014 durchgeführten Studien [40] ergibt jedoch ein aussagekräftiges Bild über das Spektrum und die Muster psychischer Erkrankungen bei in Deutschland lebenden Geflüchteten.

Posttraumatische Belastungsstörungen und Depressionen nehmen eine zentrale Rolle unter den psychischen Beschwerden ein, das gesamte Spektrum der Erkrankungen ist jedoch sehr weitreichend [52]. In einer Diagnostikstelle zur Erfassung psychischer Erkrankungen bei Asylsuchenden in der Aufnahmeeinrichtung in Zirndorf wurden im Jahr 2012 283 Asylsuchende untersucht [81]. Das Studienkollektiv setzte sich zusammen aus 125 randomisiert zugewiesenen Bewohnern der Unterkunft und 158 Selbstzuweisern. 78 % der Selbstzuweiser und 45 % der Zufallsstichprobe erhielten eine psychiatrische Diagnose. Dabei dominierten Symptome aus den Bereichen der neurotischen und somatoformen (F4, insgesamt 33,9 %) sowie affektiven Störungen (F3, 21,9 %). Posttraumatische Belastungs- und Angststörungen wurden bei ⅓ der Asylsuchenden und depressive Erkrankungen bei 21,9 % diagnostiziert, worunter PTBS (F43.1), Anpassungsstörungen (F43.2) und rezidivierende depressive Störungen (F33.X) am häufigsten gesehen wurden. Die Ausprägung der Erkrankung machte in fast der Hälfte der Gesamtstichprobe eine medikamentöse Therapie vor Ort, zumeist mit Antidepressiva oder milden Sedativa, notwendig. Bei 68 % der Selbstzugewiesenen und 31 % der Zufallsstichprobe wurde eine dringende weitere Behandlungsempfehlung abgegeben [81]. Damit decken sich die Ergebnisse einer Gutachterstelle zur Diagnostik psychischer Erkrankungen in München: Bei einer Prävalenz psychischer Erkrankung von 68,8 % unter 263 Asylsuchenden wurden am häufigsten PTBS (41,6 %), schwere Depressionen (18,6 %) und Angst- und Zwangsstörungen (7,6 %) diagnostiziert [58].

Auch von 140 Asylsuchenden einer Würzburger Gemeinschaftsunterkunft litten 68,5 % unter einer psychischen Erkrankung, bzw. 38,5 % unter Komorbiditäten mit 2 oder mehr Syndromen. Bei jedem 2. Studienteilnehmer (48,5 %) wurde anhand des PRIME-MD Patient Health Questionnaire eine Depression diagnostiziert, bei 38,6 % der Fälle ein somatoformes Syndrom, bei 20,7 % Angst- und Panikstörungen und bei 12,1 % ein Alkoholsyndrom. Eine geringere psychische Belastung zeigte sich bei deutsch- und englischsprachigen Teilnehmer(inne)n im Vergleich zu den anderssprachigen Untergruppen [43].

Das oben beschriebene Studienkollektiv bei Bogic [50] aus den Balkanstaaten ergab bei 67,8 % eine psychische Erkrankung, führend waren dabei PTBS, sonstige Angststörungen und Depressionen [50]. In einer anderen Studie wurde gezeigt, dass bosnische Geflüchtete mit schwerer PTBS häufig unter Komorbiditäten mit somatoformen Beschwerden wie Kopfschmerz (81,3 % aller untersuchten PTBS-Patienten), Rückenschmerz (79,7 %), Tachykardie (78,1 %), Schwitzen (79,7 %) und Müdigkeit (74,6 %) leiden [72]. In einer Stichprobe, die als repräsentativ für die seit dem Bürgerkrieg in Deutschland lebenden Geflüchteten aus dem ehemaligen Jugoslawien mit temporärem Aufenthaltstitel gelten kann, wurde bei 78 % eine psychische Störung diagnostiziert, darunter rangierte PTBS (54 %) vor Depression (50 %) und Angststörungen (30 %). Aufgrund des langen zeitlichen Abstandes zu Traumatisierungen wurde bestätigt, dass Postmigrationsfaktoren, allen voran der Zustand permanenter Unsicherheit, neben Kriegstraumatisierungen die Ausbildung psychischer Erkrankungen fördern [74]. In psychiatrischen Gutachten während des Asylverfahrens wurde bei 74,1 % der Asylsuchenden eine PTBS diagnostiziert (in 6,8 % der Fälle mit andauernder Persönlichkeitsänderung) und bei ca. 60 % eine (rezidivierende) depressive Störung [92]. Auch unter Asylsuchenden in psychotherapeutischer Behandlung waren die vorherrschenden Diagnosen PTBS (77,1 %), Dysthymie (11,3 %) und somatoforme Störungen (5 %) [57]. Keine der bisherigen Studien weist auf ein nennenswertes Ausmaß schizophrener, wahnhafter oder Persönlichkeitsstörungen bei diesen Asylsuchenden hin.

Ein Hindernis in der Darstellung des vorherrschenden Krankheitsspektrums liegt in der Schwierigkeit der präzisen Diagnostik psychischer Erkrankungen bei Geflüchteten. Statt explizit psychische Beschwerden zu äußern, werden von vielen der Geflüchteten Schmerzsymptome wie Kopf- und Rückenschmerz sowie Zittern und Schlafstörungen berichtet [48], [71], [79]. Durch die strikten Reglementierungen des AsylbLG und den restriktiven Zugang zur psychiatrischen oder psychotherapeutischen Behandlung lässt sich die Somatisierung der Belastungsfolgen möglicherweise als einzige Möglichkeit der Kontaktaufnahme mit einem Arzt betrachten. Die Krankheitslast unter Geflüchteten kann mitunter durch Effekte eines sekundären Krankheitsgewinns überlagert sein, denn die Diagnose der PTBS kann zu einem Bleiberecht in Deutschland verhelfen. Besonders im formalen Setting führt eine potenzielle Aggravation oder Simulation einer PTBS-Symptomatik zu einer Überschätzung der tatsächlichen PTBS-Prävalenz, während andererseits traumatische Erlebnisse verschwiegen werden und zu einer Unterschätzung führen.

Eine Differenz von 20 % in der Prävalenz der PTBS je nach Hintergrund der Diagnosesteller belegt die Schwierigkeit der präzisen Diagnostik [62]. So wurde bei Untersuchung durch klinische Psychologe(inne)n eine Prävalenz von 40 % erhoben, während geschulte Einzelentscheider anhand eines Screening-Fragebogens bei gleichen Teilnehmern eine Prävalenz von 60 % erhoben [62]. Gravierend unterschiedliche Ergebnisse in der Diagnostik psychischer Erkrankungen wurden auch beim Vergleich von Gutachten des Polizeiärztlichen Dienstes und klinischen Psychologen festgestellt. Von polizeiärztlichen Beamten wurden traumatische Erlebnisse häufig bagatellisiert, nur selten klinische Störungen diagnostiziert (in 27 % der Fälle vs. 81 % der Fälle bei Kliniker(inne)n) und, entgegen den Bewertungen der niedergelassenen Psychologen, oftmals Behandlungsbedarf verneint (19 % Handlungsbedarf vs. 100 % bei Kliniker(inne)n) [49].

Auch am zuvor erwähnten Beispiel Zirndorfs lässt sich die Schwierigkeit der Prävalenzerhebung verdeutlichen [81]. Unter den Selbstzuweisern wurde, wie erwartet, eine deutlich höhere Krankheitslast und Stärke der Symptome festgestellt als in einer Zufallsstichprobe: Durch die „Help-Seeking-Bias" [70], die bei Studien unter Inanspruchnahme-Populationen auftritt, gestaltet es sich als äußerst schwierig, genaue Prävalenzen zu den einzelnen Krankheitsbildern unter allen Asylsuchenden zu erheben [52]. So zeigten sich auch in einer Metaanalyse internationaler Studien Prävalenzen der Depression in einzelnen Studien zwischen 3 % und 81 %, woraus sich kaum aussagekräftige Schlüsse ziehen lassen [52], [61], [75].

In diesem Sinne empfiehlt es sich, die Erkenntnisse vorrangig aus qualitativer Sicht zu betrachten. In Zusammenschau der aufgeführten Studienergebnisse ist eine hohe psychische Krankheitslast unter Asylsuchenden und Geflüchteten zu konstatieren, darunter spielen posttraumatische Belastungs- und Angststörungen und Depressionen eine übergeordnete Rolle. Das Krankheitsspektrum scheint nur wenig durch die Herkunftsregion, sondern vielmehr durch die persönlichen Erlebnisse bestimmt zu werden. Unter Geflüchteten einiger Herkunftsregionen oder Konfessionen sind zwar bestimmte Erkrankungsmuster zu erkennen, deren Darstellung würde statt belastbarer Aussagen jedoch eher fahrlässige Pauschalisierungen produzieren.

2.3.2 Posttraumatische Belastungsstörung

Die posttraumatische Belastungsstörung (PTBS) stellt die häufigste psychische Erkrankung unter ehemaligen Asylsuchenden in Deutschland dar, doch liegen die Prävalenzen einzelner Studien weit gestreut zwischen 17,6 % und 76,6 % [26]. Eine Punktprävalenz von 40 % wurde in einer für repräsentativ erklärten Stichprobe unter 76 Asylsuchenden erhoben [62]. Auch in einer Zufallsstichprobe unter Asylsuchenden in Zirndorf lag die Prävalenz der PTBS mit 24,8 % wesentlich höher als in der Durchschnittsbevölkerung [81]. In einer weiteren Studie gaben 57,2 % starke Beeinträchtigungen durch traumatisierende Erlebnisse und Gedanken an [43].

Bei einem Studienkollektiv aus Geflüchteten aus den Balkanstaaten wurde bei 54,9 % eine PTBS diagnostiziert und es wurde ein signifikanter Zusammenhang mit dem Ausmaß traumatischer Kriegserlebnisse gefunden [50]. Bei Asylsuchenden aus dem ehemaligen Jugoslawien rangierte die PTBS trotz langjährigem Aufenthalt in Deutschland mit einer Punktprävalenz von 54 % an erster Stelle der psychischen Erkrankungen. Dabei waren bei ⅓ Kriegserlebnisse und bei einem Viertel ¼ sexuelle Gewalt entscheidend für die Entstehung der Traumafolgestörung [74]. Unter Asylsuchenden, die sich von selbst in einer Diagnostikstelle psychischer Störungen vorstellten, wurde eine PTBS-Prävalenz von 41,6 %, bzw. 39,9 % ermittelt, die aufgrund der Selektivität des Samples nicht als repräsentativ für alle Asylsuchenden gelten kann, doch auf den hohen Bedarf an psychotherapeutischer Unterstützung hinweist [58], [81]. In vielen Fällen sequenzieller Traumatisierungen ist von einer andauernden Persönlichkeitsänderung nach Extrembelastung (F62.0) auszugehen, die beispielsweise im Rahmen psychiatrischer Gutachten während des Asylverfahrens bei 6,8 % der Untersuchten festgestellt wurde [58], [81], [92].

Fast alle Asylsuchenden mit PTBS leiden unter Intrusionen (82,5 % aller Befragten) sowie Symptomen der Übererregung (57,5 %) und Vermeidung (47,5 %). Die häufigsten Einzelsymptome sind dabei „Wiedererinnern" (67,5 %), „Gedanken vermeiden" (75 %) und „Belastung durch Erinnerung" (70 %) [62]. In einer anderen Erhebung fand sich eine gleichmäßige Verteilung der Beschwerden auf die 3 Symptomgruppen [58].

2.3.3 Depressive Störungen

Depressive Störungen unterschiedlicher Schweregrade stellen bei Geflüchteten – unabhängig von soziodemografischen Faktoren wie Alter, Geschlecht und Herkunft – nach der PTBS das zweithäufigste seelische Leiden mit Prävalenzen von 12,5 %–57,4 % dar [52]. In einer Zufallsstichprobe Asylsuchender in Zirndorf wurde eine Prävalenz von 12,5 % geschätzt, unter Selbstzuweisern sogar von 29,1 %. Dabei rangiert die mittelgradige depressive Episode (F32.1) vor der rezidivierenden depressiven Störung mit gegenwärtig mittelgradiger (F33.1) oder schwerer Episode (F33.2) und der leichten depressiven Episode (F32.0) [81].

Unter 140 Asylsuchenden in einer Gemeinschaftsunterkunft wurde bei 25,7 % ein *Major Depressive Syndrome* und in 22,8 % ein *Minor Depressive Syndrome* diagnostiziert. Das Ausmaß der Depression korrelierte signifikant mit der Aufenthaltsdauer in der Unterkunft [43]. In einer weiteren Studie berichteten 57,4 % der befragten aus dem Balkan Geflüchteten von Gemütsstörungen, und bei genauerer Betrachtung wiesen 36,8 % eine schwere depressive Störung und sogar 11 % rezidivierende schwere Depressionen auf [50]. Im Vergleich zu Geflüchteten selber Herkunft in Großbritannien und Italien litten die Geflüchteten in Deutschland häufiger unter psychischen Erkrankungen, was möglicherweise durch die hierzulande restriktiven Lebensbedingungen während des Asylverfahrens bedingt ist [50]. Diese Vermutung wird unterstützt durch eine hohe Prävalenz von 50 % in einer Gruppe von Jugoslawen mit mehrjährigem unsicherem Aufenthalt in Deutschland, die sich aufgrund der langen zeitlichen Distanz von Kriegserlebnissen durch den starken Einfluss von Postmigrationsstressoren wie Unsicherheit während des langen Verfahrens, fehlender Arbeitserlaubnis und mangelnden Sprachkenntnissen erklären lässt [74]. Als einflussreicher Risikofaktor speziell für affektive Störungen wurde fehlende Integration, die häufig mit unsicherem Aufenthaltsstatus einhergeht, identifiziert. Psychische Erkrankungen verstärken ihrerseits das Muster sozialen Rückzugs und stehen damit der Integration im Sinne eines *vicious circle* im Wege.

Der große Einfluss der Lebensbedingungen im Exilland kann jedoch nicht nur als Risikofaktor psychischer Erkrankungen gesehen werden, sondern bietet – im Gegensatz zu den unwiderruflichen Traumata – durch Minimierung der hierzulande belastenden Faktoren gleichermaßen eine Möglichkeit, das Auftreten depressiver Erkrankungen zu reduzieren.

2.3.4 Angststörungen

Angststörungen stellen einen nicht zu vernachlässigenden Anteil des Krankheitsspektrums unter Geflüchteten in Deutschland dar, und besonders Geflüchtete aus dem Balkan scheinen betroffen [52]. Ebenso wie Gemütsstörungen werden Angststörungen durch traumatische Erlebnisse, aber auch belastende Stressoren in der Postmigrationsphase begünstigt, wohingegen sich gelungene Integration als protektiver Faktor zeigt [50]. In einer Stichprobe Asylsuchender verschiedener Herkunftsländer wurde eine Punktprävalenz von Angst- und Paniksyndromen von 20,7 % erhoben [43]. Von 255 befragten ehemaligen Asylsuchenden aus dem Balkan litten 60,7 % unter Angststörungen, worunter sich am häufigsten Panikstörungen (14,1 %) und Platzangst (12,2 %) zeigten [50]. Jeder dritte der vor Bürgerkrieg geflüchteten Jugoslawen, die seit mehreren Jahren in permanenter Unsicherheit und Gefahr der Abschiebung in Deutschland lebten, war von Angststörungen betroffen, darunter waren gleichermaßen Panik, Agoraphobie und soziale Phobie zu verzeichnen [74].

Bei einer differenzierten Betrachtung der erhobenen Diagnosen unter allen Asylsuchenden mit psychischen Erkrankungen in der Gutachterstelle in Zirndorf [81] rangierte die Panikstörung (F41.0, 5 % der gestellten Diagnosen bei Asylsuchenden mit psychischer Erkrankung) vor der generalisierten Angststörung (F41.1, 1,7 %). Angst- und Panikstörungen stellen unter vielen Geflüchteten zwar nicht die Hauptdiagnose dar, doch bilden diese Syndrome eine der häufigsten Komorbiditäten bei PTBS und Depression und sollten daher stets bei Diagnostik und Therapie mitbedacht werden.

2.3.5 Schmerzsyndrome und somatoforme Beschwerden

Auffällig häufig stellen Schmerzsymptome den Grund medizinischer Behandlungen bei Asylsuchenden dar. Im Bremer Gesundheitsprogramm waren über viele Jahre hinweg Kopfschmerzen (17,2 %) die am häufigsten geschilderten gesundheitlichen Beschwerden, gefolgt von Rückenschmerzen (4 %), Bauchschmerzen (3 %) und Hals- und Brustschmerzen (2 %). Dabei bestanden nur geringe Unterschiede in Herkunft und Geschlecht [80]. Daten der vergangenen 2 Jahre aus München bestätigen, dass Vorstellungen der Asylsuchenden und Geflüchteten häufiger aufgrund von Schmerzsyndromen wie Lumboischialgie (8 von 522 Patienten) und Kopfschmerz (7) als von eindeutigen psychischen Erkrankungen erfolgten [42]. 45 % aller Asylsuchenden in drei psychosozialen Behandlungszentren beklagten Kopf- und Rückenschmerzen [46]. Auch in Osnabrück wurde von Asylsuchenden besonders oft von Kopf- und Rückenschmerz berichtet und die momentane Belastungssituation als ursächlich dafür genannt [9]. Das gehäufte Auftreten von Schmerzen ist daher zum großen Teil als Reaktion auf die belastende Situation während der Flucht und die Ungewissheit während des Asylverfahrens und als „körperlicher Ausdruck seelischen Schmerzes" zu werten, der anderweitig nicht geäußert werden kann [71].

2.3.6 Suizidale Gedanken

Suizidalität stellt kein eigenständiges psychiatrisches Krankheitsbild dar, gilt aber als verlässlicher Indikator für die psychische Krankheitslast. In Deutschland besteht eine alarmierend hohe Rate an Suizidalität von 30 % unter Asylsuchenden aus dem ehemaligen Jugoslawien, die viele Jahren mit unsicherem Aufenthaltsstatus lebten und somit einer Vielzahl von Exilstressoren exponiert sind [74].

Anhand der Fremdbeurteilung durch Psycholog(inn)en konnten bei 26 % der Selbstzuweiser und bei 6 % einer Zufallsstichprobe in der Unterkunft in Zirndorf suizidale Gedanken exploriert werden. Weiterhin gaben 20 % der 473 in drei psychosozialen Behandlungszentren vorstelligen Asylsuchenden suizidale Gedanken an [46].

In psychiatrischen Gutachten während des Asylverfahrens wurde gar die Hälfte aller Untersuchten als suizidal eingeschätzt, wobei Frauen häufiger suizidale Absichten zeigten. Über ¼ der Untersuchten hatte bereits Suizidversuche unternommen. Entgegen der Zusammenhänge zu psychischen Erkrankungen konnte in der Studie weder zum Aufenthaltsstatus oder zur Dauer des Verfahrens noch zu Traumatisierung oder PTBS ein signifikanter Zusammenhang identifiziert werden [92].

Goosen et al. zeigten im Jahre 2011 durch Erfassung aller Suizidfälle in den Niederlanden, dass asylsuchende Männer aller Nationalitäten ein im Vergleich zur Durchschnittsbevölkerung 2-fach erhöhtes Risiko für Suizid aufweisen. Es zeigte sich ein Muster erhöhter Suizidversuche bei Asylsuchenden aus dem Nahen Osten, Zentral- und Osteuropa und Südostasien. In fast ⅓ der Suizidversuche wurde das Asylverfahren, in 21 % Beziehungsprobleme und in 9,2 % die Verlegung zwischen den Zentren als Stressoren angegeben [66].

Aufgrund nationaler und internationaler Daten rückt die hohe Rate an Suizidalität in der deutschen Öffentlichkeit zunehmend ins Bewusstsein, sodass auf eine bessere Prävention durch suffiziente Therapiemöglichkeiten zu hoffen ist [41].

2.3.7 Suchterkrankungen und Substanzmissbrauch

Missbräuchlicher Konsum von Alkohol sowie Rausch- und Betäubungsmitteln stellt eine relevante Komorbidität verschiedenster psychischer Erkrankungen dar. So wurde in einer Studie unter 140 Asylsuchenden, die in einer Würzburger Gemeinschaftsunterkunft lebten, bei 12,1 % ein Alkoholsyndrom diagnostiziert, zudem nahmen 22,1 % missbräuchlich Medikamente gegen Angst oder Stress ein [43]. In Einklang damit berichteten 11,8 % der befragten Geflüchteten aus den Balkanstaaten von Substanzmissbrauch, dabei vor allem von Abhängigkeit von Alkohol (4,7 %) und nicht-alkoholischen Suchtmitteln einschließlich verschreibungspflichtigen Tranquilizern (6,3 %) [32]. Als prädisponierende soziodemografische Faktoren für Substanzmissbrauch konnten männliches Geschlecht, junges Alter und ein lediger Familienstatus identifiziert werden [50]. In der zuvor skizzierten Studie von Niklewski wurde hingegen eine Gesamtprävalenz für Substanzmissbrauch jeglicher Art von nur 0,7 % gefunden [81].

2.3.8 Psychische Erkrankungen bei Minderjährigen

Die Zahl von Kindern und Jugendlichen, die in Deutschland einen Asylantrag stellen, ist sehr hoch: Im Jahr 2015 wurde ⅓ aller Asylanträge von Minderjährigen gestellt, von denen wiederum ein beachtlicher Anteil ohne Begleitung ihrer Eltern in Deutschland ankam. Die Fluchtgründe Minderjähriger umfassen neben politischer Verfolgung und Krieg kinderspezifische Ursachen, die besonders belastend für die psychische Gesundheit sind. Während Jungen vor Rekrutierung als (Kinder-)soldaten fliehen, verlassen Mädchen ihre Heimat aufgrund drohender Genitalverstümmelung oder Zwangsprostitution. Doch auch während der Flucht können Kinder sexuellen Übergriffen ausgesetzt sein oder erleben durch absolute Unterordnung ein Gefühl von Ohnmacht [94].

Gavranidou et al. zeigen in einer Studie aus dem Jahre 2008, dass fast alle jugendlichen Geflüchteten (vorwiegend aus Kosovo und Bosnien, aber auch Afghanistan, Irak und anderen Ländern) mit unmittelbaren oder indirekten Kriegserlebnissen konfrontiert waren, und im Schnitt wurden 3 traumatische Kriegserlebnisse berichtet. Auch mehrere belastende Fluchterlebnisse wie Trennung von engen Familienmitgliedern werden von den meisten Jugendlichen berichtet. Besonders häufig wurden zudem exilspezifische Stressoren wie der fehlende Rückzugsort in der Unterkunft, Diskriminierungserfahrungen und veränderte Familienstrukturen erlebt. Mit Verhaltensauffälligkeiten bei jugendlichen Geflüchteten waren nicht die Kriegserlebnisse, sondern die familiären und gesellschaftlichen Belastungen im Zielland assoziiert. Vor dem Hintergrund länger zurückliegender Traumatisierungen werden vermutlich die neu erlebten sozialen und familiären Stressoren als umso bedeutender erlebt und führen zu auffälligen Verhaltensweisen [65].

Laut einer Studie unter 100 aus Syrien geflüchteten Kindern in Bayern [40] leidet ⅓ der aus Syrien geflüchteten Kindern unter psychischen Erkrankungen, ⅕ unter PTBS, wohingegen die Lebenszeitprävalenz der PTBS unter Kindern in Deutschland auf 1,3 % geschätzt wird [52]. In Einklang damit stehen Ergebnisse einer situativ repräsentativen Studie bei Kindern Asylsuchender, die in Gemeinschaftsunterkünften lebten, unter denen 19 % unter einer behandlungsbedürftigen PTBS leiden [82]. Das Kriterium des Wiedererlebens traf auf 69 % dieser Kinder vor allem in Form von Alpträumen, Flashbacks und körperlichen Reaktionen bei bestimmten Reizen zu. 21 % erfüllten das Kriterium des Vermeidens, dabei wurden vorrangig das Vermeiden von Gedanken und Gefühlen angegeben. Symptome der Übererregung wie Schlaf- und Konzentrationsstörung und Schreckhaftigkeit traten bei 43 % der Kinder auf. Suizidalität, Depression und Trennungsangst traten als weitere psychische Beschwerden, meist komorbid mit der PTBS, auf [87].

Jedoch gibt es kaum Studien, die die Prävalenz von Erkrankungen bei minderjährigen Asylsuchenden direkt mit einer Vergleichsgruppe von Kindern der Allgemeinbevölkerung vergleichen und mögliche Unterschiede in der Alters- und Geschlechtsverteilung berücksichtigen [52], [90]. Wenner et al. untersuchten anhand der Daten des Kinder- und Jugendgesundheitssurveys des RKI (KiGGS) Unterschiede in der Prävalenz psychischer Auffälligkeiten zwischen Kindern mit unsicherem und sicherem Aufenthaltsstatus (mit und ohne Migrationshintergrund). Nach Adjustierung für die soziodemografischen Unterschiede konnte bei Kindern mit unsicherem Aufenthaltsstatus eine signifikante und um 80 % höhere Wahrscheinlichkeit für das Vorliegen einer psychischen Auffälligkeit festgestellt werden [97].

Entgegen der Theorie der „Transgenerationalen Traumaübertragung" konnte in deutschen Studien kein Zusammenhang zwischen der Schwere der PTBS der Mutter und PTBS-Symptomatik, Ängstlichkeit oder Depression des Kindes gezeigt werden. Vielmehr wurde eine bestehender Zusammenhang zwischen dem Ausmaß der PTBS der Mutter mit familiären Gewalterfahrungen des Kindes nachgewiesen, was sich durch Verhaltensänderung kriegsbelasteter Familien oder durch eine Übertragung erlebter organisierter Gewalt auf das familiäre Umfeld erklären lässt. Es herrscht zudem Einklang darüber, dass ein starker Zusammenhang zwischen traumatischen und familiären Gewalterfahrungen der Kinder mit dem Ausmaß der Traumafolgesymptomatik im Sinne von PTBS, Angst und Depression besteht. Doch auch die Wohnbedingungen in Gemeinschaftsunterkünften weisen eine Assoziation mit der PTBS-Schwere auf [88].

Weiterhin weisen internationale Studien auf einen Zusammenhang zwischen den Bedingungen des Asyl- und Unterbringungsverfahrens und der psychischen Gesundheit von Kindern hin. So konnte in den Niederlanden in einer prospektiven Studie belegt werden, dass häufige Transfers zwischen Unterbringungseinrichtungen und Städten mit einem signifikant höheren Neuauftreten psychischer Krankheiten bei minderjährigen Geflüchteten einhergeht [68].

Neben den mit der Flucht per se einhergehenden psychischen Belastungen sind unbegleitete Minderjährige noch zusätzlichen Stressoren wie dem „Prozess des Erwachsenwerdens" und der Trennung von der Familie und dem Verlust gewohnter Strukturen ausgesetzt [29]. Unter unbegleiteten Minderjährigen wurde eine Prävalenz der Depression oder PTBS von 13,7 % berichtet, wobei vor allem Mädchen betroffen waren [29]. Seelische Leiden unbegleiteter minderjähriger Geflüchteter werden außerdem häufig durch aggressives oder selbstverletzendes und risikoreiches Verhalten wie Nahrungsverweigerung artikuliert [94].

Die eingeschränkte medizinische Versorgung für Asylsuchende [53], [90] wird bei Minderjährigen durch altersspezifische Hemmnisse wie abwehrendes Verhalten und Schamgefühl erschwert [94]. Das Beispiel eines kurdischen Mädchens, das unter psychogenem Appetitverlust leidet, unterstreicht die Schwierigkeit der Diagnostik psychischer Erkrankungen bei geflüchteten Kindern und die große Bedeutung des kulturellen und familiären Kontextes [54]. Alle Studien stimmen darin überein, dass in dieser besonders vulnerablen Population ein außerordentlich hoher Bedarf an psychotherapeutischer/psychiatrischer Versorgung besteht, der aktuell nicht annähernd abgedeckt wird [52], [78], [94].

Fazit

Das Krankheitsspektrum Geflüchteter in Deutschland entspricht im Wesentlichen dem allgemeinärztlichen Spektrum mit größtenteils alltäglichen Erkrankungen. Ein Augenmerk sollte auf infektiöse Erkrankungen in Abhängigkeit der Herkunftsländer gelegt werden, die jedoch in vielen Fällen durch verbesserte Primärprävention in Form konsequenter Impfungen und Sicherstellung hygienischer Mindeststandards in den Unterkünften vermeidbar wären.

Geflüchtete sind wesentlich häufiger als die Normalbevölkerung von psychischen Erkrankungen betroffen, wozu jedoch die Evidenzbasis zu Prävalenzen, die über Raum und Zeit vergleichbar sind, noch sehr ausbaufähig ist. Das psychische Krankheitsspektrum wird dominiert durch posttraumatische Belastungs- und Angststörungen sowie depressive Störungen. In vielen Fällen werden psychische Erkrankungen als Somatisierung im Sinne von Kopf- und Rückenschmerzen oder Schlafstörungen ausgedrückt. Das Ausmaß erlebter traumatisierender Erlebnisse korreliert signifikant mit dem Auftreten psychischer Erkrankungen, vor allem Traumafolgestörungen. Als besonders belastend erlebt werden darüber hinaus die Lebensbedingungen der Postmigrationsphase mit unsicherem Aufenthaltsstatus, fehlender Handlungsfreiheit und Privatsphäre in den Gemeinschaftsunterkünften sowie erzwungener Arbeitslosigkeit. Diese Postmigrationsstressoren stellen einen bedeutenden Risikofaktor für die Entstehung affektiver Störungen dar. Besonderes Augenmerk ist auf die in vielen Studien berichtete hohe Suizidalität bei Geflüchteten zu richten. Es besteht eine ausgeprägte Diskrepanz zwischen psychischem Behandlungsbedarf und Versorgungskapazitäten. Um eine adäquate Versorgung der Geflüchteten zu erzielen, ist eine strukturierte Erfassung der Bedarfe ebenso notwendig wie die Einrichtung niederschwelliger Versorgungsangebote, die die Geflüchteten vor Ort erreicht und sich sozialraumorientierter Prinzipien bedient.

2.4 Literatur

[40] [Anonym]. Ein Drittel der Flüchtlingskinder ist psychisch belastet (01.09.2015). Im Internet: http://www.aerzteblatt.de/nachrichten/63986/Ein-Drittel-der-Fluechtlingskinder-ist-psychisch-belastet; Stand: 19.10.2016

[41] [Anonym]. Suizidrisiko von Flüchtlingen durch Screening auf psychische Erkrankungen reduzieren (07.09.2015). Im Internet: http://www.aerzteblatt.de/nachrichten/64050; Stand: 19.10.2016

[42] Alberer M, Wendeborn M, Löscher T et al. Erkrankungen bei Flüchtlingen und Asylbewerbern. Dtsch Med Wochenschr 2016; 141: e8–e15

[43] Albers HM. Lebensbedingungen und psychische Gesundheit der Bewohner der Würzburger Gemeinschaftsunterkunft für Asylbewerber [Dissertation]. Würzburg: Universität Würzburg; 2012: 110

[44] Arshad S, Bavan L, Gajari K et al. Active screening at entry for tuberculosis among new immigrants: a systematic review and meta-analysis. Eur Respir J 2010; 35: 1336–1345

[45] Barniol J, Niemann S, Louis VR et al. Transmission dynamics of pulmonary tuberculosis between autochthonous and immigrant sub-populations. BMC Infect Dis 2009; 9: 1–12

[46] Baron J, Drehsen T, Tahirovic A et al. Bundesweite Arbeitsgemeinschaft der Psychosozialen Zentren für Flüchtlinge und Folteropfer (BAfF e. V.), refugio thüringen e. V., Psychosoziales Zentrum für MigrantInnen Sachsen-Anhalt e. V., Caktus e. V., Hrsg. Traumatisiert. Ausgegrenzt. Unterversorgt. Versorgungsbericht zur Situation von Flüchtlingen und Folteropfern in den Bundesländern Sachsen, Sachsen-Anhalt und Thüringen. 2014

[47] Beermann S, Rexroth U, Kirchner M et al. Asylsuchende und Gesundheit in Deutschland: Überblick über epidemiologisch relevante Infektionskrankheiten. Dtsch Arztebl Int 2015; 112: A-1717

[48] Behrensen B, Groß V. Auf dem Weg in ein „normales Leben"? Eine Analyse der gesundheitlichen Situation von Asylsuchenden in der Region Osnabrück. Osnabrück, 2004
[49] Birck A. Unterschiedliche Ergebnisse in der Diagnostik posttraumatischer Störungen bei Flüchtlingen. Psychotraumatologie 2001; 2: 2–2
[50] Bogic M, Ajdukovic D, Bremner S et al. Factors associated with mental disorders in long-settled war refugees: refugees from the former Yugoslavia in Germany, Italy and the UK. Br J Psychiatry 2012; 200: 216–223
[51] Böttche M, Heeke C, Knaevelsrud C. Sequential traumatization, trauma-related disorders and psychotherapeutic approaches in war-traumatized adult refugees and asylum seekers in Germany. Bundesgesundheitsbl 2016; 59: 621–626
[52] Bozorgmehr K, Mohsenpour A, Saure D et al. Systematische Übersicht und „Mapping" empirischer Studien des Gesundheitszustands und der medizinischen Versorgung von Flüchtlingen und Asylsuchenden in Deutschland (1990–2014). Bundesgesundheitsbl 2016; 59: 599–620
[53] Bozorgmehr K, Razum O. Effect of Restricting Access to Health Care on Health Expenditures among Asylum-Seekers and Refugees: A Quasi-Experimental Study in Germany, 1994–2013. PLoS ONE 2015; 10: e0131483
[54] Bräutigam B, Schnitker A. „There isn't room for anything more". Case report of a Kurdish adolescent with an eating disorder in relation to family background of political persecution. Prax Kinderpsychol Kinderpsychiatr 2002; 51: 559–570
[55] Brockmann SO, Wjst S, Zelmer U et al. Public Health initiative for improved vaccination for asylum seekers. Bundesgesundheitsbl 2016; 59: 592–598
[56] Broekmans JF, Migliori GB, Rieder HL et al. European framework for tuberculosis control and elimination in countries with a low incidence. Recommendations of the World Health Organization (WHO), International Union Against Tuberculosis and Lung Disease (IUATLD) and Royal Netherlands Tuberculosis Association (KNCV) Working Group. Eur Respir J 2002; 19: 765–775
[57] Brune M, Eiroá-Orosa FJ, Fischer-Ortman J et al. Effectiveness of psychotherapy for traumatized refugees without a secure residency status. International Journal of Migration, Health and Social Care 2014; 10: 52–59
[58] Butollo W. Ludwig-Maximilians-Universität München. Abschlussbericht Gutachterstelle zur Erkennung psychischer Störungen bei Asylbewerbern. 2012. München: Ludwig-Maximilians-Universität München
[59] Dahle UR, Eldholm V, Winje BA et al. Impact of Immigration on the Molecular Epidemiology of Mycobacterium tuberculosis in a Low-Incidence Country. Am J Respir Crit Care Med 2007; 176: 930–935
[60] Diel R, Rüsch-Gerdes S, Niemann S. Molecular Epidemiology of Tuberculosis among Immigrants in Hamburg, Germany. J Clin Microbiol 2004; 42: 2952–2960
[61] Fazel M, Wheeler J, Danesh J. Prevalence of serious mental disorder in 7000 refugees resettled in western countries: a systematic review. Lancet 2005; 365: 1309–1314
[62] Gäbel U, Ruf M, Schauer M et al. Prevalence of posttraumatic stress disorder among asylum seekers in Germany and its detection in the application process for asylum. Z Klin Psychol Psychother 2006; 35: 12–20
[63] Gardemann J, Mashkoori K. Zur Gesundheitssituation der Flüchtlingskinder in Münster. Statistische und epidemiologische Darstellung einiger ausgewählter Gesundheitsindikatoren anlässlich einer Erhebung bei 178 Flüchtlingskindern unter 15 Jahren in allen städtischen Übergangseinrichtungen. Gesundheitswesen 1998; 60: 686–693
[64] Gauert B. Zum Vorkommen von intestinalen Krankheitserregern bei Asylbewerbern. Gesundheitswesen 1995; 57: 285–290
[65] Gavranidou M, Niemiec B, Magg B et al. Traumatische Erfahrungen, aktuelle Lebensbedingungen im Exil und psychische Belastung junger Flüchtlinge. Kindheit und Entwicklung 2008; 17: 224–231
[66] Goosen S, Kunst AE, Stronks K et al. Suicide death and hospital-treated suicidal behaviour in asylum seekers in the Netherlands: a national registry-based study. BMC public health 2011; 11: 1–8
[67] Goosen S, Middelkoop B, Stronks K et al. High diabetes risk among asylum seekers in The Netherlands. Diabet Med 2014; 31: 1532–1541
[68] Goosen S, Stronks K, Kunst AE. Frequent relocations between asylum-seeker centres are associated with mental distress in asylum-seeking children: a longitudinal medical record study. Int J epidemiol 2014; 43: 94–104
[69] Hampel A, Solbach P, Cornberg M et al. Current seroprevalence, vaccination and predictive value of liver enzymes for hepatitis B among refugees in Germany. Bundesgesundheitsbl 2016; 59: 578–583
[70] Jacobi F, Preiß S. Epidemiologie psychischer Störungen, Behandlungsbedarf und Versorgungssituation. In: Senf W, Broda M, Hrsg. Praxis der Psychotherapie: Ein integratives Lehrbuch. 5. Aufl. Stuttgart: Thieme; 2012: 16–20
[71] Jung F. Gesundheitsamt Bremen. Das Bremer Modell. Gesundheitsversorgung Asylsuchender. Gesundheitsamt Bremen; 2011
[72] Kruse J, Joksimovic L, Cavka M et al. Effects of trauma-focused psychotherapy upon war refugees. J Trauma Stress 2009; 22: 585–592
[73] Kühne A, Gilsdorf A. Infectious disease outbreaks in centralized homes for asylum seekers in Germany from 2004–2014. Bundesgesundheitsbl 2016; 59: 570–577
[74] von Lersner U, Wiens U, Elbert T et al. Mental health of returnees: refugees in Germany prior to their state-sponsored repatriation. BMC Int Health Hum Rights 2008; 8
[75] Lindert J, Ehrenstein OS, Priebe S et al. Depression and anxiety in labor migrants and refugees – a systematic review and meta-analysis. Social science & medicine 2009; 69: 246–257
[76] Lobenstein C. Tuberkulose. Bitte untersuchen! Die ZEIT (01.01.2015)
[77] Loytved G, Steidle B, Benz E et al. Tuberkulosebekämpfung in Unterfranken 1995–2001. Pneumologie 2002; 56: 349–356
[78] Metzner F, Reher C, Kindler H et al. Psychotherapeutic treatment of accompanied and unaccompanied minor refugees and asylum seekers with trauma-related disorders in Germany. Bundesgesundheitsbl 2016; 59: 642–651
[79] Mohammadzadeh Z. Das Bremer Erstuntersuchungsprogramm für Asylsuchende (II). Gesundheitswesen 1995; 57: 462–466
[80] Mohammadzadeh Z, Jung F, Lelgemann M. Health for refugees. The Bremen model. Bundesgesundheitsbl 2016; 59: 561–569
[81] Niklewski G. Klinikum Nürnberg. Abschlussbericht Gutachterstelle zur Erkennung von psychischen Störungen bei Asylbewerberinnen und Asylbewerbern in Zirndorf. Nürnberg: Klinikum Nürnberg; 2012

[82] Perkonigg A, Kessler RC, Storz S et al. Traumatic events and post-traumatic stress disorder in the community: prevalence, risk factors and comorbidity. Acta Psychiatr Scand 2000; 101: 46–59

[83] Porter MP, Haslam NP. Predisplacement and Postdisplacement Factors Associated With Mental Health of Refugees and Internally Displaced Persons: A Meta-analysis. JAMA 2005; 294: 602–612

[84] Razum O, Bunte A, Gilsdorf A et al. Gesundheitsversorgung von Geflüchteten: Zu gesicherten Daten kommen. Dtsch Arztebl Int 2016; 113: A-130

[85] Robert Koch Institut. Migration und Gesundheit: Schwerpunktbericht der Gesundheitsberichterstattung des Bundes. Berlin: Robert Koch Institut; 2008.

[86] Robert Koch Institut. Bericht über meldepflichtige Infektionskrankheiten bei Asylsuchenden in Deutschland. März 2016. Berlin: Robert Koch Institut; 2016.

[87] Ruf M, Schauer M, Elbert T. Prevalence of traumatic stress and mental health problems in children of asylum-seekers in Germany. Z Klin Psychol Psychother 2010; 39: 151–160

[88] Ruf-Leuschner M, Roth M, Schauer M. Traumatisierte Mütter – traumatisierte Kinder? Z Klin Psychol Psychother 2014; 43: 1–16

[89] Sasse T, Demikhovska E, Sielaff N et al. Bestimmung des Varizella Zoster-Virus Immunstatus bei Asylsuchenden in Mecklenburg-Vorpommern. Epidemiologisches Bulletin 2015; 19: 157–160

[90] Schneider C, Joos S, Bozorgmehr K. Disparities in health and access to healthcare between asylum seekers and residents in Germany. A population-based cross-sectional feasibility study. BMJ Open 2015; 5: e008 784

[91] Schönfeld N. Von der Diagnostik bis hin zu psychosozialen Aspekten. Tuberkulose bei Geflüchteten – was Sie beachten sollten. Pneumonews 2016; 8: 1–5

[92] Sieberer M, Ziegenbein M, Eckhardt G et al. Psychiatrische Begutachtung im Asylverfahren. Psychiatr Prax 2011; 38: 38–44

[93] Sing A, Hierl W. Gesundheitsuntersuchungen nach dem Asylverfahrensgesetz. Bayer Arztebl 2015; 9: 422–424

[94] Spallek J, Tempes J, Ricksgers H et al. The health situation and health care needs of unaccompanied minor refugees. An approximation based on qualitative and quantitative studies from Bielefeld, Germany. Bundesgesundheitsbl 2016; 59: 636–641

[95] Takla A, Barth A, Siedler A et al. Measles outbreak in an asylum-seekers' shelter in Germany: comparison of the implemented with a hypothetical containment strategy. Epidemiol Infect 2012; 140: 1589–1598

[96] Toikkanen S, Baillot A, Dreesman J et al. Immunität gegen Masern, Röteln und Windpocken bei neu eintreffenden Asylsuchenden in Niedersachsen, Oktober 2014 bis August 2015. Gesundheitswesen 2016; 78: V9

[97] Wenner J, Razum O, Schenk L et al. The health of children and adolescents from families with insecure residence status compared to children with permanent residence permits: analysis of KiGGS data 2003–2006. Bundesgesundheitsbl 2016; 59: 627–635

3 Allgemeine und spezifische Grundsätze zur psychotherapeutischen Arbeit mit Geflüchteten

3.1 Sprachliche Verständigung und Arbeit mit Dolmetscher(inne)n

Thomas Hegemann

3.1.1 Einführung

Psychotherapie wird hier verstanden als ein „[…] bewusster und geplanter interaktioneller Prozess, innerhalb dessen psychische und psychosomatisch bedingte Krankheiten, Leidenszustände und Verhaltensstörungen mittels verbaler und/oder nonverbaler Kommunikation in Richtung auf ein definiertes, möglichst gemeinsam erarbeitetes Ziel behandelt werden" [119], [120]. Als Autor möchte ich mich hier auf ein Systemisches Therapiekonzept beziehen. Die Systemische Therapie kann als „das Schaffen von Bedingungen für die Möglichkeit selbstorganisierter Ordnungsübergänge in komplexen biopsychosozialen Systemen unter professionellen Bedingungen definiert werden" [118], [119].

Ohne Kommunikation ist Therapie daher nicht möglich [99], und Sprache ist das grundlegende Medium für Kommunikation. *Sprache* dient als Kompaktbezeichnung für ein komplexes Verwobensein mehrerer lautlicher (und schriftlicher) Formentypen, die jeweils auf unterschiedlichen Ebenen sprachlicher Kommunikation mit anderen als Medium weiterer Formbildungen fungieren [108]. Diese wiederum beruhen auf kollektiv entwickelten Konstruktionen, die sich über Generationen in umschriebenen kulturellen Umwelten herausgebildet haben, wie das Konzept des *sozialen Konstruktionismus* anschaulich erklärt [103].

Einzelne Sprachen haben dazu im Laufe längerer historischer Prozesse unterschiedliche Formtypen hervorgebracht, die durch einen Sozialisierungsprozess ihren Muttersprachlern vertraut sind. Fremdsprachler können *basics* dieser Formtypen erwerben, sie werden aber nur in Ausnahmefällen die ganze Formvielfalt einer Sprache in allen ihren Nuancen erlernen können, wenn sie lange Zeit in dem entsprechenden kulturellen Umfeld gelebt haben.

Viele Differenzierungskriterien der sprachlichen Formengebung werden erst an den Schnittstellen zwischen unterschiedlichen Sprachen deutlich, wenn es ums Übersetzen geht. Flaherty et al. [102] differenzieren in diesem Zusammenhang 5 Validitäten bei der Beachtung sprachlicher Kongruenz (▶ Tab. 3.1).

Tab. 3.1 Validitäten, die zur sprachlichen Kongruenz beim Übersetzen zu beachten sind.

Validitätstyp	Kongruenzproblem
1. Inhaltsvalidität	Die Inhalte müssen in beiden Sprachwelten relevant sein. Typische Beispiele wären deutsche Berufsbezeichnungen wie Erzieherin oder Dipl. Soz. Päd. (FH).
2. semantische Validität	Die benutzten Formulierungen müssen in beiden Kulturen dieselbe Bedeutung haben. Typische Beispiele sind Worte wie Vater, Krankenschwester, Ehre, Pünktlichkeit oder Ehrlichkeit, die in verschiedenen sprachlich-kulturellen Kontexten unterschiedliche Bedeutungen haben.
3. Übermittlungsvalidität	Das Medium der Vermittlung einer Nachricht hat in unterschiedlichen Sprachwelten eine unterschiedliche Relevanz. Es macht einen Unterschied in der Bedeutung einer Aussage, ob diese von einem Mann oder eine Frau gemacht wird, einer Autoritätsperson oder einem Freund oder einem Familienmitglied, oder über Fragebögen oder Informationsblätter. Wir wissen auch aus der Sprachforschung, dass heute nur Sprachen, zu denen es eine Word-Fassung für PC gibt, eine Überlebenschance haben.
4. normative Validität	Die Beschreibung gleicher Sachverhalte unterliegt in verschiedenen Kulturen unterschiedlichen Bewertungen. Formulierungen wir arrangierte Ehe, Familienehre, Disziplin, Demut, Freiheit, Selbstständigkeit sind nur einige Beispiele dafür.
5. konzeptuelle Validität	Abstrakte Kategorien oder Diagnosen bilden Konzeptionen ihrer Herkunftskultur ab. Beispiele hierfür wären Anorexie, Autonomie, sinkendes Herz, vegetative Dystonie, Hysterie oder ähnliche.

Flaherty JA, Gaviria FM, Pathak D et al. Developing Instruments for Cross-Cultural Psychiatric Research. Journal of Nervous & Mental Disease 1988; 176

So wird deutlich, dass zum Gelingen von Psychotherapie eine Überbrückung der Sprachbarriere unerlässlich ist.

Neben der Bewältigung der Sprachbarriere haben Migrant(inn)en und unter ihnen vor allem Flüchtlinge eine ganze Reihe andere Anforderungen zu bewältigen [105]. Für die meisten von ihnen sind soziale Belastungen weit beeinträchtigendere Stressoren als sprachliche oder kulturelle. Sie leben weit häufiger in sozialer Unterprivilegierung mit schlechteren Einkommens- und Wohnverhältnissen, höherer Arbeitslosigkeit, höherem Risiko von Problemen im Sucht- und psychiatrischen Bereich oder im Erziehungsbereich ihrer Kinder; sie haben daher mit den gleichen Schwierigkeiten zu kämpfen wie Gruppen vergleichbaren Status' der autochthonen Bevölkerung.

Migrant(inn)en beklagen darüber hinaus kulturelle Fremdheit oder werden als kulturell fremd angesehen, da ihnen viele gesellschaftliche Bereiche, einschließlich derjenigen der gesundheitlichen Versorgung, nicht ausreichend vertraut sind. Auch hier gilt, dass sozialer Status und Bildung im Herkunftsland und/oder wirtschaftliche Sicherheit bessere Voraussetzungen für schnelleres Meistern der Sprachbarriere und kultureller Fremdheit sind, und daher die Integration begünstigen.

Ausländerrechtliche Beschränkungen können den Zugang zur gesundheitlichen Servicediensten und Psychotherapie massiv erschweren. Aber auch Heilung und Rehabilitation werden erschwert, wenn danach mit Abschiebung zu rechnen ist.

Eine große Zahl von Migrant(inn)en sind auch außerhalb dieser formaler Benachteiligung einer großen Breite von informellen Diskriminierungen und Rassismen durch Teile der Mehrheitsbevölkerung ausgesetzt, was letztlich zu nachvollziehbaren Vertrauensvorbehalten führt.

Nicht zuletzt haben vor allem Flüchtlinge traumatische Erfahrungen gemacht. Diese können im Herkunftsland Grund für die Flucht gewesen sein. Auch auf dem Fluchtweg habe viele Betroffene zahlreiche Trauma-Erfahrungen in Serie gemacht. Dies führt vielfach zu den typischen Symptomkonstellationen der PTBS, welche in Wechselwirkung die oben genannten Stressoren weiter aktivieren können. Wer gestresst ist, hat es schwerer, sich in einem irritierenden und diskriminierenden Umfeld zu behaupten, für seine Rechte einzustehen oder auch soziale Kontexte aufzusuchen, die den Erwerb einer neuen Sprache ermöglichen. Das gilt für Spachkurse und noch mehr für andere soziale Settings, an denen man mit Muttersprachlern in Kontakt kommt.

Da diese Menschen mit Migrations- und/oder Fluchthintergrund unter den Klient(inn)en der psychosozialen Dienstleister zunehmen, stehen die dortigen Professionellen vor Herausforderungen, für deren Lösungen sie auf interkulturelle Fachkompetenz angewiesen sind (s. die folgende Aufstellung).

> **Interkulturelle Kompetenz**
>
> Die Fähigkeit, mit Menschen eines fremden kulturellen Hintergrundes kommunizieren zu können, erfordert:
> - sich über den kulturellen Hintergrund anderer kundig machen zu können
> - sich über den kulturellen Hintergrund des eigenen Handelns klarer zu werden und diesen erklärend darstellen zu können
> - sich über die Relativität von Werten im Klaren zu sein
> - keinen Stereotypen zu erliegen
> - sich verbal und nonverbal für beide Kulturen akzeptabel auszudrücken
> - mit Menschen unterschiedlicher Kulturen gemeinsame Realitäten und Lösungen finden zu können
>
> Dies kann nur gelingen, wenn die am Gespräch Beteiligten sich sprachlich verstehen! [107], [109]

Die Deutsche Gesellschaft für Psychiatrie, Psychotherapie und Nervenheilkunde hat mit ihren Sonnenberger Leitlinien ein ausführliches Profil für die interkulturelle Arbeit zusammengestellt, welches richtungweisend für viele andere Arbeitsfelder ist (s. u.).

Die 12 Sonnenberger Leitlinien der DGPPN zur psychiatrisch-psychotherapeutischen Versorgung von Migrant(inn)en in Deutschland

1. Erleichterung des Zugangs zur psychosozialen und therapeutischen Regelversorgung durch Niederschwelligkeit, Kultursensibilität und Kulturkompetenz
2. Bildung multikultureller Behandlerteams aus allen in den Diensten tätigen Berufsgruppen unter bevorzugter Einstellung von Mitarbeiter(inne)n mit Migrationshintergrund und zusätzlicher Sprachkompetenz
3. Organisation und Einsatz kulturell und psychologisch geschulter Fachdolmetscher(inne)n als zertifizierte Übersetzer und Kulturmediatoren „Face-to-Face" oder als Telefondolmetscher(inne)n
4. Kooperation der Dienste der Regelversorgung im gemeindeorientierten Verbund untereinander und mit Schlüsselpersonen der unterschiedlichen Migrantengruppen, -organisationen und -verbände. Spezielle Beratungs- und Behandlungserfordernisse können Spezialeinrichtungen notwendig machen.
5. Beteiligung der Betroffenen und ihrer Angehörigen an der Planung und Ausgestaltung der versorgenden Institutionen
6. Verbesserung der Informationen durch muttersprachliche Medien und Multiplikatoren über das regionale Versorgungsangebot
7. Aus-, Fort- und Weiterbildung für in den Regeldiensten tätige Mitarbeiter(innen) unterschiedlicher Berufsgruppen zu interkulturellen Fachthemen unter Einschluss von Sprachfortbildungen
8. Entwicklung und Umsetzung familienbasierter primär und sekundär präventiver Strategien für die seelische Gesundheit von Kindern und Jugendlichen aus Migrantenfamilien
9. Unterstützung der Bildung von Selbsthilfegruppen mit oder ohne professionelle Begleitung
10. Sicherung der Qualitätsstandards für die Begutachtung von Migrant(inn)en im Straf-, Zivil-, (Asyl-) und Sozialrecht
11. Aufnahme der interkulturellen Fachthemen in die Curricula des Unterrichts für Studierende und Auszubildende
12. Initiierung von Forschungsprojekten zu Fragen der interkulturellen Versorgung [114]

Aus diesen Leitlinien geht hervor, dass Therapie Verständigung braucht. Verständigungsbarrieren aufgrund von sprachlichen und kulturellen Barrieren erschweren die Anamnese, die Diagnose und die Beratung. Unsicherheiten und Vertrauensvorbehalten auf beiden Seiten, sowohl bei Professionellen wie Klient(inn)en, sind dann leicht die Folge [123]. Eine auf sprachlichen Dialog und auf Kooperation ausgelegte gemeinsame Sprache ist deshalb Voraussetzung für den Erfolg von Therapie und bildet die Grundlage für Akzeptanz und Inanspruchnahme der präventiven, kurativen und rehabilitativen Versorgungsangeboten seitens der Migrant(inn)en. Es bedarf zunächst der rein sprachlichen Verständigung, sodass Worte und Aussagen in ihren jeweiligen Bedeutungen beidseitig verstanden werden können. Darüber hinaus sind kulturelle und migrationsspezifische Hintergrundinformationen notwendig, damit Professionelle die Aussagen der Klient(inn)en in einen soziokulturellen Rahmen setzen können. Dies betrifft sowohl den Kontext des Herkunftslandes der Klient(inn)en als auch die aktuellen Lebensbedingungen in der Migration [107]. Nicht zuletzt betrifft es aber die sprachliche Verständigung über Sinn und Zweck von Therapie selbst. Der spezielle Beratungsauftrag von Psychotherapie und Beratung unter den besonderen Bedingungen von Migration und Flucht ist es, für komplexe inner- und interpersonelle Probleme neue tragfähige Lösungen zu erarbeiten. Dies stellt zwei Anforderungen in besonderem Maße: die eigene Profession ausreichend selbst zu reflektieren [110], [113] und für sprachliche Verständigung zu sorgen.

3.1.2 Dolmetschen

Der international bewährte fachliche Standard zur Bewältigung der Sprachbarriere in der psychosozialen Versorgung ist das *community interpreting*, das durch *community interpreter services*, beispielsweise in Kanada, den Niederlanden, Großbritannien, Belgien, der Schweiz und Skandinavien seit Jahren angeboten wird [104], [121], [122]. In Deutschland wurde es vom Ethno-Medizinischen Zentrum [101], beginnend in Hannover als „Gemeindedolmetscherdienst", vor 25 Jahren eingeführt [116], [117] und in den letzten 20 Jahren gemeinsam mit dem Bayerischen Zentrum für transkulturelle Medizin in München [98] weiterentwickelt [106].

Gemeindedolmetscherdienste wurden geschaffen, um die Ausbildung, Begleitung und Vermittlung von Sprach- und Kulturmittlern zu Dolmetscher-(inne)n im Gesundheits-, Sozial- und Bildungswesen sicherzustellen und für die in ihrer Region gängigsten Sprachen qualifizierte *Gemeindedolmetscher(innen)* bereitzuhalten, die nach einheitlichen Honoraren, Qualitätsstandards und Vermittlungsroutinen von regionalen öffentlichen und gemeinnützig arbeitenden Institutionen abgerufen werden können [117]. *Gemeindedolmetscherdienste* informieren Institutionen und Professionelle aus dem Gesundheitssektor, dem Sozialwesen, dem Schulwesen und andere öffentliche Dienstleister über ihren Service sowie den rechtlichen und sozialen Hintergrund von Dolmetschereinsätzen. Sie beraten diese Institutionen und ihre Mitarbeiter(innen) über kulturelle Fragestellungen und verhelfen zur effektiven Zusammenarbeit zwischen Dolmetscher(inne)n, Professionellen und Klient(inn)en. Gemeindedolmetscherdienste bieten daher für Einrichtungen, die regelmäßig mit ihnen zusammenarbeiten, Informationsveranstaltungen über ihre Vorgehensweise an, ferner Fortbildungen für Therapeut(inn)en und Berater(inne)n zum effektiven Einsatz von Dolmetscher(inne)n.

Im Folgenden werden die qualitativen Standards vorgestellt, die sich für die Überbrückung von sprachlichen Verständigungshindernissen bewährt haben, und es werden die Rollen der verschiedenen Akteure des Dolmetschens diskutiert.

3.1.3 Rolle der Dolmetscher(innen)

Gemeindedolmetscher(innen) sind Dolmetscher(innen), die über eine eigene Migrationsgeschichte verfügen und daher die Lebensbedingungen der Migrant(inn)en hier und die Bedingungen im Herkunftsland kennen. Im Unterschied zu Fach- und Laiendolmetscher(inne)n werden sie speziell zu Expert(inn)en in sozialer Kommunikation für die Notwendigkeiten des Gesundheit-, Sozial- und Schulwesens und anderer öffentlicher Dienstleister qualifiziert [116]. Für ihre Aufgabe brauchen sie

- ein klares Rollenverständnis,
- eine Haltung der Allparteilichkeit,
- gute Kenntnisse der Organisation des Gesundheits-, Sozial und Bildungswesens und der öffentlichen Verwaltung im föderal organisierten Deutschland.

Sie sollten mit den psychosozialen Belastungen unterschiedlicher Migrationsgeschichten vertraut sein, die Lebenssituation der Mehrheit der Migrant(inn)en in Deutschland kennen und die deutsche und die Herkunftssprache gut beherrschen. Sie sollen psychisch robust sein, um mit den häufig belastenden Situationen, welche die Klient(inn)en in Beratung und Therapie bringen, gut umgehen zu können. Gleichzeitig sollen sie feinfühlig sein, um sensibel und flexibel mit schwierigen Situationen umgehen zu können.

3.1.4 Funktion von Vermittlungsdiensten

Um Gemeindedolmetscher(innen), die diesen Anforderungen entsprechen, zur Verfügung stellen zu können, sind Gemeindedolmetscherdienste erforderlich, die nach international vergleichbaren Standards arbeiten, die Qualität der Dolmetscher(innen) sicherstellen und logistische Aufgaben erfüllen. Die Bündelung dieser Aufgaben in Gemeindedolmetscherdienste hat sich besonders bewährt:

- Sie rekrutieren geeignete Muttersprachler, die persönlich und sprachlich den oben genannten Kriterien entsprechen. Muttersprachler sind geeigneter als deutschstämmige Bewerber, selbst wenn diese die jeweilige Fremdsprache gut erlernt haben.
- Sie organisieren den Einsatz und die Vermittlung der Dolmetscher(innen). Dazu betreiben sie eine Vermittlungsagentur, die für alle vermittelten Sprachen denselben Standard des Dolmetschens garantiert. Vor allem aber nimmt die Agentur den Nutzern die aufwendige Suche nach qualifizierten Dolmetscher(inne)n für die erforderliche Sprache ab und organisiert ein einheitliches Honorarsystem sowohl für die Nutzer wie für die Dolmetscher(innen).
- Sie qualifizieren die Gemeindedolmetscher(innen), indem sie die Bewerber für ihre Arbeit nach den oben beschriebenen Standards schulen. Die größte Anforderung für die Gemeindedolmetscherin ist die Aufrechterhaltung der Rollenklarheit, die auf der Allparteilichkeit und einer inneren Distanz basiert. Dazu werden Aufbaukurse für Arbeit in psychiatrischen und therapeutischen Settings angeboten sowie eine regelmäßige verpflichtende Supervision und Intervision, damit für kollegiale Beratung und Abstimmung gesorgt ist und gemeinsame Routine und Qualität wachsen können.

3.1.5 Standards des Gemeindedolmetschens

Das Gelingen eines guten, verständlichen und effektiven Gesprächs zwischen Klient(inn)en, Dolmetscher(inne)n und Professionellen basiert neben dem beschriebenen Wissen auf methodischen Konzepten. Grundlage ist es, den Dolmetschprozess in voneinander abgrenzbare Schritte zu gliedern, die sowohl das sprachgenaue Dolmetschen wie die Vermittlung soziokultureller Hintergründe erlauben. Dazu wurden von den deutschen Gemeindedolmetscherdiensten gemeinsame Standards entwickelt [100], [106], [116] (s. u.).

> **Die grüne Karte des Dolmetschens im sozialen und medizinischen Bereich**
>
> **Die Planungsphase des Dolmetschgesprächs**
> - Den Vermittlungsdienst oder Dolmetscher informieren
> - Finanzierung, Termin, Ort und Gesprächsteilnehmer festlegen und die notwendigen Personen einladen
> - Zeit einplanen, um den Dolmetscher ein paar Minuten vorher für Vorgespräch empfangen zu können
>
> **Das Vorgespräch zwischen Professionellen und Dolmetscher**
> - Mitteilung der Gesprächsziele und Arbeitsweise der Institution
> - Erklärung der Vorgeschichte und der bisherigen Kommunikationsprozesse
> - Darstellung relevanter kultureller Hintergrundinformationen
> - Vereinbarung der Dolmetschmethoden
>
> **Das Dolmetschgespräch**
> - Begrüßung, Vorstellung der Gesprächspartner und ihrer Rollen
> - Festlegung der Regeln und der Dolmetschtechnik
> - Förderung des direkten Kontakts zwischen Professionellen und Klienten
> - Augenkontakt zwischen Dolmetscher und Klienten vermeiden
> - Dolmetscher möglichst direkt neben den Klienten positionieren
> - Benutzen der direkten Rede (ich, Du, Sie)!
> - Langsam, deutlich und natürlich in kurzen Sätzen sprechen
> - Vermeiden von Slang, Dialekt oder Ironie
> - Bei längeren Gesprächen das Besprochene gelegentlich zusammenfassen
> - Die Gesprächsführung liegt beim Professionellen
> - Der Dolmetscher ist lediglich Sprachrohr und muss genau übersetzen
>
> **Das Nachgespräch zwischen Professionellen und Dolmetscher**
> - Bei Bedarf Klärung von kulturellen Hintergründen
> - Entlastung von belastenden Emotionen, Psychohygiene
> - Klärung von Formalien [116], [117]

Schritt 1: Die Planungsphase

In der Regel geht die Idee, einen Dolmetscher einzusetzen, von den behandelnden Therapeut(inn)en aus. Hier beginnt bereits die Planungsphase des Einsatzes. Die Therapeut(inn)en klären dazu mit dem Vermittlungsdienst oder direkt mit dem Dolmetscher Fragen wie Zeitpunkt und Ort des Gesprächs, Zuständigkeit für den Auftrag, Empfang und Abrechnung der Dolmetscherin. Weiterhin wird bestimmt, wer die Klient(inn)en oder andere am Gespräch beteiligte Personen informiert und zusammenbringt. Es bewährt sich, in der Vermittlung bestmöglich darauf zu achten, gleichgeschlechtliche Dolmetscher(innen) mit geringem Altersunterschied und bevorzugt aus einem ähnlichen soziokulturellen Umfeld auszuwählen. Bei einer traumatisierten jungen Frau aus einer christlichen Flüchtlingsfamilie aus dem Irak ist eine weibliche Dolmetscherin auch aus einem anderen arabischsprachigen Land geeigneter als ein Mann mit muslimischem Hintergrund aus ihrer Heimatregion. Auch ein türkischstämmiger Mann, der als 5-jähriges Kind nach Deutschland kam und hier seit 30 Jahren lebt, hat unter Umständen bezogen auf Werte und Einstellungen weniger kulturelle Gemeinsamkeiten mit einem Asylbewerber von 25 Jahren als ein Dolmetscher, der über eine ähnliche Migrationsgeschichte verfügt. Der Einsatz von Dolmetscher(inne)n, mit denen bereits positive Erfahrungen erzielt wurden, ist sinnvoller als ständig wechselnde Dolmetscher(innen) innerhalb einer Beratung oder Therapie.

Schritt 2: Das Vorgespräch

Für einen professionellen Ablauf des Gesprächs ist es erforderlich, mit dem Dolmetscher ein kurzes ca. 5-minütiges Vorgespräch zu führen. Hier werden die bisherigen Erfahrungen mit dem Klienten sowie Ziele und Zweck des Gesprächs vorgestellt, um sich auf zu erwartende Schwierigkeiten vorbereiten zu können. Es werden die Rollen und Verantwortlichkeiten festgelegt und auf die Schweigepflicht verwiesen. Die Art der Übersetzung wird vereinbart; in der Praxis hat sich *konsekutives* Dolmetschen bewährt. Dies läuft so ab, dass alle Beteiligten darauf hingewiesen werden, möglichst in einfach strukturierten Sätze sprechen, die nach jeweils 1–3 Sätzen von der Dolmetscherin genau und wörtlich übersetzt werden. Auf Kommentierung, gestische oder mimische Darstellung wird verzichtet. Die Praxis zeigt, dass die meisten Schwierigkeiten in Dolmetschergesprächen zu vermeiden sind, wenn dem Vorgespräch ausreichende Aufmerksamkeit geschenkt wird.

Schritt 3: Das Übersetzungsgespräch

Es obliegt dem einladenden Therapeuten, zu Beginn des Dolmetschergesprächs alle Beteiligten zu begrüßen, sie vorzustellen und die Rollen festzulegen. Alle Beteiligten sind auf die Schweigepflicht hinzuweisen. Der Dolmetscher beginnt sofort mit der Übersetzung dieser Ausführungen, um gar nicht erst den Eindruck entstehen zu lassen, er wolle die Moderation übernehmen. Die Therapeut(inn)en weisen die Plätze zu. Am besten geeignet ist die Positionierung der Dolmetscherin direkt leicht nach hinten versetzt neben der Patientin; bei 2 oder mehreren Angehörigen nicht zwischen diesen, sondern an der äußeren Seite neben dem Patienten mit den schlechten Deutschkenntnissen oder der größeren Verunsicherung. Dies erlaubt allen einen direkten Sichtkontakt zu dem Professionellen und erleichtert diesem seinerseits, alle verbalen und nonverbalen Äußerungen gut wahrzunehmen. Der Abstand zwischen den Gesprächsteilnehmer(inne)n sollte nicht zu groß sein, um lautes Sprechen zu vermeiden.

Ausdrücklich sollte darauf geachtet werden, dass die am Gespräch Beteiligten sich direkt aneinander wenden. Die Patient(inn)en sollten dazu eingeladen werden, den Therapeuten anzusprechen und sich nicht auf den Dolmetscher zu konzentrieren. Dazu sollte die Therapeutin die Klient(inn)en direkt ansprechen und sich nicht auf die Dolmetscherin konzentrieren oder sich ihr gar zuwenden. Dolmetscher(innen) nehmen lediglich die Rolle eines *Sprachrohrs* ein. Gut überprüfen lässt sich das daran, ob in der 1. Person (*ich* oder *wir*) und in der 2. Person (*Du* oder *Sie*) gesprochen wird. Sobald in der 3. Person (*sie* oder *er*) gesprochen wird, beispielsweise bei Apellen wie „Sagen Sie bitte der Patientin..." oder „Sagen Sie bitte der Frau Doktor..." wird das professionelle Dolmetschen verlassen. Gleiches gilt, wenn der Dolmetscher selbst die Auswahl von Wichtigen und Unwichtigem übernimmt mit Formulierungen wie „Ich werde das Wichtigste übersetzen...".

Der Therapeut sollten die Patient(inn)en ansehen, gerade wenn die Dolmetscherin spricht. Der direkte Augenkontakt zwischen Professionellen und Klient(inn)en ist zu fördern; der Augenkontakt zwischen dem Dolmetscher und den anderen Beteiligten ist zu vermeiden, um die professionelle Kooperation zu stärken. Das gilt auch in Fällen, in denen aus kulturellen Gründen der Blickkontakt reduziert wird wenn beispielsweise die Sprache auf Traumen oder sexuelle Themen kommt. Man kann immer auf die Ohren oder die Stirn schauen. Bei allen Irritationen dieser Vorgehensweisen ist es angebracht, die Gesprächsordnung wiederherzustellen. Es sind die verantwortlichen Therapeut(inn)en, die für die Interessen der Klient(inn)en zuständig sind. Daher sprechen sie in Gegenwart der Patient(inn)en nicht *über* diese mit den Dolmetscher(inne)n; dies ist dem Nachgespräch vorbehalten.

Schritt 4: Das Nachgespräch

Nach der Verabschiedung der Patient(inn)en sollte die Therapeutin mit den Dolmetscher(inne)n ein kurzes Nachgespräch führen. Dem Therapeuten dient es dazu, sich kulturell fremde Themen und Verhaltensweisen von der Dolmetscherin, die ja einen eigenen Migrationshintergrund hat, erklären zu lassen. Dem Dolmetscher dient es dazu, sich abzugrenzen und eventuell im Gespräch entstandene Emotionen und Belastungen im Sinne einer „Psychohygiene" abzubauen. Beendet wird der Dolmetschereinsatz durch die Abwicklung der Formalitäten bezüglich Evaluation oder Abrechnung.

3.1.6 Anforderungen beim Einsatz von Laiendolmetscher(innen)

Gelegentlich werden sprachkompetente Kolleg(inn)en aus der eigenen oder aus kooperierenden Einrichtungen, beispielsweise ein Sozialarbeiter aus der Integrationsberatung, aber auch Angehörige oder Freunde des Klienten, als Laiendolmetscher(innen) eingesetzt. Dabei sind relevante Dynamiken zu beachten. Beide Gruppen – die aus dem Hilfesystem und die aus dem privaten Netz des Klienten entstammenden Laiendolmetscher(innen) – unterscheiden sich in ihren Auswirkungen deutlich. Die einen haben überwiegende Loyalität dem eigenen professionellen Hilfesystem gegenüber entwickelt, die anderen haben kaum die Möglichkeit, innere Distanz und Neutralität aufrechtzuerhalten. Auch das Hintergrundwissen zu Krankheiten und sozialen Störungen sowie Wortschatz und Fachterminologie sind bei beiden i. d. R. unterschiedlich. Für beide gilt, dass *Laiendolmetscher(innen)* i. d. R. nicht geübt und geschult sind, Unparteilichkeit und innere Distanz zu betroffenen Personen oder Problematiken aufrechtzuerhalten. Übertragungen sind an der Tagesordnung, und häufig sind die von ihnen eingebrachten kulturellen Hintergrundinformationen und „Ratschläge" stark gefärbt, oder sie können von ihrem starken subjektiven Empfinden geprägt sein.

Sollte es unvermeidbar sein, sprachkundige Mitarbeiter(innen) bzw. Laiendolmetscher(inn)en aus dem eigenen professionellen Hilfesystem einzusetzen, wie beispielsweise Pflegekräfte oder Sozialarbeiter(innen), ist es ratsam, solche Helfer(innen) sorgfältig auszuwählen und sie nicht durch kontinuierlichen ehrenamtlichen Einsatz zu überfordern. Laien sollten nicht standardmäßig, sondern nur dann genutzt werden, wenn andere Lösungen nicht möglich sind oder die Gesprächsthemen eher einfach und informativ, also beispielsweise nicht therapeutischer Natur sind.

Anders jedoch, wenn Tod, Trauer, Sterben, Sexualität, innerfamiliäre Gewalterfahrungen und vergleichbar sensible Themen besprochen werden sollten: Hier sind Laiendolmetscher(inne)n aus dem Angehörigen- oder Freundkreis der Klient(inn)en noch problematischer und Laiendolmetscher(innen) aus dem eigenen professionellen Hilfesystem weniger mit Loyalitätsfragen belastet. Bei allen Themen, die mit Beschwerden über die Serviceeinrichtung zu tun haben, sind externe Laiendolmetscher(innen) geeigneter.

Auf Reinigungskräfte oder Servicepersonal in der Küche und vergleichbaren Serviceeinrichtungen muss generell verzichtet werden, wie auch auf die Angehörigen anderer Patient(inn)en oder auf diese anderen Mitpatient(inn)en selbst. Solche *Laiendolmetscher(innen)* sind aus Perspektive der Sprachkompetenz, Schweigepflicht und der erschwerten Abgrenzung zu Klienten ungeeignet.

Es sollte selbstverständlich sein, dass generell keine Kinder und jugendlichen Angehörigen der Patient(inn)en bei psychotherapeutischen, medizinischen oder bei Gesprächen mit Ansätzen der Krisenintervention genutzt werden. Diese können höchstens bei reinen Informationsgesprächen, frei von Therapie und medizinischer Behandlung, im Notfall helfen.

3.1.7 Einweisung von Laiendolmetscher(inne)n

Laiendolmetscher(innen) bedürfen vor einem Therapie- oder Beratungsgespräch einer intensiven Einführung und Instruktion in ihre Rolle und Aufgabe, gegebenenfalls auch in die Methodik des Dolmetschens. Auch wenn die betreffenden Personen glauben, gute Sprachkompetenzen seien für diese Aufgabe ausreichend, ist eine Einweisung dringen angeraten, um die oben dargestellten Dynamiken einigermaßen bewältigen zu können. Orientierend sind hier die Grundregeln der „Grünen Karte des Gemeindedolmetschens" (s. Box in Kap. 3.1.5). Für das hierzu notwendige Vorgespräch sind externe Laiendolmetscher(innen) aus dem Angehörigen- oder Freundeskreis möglichst etwa 15 Minuten vor dem Beratungsgespräch einzuladen; bei internen Laiendolmetscher(inne)n aus dem eigenen professionellen Hilfesystem sollten einige Minuten genügen.

Berater/Therapeuten sollten genau erklären, was sie vorhaben, und die Laiendolmetscherin davon überzeugen, dass kommentarloses, möglichst genaues Übersetzen erforderlich ist. Die Laiendolmetscher(innen) sollen motiviert werden, auch während des Gesprächs Nachfragen zu stellen, wenn sie etwas inhaltlich nicht verstanden haben oder etwas nicht übersetzen können, weil es ihnen an der entsprechenden Fachterminologie fehlt.

Es bedarf einer genauen Instruktion, wie sie übersetzen sollten – nämlich möglichst genau und ohne Interpretation und Eigeninitiative. Berater/Therapeut(inn)en können hierbei helfen, indem sie möglichst in einfachen und kurzen Sätzen sprechen sowie Fremdwörter nach Möglichkeit ganz vermeiden. Im Unterschied zu Fach- und Gemeindedolmetscher(innen) empfiehlt es sich, Laiendolmetscher(innen) nicht zu nahe bei dem Klienten zu platzieren, weil sich sonst gegenseitige Unsicherheiten verstärken. Im Gespräch sollte genau beobachtet werden, ob der Laie nicht überfordert ist. Deshalb ist es hilfreich, öfters einmal das bisher

Gesagte als Zwischenergebnis zusammenzufassen. Auch mit Laiendolmetscher(inne)n sollte ein kurzes Nachgespräch ohne Beteiligung des Klienten geführt werden. Dies dient zum einen der Psychohygiene und zum anderen trägt es dazu bei, dass die Laiendolmetscherin mit den Klient(inn)en den Kontakt geordnet beenden können und diesen nicht aufrechterhalten muss. Dies ist empfehlenswert und hilft, unnötige Belastungen für den Laiendolmetscher zu vermeiden, der er aus einer solchen Delegation von Verantwortung ausgesetzt werden könnte.

Die Therapeutin führt das Gespräch und kontrolliert es noch stärker als in der Arbeit mit Fach- und Gemeindedolmetscher(inne)n, um Fehlverläufe im Gesprächsprozess (und um ihn herum) zu vermindern.

Fazit

Die vielfach aus ganz gegensätzlichen sozialpolitischen Spektren erhobenen Forderungen „Die sollen doch Deutsch lernen!" oder „Wir brauchen mehr muttersprachlichen Fachleute" gehen trotz ihrer Nachvollziehbarkeit an der Realität unseres Landes vorbei. Schwierig sind auch Statements wie „Beratung oder Therapie mit Dolmetschern geht nicht, da viele emotionale Dimensionen psychischen Leidens nicht übersetzbar sind": Sie haben letztlich zur Folge, dass bedürftige und anspruchsberechtigte Gruppen von der Versorgung ausgeschlossen werden.

Gemeindedolmetscherdienste sind eine notwendige Voraussetzung, damit Verständigung mit Menschen eines fremden sprachlichen und kulturellen Hintergrundes zu einem Qualitätsstandard professioneller Dienstleistungen im Gesundheits-, Sozial- und Bildungswesen wird. Die jährliche Steigerung der Dolmetscherstunden beim Gemeindedolmetscherdienst in München um 35–60% in den Jahren 2009–2015 drücken den Bedarf eindrücklich aus [98], und externe Evaluation belegt die Praxistauglichkeit und die Zufriedenheit der Nutzer [111], [112], [115]. Alle diese Erfahrungen zeigen, wie auch die Referenzen (Kap. 3.1.1), dass *Gemeindedolmetscherdienste* ein fundiertes konzeptionelles und methodisches Inventar für die psychiatrische, psychotherapeutische und die Beratungsarbeit bieten. Ziel muss sein, auf qualifizierte Dolmetscher(innen) zugreifen zu können, die nach einer einheitlichen Gebührenregelung arbeiten, und klare Routinen und Regelungen darüber zu entwickeln, wann konkret der Einsatz eines professionellen Dolmetschers und wann der eines Laiendolmetschers notwendig und verpflichtend ist und in welchen Kontexten Klient(inn)en und Fachkräfte einen Anspruch auf Finanzierung von Dolmetscher(inne)n in der eigenen Institution haben. Dies ist ein integraler Aspekt der Qualität ihrer Dienstleistung und ihrer *Kunden- und Serviceorientierung* bei fremdsprachigen Zielgruppen.

Jeder einzelne Professionelle hat eine persönliche Verantwortung dafür, sich nicht mit der Situation des Nichtverstehens zufriedenzugeben und auf die Schwierigkeiten und Konsequenzen einer dadurch eingeschränkten professionellen Hilfe hinzuweisen. Jeder Professionelle kann diesbezüglich zur Sensibilisierung, zum Problembewusstsein und zur Lösungsorientierung beitragen, beispielsweise in Teamgesprächen, der direkten Kommunikation mit den Leitungsverantwortlichen oder in Gremien und Verbänden.

3.1.8 Literatur

[98] Bayerisches Zentrum für Transkulturelle Medizin (BZTM) (2015). Im Internet: www.bayzent.de; Stand: 24.10.2016

[99] Baecker D. Kommunikation. In Wirth JV, Kleve H, Hrsg. Lexikon des systemischen Arbeitens. Grundbegriffe der systemischen Praxis, Methodik und Theorie. Heidelberg: Carl-Auer-Systeme; 2012

[100] Budimlic M, Hegemann T. Kulturkompetent in 80 Sprachen. Soziale Psychiatrie 2015; 39 (3): 38–39

[101] Ethnomedizinisches Zentrum Hannover. Dolmetscherdienst (2015). Im Internet: http://www.ethno-medizinisches-zentrum.de/index.php?option=com_content&view=article&id=25&Itemid=16; Stand: 24.10. 2016

[102] Flaherty JA, Gaviria FM, Pathak D et al. Developing Instruments for Cross-Cultural Psychiatric Research. Journal of Nervous & Mental Disease 1988; 176

[103] Gergen K, Gergen M. Einführung in den sozialen Konstruktionismus. Heidelberg: Carl-Auer-Systeme; 2009

[104] Hale SB. Community interpreting. Research and practice in applied linguistics. London: Palgrave Macmillan; 2007

[105] Hegemann T. Interkulturelle Kompetenz in Beratung und Therapie. In: Radice von Wogau J, Eimmermacher H, Lanfranchi A, Hrsg. Therapie und Beratung von Migranten. Systemisch-interkulturell denken und handeln. Weinheim: Beltz; 2004

[106] Hegemann T, Budimlic M. Brücken bauen zwischen Sprachen und Kulturen. Zum Einsatz von Gemeindedolmetschern zur Überbrückung von Kommunikationshindernissen in Psychosozialen Diensten. In: Brisch KH, Hrsg. Bindung in Migration. Stuttgart: Klett-Cotta; 2016

[107] Hegemann T, Oestereich C. Einführung in die interkulturelle systemische Beratung und Therapie. Heidelberg: Carl-Auer-Systeme; 2009

[108] Hoegl, F. Kopplung. In: Wirth JV, Kleve H, Hrsg. Lexikon des systemischen Arbeitens. Grundbegriffe der systemischen Praxis, Methodik und Theorie. Heidelberg: Carl-Auer-Systeme; 2012: 221–224

[109] Kaviani N, Hegemann T. Inter- und transkulturelle Kompetenzen in Migrationsgesellschaften. In: Treichel D, Mayer CH, Hrsg. Lehrbuch Kultur. Lehr- und Lernmaterialien zur Vermittlung kultureller Kompetenzen. Münster: Waxmann; 2011

[110] Kleinman A. Rethinking psychiatry. From cultural category to personal experience. New York: The Free Press; 1991

[111] Landeshauptstadt München, Referat für Gesundheit und Umwelt Weiterfinanzierung von Dolmetschereinsätzen (2014). Im Internet: http://www.ris-muenchen.de/RII/RII/DOK/SITZUNGSVORLAGE/3418297.pdf; Stand: 1. 7. 2016

[112] Landeszentrale für Gesundheit in Bayern e. V. (LZGB). Dolmetschertopf. Interkulturelle Öffnung der Gesundheitsberatung und Behandlung durch den Einsatz von Dolmetscherinnen und Dolmetschern (2013). Schriftenreihe Bd. 25. Im Internet: http://www.lzg-bayern.de/dolmetschertopf.html; Stand: 24.10.2016

[113] Littlewood R. Von Kategorien zu Kontexten. In: Hegemann T, Salman S, Hrsg. Handbuch Transkulturelle Psychiatrie. Bonn: Psychiatrie; 2010

[114] Machleidt W. Die 12 Sonnenberger Leitlinien zur psychiatrisch-psychotherapeutischen Versorgung von MigrantInnen in Deutschland. Nervenarzt 2002; 72: 1208–1209

[115] Sagner A. Abschlussbericht zur Evaluation des SprachmittlerInnen- und DolmetscherInneneinsatzes im Sozialreferat (2011). Im Internet: http://www.ris-muenchen.de/RII/RII/DOK/SITZUNGSVORLAGE/2734518.pdf Stand: 24.10.2016

[116] Salman R. Vermittler zwischen Sprachen und Kulturen. Methoden des Gemeindedolmetschens und des Überbrückens von Kommunikationshindernissen. In: Hegemann T, Salman R, Hrsg. Handbuch Transkulturelle Psychiatrie. Bonn: Psychiatrie; 2010: 199–215

[117] Salman R. Gemeindedolmetscherdienste als Beitrag zur Integration von Migranten in das regionale Sozial- und Gesundheitswesen. Das Modell des Ethno-Medizinischen Zentrums Hannover. In: Bundesbeauftragte für Migration, Flüchtlinge und Integration, Hrsg. Gesundheit und Integration. Berlin: 2007; 246–256

[118] Schiepek G. Die Grundlagen der Systemischen Therapie. Theorie – Praxis – Forschung. Göttingen: Vandenhoeck & Ruprecht; 1999

[119] Spitzok von Brisinsky I. Therapie. In: Wirth JV, Kleve H, Hrsg. Lexikon des systemischen Arbeitens. Grundbegriffe der systemischen Praxis, Methodik und Theorie. Heidelberg: Carl-Auer-Systeme; 2012

[120] Strotzka H. Psychotherapie: Grundlagen, Verfahren, Indikationen. München: Urban & Schwarzenberg; 1978

[121] Tamayo M. Sprach- und Integrationsmittler, Gemeindedolmetscher, Community Interpreter. Eine professionelle Strategie zum Abbau von Ungleichbehandlung. In: Migration und soziale Arbeit 2010; 3 (4): 283–289

[122] Valero-Garces C, Martin A, eds. Crossing borders in community interpreting. Definitions and dilemmas. Amsterdam: John Benjamins; 2008

[123] Zimmermann E. Kulturelle Missverständnisse in der Medizin. Ausländische Patienten besser versorgen. Bern: Huber; 2000

3.2 Interkulturelle Aspekte der Therapiebeziehung bei Migrations- und Fluchtgeschichte

Birsen Kahraman

3.2.1 Bedeutung der therapeutischen Beziehung

Die Therapiebeziehung hat in der Praxis einen besonderen Stellenwert, in der Psychotherapieforschung ist ihre hohe Wirksamkeit unabhängig von der Therapieschule empirisch vielfach belegt [142]. Bereits zu Beginn der therapeutischen Zusammenarbeit indiziert die Güte der Beziehung zwischen Klient und Therapeutin, ob das Therapie-Ergebnis bei Abschluss positiv ausfallen wird: je besser Klient(inn)en die Therapiebeziehung nach den ersten 3 Sitzungen einschätzen, desto größer ist die Wahrscheinlichkeit, dass die Therapie auch am Ende als erfolgreich bewertet wird; die Einschätzung der Therapeut(inn)en, ob die Therapie erfolgreich sein wird, ist trotz ihrer professionellen Ausbildung deutlich weniger zutreffend. Gerade zu Beginn des Kontakts, wenn Klient(inn)en durch Lebenskrisen hoch belastet und vulnerabel sind, ist davon auszugehen, dass die wertschätzende zwischenmenschliche Begegnung eine besonders wichtige Rolle im gegenseitigen Vertrauensaufbau spielt, auch weil in dieser Phase spezifische symptomreduzierende Interventionen noch kaum zum Einsatz kommen. Insbesondere Menschen mit Flucht- und Migrationsgeschichte haben vielfältige zwischenmenschliche Traumatisierungen erfahren, bis sie therapeutische Hilfe – wenn überhaupt – erhalten. Sie leben nicht nur getrennt von wichtigen Bezugspersonen, zu denen der Kontakt nicht regelhaft aufrechterhalten werden kann, falls diese noch am Leben sind. Vor, während und nach der Flucht sind Geflüchtete auf Hilfen und die Zusammenarbeit mit Menschen angewiesen, die sie kaum kennen und denen sie dennoch vertrauen müssen, ohne zu wissen, wohin sie das führt. Viele Menschen werden auf der Flucht durch andere Menschen in teilweise extremer Weise missbraucht und traumatisiert, da sie schutzlos sind. Eine vonseiten der Therapeutin gestaltete wertschätzende, offene und parteiliche Haltung im Sinne der Hilfesuchenden, ohne diese in ihrer Notlage zu entmündigen oder zu manipulieren, ist grundlegend, um Sicherheit, Schutz und Hoffnung zu vermitteln:

„Es ist wichtig, dass wir unsere Klienten in ihrer Autonomie stärken und Hilfe zur Selbsthilfe leisten. Dennoch ist ‚professionelle Nähe' in der Arbeit mit belasteten und traumatisierten Menschen so wichtig wie die viel beschworene ‚professionelle Distanz'." ([150], 78–79)

Die Therapiebeziehung kann je nach therapeutischer Ausbildung und Setting unterschiedlich bewusst genutzt werden; psychotherapeutische Interventionen sind jedoch stets wirksamer, wenn zwischen Behandlerin und Klient(in) eine wertschätzende Vertrauensbasis besteht. Am Beispiel der kognitiven Verhaltenstherapie, die in ihrer Entstehung die Therapiebeziehung zugunsten der präzisen Ausformulierung von kognitiven Techniken vernachlässigte, ist nachweisbar, dass sie noch wirksamer ist, wenn Therapeut(inn)en die Interaktion zwischen sich und ihren Klient(inn)en fokussieren [128]. Unter der therapeutischen Beziehung wird in der Regel sowohl die affektive Bindung zwischen Therapeut und Klient als auch die gemeinsame Arbeit an Aufgaben und Zielen verstanden [126]. Es gilt in der Therapiebeziehung, die Bedürfnisse des Patienten nach Wertschätzung, Bestätigung, Ermutigung, Unterstützung, eventuell nach Trost und Hoffnung zu erfüllen; Ressourcen zu reaktivieren oder neue aufzubauen; Patient(inn)en neue, positive Beziehungserfahrungen zu ermöglichen und Selbstexploration zu unterstützen; außerdem bestehende Beziehungskonflikte zu bearbeiten [132].

Stolpersteine in der „interkulturellen" Zusammenarbeit

Bei interkulturellen Therapien scheinen oben genannte allgemein gültige Maxime nicht ohne weiteres realisierbar zu sein, sie scheitern gerade zu Beginn häufig. Beispielsweise brechen schwarze Klient(inn)en in den USA doppelt so häufig wie weiße Klient(inn)en bereits nach dem Erstgespräch die Behandlung bei einem weißen Therapeuten ab. Sie tun dies nicht, wenn sie von einem schwarzen Therapeuten behandelt werden (Metaanalyse s. [148]). Selbst wenn schwarze Klient(inn)en bei weißen Therapeut(inn)en in Behandlung verbleiben, werden ihre Behandlungen ca. nach ⅓ der Zeit abgeschlossen im Vergleich zu weißen Klient(inn)en, was nachhaltigen Therapie-Erfolg deutlich reduziert. Im deutschsprachigen Raum werden Schwierigkeiten und Missverständnisse in interkulturellen Therapien häufig berichtet und für deren Ursachen sowohl strukturelle als auch interpersonelle Faktoren vermutet [133]. Im Ergebnis führt dies dazu, dass Patient(inn)en mit Migrationsgeschichte seltener und weniger erfolgreich psychotherapeutisch behandelt werden, stationäre Rehabilitation von Migrant(inn)en wird seltener erfolgreich abgeschlossen, in ambulanten Therapie-Einrichtungen sind sie, trotz Bemühungen um interkulturelle Öffnung, selten anzutreffen. Für therapeutische Misserfolge werden in der Regel die Klient(inn)en einseitig verantwortlich gemacht, und ihre Therapiefähigkeit überhaupt wird infrage gestellt [129]. Bei Klient(inn)en mit Migrations- und Fluchtgeschichte wird dies zum Teil mit sprachlichen Barrieren begründet, jedoch werden Misserfolge in sogenannten interkulturellen Therapien häufig und spontan kulturell attribuiert (Kulturalisierung) und strukturelle Ursachen wie Migration, Sprachgefälle, Machtgefälle bzw. Faktoren auf Therapeutenseite wie wenig interkulturelle Erfahrung, unbewusste Stereotypisierung oder Vorurteile vernachlässigt.

Die Ausblendung gesellschaftlicher Zustände ist dem Umstand geschuldet, dass der psychotherapeutische Berufsstand dazu neigt, sich auf die individuellen Belange seiner Klient(inn)en zu konzentrieren und gesellschaftliche Gegebenheiten und Entwicklungen auszublenden, teilweise sogar zu ignorieren, um die individuelle Handlungsfähigkeit des Klienten zu fokussieren und zu erweitern [140]. Dies mag zeitweise hilfreich sein, führt langfristig und ausschließlich praktiziert jedoch dazu, dass wir nicht über unseren Tellerrand hinausblicken. Therapeut(inn)en sollte jederzeit bewusst sein, dass Psychotherapie nicht im gesellschaftlichen Vakuum stattfindet [143]. So werden trotz bekannter Missstände in der psychosozialen Versorgung von Patient(inn)en mit Migrations- und Fluchtgeschichte ihre Anliegen in der strukturellen Versorgungsplanung weiterhin kaum berücksichtigt, traumatisierte Geflüchtete gelangen nach der heutigen Rechtslage immer noch zu einem minimalen prozentualen Anteil und sehr spät in Psychotherapie. Es sind engagierte Initiativen einzelner Personen oder Verbände wie der Bundesweiten Arbeitsgemeinschaft der Psychosozialen Zentren für Flüchtlinge und Folteropfer (BAfF), die sich v. a. der psychosozialen Versorgung von Geflüchteten annehmen.

Durch das Bekanntwerden humanitärer Katastrophen nicht nur in entfernten Teilen der Welt oder im Mittelmeer, sondern unmittelbar vor unserer Haustür, wurde die zeitweise Öffnung der Grenzen für Kriegsvertriebene insbesondere aus Syrien realisiert, so dass die traumatisierten Geflüchteten Deutschland teilweise zu Fuß und in unerwartet hoher Anzahl erreichten. Dies stellt den psychotherapeutischen Berufsstand angesichts des hohen Leidensdrucks entwurzelter und traumatisierter Menschen nicht nur vor besondere Herausforderungen, sondern ermöglicht auch die Übernahme von gesellschaftlicher Verantwortung:

„Dass nur die Hälfte der Flüchtlinge, die zu uns kommen, traumatisiert sein sollen, ist sicher nicht richtig. Es sind vermutlich ALLE traumatisiert, weil sie über lange Zeit in Todesangst und existentieller Not waren; viele sind es noch lange, auch Jahre nach der Ankunft in dem Land, das ihnen vielleicht – vielleicht! – eine neue Heimat sein könnte." ([135], 7–8)

Zugangsbarrieren für Geflüchtete

Obwohl es Migration aus außereuropäischen Ländern nach Deutschland seit der Anwerbung von sogenannten „Gastarbeitern" in den 50er Jahren in beachtlichem Maße gegeben hat, sind psychosozialen Versorgungsstrukturen, insbesondere für traumatisierte Migrant(inn)en, bis dato unzureichend in ihrer Qualität und Quantität. Sowohl die Gesundheitspolitik als auch der psychotherapeutische Berufsstand haben kulturelle, migrations- und machtbedingte Dimensionen in der Behandlung von Klient(inn)en mit Migrations- und/oder Fluchtgeschichte bisher vernachlässigt. Nach wie vor werden nur vereinzelt Fortbildungen in reguläre Ausbildungscurricula eingebettet, die angehende Therapeut(inn)en für die eigene kulturelle Prägung oder familiäre Migrationsgeschichte sensibilisieren, um die ihrer Patient(inn)en angemessen erfassen zu können. Zwar ist die Bedeutung der soziokulturellen Prägung für die basale Wahrnehmung, das gesamte Empfinden, Urteilen und Verhalten eines jeden Menschen hinlänglich bekannt, unsere eigene Prägung wird uns jedoch meist erst dann bewusst, wenn wir universell angenommene Gegebenheiten im Gegenüber vermissen oder besonders unvertrautes Verhalten antreffen, so dass wir eine starke emotionale Irritation bis Ablehnung empfinden. Selbst erfahrene Therapeut(inn)en berichten dann, in Sackgassen zu geraten oder nicht zurechtzukommen mit der fremden Mentalität oder der Kultur und Religion ihrer Patient(inn)en [137].

Bei geflüchteten Patient(inn)en beherrschen in der Regel teilweise unglaubwürdig anmutende Details über prekäre Lebensumstände und Rechtlosigkeit im Zuflucht gewährenden Rechtsstaat die Kommunikation in der Therapie, was Verunsicherung und Irritation bei Therapeut(inn)en intensivieren kann. Diese verunsichert es auch, wenn migrantische Patient(inn)en ihnen nicht „ganz vertrauen" und z.B. Details ihrer Migrations- bzw. Fluchtgeschichte verschweigen und somit ungewollt die Zusammenarbeit erschweren, da genaue Angaben für das therapeutische Verständnis, aber auch z.B. für die Beantragung im Gutachterverfahren notwendig sind. In letzteren werden fehlende biografische Angaben oder mangelnde aufenthaltsrechtliche Sicherheit beanstandet und ohnehin knapp bemessene Sitzungskontingente teilweise mit der Begründung gekürzt, die Prognose sei nicht ausreichend günstig angesichts einer realen Bedrohungssituation von drohender Abschiebung oder die Begleitung einer realen Bedrohungssituation wie eine drohende Abschiebung sei nicht im Leistungsumfang von Psychotherapie enthalten. Andere Therapeut(inn)en fühlen sich mit ihrem Fachwissen fehl am Platz, wenn Klient(inn)en zermürbende soziale, juristische oder ökonomische Schieflagen beklagen, die ohne juristische Hilfe kaum verständlich sind, und Hilfen einfordern, die Psychotherapeut(inn)en nicht spontan bzw. nur bei ausreichender interdisziplinärer Vernetzung erbringen können.

Angesichts ihres hohen Leidensdrucks unternehmen die Klient(inn)en trotz unüberbrückbar anmutender struktureller Barrieren und ihrerseits wahrgenommener kultureller Verschiedenheit mühsame Versuche, eine Behandlung einzugehen, deren Fortgang und Inhalt sie zu Beginn kaum kennen noch einschätzen können. Wie die therapeutische Zusammenarbeit trotz erschwerter Bedingungen befriedigend für Klient und Therapeutin funktionieren kann, soll anhand eines Modells der kultur- und machtsensiblen Therapiebeziehung erläutert werden, das Aspekte des achtsamen Aufbaus einer tragfähigen Arbeitsbeziehung mit migrantischen Patient(inn)en hervorhebt (ausführliche Herleitung in [136]).

3.2.2 Kultur- und machtsensible Therapie

Das Modell zur kultur- und machtsensiblen Therapiebeziehung geht davon aus, dass psychotherapeutische Verfahren in der Beratung und Therapie mit migrantischen Klient(inn)en weitgehend beibehalten werden können, nämlich unter der Voraussetzung, dass Therapeut(inn)en zum einen eine erhöhte reflexive Aufmerksamkeit auf verborgene Werte und Prägungen der eigenen Person und ihrer Klient(inn)en, zum anderen auf beider gesellschaftspolitische Lebensbedingungen richten. Diese Reflexion bezieht sich auf alle Phasen und Ebenen der therapeutischen Zusammenarbeit und lädt auch erfahrene Therapeut(inn)en dazu ein, sich unter kultur- und machtsensibler Fortbildung und Supervision auf eigene Lernprozesse einzulassen.

Klärung von Erwartungen und Aufklärung über Psychotherapie

Psychisch belastete Menschen werden meist erst nach einer längeren Zeit psychotherapeutischer Behandlung zugeführt. Das hängt zum einen damit zusammen, dass psychische Störungen von Ärzt(inn)en, die bei unspezifischen Beschwerden zuerst aufgesucht werden, nicht oder verzögert identifiziert werden. Andererseits sind Beschwerden psychischer Natur weiterhin schambehaftet und werden den Untersucher(inne)n und Betroffenen erst bei genauerer Exploration verständlich, zumal ein westlich-dichotomes Soma-Psyche-Konzept nicht universell vorausgesetzt werden kann. Die Psychotherapie ist seit der Aufnahme in den Leistungskatalog der gesetzlichen Krankenkassen der versicherten Bevölkerung in Deutschland regulär zugänglich – mit Ausnahme von Asylbewerber(inne)n, die dem AsylbLG unterstehen und deshalb keine reguläre medizinische Versorgung in Anspruch nehmen dürfen, sondern nur akute, lebensbedrohliche Erkrankungen behandeln lassen können (vgl. Kap. Exkurs: Rechtliche Rahmenbedingungen für die Gesundheitsversorgung). Selbst in Deutschland längst ansässige Migrant(inn)en gelangen häufig erst nach langen Odysseen und fortgeschritten chronifiziert in die psychotherapeutische Behandlung. Auf dem medizinischen Überweisungsweg und ohne entsprechende Vorerfahrungen in die Psychotherapie gelangte Patient(inn)en mit Migrationsgeschichte berichten ihre anfänglich diffusen Erwartungen und Ängste gegenüber einer unbekannten Behandlungsform: Zum einen hätten sie keine Vorstellungen darüber gehabt, was sie in einer Psychotherapie erwartet, zum anderen hätten sie intuitiv keine Hoffnung damit verbunden, dass es ihnen durch Reden allein besser gehen solle, denn vom überweisenden Arzt hätten sie keine Erklärungen erhalten [136].

Der erschwerte Zugang zur Psychotherapie für Geflüchtete ist vor dem Hintergrund ihrer vielfachen traumatischen Erfahrungen und fortdauernden belastenden Lebensumstände kaum nachzuvollziehen, er ist dennoch eine gesellschaftspolitische Realität, die es als Therapeut(in) in Erfahrung zu bringen gilt, um ausreichend Verständnis und angemessene Hilfen erbringen zu können. Gelangen Geflüchtete durch suizidale Krisen, engagierte Helfer oder andere bereits in Therapie befindliche Familienmitglieder/Bekannte in Therapie, ist zu klären, unter welchem spezifischen Leidensdruck sie akut stehen und wobei sie sich in erster Linie Unterstützung erhoffen, da sich ihre Erwartungen gemäß ihrer Lebenslage häufig von anderen Klient(inn)en unterscheiden können.

Fallbeispiel 1: Herr A., Herkunft: Nigeria, 24 Jahre, ledig

Herr A. ruft im Abstand von wenigen Tagen mehrfach in der Praxis an, um einen Termin für sich zu vereinbaren, er habe „einige Probleme", über die er sprechen wolle, auf mich sei er durch Zufall durch einen Vertretungsarzt aufmerksam gemacht worden, er sei wegen chronischer Kopf- und Magenschmerzen häufig in medizinischer Behandlung. Beim Erstgespräch, das auf Deutsch und Englisch stattfindet, benennt Herr A. als sein größtes Problem die Wohnsituation mit 3 anderen Geflüchteten, die wie er als Minderjährige nach Deutschland gekommen, inzwischen volljährig und in einer Wohnung untergebracht seien. Im Wohnumfeld sei er mehrfach darauf angesprochen worden, ob er Drogen verkaufe oder kaufen wolle. Er habe Angst vor den Dealern, andererseits aber auch Sorge, von der Polizei kriminalisiert zu werden; er sei bereits mehrfach kontrolliert worden und fühle sich beobachtet.

Außerdem sei es ihm aufgrund der unterschiedlichen Lebensrhythmen seiner Mitbewohner, die oft bis spät in die Nacht lärmten, nicht möglich, sich ausreichend auf seine Ausbildungsprüfung vorzubereiten. Mehrere Gespräche mit dem zuständigen Sozialarbeiter seien fruchtlos geblieben, auch schriftliche Anträge, eine andere Wohnung zugeteilt zu bekommen, seien trotz der Unterstützung seiner Ärztin gescheitert. Er werde bald „verrückt", da er diese Prüfung schaffen müsse, um seinen Aufenthaltstitel und Lebensunterhalt zu sichern und seine Familie in Nigeria zu suchen – dazu benötige er dringend meine psychologische Stellungnahme. Zu seinem Hintergrund berichtet Herr A., dass er sich 15jährig in seinem Heimatland einer regierungskritischen Rebellengruppe angeschlossen habe und mehrere Monate im bewaffneten Kampf ausgebildet worden sei. Erst einige Zeit später habe er verstanden, dass es sich um „Piraten" gehandelt habe, er habe an gewaltsamen Überfällen teilnehmen müssen, zahlreiche Kameraden seien bei Kämpfen oder Fluchtversuchen getötet worden. Bei einem Überfall sei er schwer verletzt worden und habe sich tot gestellt. Trotz aller Vorsicht hätten die Piraten Kenntnis von seinem Überleben erhalten, seine Familie ausfindig gemacht und seine älteste Schwester getötet, was er sich nie verzeihen werde. Seit seiner Flucht – er wisse nicht, wie viele Monate er unterwegs gewesen sei – habe er keine Verbindung mehr zu seiner Familie, zum einen, da er Schuldgefühle habe, zum anderen, um sie nicht zu gefährden, aber er müsse ständig an sie denken. In den nächsten Monaten ist die Therapie von Herrn A. geprägt von seinen Magenschmerzen und Migräneanfällen, weswegen er die Ausbildung und Schule nur unregelmäßig besuchen kann, so dass er auch die Therapie teilweise kurzfristig absagt und dann wieder Kontakt aufnimmt, wenn er unmittelbar Entlastung oder Unterstützung braucht (Überlebensmodus). Im 1. Jahr benötigt Herr A. mehrere Stellungnahmen für das Wohnungsamt, die Schule, den Ausbildungsbetrieb, den Prüfungsausschuss und diverse andere Behörden – meist bleiben sie wirkungslos, so erhält er erst nach vielen Monaten, die er u. a. in der Akutpsychiatrie untergebracht werden muss, eine Möglichkeit, umzuziehen. Diese Stellungnahmen, die wir gemeinsam je nach Problemstellung vorbereiten und lesen, werden bald zu einer wichtigen Quelle der Entlastung, Wertschätzung, der Vertiefung des Selbstverständnisses und der Selbstfürsorge für Herrn A., denn er beginnt, darin geschilderte Symptome genauer zu erfragen, zu beobachten, in Zusammenhang zu bringen. In der Folge gelingt es ihm teilweise, Anfälle selbstständiger zu erkennen. Seine Prüfung muss er unterdessen 2-mal verschieben, alternativ sucht er einen Minijob in seinem Ausbildungsberuf, der ihn seinem Ziel nach Berufstätigkeit und finanzieller Eigenständigkeit näherbringt, so dass er Selbstwirksamkeit erfahren kann. Unter Mithilfe der Sozialpädagogin in der Berufsschule kann ein vom Bezirk gefördertes betreutes Einzelwohnen installiert werden. Überhaupt ist die regelmäßige Abstimmung mit der Sozialpädagogin während der ganzen Therapie eine wichtige Möglichkeit, abzuschätzen, wie Herr A. im realen Leben zurechtkommt, welche Stellungnahmen wirklich vonnöten bzw. hilfreich sind, da Herr A. trotz seiner hohen Reflexionsfähigkeit dies nicht immer einschätzen kann.

Häufig sind Therapeut(inn)en überrascht darüber, dass Klient(inn)en mit Migrations- und Fluchtgeschichte v. a. Probleme besprechen, die durch aktuelle Lebensumstände verursacht sind, z. B. enge Lebensräume für Familien mit Kindern und alleinstehende Erwachsene, die sich in Gemeinschaftsunterkünften z. T. eine Küche, eine nicht abschließbare Toilette bzw. Duschkabine mit 50 oder mehr Personen unterschiedlichster Herkunft, Sprache und Gewohnheiten teilen müssen.

„Es ist kein Wunder, dass viele Flüchtlinge in der Psychotherapie nicht von Kriegserlebnissen, Gefängnis und Folter oder traumatischen Erlebnissen auf der Flucht sprechen wollen, sondern von den gegenwärtigen Belastungen ihres Lebens in Deutschland. Wer zum Nichtstun in Armut verdammt ist, wird kaum Interesse haben, über seine vergangene schwere Situation zu reden." ([145], 139–140)

Da diese Belastungen durch ihr eigenes Zutun kaum zu verändern sind, lernen Klient(inn)en die Gültigkeit einer quasi neuen Währung, mit der hierzulande in der Bürokratie gezahlt wird: Atteste und Stellungnahmen. Naheliegenderweise erwarten sie von ihren Behandlern, dass sie ihnen die erforderlichen „Scheine" aushändigen. Dies ist nicht gleichzusetzen mit den eigentlichen Zielen der Klient(inn)en, jedoch ist die Verbesserung aktueller Lebensumstände notwendige Voraussetzung, um Lebensziele zu erreichen. Psychotherapeut(inn)en lässt die Erwartungshaltung nach diesen „Scheinen" teilweise an der Motivation ihrer Klient(inn)en zweifeln und an die Grenzen ihrer eigenen Belastbarkeit stoßen. Schwer wiegt die Verunsicherung darüber, „benutzt" zu werden bzw. „keine echte Therapie" zu machen. Mit etwas Abstand betrachtet ist die Erwartungshaltung der Betroffenen jedoch nachvollziehbar und Teil des Selbstfürsorge- und Schutzverhaltens, das in der Therapie, falls zweckmäßig, mit fachlichen Stellungnahmen unterstützt werden sollte, um eine gesundheitsförderliche Zukunftsperspektive aufzubauen. Dabei ist die interdisziplinäre Zusammenarbeit mit Sozialpädagog(inn)en, Sozialarbeiter(inne)n, Lehrer(inne)n und Ärzt(inn)en gewinnbringend für alle Seiten, insbesondere für die betroffenen Klient(inn)en.

Es ist nicht immer einfach zu klären, inwieweit die Erwartungshaltungen eines Klienten durch aktuelle Lebensumstände, pathologisch oder kulturspezifisch verursacht sind. Es ist günstig, zu Beginn der Zusammenarbeit genauer zu explorieren, welcher Hilfebedarf in verschiedenen Lebensbereichen besteht (Aufenthalt, Gesundheit, Wohnen, Beziehungen, Beschäftigung, Finanzen etc.) und welche Hilfen in welchem Umfang durch die Therapeutin tatsächlich erbracht werden kann. Dazu ist es hilfreich, anhand praktischer Beispiele Klienten- und Therapeutenaufgaben bzw. die Rolle anderer Helfer(innen) wie Sozialberater, -pädagogen oder Ärzte zu erklären und ggf. dorthin zu vermitteln. Klient(inn)en können dann entscheiden, welche Hilfen sie aktuell am dringendsten benötigen, gemeinsame Ziele festlegen oder sich ggf. gegen eine Psychotherapie entscheiden.

Kommunikative Feinabstimmung und Bedarf an Dolmetscher(innen)

Häufig leiden migrantische Patient(inn)en, die in einer anderen Muttersprache sozialisiert sind als die Therapeutin, sehr darunter, sich nicht in der Sprache mitteilen zu können, in der sie sich stark und sicher fühlen. Analog dazu bereitet es in Fortbildungen den teilnehmenden Therapeut(inn)en meist Unbehagen, übungsweise das eigene Anliegen in einer gut beherrschten Fremdsprache, nämlich auf Englisch, darzustellen. Dennoch können sie das eigene Unbehagen kaum mit dem alltäglichen Erleben ihrer Klient(inn)en in Verbindung bringen. Aber auch wenn Therapeut und Klient sich wegen mangelnder Alternativen mit bestehenden Sprachschwierigkeiten arrangieren und teilweise seit vielen Jahren zusammenarbeiten, drücken Patient(inn)en ihr Bedauern darüber aus, dass sie sich nicht in ihrer Erstsprache mitteilen können. Meist gelingt Patienten die Kompensation ihres eigenen Unbehagens jedoch so gut, dass ihre Therapeut(inn)en diese zusätzliche Anstrengung nach einiger Zeit nicht mehr wahrnehmen:

„Ich kann etwa 50 oder 60 % sagen, wenn es Türkisch wäre, wäre es natürlich noch idealer, das habe ich ihm auch schon gesagt; eine Erklärung, die manchmal 10 Minuten dauert, könnte auf Türkisch vielleicht in einer Minute erledigt sein. Aber er sagt mir trotzdem, dass wir uns verstehen. (...) Meine Gefühle kann ich natürlich nicht erklären wie auf Türkisch, also höchstens zu 50 oder 60 %." (Patient Ö. in [136], 221, Türkisch im Interview)

„Er hat schon Probleme manchmal, aber er gibt sich sehr viel Mühe und spricht so lange, bis ich's kapiert habe, er ist nicht perfekt in Deutsch, aber passabel. (...) Also das war kein ernsthaftes Problem, es ist manchmal lästig, aber es ist kein ernsthaftes Problem." (Therapeut R. in [136], 122)

Therapeut(inn)en finden sich allmählich damit ab, wenn Patienten sich sehr anstrengen müssen und sich nur teilweise mitteilen können, denn sie wissen nicht, wie eloquent, präzise oder spielerisch letztere sie sich in ihrer Erstsprache ausdrücken würden. Patient(inn)en können bei Sprachschwierigkeiten relevante Lebens- und Problembereiche seltener bzw. nicht adäquat zur Sprache bringen, auch ihr non-verbaler Ausdruck reduziert sich teilweise, gleichzeitig sind sie auf eine expressive Gestik und Mimik der Therapeuten vermehrt angewiesen. Können Patient(inn)en in die Muttersprache wechseln, gestikulieren und artikulieren sie sich lebhafter und geben an, sich erleichtert zu fühlen.

Zu berücksichtigen ist auch, dass Sprachkompetenz mit dem Krankheitsgrad bzw. in Krisen abnimmt, zumal traumatische Erfahrungen ohnehin zu einer Störung des Gedächtnisses und des verbalen Ausdrucks führen können. Dies zumindest anerkennend anzusprechen, Geduld zu bekunden und nach Alternativen zu suchen, mag manchem Patienten Entlastung bringen.

Wenn eine muttersprachliche Behandlung nicht möglich ist, Klient(inn)en jedoch nicht ausreichend Deutsch verstehen bzw. sprechen, müssen geschulte Sprach- und Kulturmittler(innen) bzw. Dolmetscher(innen) bestellt werden, um eine bessere Kommunikation zu gewährleisten (vgl. Kap.

3.2 Therapiebeziehung und Fluchtgeschichte

3.1). Ist dies nicht für jede Sitzung möglich, sollte zumindest während der gesamten diagnostischen Phase und danach in engen Intervallen, ein(e) Sprachmittler(in) anwesend sein. In der niedergelassenen Praxis ist dies nicht einfach, da Dolmetscher von den Krankenversicherungen bisher nicht finanziert werden. Teilweise weichen Behandler oder Klient(inn)en auf Familienangehörige aus, was zu großen Belastungen letzterer führen kann.

> **Fallbeispiel 2: Frau T., Herkunft Togo, 40 Jahre, verwitwet** Ⓑ
>
> Frau T. meldet sich telefonisch selbst an, ihr Arzt habe ihr eine Überweisung gegeben, sie habe schlimme Schmerzen in den Füßen und könne nicht mehr laufen, stehen und schlafen. Da mir am Telefon eine Verständigung mit einigen Rückfragen und ausreichend Zeit möglich scheint, lade ich die Klientin zum Erstgespräch ein. Zum 1. Termin erscheint Frau T. in Begleitung ihres 21-jährigen Sohnes, sie möchte gern, dass er übersetzt. Ich bin verunsichert, da ich „Familiendolmetschen" aus fachlicher Sicht grundsätzlich ablehne. Als beide darauf bestehen, gewinne ich den Eindruck, dass die Klientin den Sohn an ihrer Seite braucht, um sich ausreichend sicher zu fühlen. Ich nehme mir vor, in einfacher Sprache mit der Klientin zu sprechen und sie konsequent zu adressieren, um den Sohn möglichst wenig zu beanspruchen. Tatsächlich scheint mich Frau T. gut zu verstehen und bedarf nicht der Übersetzung meines Gesagten, aber sie möchte in ihrer Muttersprache reden, so dass der Sohn ins Deutsche übersetzt. Frau T. berichtet zunächst von ihrem Anliegen, nämlich stark schmerzenden Fersen, die sie nicht in Schuhe zwängen kann, so dass sie sogar bei den aktuell niedrigen Temperaturen in Flipflops erschienen ist. Der Arzt könne keine Ursache finden, aber sie könne kaum mehr laufen und müsse für ihre Kinder sorgen, da der Mann bereits verstorben sei. Während Frau T. ihre Fersen und Schienbeine berührt und mir die schmerzenden Stellen zeigt, folge ich mit dem Blick ihren Händen, versuche ihren Blick aufzunehmen und „nicke hörbar", um zu zeigen, dass ich sie verstehe, stelle Nachfragen zur Dauer, Intensität, potenziellen Auslösern der Schmerzen. Als wir mit der Symptomexploration fertig sind, frage ich nach ihrer Familie, wie viele Kinder sie hat. Als sie antwortet, bemerke ich, dass der Sohn plötzlich erregt Nachfragen stellt, ohne zu übersetzen, es beginnt ein lautes Gespräch zwischen den beiden, das ich nicht verstehe, dessen Wirkung für den Sohn jedoch sichtlich verstörend ist. Ich versuche zu unterbrechen und bitte, mir zu sagen, was passiert ist. Der Sohn berichtet, dass seine Mutter eben gesagt habe, dass sie neben ihm und seinen beiden jüngeren Brüdern zwei weitere Male schwanger gewesen sei und abgetrieben habe, das habe er nicht gewusst. Er ist sichtbar bestürzt und muss beruhigt werden.

Ich habe dieses Beispiel deshalb gewählt, weil es verdeutlicht, dass Prinzipien wie der Verzicht auf sogenanntes „Familien- oder Bekannten-Dolmetschen" und der Einbezug ausschließlich zu diesem Zweck ausgebildeter Dolmetscher(innen) keine „Luxusbehandlung" für Menschen mit Flucht- und Migrationsgeschichte darstellen, sondern ein notwendiger Standard sind, den nicht einzuhalten unerwartet belastende Wendungen bedeuten kann. Wenn in der eigenen Praxis das Einbestellen eines Dolmetschers nicht gewährleistet werden kann, ist eine professionelle Weitervermittlung erstrebenswert, jedoch nicht immer zeitnah möglich. Das weitere Gespräch mit Frau T. fand – über die nächsten 1,5 Jahre – auf Deutsch statt, da die Erstattung der Dolmetscherkosten bzw. eine zeitnahe Weitervermittlung nicht möglich war. Wir waren darauf angewiesen, uns bei jedem Thema stets aufs Neue kommunikativ einzupendeln durch

- das Nutzen sogenannter einfacher Sprache,
- Aufnehmen von Metaphern und Begriffen der Klientin,
- konsequentes Nachfragen bzw. Nacherzählen (lassen) dessen, was wie verstanden wurde,
- diagnostische Rollenspiele in direkter Rede („spielen Sie mir die Situation vor, wer hat was gesagt?") statt verwirrenden Berichten in indirekter Rede,
- Verzicht auf abstrakte Formulierungen etc.

Dadurch wurde diese Therapie lehrreich und unvergessen für mich als Therapeutin.

Fokus auf den traumatisierten Körper

Gegenüber migrantischen Patient(inn)en herrscht meist das Vorurteil, dass sie mehr zu Somatisierung neigten. Nun suchen Patient(inn)en häufig – unabhängig von ihrer Herkunft – einen Arzt wegen Beschwerden auf, die nicht auf spezifische körperliche Erkrankungen zurückgeführt werden können, also psychosomatischer oder psychischer Natur sind. Die vorrangige Konzentration auf eine somatisch-konkrete Ebene ist meist dem Umstand geschuldet, dass die Mitteilung abstrakt-seelischer Befindlichkeiten schwieriger, da psychische Zustände und Gefühle zu präzisieren einen besonderen Sprachschatz erfordert, den auch deutsche Muttersprachler(innen) teils erst mit der Therapie-Erfahrung hinzulernen – denn Patient(inn)en stellen sich auf die Sprache und Konzepte ihrer Therapeut(inn)en ein. Hinzu kommt, dass die Nutzung von sogenannten Organmetaphern in der Erstsprache üblich sein kann, um seelisches Leiden auszudrücken. Solche Sprachbilder sind jedoch kulturell gebunden. Auch in der deutschen Sprache gibt es viele Organmetaphern für psychische Zustände (z. B. „kalte Füße bekommen" für Angst; „Galle kommt hoch" für Wut). Organmetaphern klingen in der Muttersprache vertraut und erst dann sperrig und befremdlich, wenn sie wörtlich in eine andere Sprache übersetzt werden. Werden sie jedoch von Therapeut(inn)en wertschätzend neugierig aufgenommen, sind sie eine bedeutsame Brücke zur individuellen und kulturellen Symbol- und Erlebenswelt der Klient(inn)en.

Erim [134] weist darauf hin, dass die Körper von Klient(inn)en mit Migrationsgeschichte aufgrund der Bedeutung ihrer physischen Arbeitskraft in besonderer Weise besetzt sind, so dass eine starke Kränkbarkeit und Beschäftigung mit dem Körper bei Verlust der Gesundheit und Vitalität gut nachvollziehbar, da von existenzieller Bedrohung ist. Die Körper von Geflüchteten sind nicht nur verletzt und geschwächt durch die Erlebnisse in der Heimat und auf der Flucht, sondern werden auch im Aufnahmeland zunächst missachtet, indem sie

- auf engstem Raum mit fremden Personen untergebracht werden (Wohnverpflichtung in Gemeinschaftsunterkunft)
- ihren Wohnort nicht verlassen dürfen (Residenzpflicht)
- nicht arbeiten dürfen (Arbeitsverbot)
- sich nicht bilden können (kein Anspruch auf Deutschkurse)
- sich nicht gesund ernähren und pflegen können (AsylbLG mit gekürzter Hartz-IV-Sicherung)
- nur notdürftig medizinisch versorgt werden (über Vergabe von Krankenscheinen entscheidet das Sozialamt nach der Richtlinie, dass nur „erforderliche Behandlungen akuter Erkrankungen und Schmerzzustände" übernommen werden müssen) ([141], 10, vgl. Kap. Exkurs: Rechtliche Rahmenbedingungen für die Gesundheitsversorgung u. Kap. 1.3.4)

Wenn Menschen mit Migrations- und Fluchtgeschichte in die psychotherapeutische Behandlung kommen, unterliegen sie wahrscheinlich nicht mehr all diesen Einschränkungen, da sie sonst keinen Anspruch auf Psychotherapie hätten. Therapeut(inn)en können jedoch davon ausgehen, dass diese Erfahrungen prägend für die Betroffenen, zum Teil sogar für die nachfolgenden Generationen sind. Eine Zuwendung der Patient(inn)en zu ihren Körpern stellt also einen wichtigen notwendigen Schritt in der Problemrealisierung und -bewältigung dar und sollte achtsam begleitet werden. Traumata wirken sich immer körperlich aus, meist werden sie körperlich erlebt – daher ist die Würdigung und Behandlung körperlicher Symptome in der Therapie traumatisierter Patient(inn)en nicht ein lästiges Übel, sondern eine Notwendigkeit. Therapeutische Hilfestellungen zur Wahrnehmung und Herstellung körperlichen Wohlergehens schaffen Schutz, Stärkung, Hoffnung, Sicherheit und Vertrauen.

Empathie und Fokus auf wahrgenommene Gemeinsamkeiten

Therapeut(inn)en scheinen eigene fehlende Empathie oder aversive Gefühle gegenüber Patient(inn)en wenig bewusst wahrzunehmen bzw. zu benennen, dabei ist es naheliegend und darf nicht missachtet werden, wenn man auf Leiden, Fremdheit oder Hilflosigkeit spontan mit Irritation, Distanz, Ärger, Angst oder Unmut reagiert. Traumatisierte Patienten mit Flucht- und Migrationsgeschichte können durch fortdauerndes extremes Leiden (oder das Gegenteil wie scheinbare emotionale Unerreichbarkeit) in Therapeut(inn)en intensive Hilflosigkeit auslösen, indem sie z. B. eigene Leiderfahrungen aktivieren, die diese als aversiv wahrnehmen und dadurch ihre Rolle als Helfende gefähr-

den. Durch die Wahrnehmung aversiver Gefühle und die Reflexion der auslösenden Aspekte wie
- emotionale Überforderung,
- Wirksamkeit kultureller Stereotype und Vorurteile,
- Zeitdruck,
- schwierige Verständigung etc.

können konstruktive Impulse für wertschätzenden Beziehungsaufbau entstehen. Während die Wahrnehmung von Fremdheit Empathiefähigkeit automatisch reduziert [125], *fördert die Wahrnehmung von Gemeinsamkeiten, das Einfühlungsvermögen und damit den therapeutischen Beziehungsaufbau.* Van Keuk und Ghaderi [147] schlagen angesichts ihrer jahrzehntelangen praktischen Erfahrung in der Arbeit mit Geflüchteten verschiedenster soziokultureller Herkunft vor, im Sinne des Diversity-Prozess-Modells Gemeinsamkeiten zwischen sich und Klient(inn)en systematisch zu reflektieren.

Da es sich bei der Lebensgeschichte von Geflüchteten zumeist um Überlebensgeschichten mit schweren und multiplen Traumata handelt, die sich in der Gegenwart meist noch fortsetzen (s. z. B. [149]), ist die emotionale Betroffenheit und Überforderung bei Helfenden unumgänglich: würden uns diese Geschichten nicht berühren, wären wir wohl kaum in der Lage, den Betroffenen zu helfen. Andererseits birgt die intensive Identifikation mit Traumatisierten die Gefahr des persönlichen Überengagements, wo strukturelle Defizite herrschen – insbesondere bei Therapeut(inn)en mit eigener oder familiärer Gewalt-, Flucht- oder Migrationsgeschichte. Die Gefahr der Sekundärtraumatisierung z. B. von Dolmetscher(innen) [146], Therapeut(inn)en, Ärzt(inn)en, Sozialpädagog(inn)en und -arbeiter(innen) ist in der Arbeit mit traumatisierten Patientinnen lange vernachlässigt worden. Dauerhafte Gefühle von Befremden, Hilf- und Hoffnungslosigkeit, Frustration, Ärger, Angst oder Verachtung können Hinweise für chronische Überforderung sein und sollten ohne Scham in einem sicheren Rahmen wie Supervision, Fortbildung oder Selbsterfahrung zeitnah thematisiert werden (Kap. 7.1 u. Kap. 7.2).

Positiver Kontakt zwischen Therapeutin und Klientin geht mit gegenseitiger emotionaler Bestätigung und Sympathie einher, bei gleichzeitiger Wahrnehmung von Belastungen. Klient(inn)en nehmen Interesse und nonverbale Bestätigung durch die Therapeutin deutlich wahr, was Selbstexploration und Sympathiebildung begünstigt:

„Ja, erstens, auch wenn man überhaupt noch nicht geredet hat, die Schauart, Blicke, da, sag' ich mal, funktioniert schon was. Und wie gesagt, wenn sie die richtige Fragen gibt und interessiert auch fragt, wenn die Frage auch tiefer reinkommt und so, ja, ich hab' das Gefühl, dass sie schon da erfahrener ist. Also, ich hab' nicht viele Psychiaterin gehabt jetzt, zweiten jetzt, hab' ich so diese Kontakt und, aber Anfang an, hab' ich sie ganz sympathisch gefunden in diese Richtung." (Patientin Frau M. in [136], 278).

Die dazugehörige Therapeutin erkennt in ihrer Patientin eigene Eigenschaften, was sie für die Zusammenarbeit motiviert:

„[…] eine gewisse Willensstärke, die kenn ich auch von mir, da sprech' ich auch sehr drauf an, wenn das jemand hat, also, da bin ich immer sehr interessiert, das zu fördern […]" (Therapeutin Frau N. in [136], 278).

Angesichts unserer begrenzten Erfahrungswelt als Individuen ist die Schnittmenge an gemeinsamen Erfahrungen mit unseren jeweiligen Klient(inn)en manchmal größer, manchmal geringer, dies hängt von vielen Faktoren ab. Wesentlich ausschlaggebender als geografische Nähe ist dabei soziale Nähe (etwa ein ähnlicher Bildungshintergrund oder ein ähnliches Lebensziel): die obdachlosen Frauen unter der nahegelegenen Wittelsbacher Brücke haben eine Erfahrungswelt, die ich als „Sesshafte" schwer erahnen kann. Dagegen kann ich mich aufgrund meiner eigenen Biografie und Tätigkeit leichter mit der kürzlich aus Somalia geflüchteten Klientin identifizieren, die Deutschland als Zufluchtsort wählte, weil sie Medizin studieren möchte und aufgrund Prüfungsängsten die Praxis aufsucht. Bemerkenswert ist, dass von Klient(inn)en bzw. Therapeut(inn)en wahrgenommene Gemeinsamkeiten nicht auf Gegenseitigkeit beruhen oder zutreffend sein müssen, um emotional wirksam zu sein [136].

Reflexion kultureller Stereotypen und (unbewusster) Rassismen

Aufgrund teilweise sichtbarer Merkmale wie Hautfarbe, sexueller Identität und Orientierung, Körperstatus, Alter, Bildungsstand, sozioökonomischer Status etc. wird beim Erstkontakt – wie in allen menschlichen Begegnungen – auf Therapeuten- und Klientenseite sogenanntes Vorwissen in Form von Stereotypen, Schemata und Vorurteilen aktiviert. Vorwissen erleichtert in der Regel die Beurteilung einer Situation. Wenn Klient(inn)en jedoch aus Ländern, Kulturen oder Bevölkerungsgruppen stammen, über die Therapeut(inn)en wenig differenziertes Wissen, dafür „Vorwissen" in Form von Verallgemeinerungen haben, kann dieses hinderlich sein, indem es die unmittelbare Wahrnehmung trübt und das Erschließen von Informationen behindert. Wir begegnen Klient(inn)en aus stereotypisierten Kategorien unwillkürlich mit unbewussten Vorannahmen, die nicht unserer persönlichen Einstellung entsprechen müssen und dennoch automatisch aktiviert werden und unser Urteilsvermögen und Handeln beeinflussen (z. B. [138]).

Klient(inn)en mit Migrations- und Fluchtgeschichte gehören in unserer Zeit zweifellos zu den meist stereotypisierten Menschengruppen mit dem geringsten Ansehen. Über ihr Schicksal debattieren im Privaten wie im Öffentlichen Novizen und „Experten" bei garantierten Einschaltquoten, Wahlkämpfe werden auf ihrem Rücken ausgefochten und damit die Öffentlichkeit erfolgreich polarisiert – diesen Trend erleben wir aktuell in der ganzen „aufgeklärten" Welt. Mit Aussagen, die vor einem knappen Jahrzehnt zumindest pro forma als Volksverhetzung, politisch unkorrekt oder menschenverachtend galten, wird Pseudopolitik gemacht, die erschreckende Quoten oder gar Mehrheiten erhält. Angesichts *verbaler* Brandsätze scheinen auch *reale* Brandsätze und Attacken auf Geflüchtete und Migrant(inn)en geradezu „hinnehmbar", so dass sie trotz der gesellschaftlichen und strafrechtlichen Relevanz rasch aus den Nachrichten verschwinden, während Straftaten von Menschen mit Migrations- und Fluchtgeschichte hohe Resonanz finden. Diese Phänomene sind nicht zufällig, sondern unterliegen den Gesetzmäßigkeiten von strukturellem Rassismus:

„Zusammenfassend können wir Rassismus also definieren als ein System von Diskursen und Praxen, die historisch entwickelte und aktuelle Machtverhältnisse legitimieren und reproduzieren. Rassismus im modernen westlichen Sinn basiert auf der ‚Theorie' der Unterschiedlichkeit menschlicher ‚Rassen' aufgrund biologischer Merkmale. Dabei werden soziale und kulturelle Differenzen naturalisiert und somit soziale Beziehungen zwischen Menschen als unveränderliche und vererbbare verstanden (Naturalisierung). Die Menschen werden dafür in jeweils homogenen Gruppen zusammengefasst und vereinheitlicht (Homogenisierung) und den anderen als grundsätzlich verschieden und unvereinbar gegenübergestellt (Polarisierung) und damit zugleich in eine Rangordnung gebracht (Hierarchisierung). Beim Rassismus handelt es sich also nicht einfach um individuelle Vorurteile, sondern um die Legitimation von gesellschaftlichen Hierarchien, die auf der Diskriminierung der so konstruierten Gruppen basiert. In diesem Sinn ist Rassismus immer ein gesellschaftliches Verhältnis." ([143], 29, kursiv im Original)

Da Rassismus allgegenwärtig ist, bilden sich auch seine Folgen in zahlreichen Phänomenen ab. Beispielsweise werden Menschen mit Migrationshintergrund um das 3–8-fache häufiger mit Psychosen diagnostiziert, wofür u. a. Fehleinschätzungen mittels unzureichend übertragener Standardverfahren vermutet wurden, so dass die kultursensitive Berücksichtigung sprachlicher und kultureller Gesundheits- und Gesundheitskonzepte gefordert wurde (u. a. Gavranidou & Kahraman, 2009). Allerdings haben auch bei genauerer Betrachtung die Nachkommen von Migrant(inn)en v. a. aus Entwicklungs- und Schwellenländern ein höheres Risiko, an einer Psychose zu erkranken als ihre Eltern, wofür Rassismuserfahrungen ursächlich vermutet werden (für Metaanalyse s. z. B. [127]). Während Angehörige der Mehrheitsgesellschaft Rassismus nicht unmittelbar wahrnehmen können und auf verifizierbare Berichte von Betroffenen oder wissenschaftliche Daten angewiesen sind, nehmen Menschen mit Flucht- und Migrationsgeschichte gesellschaftliche Ausgrenzung deutlich wahr, selbst wenn sie subtil geschieht und vom Absender nicht intendiert ist – naheliegend, denn Menschen mit Flucht- und Migrationsgeschichte sind aufgrund ihrer Lebensgeschichte zumeist sensibilisiert, wenn sie oder Angehörige bereits Opfer von ethnischer, religiöser, politischer, sexistischer Ausgrenzung und Verfolgung geworden sind. Allerdings berichten von Rassismus Betroffene selten darüber, um Therapeut(inn)en, die meist der Mehrheitsgesellschaft angehören, nicht zu brüskieren oder die Zusammenarbeit zu riskieren. Therapeut(inn)en mit eigener Migrations- und Fluchtgeschichte sind nicht qua Herkunft davor gefeit, selbst rassistischen Denk- und Verhaltensmustern zu unterliegen, ebenso wenig wie Frauen davor gefeit sind, frauenfeindliche Ansichten zu haben [136].

Therapeut(inn)en sind geschult in kritischer Selbstreflexion und lernen hervorragendes Handwerkzeug, um eigene interne Prozesse wahrzunehmen, zu validieren und zu verändern – dies ist Voraussetzung für den professionellen Umgang mit einer weiteren, gesellschaftlich hoch stereotypisierten Gruppe – nämlich psychisch kranken Menschen. Dennoch fällt es selbst erfahrenen Therapeut(inn)en nicht leicht, diese Expertise zu übertragen auf die Arbeit mit Klient(inn)en mit Migrations- und Fluchtgeschichte, da uns rassistische Denkmuster ungewollt quasi in die Wiege gelegt werden – wie etwa die Analyse von Kinderbüchern belegt [139]. Sensibilisierende Fortbildungen für die Arbeit mit Menschen, die aufgrund verschiedenster sozionormativer Kriterien am Rand der Gesellschaft verortet werden, sind bisher kaum vorhanden und werden häufig mit gemischten Gefühlen betrachtet, aus Sorge, man könne dabei „entlarvt" oder „kulturell umgepolt" werden, wie Teilnehmer(innen) anfänglich manchmal berichten. Dabei geschieht das Gegenteil – sie werden in zahlreichen Übungen dazu angeleitet, ihre eigenen Herkünfte und Kulturen wahrzunehmen, zu reflektieren und sie in wertneutraler Weise in Beziehung zu den Kulturen ihrer Klient(inn)en zu setzen. Erst unter dieser Voraussetzung ist eine wertschätzende Beziehungsqualität möglich, auch bei zwangsläufig aufkommenden Differenzen, wie sie zu jeder therapeutischen Arbeit gehören [144].

Fazit

Die Zusammenarbeit mit Klient(inn)en mit Migrations- und Fluchtgeschichte ist eine sinnvolle und notwendige Aufgabe von Psychotherapeut(inn)en. Für Geflüchtete sind die Barrieren, in eine Psychotherapie zu gelangen, außerordentlich hoch und aufgrund systematischer Ausschlüsse von der Gesundheitsversorgung in den ersten Monaten bzw. Jahren nach ihrer Ankunft im Aufnahmeland kaum zu realisieren. Da Menschen meist aufgrund ihrer aktuellen Schwierigkeiten eine Therapie aufsuchen, sollten Psychotherapeut(inn)en sich im Vorfeld ausreichend mit der Lebenslage von Migrant(inn)en und Geflüchteten befassen – dazu gehören aufenthaltsrechtliche Bedingungen ebenso wie sozial-, bildungs- oder arbeitsrechtliche Einschränkungen, denen die Betroffenen unterliegen oder in der Vergangenheit unterlagen. Außerdem funktionieren bisher bewährte therapeutische Wissensschätze teilweise nur eingeschränkt wegen struktureller Lebensbedingungen oder aufgrund kulturell bedingt unterschiedlicher Ursachenzuschreibungen (z. B. unversöhnliche Ahnen, böser Blick versus Diathese-Stress-Modelle). Da Therapeut(inn)en unmöglich alle kulturellen bzw. persönlich adaptierten Erklärungsmodelle der Klient(inn)en kennen können, ist es sinnvoll, diese offen und wertschätzend zu erfragen – nicht zu hinterfragen. Dies führt Therapeut(inn)en zur notwendigen Reflexion der bis dahin selbstverständlichen eigenen soziokulturellen Eingebundenheit und ist eine wesentliche Voraussetzung, um eine offene und wertschätzende Beziehung zu Klient(inn)en mit Migrations- und Fluchtgeschichte aufzubauen und Macht- oder Wertedifferenzen konstruktiv im Sinne der Klient(inn)en zu nutzen.

Patient(inn)en bevorzugen in der Regel kleinstmögliche Veränderung mit größtmöglicher Wirkung, was eine ökonomische Überlebensstrategie ist. Bedenkt man, dass Migration und Flucht für sich genommen schon gravierende existenzielle Veränderungen sind bzw. ein Leben lang Veränderung nach sich ziehen, dass aber auch Psychotherapie mehr oder weniger direktive Hinführung zu Veränderung bedeutet, wird verständlich, dass Klient(inn)en mit Flucht- und Migrationsgeschichte in der Psychotherapie „Heilung" durch Anerkennung und Wiederherstellung von Vertrautem suchen als durch erneute Veränderung – was eine achtsame, ressourcenorientierte und redundante Vorgehensweise erforderlich machen kann. Dieses Vorgehen benötigt, abgesehen von möglichen sprachlichen Verständigungsschwierigkeiten, deutlich mehr Zeit als gewöhnlich. Die Auseinandersetzung mit den intensiven Gefühlen unserer Klient(inn)en, die in uns wiederum intensive Gefühle auslösen, derer wir meist erst bei ausgiebiger Reflexion gewahr werden, leidet unter Zeitdruck und kann sich dann ins Gegenteil verkehren, nämlich zur Abwehr aller Gefühle. So kann aber kaum ein echter therapeutischer Kontakt entstehen, den es benötigt, um zwischenmenschliche Traumatisierungen zu bearbeiten.

Aufgrund häufiger Verunsicherungen gerade zu Behandlungsbeginn in der Arbeit mit Klient(inn)en mit Migrations- und Fluchtgeschichte sollten Therapeut(inn)en möglichst schon in der Ausbildung lernen, welche therapeutischen Haltungen und Strategien hilfreich sind, um einen effektiven Behandlungsverlauf zu gewährleisten. Für einen professionellen Umgang mit diesen Patient(inn)en bedarf es zweifelsohne der Bereitschaft, tief reichende eigene

Überzeugungen zu analysieren und teilweise zu revidieren; dies betrifft nicht nur Annahmen über die Klient(inn)en und deren Herkunftsländer, sondern v. a. Annahmen über uns selbst, unsere Heimat und Werte. Dies kann wichtige Grundannahmen erschüttern, aber auch grundlegend neue Erkenntnisse fördern. Einfühlungsvermögen, wohlwollende Neugier, Anerkennung, emotionale Berührbarkeit und Ambiguitätstoleranz bei Wertekonflikten sind Basisvariablen in der Arbeit mit Klient(inn)en mit Migrations- und Fluchtgeschichte, um eine hilfreiche therapeutische Beziehung einzugehen.

Angesichts in der Mehrheit traumatisierter Patient(inn)en und hohen Auflagen bzw. Erwartungen bei deren Behandlung stehen Therapeut(inn)en teilweise unter großem Druck. Das kann dazu führen, die Zusammenarbeit mit Geflüchteten als schwierig und zwecklos zu betrachten, statt „kleinere" Erfolge zu würdigen. Als Therapeut(inn)en können wir nur bedingt in strukturelle Missverhältnisse eingreifen, aber wo wir es können, sollten wir unsere fachliche Macht im Sinne der Klient(inn)en nutzen. Außerdem kann das Angebot einer sicheren, unterstützenden Beziehung einen großen Beitrag dazu leisten, dass sich Menschen mit Migrations- und Fluchtgeschichte in ihrer neuen Umgebung angenommen fühlen – möglicherweise zum ersten Mal. Therapie-Arbeit ist also nicht nur auf individueller Ebene als integrativ anzusehen, sondern auch eine gesellschaftlich integrative Tätigkeit.

Die intensive therapeutische Zusammenarbeit mit Klient(inn)en mit Migrations- und Fluchtgeschichte ist aufgrund der impliziten Belastung, denen Therapeut(inn)en ausgesetzt sind, sehr anspruchsvoll und kann zu eigener Erschöpfung führen (Sekundärtraumatisierung, vgl. Kap. 7.1). Da bislang nicht ausreichend Strukturen bestehen, um die Mehrbelastung in der Arbeit mit extrembelasteten Patient(inn)en aufzufangen, sollten Therapeut(inn)en stets selbstständig auf emotionalen und körperlichen Ausgleich, persönliche wie fachliche Unterstützung in Form von Intervision, Supervision und Fortbildungen achten (Prinzip der therapeutischen Selbstfürsorge).

3.2.3 Literatur

[124] Abdallah-Steinkopff B. Die Rolle des Dritten – Dolmetscher in der Einzel- und Gruppentherapie mit Flüchtlingen. Gruppenpsychotherapie und Gruppenpsychodynamik 2006; 42: 280–302

[125] Azevedo RT, Macaluso E, Avenanti, A et al. Their pain is not our pain: brain and automatic correlates of empathic resonance with the pain of same and different race individuals. Hum Brain Mapp 2013; 34: 3168–3181

[126] Bordin, E. The generalizability of the psychoanalytic concept of the working alliance. Psychotherapy: theory, research, and practice 1979; 16: 252–260

[127] Cantor-Graae E, Selten JP. Schizophrenia and Migration: A meta-analysis review. Am J Psychiatry 2005, 162, 12–24

[128] Castonguay LG, Schut AJ, Aikins D et al. Integrative cognitive therapy: A preliminary investigation. J Psychother Integr 2004; 14: 4–20

[129] Duncan BL, Hubble MA, Miller, SD. Aussichtslose Fälle. Die wirksame Behandlung von Psychotherapie- Veteranen. Stuttgart: Klett-Cotta; 1998

[130] Gavranidou, M., Abdallah-Steinkopff. Brauchen Migranten und Migrantinnen eine andere Psychotherapie? Psychotherapeutenjournal 2007; 4, 353–361

[131] Gavranidou, M., Kahraman, B. 2009. Einsatz diagnostischer Verfahren bei Menschen mit Migrationshintergrund. Klinische Diagnostik und Evaluation, 2, 94–105

[132] Grawe, K. Psychologische Therapie. 2., korr. Aufl. Göttingen: Hogrefe; 2000

[133] Gün, AK. Interkulturelle Missverständnisse in der Psychotherapie. Freiburg i. B.: Lambertus; 2007

[134] Erim Y. Klinische Interkulturelle Psychotherapie. Ein Lehr- und Praxisbuch. Stuttgart: Kohlhammer; 2009

[135] Huber, M. Geleitwort von Michaela Huber in: Zito D, Martin E: Umgang mit traumatisierten Flüchtlingen. Weinheim: Beltz Juventa; 2016: 7–9

[136] Kahraman B. Die kultursensible Therapiebeziehung. Störungen und Lösungsansätze am Beispiel türkischer Klienten. Gießen: Psychosozial; 2008

[137] Kahraman B, Abdallah-Steinkopff B. Same same but different. Psychotherapie im Dialog 2010: 11, 306–312

[138] Kahraman B, Knoblich G. „Stechen statt sprechen": Valenz und Aktivierbarkeit von Stereotypen über Türken. Zeitschrift für Sozialpsychologie 2000; 31: 31–43

[139] Kalpaka A, Räthzel N. Die Schwierigkeit, nicht rassistisch zu sein. Leer: Mundo; 1990

[140] Keupp H. Raus aus der Ohnmachtsfalle. Tübingen: dgvt; 2013

[141] Kleefeld, E., Wolff, B., de Carlo, L. Flüchtlinge in unserer Praxis. Informationen für ÄrztInnen und Psychotherapeut(inn)en. Berlin: Bundesweite Arbeitsgemeinschaft der Psychosozialen Zentren für Flüchtlinge und Folteropfer; 2016

[142] Orlinsky DE, Grawe K, Parks B. Process and outcome in psychotherapy – noch einmal. In: Bergin AE, Garfiels SL, Hrsg. Handbook of psychotherapy and behaviour change. 4thed. New York: Wiley; 1994

[143] Rommelspacher B. Was ist eigentlich Rassismus? In Melter C, Mecheril P, Hrsg. Rassismuskritik. Bd. 2: Rassismuskritische Bildungsarbeit. Schwalbach im Taunus: Wochenschau Verlag; 2009: 25–38

[144] Safran JD, Muran JC. Negotiating the therapeutic alliance: a relational treatment guide. New York: Guilford Press; 2000

[145] Soyer J, Abdallah-Steinkopff B. 2013. Traumatisierte Flüchtlinge. Kultursensible Therapie im politischen Spannungsfeld. In: Feldmann Jr RE, Seidler GH, Hrsg. Traum(a) Migration. Konzepte zur Therapie traumatisierter Flüchtlinge und Folteropfer. Gießen: Psychosozial; 2013: 137–166

[146] Teegen F. Posttraumatische Belastungsstörungen in Dolmetschern von Flüchtlingen. Verhaltenstherapie und Verhaltensmedizin 2002; 23 (4); 419–436

[147] Van Keuk E, Ghaderi C. Diversity-Kompetenz in der transkulturellen Therapie. In: Van Keuk E, Ghaderi C, Joksimovic L et al., Hrsg. Diversity. Transkulturelle Kompetenz in klinischen und sozialen Arbeitsfeldern. Stuttgart: Kohlhammer; 2011

[148] Zane N, Nagayama Hall GC, Sue SYK et al. Research on psychotherapy with culturally diverse populations. In: Lambert MJ, Hrsg. Bergin and Garfield's handbook of psychotherapy and behavior change. New York: John Wiley; 2004: 767–804

[149] Zito D. Überlebensgeschichten. Kindersoldatinnen und -soldaten als Flüchtlinge in Deutschland. Eine Studie zur Sequentiellen Traumatisierung. Weinheim: Beltz Juventa; 2015

[150] Zito D, Martin E. Umgang mit traumatisierten Flüchtlingen. Weinheim: Beltz Juventa; 2016

3.3 Institutionelle Einflüsse auf die psychotherapeutische Arbeit mit geflohenen Menschen

Monika Schröder, Ljiljana Joksimovic

3.3.1 Einleitung

Geflüchtete Menschen, die in Deutschland Schutz suchen, sind in vielen Fällen Überlebende gravierender Menschenrechtsverletzungen. Durch ihre (wiederholten) Erfahrungen von Krieg, organisierter, staatlicher und/oder sexualisierter Gewalt, Genozid, Inhaftierungen und Folter, Verlust von Familienangehörigen sowie den lebensbedrohlichen Prozess der Flucht selbst, sind sie einem erhöhten Risiko ausgesetzt, psychisch bzw. psychosomatisch zu erkranken (z. B. [166], [172]). Eine Reihe von Studien belegt jedoch die Wirksamkeit psychotherapeutischer Interventionen auch bei Überlebenden schwerer Menschenrechtsverletzungen. Exemplarisch soll auf ein Review [167] für den Zeitraum 1980–2010 hingewiesen werden: in 36 der 40 aufgenommenen Studien zeigten sich nach der Behandlung in unterschiedlichen Settings signifikante Verbesserungen der Symptome posttraumatischer Belastungsstörungen sowie depressiver Symptome und Angst [167]. Aufgrund der seit 2015 deutlich gestiegenen Zahl an Flüchtlingen in Deutschland werden zunehmend Psychotherapeut(inn)en und Psychiater(inn)en damit konfrontiert, dass psychisch erkrankte Geflüchtete nicht nur weiterhin die teilweise seit Jahrzehnten etablierten Psychosozialen Zentren für Flüchtlinge (PSZ) als Anlaufstellen nutzen, sondern in akuten (suizidalen) Krisen psychiatrische Kliniken bzw. Notfallambulanzen aufsuchen, darüber hinaus jedoch vermehrt psychosomatische und psychiatrische Institutsambulanzen [171] und auch psychotherapeutische Praxen der Regelversorgung.

Die institutionellen Rahmenbedingungen, innerhalb derer die psychotherapeutische Behandlung stattfindet bzw. stattfinden soll, sind hierbei von entscheidender Bedeutung: sie haben großen Einfluss auf die Art, Qualität und Dauer der Behandlung bzw. Unterstützung wie auch auf die grundsätzlich bestehende Möglichkeit einer Inanspruchnahme von Diagnostik- und Behandlungsmöglichkeiten seitens der Patient(inn)en. Über die Notwendigkeit der Modifikation von Behandlungskonzepten und -methoden gibt es in der Literatur bereits eine breite Diskussion. Inwieweit die Strukturen von Institutionen die Gefahr in sich bergen, die Chancen von Geflüchteten auf eine psychotherapeutische Versorgung zu *verringern,* wurde bisher weniger beachtet. Gezieltes „Diversity"-Management von Einrichtungen kann entscheidend dazu beitragen, dass Mitarbeitende in die Lage versetzt werden, die Auswirkungen von sogenannten „Diversity"-Dimensionen wie Alter, Geschlecht, sexuelle Orientierung, Behinderung, Religion, soziokultureller Hintergrund und Hautfarbe auf das therapeutische Handeln zu reflektieren und professionell, d. h. patientengerecht, anzuwenden – unabhängig davon, welche Fachgebiete der Medizin betroffen sind (vgl. hierzu z. B. [156]).

3.3.2 Barrieren der Inanspruchnahme

Der durch die „Flüchtlingswelle" seit Sommer 2015 erwartete bzw. befürchtete Ansturm psychisch erkrankter Geflüchteter in die Regelversorgung scheint insgesamt bislang eher auszubleiben. Dies ist mit Sicherheit zum einen darauf zurückzuführen, dass Deutschland den Artikel 17 der EU-Aufnahmerichtlinie von 2003 (2003/9/EG, aktualisiert 2013) nicht in deutsches Recht umsetzt. Die dort geforderte systematische Identifizierung von besonders schutzbedürftigen, traumatisierten Flüchtlingen und die Einleitung der erforderlichen medizinisch-therapeutischen Maßnahmen zeitnah nach Ankunft in Deutschland finden weiterhin nicht statt. Die medizinische Erstversorgung nach Ankunft konzentriert sich fast ausschließlich auf die Behandlung sichtbarer oder zumindest körpermedizinisch augenfälliger Erkrankungen bzw. Verletzungen als eine humane Pflicht. Die Einengung hierauf in Verbindung mit den häufig belastenden Lebensbedingungen in Unterbringungseinrichtungen erhöht jedoch die Gefahr für die Entstehung stressbedingter psychischer und psychosomatischer Erkrankungen, die oft schwerer zu therapieren sind als körperliche Erkrankungen und hohe Sozialkosten verursachen [152].

Sobald im Rahmen von Studien systematische Erhebungen durchgeführt werden, zeigen sich bei neu angekommenen Geflüchteten hohe Prävalenzraten behandlungsbedürftiger psychischer Erkrankungen [153]. Hinsichtlich der interkulturellen Öffnung von Einrichtungen der Regelversorgung bestehen in Deutschland jedoch insgesamt weiterhin breite Defizite [168]. In Verbindung mit der unklaren bzw. restriktiven Finanzierung von medizinischen und psychotherapeutischen Leistungen scheinen sich viele Flüchtlingspatient(inn)en an diese Situation dahingehend anzupassen, dass sie in hohem Maße Notfallambulanzen aufsuchen und häufiger stationär behandelt werden [170], vermutlich auch beim Vorliegen psychosozial bedingter Erkrankungen. Die Institutionen des deutschen Gesundheitswesens und deren Angebote sind derzeit noch weitgehend auf die einheimische Bevölkerung ausgerichtet. Dies liegt einerseits an der Annahme einer gesellschaftlichen Homogenität, andererseits herrscht bislang die Vorstellung von Geflüchteten als Personen vor, die nach einem zeitlich begrenzten Aufenthalt in ihr Land zurückkehren (müssen). Angesichts der Situation in den aktuellen Hauptherkunftsländern wie Syrien, Irak, Afghanistan, Pakistan oder auch Eritrea und Nigeria lässt sich diese Sichtweise jedoch kaum aufrechterhalten.

Fachleute stehen also – zum Teil erstmals in ihrer beruflichen Laufbahn – Flüchtlingen als Patient(inn)en gegenüber. Diese leiden häufig unter komplexen und komorbiden Krankheitsbildern, Sequenzen gravierender traumatischer Erlebnisse im Herkunftsland und auf der Flucht sowie belastenden Lebensbedingungen in Flüchtlingsunterkünften in Deutschland. Erschwerend hinzu kommen sprachliche und kulturelle Barrieren, als anders oder fremd erlebtes Krankheitsverhalten in einem veränderten Behandlungssetting, z. B. durch die Notwendigkeit des Einbezugs von Dolmetscher(inne)n. Probleme bei der Kostenübernahme für notwendige Therapien, schwierige aufenthaltsrechtliche Situationen mit zum Teil großem Abschiebedruck und damit verbunden hohen Erwartungen seitens der Flüchtlinge wie auch deren (ehrenamtlichen) Helfer(inn)en bezüglich der Unterstützung, z. B. in Form von Erstellung von Attesten für Behörden oder Gerichte, stellen weitere Herausforderungen für die Arbeit mit Flüchtlingen als Patient(inn)en dar.

Diese vielfältigen und für die Mehrzahl der psychotherapeutisch Tätigen bislang unvertrauten Herausforderungen können zu Verunsicherung, Gefühlen der fachlichen und persönlichen Insuffizienz, Kontrollverlust sowie Irritationen in Bezug auf die Therapeutenrolle mit entweder einem erhöhten Gefühl der Verantwortlichkeit und Überidentifikation oder (unbewusster) Ablehnung bzw. Abgrenzung und Ausagieren negativer Übertragungsgefühle führen.

Es ist daher von zentraler Bedeutung, den ohnehin aufgrund von Sprach- und Kulturbarrieren bestehenden realen Erschwernissen bei der Durchführung von Anamnesegesprächen und Patientenaufklärungen, Diagnostik und Vermittlung von präventiven und prophylaktischen Maßnahmen sowie dem Aufbau einer vertrauensvollen therapeutischen Beziehung [158] nicht nur durch eine Anpassung auf Mitarbeitenden- und Methodenebene zu begegnen: auch institutionelle Rahmenbedingungen sollten dahingehend verändert werden, dass die genannten offensichtlichen Problemlagen besser bewältigt werden können.

3.3.3 Grundlegende Voraussetzungen auf institutioneller Ebene

Als einer der ersten Schritte empfiehlt sich die Schaffung eines adäquaten und nachhaltigen Angebots der fachlichen Qualifizierung von Mitarbeitenden für die Behandlung dieser Patientengruppe. Auf Leitungsebene sollte insbesondere das Bewusstsein dafür gegeben sein, dass die Integration einer solchen Arbeit in bestehende Behandlungsstrukturen nur unter bestimmten Voraussetzungen gut gelingen kann. Die Umsetzung der hierfür notwendigen Veränderungsprozesse muss auf Ebene der Leitung wie auch auf Ebene der Mitarbeitenden gleichermaßen getragen werden.

Grundsätzlich ist das Verständnis dafür unabdingbar, dass es nicht ausreicht, vereinzelt muttersprachlich arbeitende Therapeut(inn)en einzustellen. Bleibt dies die einzige Maßnahme einer Institution, sich für die Behandlung von Flüchtlingspatient(inn)en zu öffnen, und liegt die hauptsächliche Verantwortung für die Versorgung schwer psychisch kranker Flüchtlinge bei einzelnen Mitarbeitenden, ohne dass entsprechende dauerhafte Unterstützungsmaßnahmen auf Team-, Abteilungs- bzw. Klinikebene initiiert werden, greift dies definitiv zu kurz.

Inwieweit spezialisierte Einrichtungen, Ambulanzen oder Schwerpunktstationen für Geflüchtete einen sinnvollen Ansatz darstellen, wird zum Teil kontrovers diskutiert (z. B. [151]). Unter dem Aspekt der (gesellschaftlichen) Integration ist natürlich die gemeinsame Behandlung von deutschen Patient(inn)en, Migrant(inn)en sowie Geflüchteten grundsätzlich als langfristiges Ziel anzusehen; dafür müssen jedoch dementsprechende strukturelle Rahmenbedingungen geschaffen werden, z. B.
- die rasche, regelmäßige und stabile Verfügbarkeit von Sprachmittlung (Hinzuziehung von Dolmetscher(inne)n bzw. Sprach- und Integrationsmittlern, Videodolmetschen etc.),
- muttersprachliches Personal,
- übergreifende Maßnahmen zur Haltungsänderung im Sinne einer inter-/transkulturellen Kompetenz,
- Einsatz fremdsprachiger Diagnoseverfahren und Therapiemanuale.

Die Versorgung in speziellen Einrichtungen kann die Gefahr der dauerhaften Ausgrenzung und Marginalisierung vergrößern: mit Verweis auf bestehende Spezialeinrichtungen könnten sich Institutionen dem eigenen und oft als schwierig empfundenen, jedoch notwendigen und zudem gesellschaftlich relevanten Prozess der Öffnung für diese Patientengruppe verweigern. Hierdurch würde der bisher fehlende Zugang zur gesamten Bandbreite der Angebote der Regelversorgung wie auch die Fehl- bzw. Unterversorgung und Benachteiligung von Flüchtlingspatient(inn)en weiter verfestigt.

Der entscheidende Vorteil spezialisierter Angebote liegt unseres Erachtens aktuell vor allem darin, dass sowohl für die Behandlung erforderliches Wissen über bestimmte Herkunftsländer bzw. soziokulturelle Hintergründe, Erfahrungen mit komplexen Traumafolgestörungen als auch spezifische Kompetenzen im Umgang mit Patientengruppen aus Krisenregionen erworben werden können. Die Behandlung einiger weniger Flüchtlingspatient(inn)en würde hier nicht ausreichen, da erst eine hohe Patientenzahl die erforderliche Verdichtung von Knowhow und klinischer Erfahrung ermöglicht. Zudem kann im Idealfall in einem multikulturellen und multiprofessionellen Behandlungsteam von den unterschiedlichen Perspektiven und dem damit verbundenen soziokulturellen Wissen sowie persönlichen Erfahrungswissen profitiert werden.

Insofern bietet es sich unserer Ansicht nach an, diese Patientengruppe zunächst schwerpunktmäßig in psychosomatischen oder psychiatrischen Institutsambulanzen zu versorgen. Dies erscheint insbesondere dann sinnvoll, wenn diese schon in der Vergangenheit als sogenannte Migrantenambulanzen oder interkulturelle/transkulturelle Ambulanzen spezialisierte Angebote vorgehalten haben (s. hierzu Kap. 8.1).

Die in Deutschland bereits bestehenden interkulturellen und transkulturellen ambulanten Angebote der Regelversorgung zeichnen sich vor allem dadurch aus, dass versucht wird, durch unterschiedliche strukturelle Maßnahmen die Niedrigschwelligkeit des Zugangs zu Diagnostik und Behandlung zu gewährleisten. Neben verschiedenen sprachlichen und kulturellen Kompetenzen in den Behandlungsteams bzw. der Verfügbarkeit von Sprach- bzw. Kulturmittler(inn)en wird hingewiesen auf
- zum Teil selbst entwickelte und in mehrere Sprachen übersetzte Interviewleitfäden oder Diagnostikinstrumente, mehrsprachige Informationsmaterialien,
- eine inter- bzw. transkulturelle Teamstruktur,
- das Vorhandensein von spezifischen internen Arbeitsgruppen, kollegialen Intervisions- und Supervisionsangeboten
- die Vernetzung/Kooperation mit sozialen Einrichtungen, PSZs oder anderen Anbietern von Flüchtlingshilfen.

Einer möglicherweise unbeabsichtigt stattfindenden Marginalisierung von Flüchtlingspatient(inn)en durch Spezialambulanzen kann durch Maßnahmen der Personalentwicklung, Fort- und Weiterbildung, Organisation von Behandlungsabläufen, Öffentlichkeitsarbeit, Kooperationen sowie z. B. durch eine möglichst hohe „Durchlässigkeit" im Sinne der Integration/Weitervermittlung von Patient(inn)en in andere Angebote begegnet werden, sobald die psychische Erkrankung, die sprachlichen Kompetenzen und das Selbstvertrauen der Patient(inn)en dies zulassen [159].

Auch ausgewiesene Trauma-Ambulanzen können aufgrund ihrer fachlichen Qualifikation für die Behandlung von besonders schutzbedürftigen Flüchtlingen mit Traumafolgeerkrankungen geeignet sein. Zwar ist die Abrechnung der Behandlungsleistungen bei dieser Zielgruppe in der Regel nicht über das Opferentschädigungsgesetz (OEG) möglich, allerdings wurde beispielsweise in NRW durch das Ministerium für Gesundheit, Emanzipation, Pflege und Alter (MGEPA) in 2015 ein Förderprogramm aufgelegt, das eine schnelle und unbürokratische Erstversorgung traumatisierter Flüchtlingsfrauen in den Trauma-Ambulanzen möglich machte und auch Dolmetscherkosten finanziert.

Im stationären Bereich scheinen über die akutpsychiatrische Notfallversorgung hinaus in Deutschland bisher nur punktuell Versorgungsmodelle zu existieren, in denen durch muttersprachlich arbeitende Psychotherapeut(inn)en für Flüchtlingspatient(inn)en in bestimmten Sprachen eine verbesserte Verständigung erzielt werden kann. Aufgrund der Häufigkeit des Vorliegens schwerer komorbider Traumafolgestörungen erscheint jedoch die Konzeptionalisierung und Etablierung spezifischer intensivierter ambulanter und (teil-)stationärer Angebote dringend erforderlich.

3.3.4 Konkrete Umsetzungsschritte

Um auf institutioneller Ebene adäquate Rahmenbedingungen für die Behandlung von Flüchtlingen zu schaffen, sind beispielsweise folgende Schritte als zielführend zu nennen:

- Aufnahme geeigneter Maßnahmeindikatoren in die institutionellen Zielvereinbarungen (z. B. Zahl der behandelten Patienten, Anzahl und Qualifikation einzustellender Mitarbeiter(inn)en)
- Benennen von „key persons", beispielsweise Integrationsbeauftragte, Festlegung des Aufgabenprofils und Ausstattung mit entsprechenden Kompetenzen und Ressourcen (z. B. direkte Beratungsfunktion gegenüber Klinikvorstand, Freistellung für Tätigkeit)
- Schaffung von Förder- und Anreizprogrammen durch den Träger auf Mitarbeitenden- und Klinik-/Abteilungsebene: finanzielle Anerkennung/Fördergelder steigen mit der Anzahl der umgesetzten Maßnahmen [173]
- Bildung transkultureller und multiprofessioneller Teams durch gezieltes Anwerben von fachlich geeigneten Mitarbeitenden unterschiedlicher Berufsgruppen mit eigener Zuwanderungsgeschichte, insbesondere auch für Leitungs- und Schlüsselpositionen
- Aufnahme „Inter- bzw. Transkultureller Kompetenz" in das Anforderungsprofil von Stellenanzeigen
- Entwicklung von an das transkulturelle Behandlungssetting angepassten Leitlinien sowie Strukturen für die Einarbeitungsphase, z. B. durch Bereitstellung zentraler Informationen wie auch zeitlicher Ressourcen, adaptiert an persönliche und berufliche Voraussetzungen der Mitarbeitenden, Patensysteme und enge verbindliche Rückkoppelung mit Vorgesetzten
- Reflexion der persönlichen und beruflichen Entwicklungswünsche und -perspektiven bezüglich der Versorgung von Flüchtlingspatient(inn)en in Mitarbeitergesprächen
- Schaffung von erforderlichen Freiräumen für die zeit- und ressourcenaufwändige Behandlung von Flüchtlingen in den hierfür unzureichend pauschalfinanzierten Ambulanzstrukturen, u. a. durch die Förderung von Kooperationen (z. B. mit spezialisierten Einrichtungen wie PSZ zur Nutzung von Synergieeffekten) und die Beantragung von Fördergeldern (z. B. Asyl-, Migrations- und Integrationsfonds der EU, Förderprogramme der Bundes- und Landesministerien)
- Bereitstellen zeitlicher und finanzieller Ressourcen für die fachliche Weiterbildung von Mitarbeitenden durch interne Fortbildungs- und Supervisionsangebote wie auch Teilnahme an externen Angeboten (z. B. Weiterbildung in spezieller Psychotraumatologie)
- Bereitstellen zeitlicher und finanzieller Ressourcen für die Entwicklung einer wertschätzenden und diversitätsbewussten Teamkultur durch externe Supervision, moderierte Teamtage, interne und externe Fort- und Weiterbildungsangebote, etc.
- Eröffnen von Karrierechancen durch persönliches Engagement und Qualifizierung
- Fokussieren der Anmeldesituation als Ort der zentralen Weichenstellung für eine gelingende Inanspruchnahme durch Auswahl der dort tätigen Mitarbeitenden und deren Schulung, z. B. hinsichtlich der strukturierten und geduldigen Abfrage sowie der gezielten kultursensiblen Klärung der Dringlichkeit des Anliegens, Erfassen der Sprachkenntnisse von Flüchtlingspatient(inn)en
- Erstellen von an die Komplexität und Diversität der psychischen Erkrankungen von Flüchtlingspatient(inn)en angepasste Behandlungskonzepte, die z. B. den Einsatz muttersprachlicher Infor-

mationsmaterialien und Diagnostikinstrumente, verlängerte Phase der Diagnostik, Einbezug von Sprachmittler(inn)en, transkulturelle Medikamentensprechstunden, fachärztliche Zweitsichten etc. („Düsseldorfer Modell", [159]) beinhalten wie auch spezielle gruppentherapeutische [157], [160] oder manualisierte Ansätze [159].

3.3.5 Sprachbarrieren

Im Folgenden werden mögliche praktische Lösungswege für die Überbrückung fehlender sprachlicher Verständigung als zentraler Zugangsbarriere in die psychotherapeutische Versorgung aufgezeigt.

Einsatz von Sprach- und Integrationsmittler(inne)n bzw. Dolmetscher(inne)n

Dem Einsatz von Dolmetscher(inne)n stehen viele psychotherapeutisch Tätige eher skeptisch gegenüber. Aufgrund der aktuellen Versorgungssituation erscheint es jedoch deutlich zielführender, sich nicht mit dem „ob", sondern mit dem „wie" eines solchen Settings auseinanderzusetzen. Daher stellen sich die Fragen nach der Verfügbarkeit (möglichst) professionell ausgebildeter Sprachmittler(innen), deren Finanzierung sowie der Schulung der sie einsetzenden Fachleute (vgl. insgesamt hierzu Kap. 3.1).

Der Einsatz professioneller bzw. gut geschulter/ qualifizierter Sprach- und Integrationsmittler(innen) (SIM) ist vor allem in psychotherapeutischen Arbeitsfeldern dringend anzuraten. SIM gewährleisten die sprachliche Verständigung zwischen Fachkräften und Patient(inn)en und sind aufgrund der eigenen Migrationserfahrung vertraut mit der Kultur des Herkunftslandes sowie mit länderspezifischen Unterschieden, etwa in der medizinischen und sozialen Versorgung. Bei Bedarf können sie auch in soziokulturell sensiblen Fragen vermitteln und Behandler(inn)en mit ihrem Wissen zur Verfügung stehen (Umgang mit psychischen Erkrankungen in der Herkunftskultur, Geschlechterrollen, religiöse Aspekte etc.). Soziokulturell bedingte Missverständnisse können so leichter vermieden bzw. aufgeklärt werden, was einen wichtigen Beitrag zur Verbesserung der Behandlungsqualität leisten kann.

Die Kosten für Dolmetscher(innen) bzw. SIM werden nur in wenigen Fällen von Sozialamt, Jugendamt oder Jobcenter übernommen, zudem ist die Beantragung oft langwierig und kompliziert und die oft schwer psychisch kranken Patient(inn)en sind damit überfordert. Das im Juli 2016 verabschiedete Integrationsgesetz sieht die im Referentenentwurf noch enthaltene und von Fachverbänden (z.B. Bundespsychotherapeutenkammer, Bundesärztekammer) und Fachleuten ausdrücklich geforderte Kostenübernahme für Dolmetschereinsätze zur Gewährleistung einer bedarfsgerechten medizinischen Versorgung weiterhin nicht vor. Die Finanzierung von Sprachmittlung bleibt also eine große Hürde. Studien belegen, dass eine psychotherapeutische Versorgung von Flüchtlingen unter Hinzuziehung von SIM keinesfalls als Therapie zweiter Wahl anzusehen ist (z.B. [154]). Allerdings sollten Fachkräfte für das spezielle Setting „zu dritt" geschult werden. Ebenso wie bei anderen ärztlichen/therapeutischen Fertigkeiten erhöhen sich Sicherheit und Selbstbewusstsein durch die Vermittlung von spezifischem Handlungswissen sowie durch Training bzw. Übung, zudem sollte die Aufmerksamkeit für typische Fehlerquellen gegeben sein.

Um den Stellenwert der Sprachmittlung für die therapeutische Arbeit zu betonen, die Abgrenzung der SIM gegenüber übermäßigen Wünschen und Bedürfnissen von Patient(inn)en zu erleichtern und die Mittler(inn)en als Teil des Behandlungskonzepts bzw. -teams auch sichtbar hervorzuheben, empfiehlt sich beispielsweise die Einrichtung eines eigenen Warte- bzw. Arbeitsbereichs, der den SIM bei Bedarf zur Verfügung gestellt wird. Ebenso kann hilfreich sein, Mitarbeitenden gebündelte, leicht zugängliche und auf den konkreten Arbeitskontext abgestimmte Informationen für den Einsatz von SIM zur Verfügung zu stellen. Hiermit sind u.a. die Beschreibung der in der Institution zu berücksichtigenden Bestell- und Abrechnungsmodalitäten oder auch wichtige Regeln zum Einsatz von SIM im Behandlungssetting wie die Durchführung eines Vor- und Nachgesprächs mit den SIM, Hinweise zur Schweigepflicht, zur Form der Übersetzung, etc., gemeint (sogenannte „SIM-Karte" des LVR, [165]).

Institutionelle Anforderungen bei der Beschäftigung muttersprachlich tätiger Behandler(innen)

Muttersprachlich arbeitende Behandler(inn)en stellen natürlich eine gute Lösung dar, um die Verständigung zwischen Patient und Therapeut zu gewährleisten. Hierbei ist grundsätzlich zu unterscheiden zwischen der muttersprachlichen Behandlung von Patient(inn)en durch Mitarbeitende mit eigener Flucht- oder Zuwanderungsgeschichte, die psychotherapeutisch tätig sind und ihre Sprachkompetenzen entsprechend ihrer Qualifizierung in ihrem originären Arbeitsbereich einbringen, und der Hinzuziehung von sprachkundigen Kolleg(inn)en aus anderen Abteilungen, Arbeitsbereichen oder sogar fachfremden Mitarbeitenden wie z. B. Reinigungsfachkräfte.

Psychotherapeut(inn)en, die in ihrer Muttersprache arbeiten, werden insbesondere bei der Behandlung von Geflüchteten teils mit hohen impliziten, aber auch offen ausgesprochenen Erwartungen konfrontiert: als „Landsleute" verspüren die Kolleg(inn)en oft einen besonders hohen Druck und eine große Verantwortung für die sich häufig in prekären oder sogar existenziell unsicheren Lebenssituationen befindenden Patient(inn)en. Die Erwartungen von Patientenseite können bei muttersprachlichen Therapeut(inn)en aber auch umgekehrt zu starken Abgrenzungstendenzen führen – bewusst wie auch unbewusst. Um an dieser Stelle professionell handlungsfähig bleiben zu können, sollten von Einrichtungsseite regelmäßige Gespräche mit den Vorgesetzen, spezifische Supervisionsangebote, kollegiale Beratung/Zweitsichten sowie die Einbindung in ein transkulturell kompetentes Team ermöglicht werden. In vielen Kliniken existieren interne Dolmetscherlisten von Mitarbeitenden unterschiedlichster Berufsgruppen, deren sprachliche Fähigkeit so gezielt angefordert werden kann. Auch finden sich aktuell Initiativen, Sprachkompetenzen von Kolleg(inn)en in der Versorgung von Flüchtlingspatient(inn)en noch effektiver zu nutzen, indem diese durch Angebote des Arbeitgebers auf das Dolmetschsetting vorbereitet werden.

Allerdings sollten die berufliche Rolle und die damit verbundenen Qualifikationen grundsätzlich im Blick sein, um Überforderungen zu vermeiden. Institutionen sollten eine gute fachliche Einbindung der zusätzlichen Aufgabe des Übersetzens gewährleisten, ebenso sollten Arbeitszeiten, dienstliche Pflichten und auch die Gestaltungswünsche der Kolleg(inn)en selbst möglichst respektiert werden. Zu beachten ist ebenfalls, dass die übermäßige Betonung von Herkunft und Sprachkenntnissen stigmatisierend wirken kann.

3.3.6 „Diversity"-Management als Voraussetzung für ganzheitlich orientierte Behandlungsansätze

Die Versorgung von geflüchteten Menschen, die extreme Gewalterfahrungen erlitten haben, stellt an Kliniken bzw. Einrichtungen und die dort tätigen Fachleute besondere Anforderungen, die sich aus den komplexen psychischen und psychosomatischen Störungsbildern, dem veränderten Behandlungssetting und nicht zuletzt der häufig prekären und von Unsicherheit geprägten Lebens- bzw. psychosozialen Situation der Patient(inn)en ergeben.

In Deutschland sind die gesundheitspolitischen Rahmenbedingungen und institutionellen psychotherapeutischen Behandlungsstrukturen in der Regelversorgung nahezu ausschließlich darauf ausgerichtet, leitliniengerechte Standardbehandlungen in anerkannten Verfahren durchzuführen. Diese sehen nicht vor, dass rechtliche, politische und soziale Dimensionen das Geschehen und die Dynamik im therapeutischen Raum so gravierend beeinflussen können, wie dies bei Flüchtlingen sehr häufig der Fall ist.

Als Konsequenz leitet sich daraus ab, dass die psychotherapeutische Versorgung von Geflüchteten nicht nur darauf abzielen darf, die Folgen von Kriegs- und Gewalterfahrungen vor bzw. auf der Flucht zu bewältigen. Auch die psychischen Folgen der in der Regel massiven Lebensveränderungen und der Politisierung der eigenen Existenz in der Aufnahmegesellschaft in Deutschland müssen in der Psychotherapie Berücksichtigung finden, wenn sie Geflüchteten auf Dauer gerecht werden soll. Das Gefühl der Unsicherheit am Zufluchtsort macht es häufig nahezu unmöglich, erlittene Traumata in Form von Gewalt und Verlust von Würde, Ansehen, Sprache, Angehörigen und Heimat zu verarbeiten [164].

Die Bildung inter- und transkulturell kompetenter Behandlungsteams, die eine gute Versorgung dieser vulnerablen Patientengruppe gewährleisten können, erfordert neben der adäquaten strukturellen Einbettung in die Klinik/Einrichtung einen auf höchster Leitungsebene erwünschten, weitsichtigen und langfristig angelegten Prozess der gezielten Anwerbung und Stärkung von Mitarbeitenden verschiedener Professionen – mit und ohne eigene Zuwanderungs- oder Fluchtgeschichte. Neben der formalen fachlichen Qualifikation der einzelnen Teammitglieder bzw. dem Eingebundensein in eine (ärztlich-)psychotherapeutische Weiterbildung spielen die persönliche Motivation wie auch die persönliche Bereitschaft, der oftmals herausfordernden Arbeit mit Offenheit und Neugier zu begegnen, und insbesondere auch eigene Perspektiven und, soweit hilfreich, eigene (biografische) Erfahrungen reflektiert einzubringen, eine entscheidende Rolle.

Behandler(inn)en erleben mit Flüchtlingen häufig eine qualitativ neue, intensive Therapeut-Patient-Begegnung, die beiden Seiten hohe emotionale Anstrengungen abverlangt. In der Regel begegnen sich Angehörige wechselseitig wenig vertrauter Kulturen in unterschiedlichen Lebenslagen, mit unterschiedlichen Lebenswelten und -erfahrungen. Bei jedem Behandlungsanlass können sich daraus für beide Seiten divergente Perspektiven, Erwartungen und Gefühle ergeben.

Wenn es im Behandlungsteam gelingt, die verschiedenen Arten von Wissen und Kompetenzen gleichberechtigt und nicht hierarchisierend einzubinden, können sich „transkulturelle Räume" öffnen und Kolleg(inn)en unterschiedlichster Herkunft ein diversitätsbewusstes Voneinander- und Miteinanderlernen ermöglichen. Dies kann dazu beitragen, das Verständnis für einzelne Patientengruppen, aber auch das Bewusstsein für gesellschaftliche Ausgrenzungs- und Diskriminierungsprozesse zu erhöhen und diese in ihrer Bedeutung für Krankheit und Gesundheit zum Gegenstand der therapeutischen Arbeit zu machen.

Fazit

Die hohe Zahl der ankommenden Flüchtlinge stellt die Strukturen der psychotherapeutischen Regelversorgung in Deutschland vor neue und besondere Herausforderungen und macht eine reflektierte flucht- bzw. migrationssensible und differenzsensible Positionierung sowie eine transkulturell orientierte Versorgungspraxis notwendig. Die aktuelle Situation psychotherapeutischer Behandlungsansätze von Patient(inn)en im Kontext von Flucht verdeutlicht, dass die hiermit verbundenen notwendigen Umstrukturierungsprozesse sowie umfassende und langfristig angelegte Interventionen eng mit der Haltungsarbeit und Kompetenzerweiterung aller beteiligten Akteure zusammenhängen.

Bereits die Kontaktaufnahme in das hiesige Gesundheitswesen ist oft erheblich erschwert bis verunmöglicht: niedergelassene Psychotherapeut(inn)en sind in der Regel lediglich per Anrufbeantworter oder innerhalb einer eng begrenzten telefonischen Sprechzeit verfügbar, aber auch für das Erreichen (ambulanter) klinischer Versorgungseinrichtungen stellen fehlende Sprachkenntnissen und Unkenntnis über die Strukturen der gesundheitlichen Versorgung hohe Hürden dar [163].

Der Gestaltung der Anmeldesituation in Institutionen kommt daher eine zentrale Bedeutung zu, da hier in der Regel die Weichenstellung für die gelingende Inanspruchnahme psychotherapeutischer Versorgung erfolgt. Grundsätzlich sind unseres Erachtens ganzheitliche und „Diversity"-orientierte institutionelle Strukturveränderungen dafür geeignet, einen umfassenderen Abbau von Inanspruchnahme-Barrieren und gegenseitigen Berührungsängsten in der psychotherapeutischen Regelversorgung von Flüchtlingspatient(inn)en zu initiieren.

3.3.7 Literatur

[151] Bender M, Koch E. Spezialstationen für die psychiatrisch-psychotherapeutische Behandlung von Flüchtlingen – Pro & Kontra. Psychiat Praxis 2016; 43: 131–133

[152] Böttche M, Heeke C, Knaevelsrud C. Sequenzielle Traumatisierungen, Traumafolgestörungen und psychotherapeutische Behandlungsansätze bei kriegstraumatisierten erwachsenen Flüchtlingen in Deutschland. Bundesgesundheitsblatt Gesundheitsforschung Gesundheitsschutz 2016; 59(5): 621–626.

[153] Bozorgmehr K, Mohsenpour A, Saure D et al. Systematische Übersicht und „Mapping" empirischer Studien des Gesundheitszustands und der medizinischen Versorgung von Flüchtlingen und Asylsuchenden in Deutschland (1990–2014). Bundesgesundheitsblatt Gesundheitsforschung Gesundheitsschutz 2016; 59(5): 599–620

[154] Brune M, Eiroá-Orosa FJ, Fischer-Ortman J et al. Intermediated communication by interpreters in psychotherapy with traumatized refugees. Int J Cult Ment Health 2011; Vol 4; Issue 2: 144–151

[155] Fazel M, Wheeler J, Danesh J. Prevalence of serious mental disorder in 7 000 refugees resettled in western countries: a systematic review. Lancet 2005; Apr 9–15; 365 (9467): 1309–14

[156] Gießler W. Von der monokulturellen zur transkulturellen Einrichtung: Diversity-Management im Gesundheitswesen. In: van Keuk E, Ghaderi C, Joksimovic J et al., Hrsg. Transkulturelle Kompetenz in klinischen und sozialen Arbeitsfeldern. Stuttgart: Kohlhammer; 2011: 104–116

[157] Heriniaina N. Kunsttherapie mit jungen Flüchtlingsfrauen: Ein Konzept zur Förderung ihrer Resilienz. München: Akademischer Verlag; 2010

[158] Joksimovic L, Karger A, Kunzke D et al. Flüchtlinge als Patienten. Über die Notwendigkeit einer ganzheitlichen medizinischen Versorgung. In: Ghaderi C, Eppenstein T, Hrsg. Flüchtlinge – Multiperspektivische Zugänge. Wiesbaden: Springer VS; 2016

[159] Joksimovic L, Kruse J. Stabilisierende psychodynamische Traumatherapie für Flüchtlinge: ein Leitfaden für das therapeutische Vorgehen bei PTBS und Somatisierung. Psychother Psych Med 2017; 67(03/04): 142–151, DOI: 10.1055/s-0042-120270

[160] Joksimovic J, Schröder M, Kunzke D. Gruppenpsychotherapie mit traumatisierten Flüchtlingen. Ärztl Psychother 2014(2): 74–79

[161] Joksimovic L, Schröder M, van Keuk E. Psychotherapy with Immigrants and Refugees from Crisis Zones. In: Schouler-Ocak M, ed. Trauma and migration. Cultural factors in the diagnosis and treatment of traumatised immigrants. Berlin: Springer; 2015: 223–241

[162] Joksimovic L, Schröder M. Düsseldorfer Modell der psychosomatischen und psychotherapeutischen Versorgung von traumatisierten Migrant/innen und Flüchtlingen. In: Graef-Calliess I, Schouler-Ocak M, Hrsg. Migration und Transkulturalität. Neue Aufgaben in Psychiatrie und Psychotherapie. Stuttgart: Schattauer, 2017

[163] Küchenhoff B. Die Behandlung von Flüchtlingen in der freien Praxis. Schweizer Zeitschrift für Psychiatrie und Neurologie 2017 (1)

[164] Laban C, Gernaat, H, Komproe, IH et al. Postmigration living problems and common psychiatric disorders in Iraqi asylum seekers in the Netherlands. J Nerv Ment Dis 2005; 19: 825–832

[165] LVR-Dezernat Klinikverbund und Verbund heilpädagogischer Hilfen. „SIM-Karte": Im Internet: http://www.klinikverbund.lvr.de/media/klinikverbund/fuer_patienten/migration/LVR-SIM-Karte.pdf; Stand: 19.12.2016

[166] Marshall GN, Schell TL, Elliot MN et al. Mental health of Cambodian refugees 2 decades after resettlement in the United States. JAMA 2005; 294: 571–579

[167] McFarlane CA, Kaplan I. Evidence-based psychological interventions for adult survivors of torture and trauma: A 30-year review. Transcult Psychiatry 2012; 49: 539–567

[168] Penka S, Faißt H, Vardar A et al. Der Stand der interkulturellen Öffnung in der psychosozialen Versorgung: Ergebnisse einer Studie in einem innerstädtischen Berliner Bezirk. Psychother Psych Med 2015; 09/10: 353–362

[169] Porter M, Haslam N. Predisplacement and postdisplacement factors associated with mental health of refugees and internally displaced persons: a meta-analysis. JAMA 2005; Aug 3; 294(5): 602–12

[170] Rukavina M. Medizinische Versorgung von Flüchtlingen. Asylsuchende werden häufiger stationär behandelt. Dtsch Med Wochenschr 2016; 141: 10–16, DOI: 10.1055/s-0041-109457

[171] Schaffrath J, Schmitz-Buhl M, et al. Psychiatrisch-psychotherapeutische Versorgung von Geflüchteten am Beispiel eines großen psychiatrischen Versorgungskrankenhauses im Rheinland. PPmP 2016; DOI: 10.1055/s-0042-116081

[172] Steel Z, Chey T, Silove D et al. Association of torture and other potentially traumatic events with mental health outcomes among populations exposed to mass conflict and displacement: a systematic review and meta-analysis. JAMA 2009; 537–49, DOI: 10.1001/jama.20091132.

[173] Wenzel-Jankowski, M., Blücher U et al. Sensibilisieren und befähigen. Förderprogramm „Migration". f&w 2015; 32: 804–807

4 Psychotherapeutische Unterstützung bei Traumafolgestörungen und psychischer Komorbidität

4.1 Traumafolgestörung und psychische Komorbidität: Konzeption und Diagnostik

Christoph Nikendei, Anja Greinacher, Martin Sack

4.1.1 Trauma, Trauma-Ereignis, Traumafolgestörung – eine Begriffsklärung

Der psychotraumatologische Ansatz mit dem *„Trauma"* als ätiopathologischem Kernelement betont eine äußere Ursache als Auslöser für psychische und psychosomatische Symptome und ergänzt damit Modelle der Lerntheorie, der psychodynamischen Konflikttheorie und Überlegungen zu funktionellen Defiziten der Persönlichkeitsstruktur. Traumatisierungen lassen sich als Extremerfahrungen verstehen, die mit dem Erleben von Hilflosigkeit, Ohnmacht und Entsetzen einhergehen. Traumatisierungen werden oft schicksalhaft, ohne Bezug zur persönlichen Entwicklung und Biografie erlebt. Ob sich aus der traumatischen Erfahrung aber eine Traumafolgesymptomatik entwickelt, ist durchaus durch persönliche und psychosoziale Faktoren moduliert und mitbestimmt.

Vom eigentlichen Trauma-Ereignis selbst lässt sich das Trauma (griechisch τραύμα = Wunde) als die „Wunde aufseiten des Subjekts" (also des Betroffenen) sowie die hieraus resultierende Traumafolgestörung im Sinne eines krankheitswertigen Symptomkomplexes unterscheiden [229]. Während die Diagnosemanuale der World Health Organisation (WHO; ICD-10) [189] und der Amerikanischen Psychiatrischen Gesellschaft (APA; DSM-5) [178] die objektivierbaren Aspekte des Trauma-Ereignisses als Ereigniskriterium betonen, wird dem subjektiven Erleben des Trauma-Ereignisses sowohl noch in der Vorläuferversion des DSM-5 (DSM-IV; [179]) als auch von anderen Autoren eine ebenfalls entscheidende Bedeutung zugemessen (s. ▶ Tab. 4.1). Das Zusammenspiel dieser objektiven Faktoren und der subjektiven Wahrnehmungs-, Bewertungs- und Handlungsaspekte re-

Tab. 4.1 Definition des Ereigniskriteriums und subjektive Aspekte des Traumas.

Diagnose-manual/Quelle	Definition
Definition des Ereigniskriteriums nach ICD-10 und DSM-5 (A-Kriterium)	
WHO: ICD-10 [189]	„… ein belastendes Ereignis oder eine Situation kürzerer oder längerer Dauer, mit außergewöhnlicher Bedrohung oder katastrophenartigem Ausmaß, die bei fast jedem eine tiefe Verzweiflung hervorrufen würde."
APA: DSM-5 [178]	„Die Betroffenen waren über einen oder mehrere der unten genannten Wege Tod (tatsächlich oder angedroht), schwerwiegenden Verletzungen oder sexueller Gewalt ausgesetzt: (1) direktes Erleben des traumatisierenden Ereignisses, (2) persönliches Miterleben, wie das traumatisierende Ereignis anderen zustößt, (3) Erfahren, dass das traumatisierende Ereignis einem engen Familienmitglied oder einem engen Bekannten zugestoßen ist. (Bezüglich des tatsächlichen oder angedrohten Todes muss der Todesfall durch ein gewaltsames Ereignis oder einen Unfall geschehen sein.), (4) wiederholte oder sehr extreme Konfrontation mit aversiven Details des traumatischen Ereignisses."
subjektive Wahrnehmung und Bewertung des Trauma-Ereignisses	
APA: DSM-IV [179]	„Die Reaktion auf das Ereignis war verbunden mit starker Angst, Hilflosigkeit oder Entsetzen."
Fischer u. Riedesser [192]	„… ein vitales Diskrepanzerlebnis zwischen bedrohlichen Situationsfaktoren und den individuellen Bewältigungsmöglichkeiten, das mit Gefühlen von Hilflosigkeit und schutzloser Preisgabe einhergeht und so eine dauerhafte Erschütterung von Selbst- und Weltverständnis bewirkt."

WHO = World Health Organization (Weltgesundheitsorganisation)
ICD = International Clasification of Disease
APA = American Psychiatric Association (Amerikanische Psychiatrische Gesellschaft)
DSM = Diagnostic and Statistical Manual

Tab. 4.2 Häufigkeit von Posttraumatischer Belastungsstörung (PTBS) nach spezifischen Trauma-Ereignissen.

Trauma-Ereignis	resultierende PTBS-Prävalenz
Vergewaltigung, sexueller Missbrauch	50 %
Gewaltverbrechen	25 %
Kriegs-, Vertreibungs-, Folteropfer	50 %
schweren Organerkrankungen	10 %
schwere Unfallereignisse	10 %
Brand, Feuer, Naturereignisse	5 %
Zeuge sein von Unfällen, Gewalt	5 %

Perkonigg A, Kessler RC, Storz S, et al. Traumatic events and post-traumatic stress disorder in the community: prevalence, risk factors and comorbidity. Acta psychiatrica scandinavica 2000; 101(1): 46–59
Flatten G, Gast U, Hofmann A, et al. S 3–LEITLINIE Posttraumatische Belastungsstörung ICD-10: F43. 1. Trauma und Gewalt 2011; 5(3): 202–210

sultiert in der „traumatischen Zange" [203], definiert durch die erlebte situative Ausweglosigkeit (fehlende Fluchtmöglichkeit) einerseits und Bedrohlichkeit (fehlende Bewältigungsmöglichkeiten) andererseits. Es führt durch eine Überforderung der Bewältigungsmechanismen zu einer psychischen Verletzung.

In einer amerikanischen Studie [205] wurden folgende Trauma-Ereignisse als besonders häufig berichtet:
- Zeuge von schweren Verletzungen oder Tod (Männer 35,6 %, Frauen 14,5 %),
- Erleben von Naturkatastrophen (Männer 18,9 %, Frauen 15,2 %) sowie
- lebensbedrohliche Unfälle (Männer 25,0 %, Frauen 13,8 %).

Im Flüchtlingskontext spielen natürlich Kriegserlebnisse, Folter, Vergewaltigung, Terror, Flucht und Post-Migrationsstressoren als potenziell traumatisierende Lebensereignisse eine wichtige Rolle. Allerdings sind, ersten Forschungsbefunden nach, auch Traumatisierungen durch körperliche und sexuelle Gewalt bei geflüchteten Menschen ausgesprochen hoch prävalent, da in den Herkunftsländern (naher Osten, vermutlich auch Afrika) familiäre Traumatisierungen und sexuelle Gewalt gegen Frauen relativ häufig vorkommen [175]. Trauma-Ereignisse können dabei sowohl als Monotraumatisierung (Typ-I-Traumatisierung) auftreten wie auch als wiederholte, also multiple oder sequenzielle Traumatisierung (Typ-II-Traumatisie-

rung) [229]. Während groß angelegte epidemiologische Studien darauf hinweisen, dass 50 % bis hin zu 90 % der Menschen im Laufe ihres Lebens ein traumatisches Ereignis erfahren [187], entwickeln bei Weitem nicht alle dieser Personen eine definierte Traumafolgestörung (s. ▶ Tab. 4.2).

4.1.2 Traumafolgestörungen

Die zutreffende diagnostisch-klassifikatorische Einordnung von Traumafolgestörungen ist von hoher Relevanz für die Indikation zu einer spezifischen psychotherapeutischen Behandlung, die Planung therapeutischer Interventionen, die Bewilligung psychotherapeutischer Behandlungen sowie für gutachterliche Stellungnahmen [186]. Die Posttraumatische Belastungsstörung (PTBS) und die komplexe PTBS mit und ohne Dissoziation stellen Traumafolgestörungen im engeren Sinne dar. Angaben zu den Prävalenzen der Störungen innerhalb unterschiedlicher Populationen von Geflüchteten finden sich in Kap. 2.

Posttraumatische Belastungsstörung – PTBS (ICD-10: F43.1)

Die Diagnose PTBS (im Engl. *posttraumatic stress disorder – PTSD*) wurde nicht zuletzt als Folge der Auswirkungen des Vietnamkrieges im Jahr 1980 in das Diagnosemanual der Amerikanischen Psychiatrischen Gesellschaft aufgenommen (DSM-III; [229]). Darin wird die Einwirkung eines überwältigenden Ereignisses in Form des „Ereigniskriteriums" oder „A-Kriteriums" als integrales Definitionskriterium für die resultierende psychische Symptomatik festgelegt. Dieses Ereigniskriterium umfasst dabei nicht nur die eigene Bedrohung, sondern auch das Miterleben der Bedrohung Anderer und im DSM-5 [178] sogar der Bericht über die Bedrohung anderer Personen im Sinne einer sekundären Traumatisierung (vgl. Kap. 7.1). Im Kern der klinischen Symptomatik der PTBS stehen Intrusionen, Vermeidungsverhalten, Unfähigkeit, wichtige Aspekte der Belastung zu erinnern und Symptome des Hyperarousals, wobei die Symptomatik sich nicht als spezifisch für die Art der traumatischen Erfahrung darstellt, sondern diese vielmehr über den induzierten Distress vermittelt wird [209].

Intrusionen sind wiederkehrende sensorische Wahrnehmungen, ins Bewusstsein eindringende Erinnerungen oder das wiederholte Wiedererleben der Belastung in Form von szenischen Nachhallerinnerungen (sogenannten „*Flashbacks*"). Da kein Zeitvektor für das Trauma-Ereignis existiert, erfolgt die Enkodierung, also Speicherung der traumabezogenen Informationen, zeitlos in Form von sensomotorischen, visuellen und affektiven Erinnerungsbruchstücken, jedoch nicht als symbolisch-linguistische Codes und Narrative. Somit kann das traumatische Ereignis nicht in eine individuelle Bedeutungsstruktur integriert und in Raum und Zeit verankert werden, sondern die „Erinnerung" bleibt in Form der Intrusionen durchgehend „präsentisch", als „subjektloses Erinnerungsbruchstück", erhalten. Die Intrusionen können dabei durch Auslösereize wie z. B. traumaassoziierte, generalisierte oder symbolische Eindrücke „getriggert" werden. Diese Reize wiederum führen typischerweise zu einem Vermeidungsverhalten auf behavioraler, kognitiver oder affektiver Ebene. Da hierdurch eine Verarbeitung der aversiven Reize verhindert wird, resultieren eine Verstärkung der intrusiven Symptome und eine Chronifizierung und Generalisierung der Angstsymptomatik. Hyperarousal-Symptome zeigen sich in Form von Schlafstörungen, Aggressivität, Reizbarkeit, Konzentrationsstörungen, Schreckhaftigkeit und Hypervigilanz. Seitens der Deutschsprachigen Gesellschaft für Psychotraumatologie (DeGPT) wurden unterschiedliche Schweregrade der PTBS definiert, die eine Einteilung in 4 abgrenzbare Stufen ermöglicht, mit der PTBS mit dissoziativen Symptomen als schwerste Ausprägungsform (s. ▶ Tab. 4.3).

Die Symptome einer PTBS können sich mit einer Latenz von bis zu 6 Monaten, aber auch als „*late-onset PTBS*" erst Jahre nach dem Trauma-Ereignis erstmals manifestieren und gelten als chronifiziert, wenn sie länger als 3 Monate andauern.

Tab. 4.3 Grade der Komplexität der PTBS.

Traumafolgestörung	Typ
„einfache" PTBS	I
PTBS oder partielle PTBS „plus" traumakompensatorische Symptomatik	II
PTBS oder partielle PTBS „plus" persönlichkeitsprägende Symptomatik	III
PTBS oder partielle PTBS „plus" komplexe dissoziative Symptomatik	IV

Schellong J. Diagnostische Klassifikation von Traumafolgestörungen. In: Sack M, Schellong J, and Sachsse U, Hrsg. Komplexe Traumafolgestörungen: Diagnostik und Behandlung von Folgen schwerer Gewalt und Vernachlässigung. Stuttgart: Schattauer Verlag; 2013

Akute Belastungsreaktion (ICD-10: F43.0)

Die akute Belastungsreaktion tritt in unmittelbarem zeitlichem Zusammenhang zu einem traumatisierenden Ereignis auf und wird umgangssprachlich als „(psychischer) Schock" bezeichnet. Sie ist durch unterschiedliche Symptome gekennzeichnet, die von einer Versteinerung, Mutismus, Depersonalisation, Derealisation, dissoziativem Weglaufen bis hin zu schwerer Agitiertheit u.v. a. m. reichen können. Entfernt man die betroffenen Personen aus dem Belastungsumfeld, so klingen die Symptome regelhaft innerhalb eines kurzen Zeitraumes (8h), nach anhaltenden Belastungen spätestens innerhalb von 48h ab, können potenziell aber auch länger bestehen bleiben und dann in eine PTBS übergehen [229]. Die „akute Belastungsreaktion" wird in die nächste Fassung der WHO-Diagnoseklassifikation (ICD-11) nicht mehr aufgenommen werden.

Komplexe PTBS

Der Begriff der komplexen posttraumatischen Belastungsstörung (KPTBS) geht auf die Psychiaterin Judith Herman zurück [200] und bezeichnet ein Störungsbild, das im Sinne einer Entwicklungs- und Beziehungstraumatisierung infolge einer lang anhaltenden Traumatisierung entsteht. Es ist durch ein sehr breites Spektrum kognitiver, emotional-affektiver und psychosozialer Beeinträchtigungen (u. a. Störungen der Affektregulation, der Selbstwahrnehmung, der Sexualität und Beziehungsgestaltung) [226] gekennzeichnet. Da die aktuellen Klassifikationssysteme nicht zwischen singulärer und mehrfacher Traumatisierung unterscheiden, ist die diagnostische Zuordnung einer KPTBS nur unzureichend möglich. Es werden in der Literatur bezüglich der KPTBS verschiedene Krankheitskonzeptionen unterschieden, so z. B.
- die andauernde Persönlichkeitsveränderung nach Extrembelastung (ICD-10: F62.0),
- die Typ II-Traumatisierung oder
- die Borderline-Persönlichkeitsstörung „plus" PTBS,

Die Diagnose komplexe PTBS wird in der nächsten Fassung der WHO-Diagnoseklassifikation (ICD-11) stark vereinfacht neu definiert und bekommt erstmals einen festen Platz als Traumafolgestörung und damit eine Anerkennung als wichtige diagnostische Entität [199].

Persönlichkeitsveränderung nach Extrembelastung (ICD-10: F62.0)

Die Diagnose der Persönlichkeitsveränderung nach Extrembelastung ist zeitlich vor der Konzeptualisierung der PTBS entstanden und sollte eine chronische Verlaufsform der PTBS beschreiben mit im Mittelpunkt stehender Veränderung von Persönlichkeitsstrukturmerkmalen, die sich in feindlicher Haltung, Misstrauen, sozialem Rückzug, dem andauernden Gefühl von Leere und Bedrohung äußern. Das Konstrukt hatte die Persönlichkeitsveränderungen der Holocaust-Überlebenden des 2. Weltkrieges im Blick, ist in Hinblick auf seine Validität und klinische Bedeutung heute umstritten und wird in der Praxis kaum verwendet. Die „andauernde Persönlichkeitsveränderung nach Extrembelastung" wird in die nächste Fassung der WHO-Diagnoseklassifikation (ICD-11) nicht mehr aufgenommen werden.

Anpassungsstörung (ICD-10: F43.2)

Die Anpassungsstörung kann als Anpassungsreaktion auf ein (auch positives) psychosoziales Ereignis aufgefasst werden, welches potenziell psychisch integrierbar scheint und das bisherige Weltverständnis nicht grundlegend erschüttert [229]. Die psychische Reaktion auf diese sogenannten „live-events" wie z. B. Krankheit, Verlust von nahestehenden Menschen, Heirat oder Geburt ist vornehmlich durch depressive und ängstliche Symptome gekennzeichnet, ohne dass das Vollbild einer depressiven Störung oder Angsterkrankung besteht. Entsprechend sind Anpassungsstörungen sehr häufig (Prävalenz im Krankenhaus 36,1 %; [194]) und können bis zu 2 Jahre andauern.

4.1.3 Trauma-Ereignisse und Belastungen im Kontext von Flucht und Vertreibung

Nicht nur die traumatischen Erlebnisse der geflohenen Menschen im Herkunftsland, die im Zusammenspiel mit anderen persönlichen, sozialen, politischen, religiösen oder ökonomischen Faktoren Anlass zur Flucht gaben, sondern auch Ereignisse und Belastungen während und im Anschluss an die Flucht können zur Traumatisierung führen oder diese begünstigen. Entsprechend dieser Beobachtung lassen sich Prä-, Peri- und Post-Migrationstraumata oder -stressoren unterscheiden. Im Folgenden sollen Trauma-Ereignisse skizziert werden, die von geflüchteten Menschen häufig berichtet werden.

Krieg und Kriegshandlungen. Dem Definitionsversuch der Arbeitsgemeinschaft für Kriegsursachenforschung folgend [190], kann Krieg als „organisierter, gewaltsamer Massenkonflikt verstanden werden, an dem 2 oder mehrere, zentral gelenkte Streitkräfte beteiligt sind und dem eine planmäßige Kontinuierlichkeit von bewaffneten Operationen zugrunde liegt". Für die Zivilbevölkerung umfassen diese den möglichen Beschuss, Bombardements, Gefangennahme, Folter, Vergewaltigung, Belagerung mit hieraus resultierender Obdachlosigkeit, Hunger und Durst, Konfrontation mit Leid und Tod sowie Angst um die eigene Existenz und die von Angehörigen. Für die Soldaten oder Kämpfer kommt es bei den „Operationen" nicht nur zur Aufhebung des Tötungstabus, sondern in der Forderung an den Kämpfer, andere Menschen gezielt zu töten, sogar zur Umkehrung desselben. Die Kriegstraumatisierung von aktiv an Kampfhandlungen beteiligten Menschen ist jedoch meist an den Verlust von Kameraden geknüpft, da durch die gemeinsam erlebte Bedrohung enge Bindungen entstehen, die „nur mit den frühsten und tiefsten familiären Verbindungen zu vergleichen sind" [230]. Die Traumatisierungssyndrome der gezeichneten Soldaten erlangten z. B. als „Kriegzitterer-Krankheit", *„shell shock-disease"* (1. Weltkrieg; [229]) oder als „Post-Vietnam-Syndrom" (PVS; Vietnamkrieg) Bekanntheit [195].

Terror und Terrorismus. Im Zentrum von Terror und Terrorismus steht das Ziel, in systematischer Art und Weise Angst und Schrecken zu verbreiten. Während Terror eine staatliche Schreckensherrschaft gegenüber Minderheiten, Oppositionellen oder den eigenen Bürgern beschreibt („Terror von oben"), zielt Terrorismus auf die Machthabenden selbst ab („Terror von unten"). Terrorismus kann als „spezifische Form der Gewaltanwendung, die vor allem auf die indirekten Folgen der Gewaltanwendung, besonders auf die psychischen Effekte, abzielt", verstanden werden [213], [214]. Dabei spielen Aspekte der Unkontrollierbarkeit, Unvorhersehbarkeit und Infragestellung der Alltagsnormalität und der gesellschaftlichen Wertesysteme, nicht zuletzt auch der Zerstörung der Wirtschaftlichkeit einer Region eine bedeutende Rolle. Geiselnahmen und Selbstmordattentate werden als Formen des Terrorismus verstanden. Darüber hinaus bedienen sich sowohl staatlich verantworteter Terror als auch Terrorismus weiterer Repressionsinstrumente: (Massen-)Hinrichtungen, Entführungen, Gefangennahmen, Folterungen oder Massaker (s. Fallbeispiel 1).

Fallbeispiel 1: Herr K.

Herr K. ist ein 30-jähriger Patient aus Nigeria, der sich in der Psychosozialen Ambulanz eines Registrierungszentrums in Baden-Württemberg, Deutschland, mit einer posttraumatischen Belastungsstörung, einer schweren depressiven Episode und Zephalgien vorstellt. Der Patient ist gebildet und sehr differenziert. Er hat seine gesamte Familie – Eltern, Frau und Kinder – bei einem Massaker durch eine Boko-Haram-Einheit in einer christlichen Kirche, als die gesamte Gemeinde versammelt war, in seiner Anwesenheit verloren. Er hat wie durch ein Wunder überlebt. Anschließende Flucht über Libyen, dann über das Mittelmeer nach Italien. Der Patient ist nach wie vor schwer depressiv und hat eine ausgeprägte manifeste PTBS. Der Schlaf habe sich unter Medikation verbessert. Der Patient profitiert sehr davon, aktiv zu sein, so übernimmt er z. B. Putztätigkeiten. Er wartet darauf, dass er in die kommunale Unterbringung verlegt wird, wo er selbst kochen und einen Deutschkurs besuchen kann.

Bombardierung. Die Geschichte der Bombardierungen ist eng mit dem ersten Weltkrieg verknüpft und ermöglichte durch die technischen Errungenschaften und der damit realisierten räumlichen, sozialen und psychologischen Distanzierung zwischen Angreifern und Angegriffenen eine „maximale Schädigung des Gegners bei möglichst geringem militärischen Aufwand". Im Golfkrieg hingegen wurde versucht, durch gezielte Luftschläge mit computergestützten Waffensystemen der „räumlich entgrenzten Gewalt" der Flächenbombardements ein Bild der „effizienten, punktgenauen und chirurgisch sauberen Form der Kriegsführung" entgegenzusetzen [231], welches heute im Extrem des Drohnenkrieges gipfelt [184]. Es wird angenommen, dass in Syrien aktuell auch Fassbomben – mit Metall, Benzin und Sprengstoff gefüllte Kanister – als „kollektive Bestrafung" zum Einsatz kommen, denen seit 2012 laut Amnesty International über 11 000 Menschen zum Opfer gefallen sein sollen [176]. Opfer von Bombardierung zu werden, umfasst materielle (z. B. Zerstörung von Hab und Gut), körperliche (z. B. Verschüttung, Verbrennung) und psychische (z. B. Traumafolgestörungen) Dimensionen (s. Fallbeispiel 2).

Fallbeispiel 2: Frau S.

Frau S., 28-jährige, kurdische Patientin, im 7. Monat schwanger, die sich in der Psychosozialen Ambulanz eines Registrierungszentrums in Baden-Württemberg, Deutschland, mit einem Vollbild einer posttraumatischen Belastungsstörung mit dissoziativen Anteilen und einer schweren depressiven Episode vorstellt. Im Kontakt wirkt die Patientin abwesend versteinert und affektflach, dissoziiert wiederholt leicht weg. Der Ehemann muss über weite Strecken des Gesprächs die Kommunikation hilfs-ich-artig übernehmen. Die Sprachmittlung erfolgt telefonisch mithilfe eines in Deutschland lebenden Neffen. Die Patientin berichtet über das Bombardement ihres Dorfes durch die türkische Armee und die vollkommene Zerstörung des eigenen Hauses. Intrusive Erinnerungen und Flashbacks bezüglich der Ruinen und der getöteten Nachbarn. Flucht vor 4 Wochen. Schwerste Schlafstörungen und Albträume, aus denen sie voll Schrecken erwache. Die Patientin, aber auch der Partner ist überzeugt, dass es dem ungeborenen Kind nicht gut geht, obwohl der gynäkologische Befund aktuell keinerlei Anhalt für diese Befürchtung bietet. Stationär vor 3 Wochen erfolgte Tokolyse bei frühzeitigen Wehen und Zervixinsuffizienz.

Folter. Folter kann als „intendierte Traumatisierung" verstanden werden, also als zielgerichtete Herbeiführung derselben. Man spricht von Folter, wenn schwere Schmerzen oder schweres Leid zugefügt werden, die durch eine hohe Intensität, eine Intentionalität und die Beteiligung oder die Duldung durch staatliche Organe charakterisiert sind. Bei der Folter steht eine „Dekultivierung" im Mittelpunkt, die die als selbstverständlich angenommene Gegenseitigkeit und Solidarität in sozialen Beziehungen zerstört. Die Entstellung von Folteropfern, wie sie auch im Rahmen der Misshandlung von Gefangenen durch U.S.-amerikanische Soldaten im irakischen Abu-Ghuraib-Gefängnis im Jahr 2004 weltbekannt wurden, dient der „Entmenschlichung" und damit der Verminderung der „Gefahr" von Mitgefühl mit dem Opfer. Auch die Folterung durch mehrere Personen und die dabei stattfindende „intersubjektive Verständigung über die soziale Wertlosigkeit des Anderen" dient diesem Zweck [196]. Die Dauer der Folter, deren Unerträglichkeit, die Massivität intendierter Beschämung, Schuldvermittlung und Angstüberflutung sowie Aspekte vorbestehender Ressourcen und das nach der Folter erlangte Sicherheitsgefühl sind mitentscheidend für die Frage, ob es zu einem weitgehend normalen Weiterleben kommen kann [204] (s. Fallbeispiel 3).

Fallbeispiel 3: Herr A.

Herr A. ist ein 33-jähriger, irakischer Sunnit, der sich in der Psychosozialen Ambulanz eines Registrierungszentrums in Baden-Württemberg, Deutschland mit schwerer PTBS, schwerer depressiver Episode und anhaltender somatoformer Schmerzstörung vorstellt. Der Patient berichtet, dass er sich als sehr „erdrückt" erlebt, zudem körperliche Beschwerden im Sinne von Druck auf der Brust und im Kopf. Vor 4 Jahren Entführung, vermutlich da er Autohändler war und dementsprechend Lösegeld zahlen konnte. Er wurde 12 Tage gefoltert, dabei wurden ihm seine Zähne gezogen und einzelne Zehen abgeschnitten. Die Eltern sind der Zahlungsforderung von 60 000 US-$ nachgekommen. Nach der Freilassung habe der Patient Anzeige erstattet, wonach der Neffe entführt wurde, damit er die Anzeige fallen lasse. Nach der Freilassung des Neffen sprach der Entführer weitere Drohungen gegenüber dem Patienten aus. Schwere Intrusionen, Flashbacks, erlebt sich immer wieder in der Ortschaft, wo er entführt wurde. Wenig Schlaf, viele Albträume. Fühlt sich im Registrierungszentrum eingeschlossen. Stimmung traurig, sehr depressiv. Der Patient empfindet sich aufgrund einer Hypopigmentierung (Albinismus) minderwertig und werde auch in der Erstaufnahme-Einrichtung aufgrund des Aussehens vor allem von afrikanischen Mitbewohnern schlecht behandelt.

Vergewaltigung. Vergewaltigung als schwerste Form der sexuellen Gewalt bezeichnet die „Penetration von Vulva, Vagina, Anus oder Mund, zu der eine oder mehrere Täter eine Person gegen ihren Willen ohne ihr Einverständnis zwingen" [212]. In der Vergewaltigung wird die Integrität des Körpers verletzt und gezielt entwürdigt, indem nicht einmal mehr das Körperinnere das eigene ist, sondern „die Intimität der Innerlichkeit aufgebrochen und geraubt wird" [229]. Der enteignete Körper kann – wenn überhaupt – nur allmählich wieder zum eigenen gemacht werden, da mit der Vergewaltigung das Verhältnis zum eigenen Körper, zur Sexualität, zur Zeugungs- und Fortpflanzungsfähigkeit, zur eigenen Positionierung in der Welt existenziell in Mitleidenschaft gezogen wird [212], [229]. Unmittelbar nach der Tat ist das Bild vorrangig von dissoziativen Elementen geprägt. Im Kontext von Kriegen richtet sich die Vergewaltigung fast immer auch gegen den kollektiven Zusammenhang, dem das Opfer angehört, und soll die gegnerische Seite an der Empfindsamkeit der Reproduktion treffen [212] (s. Fallbeispiel 4). Aufgrund der Höherstellung des Mannes im Koran („Die Männer stehen über den Frauen, weil Gott sie vor diesen ausgezeichnet hat", Sure 4, 34), tragen vergewaltigte Frauen im Rahmen der islamischen Rechtsprechung – der Sharia – z.B. im Iran, Pakistan oder Sudan – häufig eine Mitschuld an der Vergewaltigung.

Fallbeispiel 4: Frau M.

Frau M., 21-jährige, aus Serbien stammende Patientin, die sich in der Psychosozialen Ambulanz eines Registrierungszentrums in Baden-Württemberg, Deutschland mit einer posttraumatischen Belastungsstörung, schweren depressiven Episode und einem seit 5 Monaten bestehenden Benzodiazepinabusus vorstellt. Sehr verzweifelte, weinende, zeitgleich stark und tapfer wirkende Patientin. Die Sprachmittlung erfolgt mit Unterstützung eines serbisch sprechenden Angestellten des Sicherheitspersonals. Die Patientin habe 4 Kinder, habe keine Ausbildung, lebe in Serbien auf einem Müllberg und bestreite den Lebensunterhalt der Familie durch das Sammeln von Wertstoffen. Häusliche Gewalt durch den Ehemann, Drohungen von dessen Familie, so dass sie sich von ihm trennen wolle. Der leibliche Vater sei alkoholkrank gewesen, die Mutter früh verstorben. Häufige Festnahmen durch die Polizei mit anschließender wiederholter Vergewaltigung durch Staatsangestellte. Hierauf bezögen sich Intrusionen und Angsterleben. Menschen in Uniform fürchte und meide sie. Nächtliches lautes Schreien.

Flucht. Belastende und leidvolle Erfahrungen auf der Flucht sind so vielfältig wie die Fluchtrouten selbst. Die Ankömmlinge berichten von Hunger, Durst, Hitze, Kälte, tagelangen Fußmärschen, körperlicher Gewalt, Gefangenschaft, Folter, Mord, Raub, Erpressung, Krankheit und Tod von Mitreisenden, Vergewaltigungen, Geiselnahmen. Im Mittelpunkt der Flucht-Erfahrungsberichte steht häufig die Überquerung des Mittelmeers, eine Fluchtroute, die immer mehr Menschen wählen. 2015 wurden 3770 Menschen als vermisst registriert, die Dunkelziffer liegt vermutlich weitaus höher [228]. Die Überlebenden berichten davon, auf den seeuntauglichen Booten sich selbst überlassen worden zu sein, von der Angst, aufgegriffen oder gekapert zu werden, zu kentern, zu ertrinken, vom Tod anderer Bootsinsassen, Familienangehöriger und (eigener) Kinder [180] (s. Fallbeispiel 1 in Kap. 7.1).

Post-Migrations-Stress. Als Post-Migrations-Stress können psychische Belastungen, Heraus- und Überforderungssituationen verstanden werden, die sich der Flucht im engeren Sinne anschließen. Insbesondere ist die Zeit bis zur Entscheidung über den Asylantrag eine Phase anhaltender potenzieller Bedrohung und Verfolgung, da während dieser weiterhin unklar bleibt, ob durch die mögliche Rück-Überführung in das Herkunftsland nicht weiterhin psychische und körperliche Gefahren drohen [222]. Die Anerkennung als Flüchtling mit bleibendem Aufenthaltsrecht ist eine grundlegende Bedingung für eine erfolgreiche psychische Stabilisierung und für den Rückgang der (bestehenden) posttraumatischen und komorbiden Symptomatik [215]. Die Darlegung der persönlichen traumatisierenden Erlebnisse im Rahmen des Asylanerkennungsverfahrens ist zudem eine potenzielle Quelle der Aktualisierung von Trauma-Erinnerungen mit der möglichen Folge einer Exazerbation von Traumafolgesymptomen [185].

Auch die Unterbringung in Gemeinschaftsunterkünften mit vielen Erinnerungsreizen für traumatisierte Menschen, erlebten Streitigkeiten sowie beobachteten Rück-Überführungen wirkt sich ungünstig auf die psychische Befindlichkeit aus [221]. Belastungen durch Unterschiede in Sprache, Kultur, Religion oder ethnischer Identität, Verlust des kulturellen Bezugsrahmens, soziale und familiäre Rollenveränderungen, Verlust der beruflichen Identität und Erwerbslosigkeit stellen zudem als „Akkulturationsstress" einen spezifischen Risiko- und aufrechterhaltenden Faktor für posttraumatische Symptome und komorbide psychische Erkrankungen dar [183].

Dies macht verständlich, warum es häufig erst nach der Ankunft im Aufnahmeland zu einer psychischen Dekompensation kommt: Die psychosozialen Belastungen und Ausgrenzungserfahrungen stellen einen zusätzlichen, massiven Stressor dar, während die persönliche Funktionsfähigkeit zuvor häufig durch ein stabilisierendes Umfeld aufrechterhalten wurde [219].

4.1.4 Prädiktoren von Traumafolgestörung und Resilienzfaktoren

Prädiktoren

Es lassen sich traumaereignisbezogene Prädiktoren von subjektbezogenen Prädiktoren unterscheiden. Bezüglich der ereignisbezogenen Pathogenität des Traumas spielen die Anzahl der (wiederholten) traumatisierenden Ereignisse, deren Intensität, die Länge des Zeitraums, über welchen sich das (einmalig oder wiederholt) Erlittene erstreckt, das Ausmaß der physischen Verletzung sowie die Art des Trauma-Ereignisses selbst eine Rolle [188]. So ziehen z. B. Naturkatastrophen eine relativ geringe Prävalenz an PTBS nach sich, während von Menschen aktiv herbeigeführte Trauma-Ereignisse (sogenanntes „man-made disaster") eine sehr hohe Pathogenität aufweisen (s. Kap. 4.1.1, ▶ Tab. 4.2).

Bei den subjektbezogen Faktoren prädizieren weibliches Geschlecht sowie ein kindliches oder jugendliches Alter, aber auch hohes Alter die Manifestation einer PTBS. Individuelle Bedingungen, die das Auftreten einer PTBS begünstigen, sind die Unerwartetheit des traumatischen Ereignissen, erlebter Kontrollverlust, peritraumatische Dissoziation, psychische Vorerkrankungen und vorhergehende Traumatisierungen, ausbleibende Hilfe, fehlende soziale und familiäre Unterstützung, niedriger sozioökonomischer Status und resultierende Schuldgefühlen [188]. Viele Studien weisen auch darauf hin, dass eine nach dem Trauma-Ereignis diagnostizierbare akute Belastungsreaktion prädiktiv eine sich nachfolgend entwickelnde PTBS vorhersagt [229].

Schutzfaktoren

Resilienzfaktoren, Kohärenzaspekte und Coping-Kompetenzen sowie persönliche Ressourcen können dazu beitragen, die Ausprägung von Traumafolgestörungen nach einem stark belastenden Erlebnis zu minimieren oder dessen Bewältigung und Verarbeitung zu erleichtern. Insbesondere die Selbstwirksamkeitserwartung scheint eine überragende Rolle bei diesen Prozessen zu spielen [36]. Resilienz bezeichnet dabei die Widerstandsfähigkeit einer Person und deren Vermögen, sich auch im Rahmen von äußeren und inneren Bedrohungen auszubalancieren und die eigene Funktionsfähigkeit aufrechtzuerhalten [182]. Der Kohärenzbegriff geht auf das Salutogenese-Konzept von Antonovsky [177] zurück und beschäftigt sich mit Fragen der Vorhersagbarkeit, Handhabbarkeit und Sinnhaftigkeit widriger Lebensumstände. Coping-Mechanismen [207] stellen Bewältigungsstrategien im Rahmen schwieriger Lebensumstände dar, auf die Betroffene zurückgreifen können (z. B. Eingehen von Kompromissen). Zu diesen Strategien können auch persönliche Ressourcen gehören, also innere Potentiale, Kraftquellen und Kompetenzen, auf die Betroffene zurückgreifen können und die heilungsfördernden Charakter haben (z. B. Humor). Widrige Prä-, Peri-, Post-Migrationsbedingungen können allerdings dazu beitragen, dass umgebungsabhängige Ressourcen, bisherige Verarbeitungsmechanismen oder Coping-Strategien nicht mehr in gleichem Maße wirksam verfügbar und nutzbar sind, und damit auch die Möglichkeit der Be- und Verarbeitung einzelner traumatischer Erfahrungen verringern [219]. Für eine verbesserte Bewältigung von Akkulturationsstress hingegen haben sich neben einer erlebten Selbstwirksamkeit eine vorhandene Erwerbstätigkeit, tragende Partnerschaft, erworbene Sprachkenntnisse und erlebte soziale Unterstützung als wichtig erwiesen [198].

4.1.5 Psychische Komorbidität

Traumafolgestörungen können als isolierte Erkrankungen auftreten, sind jedoch meist mit komorbiden Störungen assoziiert und für deren Entwicklung und Aufrechterhaltung mit verantwortlich. Die häufigsten begleitenden Störungen der PTBS sind depressive Störungen, Angsterkrankungen, somatoforme Beschwerden und Suchtkrankungen [208]. Darüber hinaus spielen dissoziative Phänomene eine relevante Rolle, deren komorbides Auftreten bei der PTBS zeitgleich deren schwerwiegendste Form markiert. Auch Schlafstörungen und insbesondere Suizidalität bedürfen besonderer Beachtung. Es wird diskutiert, ob psychische Störungen, die komorbide zur PTBS auftreten, ursprünglich auf einer gemeinsamen Vulnerabilität fußen und der Komorbiditätsbegriff hier sogar irreführend ist [229]. Diese Vulnerabilität könnte sich unterscheiden, wenn die nachfolgend besprochenen Störungen als eigenständige Erkrankungen auftreten. Angaben zur Prävalenz der Störungen innerhalb unterschiedlicher Gruppen von Geflüchteten finden sich in Kap. 2.

Depressive Störungen sind durch die Leitsymptome Niedergeschlagenheit und Interessensverlust sowie Antriebsstörung gekennzeichnet. Je nach Anzahl dieser Haupt- und Nebenkriterien (z. B. Schlafstörung, pessimistische Sicht auf die Zukunft usw.) unterscheidet man leicht- (ICD-10: F32.0), mittel- (ICD-10: F32.1.) und schwergradige depressive Episoden (ICD-10: F32.2), die bei wiederholt auftretenden Episoden als rezidivierende depressive Störung (ICD-10: F33.0–F33.2) bezeichnet werden. Häufige Themen depressiver Geflüchteter sind Verlust und Trennung von Angehörigen, Kindern und Freunden, Sorgen um Nahestehende, die im Heimatland verblieben sind, und Befürchtungen bezüglich der Zukunftsperspektiven. Vor allem im Rahmen der depressiven Störungen kommt es zur Suizidalität, deren Abklärung besonderer Sorgfalt bedarf [216]. Im Einzelfall ist eine Abgrenzung zur komplizierten (traumatischen) Trauer nötig (die in der ICD-10 nicht verzeichnet ist), bei der die Ablösung und der Trauerprozess um den Verlust einer nahestehenden Person durch Vermeidung der Auseinandersetzung mit Erinnerungen und Traueraffekten umgangen wird.

Die Angststörungen lassen sich unterteilen in
- die Phobischen Störungen (Agoraphobie, soziale Phobie, spezifische Phobie; F40.0 - F40.9) mit Angst vor spezifischen Orten oder Situationen,
- die Panikstörung mit paroxysmaler (anfallsartiger) Angst (F41.0) und
- die generalisierte Angststörung mit „frei flottierender" Angst (F41.1)

Vor allem Panikstörungen sind bei Menschen auf der Flucht sehr häufig und können als primär körperlich präsentierte Angst im Sinne eines Affektäquivalents bei existenzieller Bedrohung und unzureichender positiver Objektrepräsentanz verstanden werden.

Somatisierungsprozesse und dissoziative Phänomene sind auch in nicht-westlichen Kulturen wesentliche Komponente der Symptompräsentation [202]. Somatoforme Störungen sind definiert als Beschwerden, die kein organisches pathophysiologisches Korrelat aufweisen, welches die Beschwerden hinreichend erklären würde [201]. Die somatoformen Beschwerden können sich darstellen als

- schwerwiegende Somatisierungsstörung, bei der über einen Zeitraum von mindestens 2 Jahren mehrere Organsysteme betroffen sind (F45.0),
- undifferenzierte Somatisierungsstörung (F45.1) oder
- somatoforme autonome Funktionsstörung (F45.3) bei Beschwerden in Bezug auf autonom innervierte Organe oder auch als
- anhaltende somatoforme Schmerzstörung (F45.4) mit im Vordergrund stehenden Schmerzen

Somatoforme Störungen können als Ausdruck von „Re-Somatisierungsprozessen" verstanden werden, bei denen „nicht-symbolisierbare", also nicht zu versprachlichende Aspekte der Affektverarbeitung in körperlichen Beschwerden zum Tragen kommen [277].

Dissoziation kann als Begleitsymptom, komorbide Störung oder eigenständiges Krankheitsbild in Erscheinung treten. Dissoziation kann als Schutzmechanismus verstanden werden, der der Abspaltung von Emotionen und Erinnerungsinhalten dient, um das traumatische Erleben durchzustehen und intrapsychisch erträglich zu halten. Dissoziative Störungen im engeren Sinne (ICD-10: F44.0–F44.9) treten dabei als dissoziative Bewusstseinsstörungen, dissoziative Fugue (dissoziatives Weglaufen) und dissoziative Identitätsstörungen in Erscheinung, wobei im selben Kapitel der ICD-10 auch die Störungen aufgeführt werden, die von der Konzeption her den Konversionsstörungen mit ihrem symbolischen Ausdrucksgehalt (dissoziative Bewegungsstörung, dissoziativer Krampfanfall, dissoziative Sensibilitäts- und Empfindungsstörung) zuzurechnen sind.

Schlafstörungen (ICD-10: F51.9) können mit einer Vielzahl von Störungsbildern und Symptomkomplexen in Zusammenhang stehen und für die betroffenen Menschen sehr quälend sein. Sie bieten zeitgleich jedoch auch immer einen therapeutischen Anknüpfungspunkt (s Kap. 4.2.). Es wird diskutiert, ob Suchterkrankungen nicht nur als Komorbidität, sondern auch als eigenständige Traumafolge anzusehen sind mit dem zentralen Ziel, die Hyperarousal-Symptomatik zu dämpfen.

4.1.6 Diagnostik der Traumafolgestörungen

Eine exakte Diagnostik im Bereich der Traumafolgestörungen ist äußerst wichtig, um zu prüfen, ob die geschilderten Symptome überhaupt zu einer Traumafolgestörung gehören, um die Traumafolgestörungen voneinander zu differenzieren und damit einen Zugang zu störungsspezifischen Therapieverfahren zu ermöglich [223].

Anamneseerhebung

Anamneseerhebung: Ziele, Rahmen und Inhalt

Die Erhebung der Krankengeschichte stellt – zusammen mit fremdanamnestischen Angaben, psychometrischer Diagnostik und ggf. somatischen Befunden – die zentrale Säule zur Entwicklung eines Gesamtbehandlungsplans für den Patienten dar. Gerade bei traumatisierten Patient(inn)en ist es von entscheidender Bedeutung, dass der persönliche, aber auch räumliche Rahmen für das Anamnesegespräch ein Gefühl von Sicherheit, Vertrauen und Kontrolle vermittelt. Dabei spielen die Wahl des Untersuchungsraums, der Sitzplatz und der Abstand zum Untersuchten ebenfalls eine entscheidende Rolle [224].

Das Anamnesegespräch im Rahmen der Initialdiagnostik hat das Ziel, alle relevanten Informationen zu folgenden diagnostischen Ebenen zu erheben:

- Symptomschilderung und erweiterte Krankheitsanamnese: Erfassen der aktuellen subjektiven Beschwerden des Patienten und deren Einordnung in sein bio-psycho-sozialen Bedingungsgefüge, s. Box (S.82)
- Psychopathologischer Befund: Erhebung der „objektiven" psychopathologischen Befundkonstellation im Quer- und Längsschnitt durch den Behandler anhand der AMDP-Kriterien, s. Fallbeispiel, s. Box (S.82)
- Interpersonelle Ebene: Beschreibung der interpersonellen Aspekte der Patienten-Behandler-Begegnung als Stellvertretersituation für „reale" Interaktionen der Patientin mit ihrem persönlichen Umfeld z.B. anhand der Operationalisierten Psychodynamischen Diagnostik [217]

Relevante anamnestische Informationen

- Klärung des Zu- und Überweisungskontextes (warum erfolgt die Vorstellung gerade jetzt?)
- aktuelle Motivation des Patienten für die Behandlung (was ist der Behandlungsauftrag, vorhandene Fremdmotivation?)
- Akutsymptomatik, Beginn/Auslöser, Fluktuation und positive und negative Einflüsse auf die Symptomatik, persönliche und soziale Folgen der Beschwerden
- Psychische Komorbidität (Depression, Angst, somatoforme Störungen, dissoziative Störungen, Persönlichkeitsstörungen, Suchterkrankungen) und Suizidalität
- Erhebung von prä-peri- und postmigrations-Stressoren und Traumata
- frühere Krankengeschichte – frühere Krankheitsphasen
- bisherige Therapien: hilfreiche und schwierige Aspekte
- medizinische Untersuchungen und erhobene Befunde
- aktuelle Medikation (Selbstheilungs- und Medikationsversuche?)
- aktuelle und biografische Lebenssituation und -krisen (Beruf/Ausbildung und finanzielle Situation, Herkunftsfamilie, Familie, Partnerschaft, Peer Group/Freundeskreis, Wohnsituation, konfessionelle Zugehörigkeit, Status der ethnischen Gruppe in der Gesellschaft des Herkunftslandes, Rollenerleben, Sinnanbingung)
- Ressourcen auf die der Patient zurückgreifen kann
- subjektive Krankheitstheorie/Krankheitsmodell

In Anlehnung an [210]

Beispielhafter psychopathologischer Befund der Patientin aus Fallbeispiel 2 nach AMDP-Kriterien

[197] 28-jährige, hochgewachsene Frau mit langem braunem Haar und entsprechend der Schwangerschaft deutlichem Bauch. Die Patientin wirkt versteinert, im Gespräch kaum erreichbar, zum Teil übernimmt der Mann hilfs-ich-artig die Kommunikation für die Patientin. Wach, bewusstseinsklar, zu Person, Ort und Zeit und Situation voll orientiert. Die Aufmerksamkeit ist reduziert, Auffassung und Mnestik unauffällig. Die Konzentrationsspanne ist eingeschränkt. Formell-gedanklich eingeschränkt auf die Sorge um das ungeborene Kind. Dominierende Sorge um das Kind im Mutterleib, jedoch keine inhaltliche Denkstörung, keine definierte Angsterkrankung. Kein Anhalt für Ich-Störungen, Halluzinationen. Intrusive Erinnerungen an das Bombardement und Flashbacks. Affekt deutlich niedergestimmt, zum negativen Pol hin verschoben, aufgehobene affektive Modulationsfähigkeit. Antrieb deutlich reduziert. Massive Ein- und Durchschlafstörungen sowie Albträume. Glaubhaft distanziert von aktuer Suizidalität, zeigt die Patientin sich zukunfts- und bewältigungsorientiert.

Vorgehen, Schwierigkeiten und interaktionelle Aspekte bei der Anamneseerhebung

Bei der Exploration von Trauma-Ereignissen und Traumafolgestörungen lässt es sich nicht verhindern, dass die Untersuchungssituation eine Konfrontation mit traumatischen Inhalten mit sich bringt. Um das oben benannte Gefühl von Vertrauen, Sicherheit und Kontrolle dennoch etablieren zu können, ist es wichtig, die Patient(inn)en auf diesen Sachverhalt hinzuweisen und ihnen die explizite Möglichkeit zu eröffnen, das Gespräch jederzeit unterbrechen zu können und unangenehme Aspekte des Gesprächs oder der Situation thematisieren zu dürfen. Ggf. können Stopp-Zeichen vereinbart werden, die dem Patienten ermöglichen, non-verbal ein schwerwiegendes Belastungserleben anzuzeigen und im Gespräch zu pausieren. Zu Beginn der Untersuchung sollte der Patient über das Ziel, die Dauer und den Ablauf der Untersuchung informiert werden [224]. Wichtig ist es auch, auf die therapeutische Schweigepflicht hinzuweisen oder zu erläutern, welchem Dritten – z. B. im Rahmen von Begutachtungsverfahren – Bericht erstattet wird.

Im Kontakt fördert eine empathische, neutrale Haltung die Etablierung einer vertrauensvollen Patient-Therapeuten-Beziehung. Der Kontakt sollte von einem wertschätzenden, stressreduzierenden Interaktionsstil gekennzeichnet sein. Aufgrund interkultureller Besonderheiten kann es bedeutsam sein, früh den Partner oder die Familie mit in das Gespräch einzubeziehen (s. Kap. 4.3 u. Kap. 5.2). Häufig werden von den Patient(inn)en Intrusionen als Symptom von Traumafolgestörungen nicht spontan angegeben, sondern müssen aktiv erfragt werden, da die Betroffenen den Zusammenhang zwischen Traumatisierung und resultierender Erkrankung nicht herstellen oder benennen können. Dies kann z. B. erfolgen, indem man die Patient(inn)en fragt, ob sie mintunter Erinnerungsbruchstücke oder Befürchtungen im Kopf hat, die von schlimmen Ereignissen herrühren. Für die weitere Schilderung kann es sinnvoll sein, mit von Seiten der Patienten selbst formulierten „Überschriften" oder „Schlagzeilen" zu arbeiten (z. B. „Bombardierung des Heimatortes", „Überquerung des Mittelmeeres"), so dass der Patient auf detaillierte Schilderungen verzichten kann, da diese für die diagnostische Einordnung nicht relevant sind. Das Ende der Exploration sollte durch einen Bezug zu positiven Aspekten der Realität gekennzeichnet sein [224], [229].

Hilflosigkeitserleben als zentrales Gefühl von Traumatisierung kann jedoch nicht nur im Patienten, sondern auch in der Untersucher(innen) entstehen und wird immer wieder im therapeutischen Kontext spürbar. So geht es in der Traumatherapie immer wieder um gemeinsam – von Patient und Therapeut – geteilte „existenzielle Grundthemen der Endlichkeit, Erleben von Ausgeschlossenheit und Entfremdung, Bedrohung durch Vernichtung und Tod" [229], von denen nicht nur der Patient, sondern jeder Mensch – auch der Therapeut – jederzeit betroffen sein kann.

Kulturspezifische Aspekte der Anamneseerhebung

Während davon ausgegangen werden muss, dass die basale biologische Reaktion auf Todesangst weitgehend kulturinvariant abläuft [229], kommen bei der Anamneseerhebung sowohl im Rahmen der Symptomschilderung als auch des Affektausdrucks kulturspezifische Aspekte nachhaltig zum Tragen. Diese können sich sowohl auf die sprachliche Verständigung, kulturspezifische Krankheitsvorstellungen, -beschreibungen, die Erzählstruktur oder politische und geschlechtsspezifische Wertehaltungen beziehen, wie sie auch Kap. 4.3 dargestellt werden.

Psychometrische Diagnostik

Mithilfe psychometrischer Messinstrumente (Fragebögen zur Selbstauskunft und Interviews) werden die operationalisierten Diagnosekriterien mit expliziten Vorgaben zu Ein- und Ausschlusskriterien auf Basis der aktuell gültigen Klassifikationssysteme – ICD-10 [189] und DSM-5 [227] – geprüft. Die Symptome können differenziert sowie einheitlich und damit vergleichbar erfasst werden. Dies ist sowohl für die klinische Praxis als auch im wissenschaftlichen Kontext wichtig und kann nur durch allgemein zugängliche valide Messinstrumente erreicht werden. Über die Diagnosestellung, Symptomhäufigkeit und -intensität, Dauer der Symptombelastung sowie die daraus resultierende Beeinträchtigung des Betroffenen hinaus sollten symptomerhaltende Bedingungen, sekundäre Folgen (Funktionsbeeinträchtigung bzw. Beeinträchtigung der Lebensqualität) sowie Ressourcen erhoben werden. Auch die Überprüfung des therapeutischen Prozesses im Verlauf gehört zur Diagnostik und ist wichtig für die weitere Planung bzw. Anpassung individueller therapeutischer Interventionen [232]. Gängige psychometrische Testverfahren im Kontext von Traumafolgestörungen sind im Anhang aufgeführt (Kap. 8.1).

Insbesondere im Rahmen von Asylverfahren ist die Stützung der Aussagen der Betroffenen durch Fragebogendaten und standardisierte Interviewdiagnostik hilfreich und wird von den Gerichten angefordert. Daher hat die psychometrische Diagnostik bei Geflüchteten einen ganz besonderen Stellenwert, ist jedoch auch mit besonderen Schwierigkeiten besetzt. Es gibt immer wieder Geflüchtete mit geringer Schulbildung: Analphabeten können Fragebögen nicht selbstständig ausfüllen und Menschen mit geringen Lese- und Schreibkenntnissen bearbeiten diese häufig unter großem Stress. Beides kann die Qualität der Erhebung einschränken [218].

Fast alle gängigen klinischen Tests wurden in westlichen Ländern entwickelt und auch dort validiert [191]. Viele Verhaltensweisen, die in unserer westlichen Kultur als pathologisch gelten können, sind in anderen Kulturkreisen ganz normal, z. B. Zurückhaltung und Schüchternheit im Kontakt mit dem anderen Geschlecht. Darüber hinaus gibt es Verhaltensweisen und Emotionen, die sich im Kontext von Flucht und Migration entwickelt und keine pathologischen Züge haben, z. B. ist das Gefühl, beobachtet zu werden, für dunkelhäutige Geflüchtete in Europa alltäglich und hat keine paranoiden Züge. Dies führt zu einer Überschätzung der Symptome [191].

Mittlerweile gibt es viele Testverfahren in der jeweiligen Landessprache der Geflüchteten, diese sind jedoch häufig nicht hinreichend an den tatsächlichen Sprachgebrauch des jeweiligen Landes angepasst [54]. Außerdem stellt die Übersetzung grundlegender konzeptueller Begriffe eine Herausforderung dar. So bedeutet z. B. die wörtliche Übersetzung des Begriffs „Selbstständigkeit" in vielen Sprachen, u. a. Türkisch und Persisch, „Unabhängigkeit/Freiheit". Für die Diagnostik ist es wichtig, diesen Begriff *sinngemäß* zu übersetzen [174]. Aus diesen Gründen kann es in der Arbeit mit Geflüchteten auch bei der psychometrischen Diagnostik hilfreich sein, mit ausgebildeten Dolmetschern und Sprachmittlern zu arbeiten. Diese können sprachliche und kulturelle Missverständnisse erklären, z. B. gibt es in der albanischen Sprache für verschiedene Emotionen (Wut, Zorn, depressive Stimmung) nur den einzigen Begriff: „nervous". Diagnostiker sollten sich der kulturellen Unterschiede bewusst sein und diese wertfrei beschreiben [218].

Fazit

Traumatische Erfahrungen – durch Krieg, Verfolgung, Folter und Flucht – können zu einem großen Spektrum an psychischen und psychosomatischen Beschwerden führen. Im Grunde kann jede psychische und auch psychiatrische Erkrankung durch traumatische Bedingungen im Auftreten begünstigt oder ausgelöst werden. Neben der Posttraumatischen Belastungsstörung lassen sich weitere distinkte Traumafolgestörungen unterscheiden. Bei Menschen auf der Flucht kommen als spezifische Belastungen eine Vielzahl von traumatisierenden Ereignissen in Betracht, wie z. B. Krieg, Folter, Vergewaltigung, aber auch die Flucht selbst und insbesondere Zeit während des Asylverfahrens als zentraler Post-Migrations-Stressor spielen eine entscheidende Rolle. Im Rahmen der Anamneseerhebung sind der Sicherheit gebende Rahmen des Gesprächs sowie ein der Person und individuellen Situation angemessenes exploratives Vorgehen unter Einbezug interkultureller Aspekten bedeutsam. Diagnostisch sollte auf vorbestehende Vulnerabilitäten, Schutzfaktoren und komorbide psychische Störungen geachtet werden. Die psychometrische Diagnostik kann ergänzend hilfreich sein, stellt Patient(inn)en und Untersucher(innen) jedoch u. a. aufgrund der Sprachbarrieren vor besondere Herausforderungen.

4.1.7 Literatur

[174] Abdallah-Steinkopff B, Soyer J. Traumatisierte Flüchtlinge. Kultursensible Psychotherapie im politischen Spannungsfeld. In: Feldmann Jr RE, Seidler GH, Hrsg. Traum(a) Migration. Gießen: Psychosozial; 2013

[175] Alsaba K, Kapilashrami A. Understanding women's experience of violence and the political economy of gender in conflict: the case of Syria. Reprod Health Matters 2016

[176] Amnesty International. Syrien. Kriegsverbrechen an der Zivilbevölkerung (05.05.2015). Im Internet: https://www.amnesty.de/2015/5/4/syrien-kriegsverbrechen-der-zivilbevoelkerung; Stand: 30.11.2016

[177] Antonovsky A. Salutogenese. Zur Entmystifizierung der Gesundheit. Tübingen: dgvt; 1997: 119

[178] American Psychiatric Association (APA). Diagnostic and statistical manual of mental disorders (DSM-5®) Washington: American Psychiatric Pub; 2013

[179] American Psychiatric Association (APA). DSM-IV. APATFo. Diagnostic and statistical manual of mental disorders: DSM-IV. Washington: Amer Psychiatric Pub Inc; 1994

[180] Bauer W. Über das Meer. Mit Syrern auf der Flucht nach Europa. Eine Reportage. Berlin: edition suhrkamp; 2014

[181] Becker-Nehring K, Witschen I, Bengel J. Schutz- und Risikofaktoren für Traumafolgestörungen. Z Klin Psychol Psychother 2012; 148–165, DOI: 10.1026/1616–3443/a000150

[182] Berndt C. Resilienz: Das Geheimnis der psychischen Widerstandskraft. Was uns stark macht gegen Stress, Depressionen und Burnout. München: dtv; 2013

[183] Berry JW. Acculturative stress. In: Handbook of multicultural perspectives on stress and coping. New York: Springer; 2006: 287–298

[184] Biermann K. Die zynischen Regeln des Drohnenkrieges. Zivile Opfer? Die gibt es bei Drohnen offiziell nicht. Mit surrealen Begriffen verschleiern die USA ihren weltweiten Krieg mit ferngesteuerten Waffen (16.10.2015). Im Internet: http://www.zeit.de/politik/ausland/2015–10/usa-drohnen-drohnenkrieg-rechtfertigung; Stand: 30.11.2016

[185] Böttche M, Heeke C, Knaevelsrud C. Sequential traumatization, trauma-related disorders and psychotherapeutic approaches in war-traumatized adult refugees and asylum seekers in Germany. Bundesgesundheitsbl 2016; 59(5): 621–626

[186] Brandmaier M. „Ich hatte hier nie festen Boden unter den Füßen ". Traumatisierte Flüchtlinge im Exil. In: Feldmann Jr RE, Seidler GH, Hrsg. Traum(a) Migration. Aktuelle Konzepte zur Therapie traumatisierter Flüchtlinge und Folteropfer. Gießen: Psychosozial; 2013: 15–33

[187] Breslau N, Kessler RC, Chilcoat HD et al. Trauma and posttraumatic stress disorder in the community: the 1996 Detroit area survey of trauma. Arch General Psychiatry 1998; 55(7): 626–632

[188] Brewin CR, Andrews B, Valentine JD. Meta-analysis of risk factors for posttraumatic stress disorder in trauma-exposed adults. J Consult Clin Psychol 2000; 68(5): 748

[189] Dilling H, Mombour W, Schmidt MH, Hrsg. Weltgesundheitsorganisation: Internationale Klassifikation psychischer Störungen: ICD-10, Kapitel V (F), Klinisch-diagnostische Leitlinien. Bern: Huber; 1991

[190] Ebert A. Kriegsdefinition (2013). Im Internet: https://www.wiso.uni-hamburg.de/fachbereich-sowi/professuren/jakobeit/forschung/akuf/kriegsdefinition.html; Stand: 25.07.2017

[191] Ebner G. Psychiatrische Begutachtung von Migrantinnen und Migranten. In: Hegemann T, Salman R, Hrsg. Handbuch Transkulturelle Psychiatrie. Bonn: Psychiatrie; 2010: 216–241

[192] Fischer G, Riedesser P. Lehrbuch der Psychotraumatologie. Stuttgart: Ernst Reinhardt; 2009

[193] Flatten G, Gast U, Hofmann A et al. S3–LEITLINIE Posttraumatische Belastungsstörung ICD-10: F43. 1. Trauma und Gewalt 2011; 5(3): 202–210

[194] Friederich H-C, Hartmann M, Bergmann G et al. Psychische Komorbidität bei internistischen Krankenhauspatienten. Psychotherapie Psychosomatik Medizinische Psychologie (PPMP) 2002; 52(07): 323–328

[195] Friedman MJ. Post-Vietnam syndrome: Recognition and management. Psychosomatics 1981; 22(11): 931–942

[196] Görling R. Folter. In: Gudehus C, Christ M, Hrsg. Gewalt. Ein interdisziplinäres Handbuch. Stuttgart, Weimar: J.B. Metzler; 2013: 122–127

[197] Guy W, Ban TA. The AMDP-System: Manual for the assessment and documentation of psychopathology. Berlin, Heidelberg: Springer; 1982

[198] Hausotter W, Schouler-Ocak M. Begutachtung von Menschen mit Migrationshintergrund und Arbeitnehmern nichtdeutscher Herkunft unter medizinischen und psychologischen Aspekten. Müchen: Elsevier, Urban&Fischer; 2007

[199] Hecker T, Maercker A. Komplexe posttraumatische Belastungsstörung nach ICD-11. Psychotherapeut 2015; 60(6): 547–562

[200] Herman JL. Complex PTSD: A syndrome in survivors of prolonged and repeated trauma. Journal of traumatic stress 1992; 5(3): 377–391, DOI: 10.1002/jts.2490050305

[201] Hoffmann S. Somatisierungsstörung und somatoforme Störungen. Herkunft der Konzepte und ihre Abbildung in den neuen diagnostischen Glossaren. Somatoforme Störungen: Theoretisches Verständnis und therapeutische Praxis. Stuttgart: Schattauer 1998: 3–12

[202] Hough RL, Canino GJ, Abueg FR et al. PTSD and related stress disorders among Hispanics. In: Marsella AJ, Friedman MJ, Gerrity ET et al. Ethnocultural Aspects of Posttraumatic Stress Disorder: Issues, Research, and Clinical Applications. Washington: Amer Psychiatric Pub Inc; 1996

[203] Huber M. Trauma und die Folgen: Trauma und Traumabehandlung. Paderborn: Junfermann; 2012

[204] Keilson H. Sequentielle Traumatisierung bei Kindern, 1979, Stuttgart: Gießen.

[205] Kessler RC, Sonnega A, Bromet E, et al. Posttraumatic stress disorder in the National Comorbidity Survey. Archives of general psychiatry 1995; 52(12): 1048–1060

[206] Kizilhan J. Psychotherapeutisches Arbeiten in institutionellen Settings. In: Hegemann T, Salman R, Hrsg. Handbuch Transkulturelle Psychiatrie. Bonn: Psychiatrie; 2010: 169–184

[207] Lazarus RS, Folkman S. Stress, appraisal, and coping. New York: Springer; 1984

[208] Maercker A. Symptomatik, Klassifikation und Epidemiologie. In: Posttraumatische Belastungsstörungen. Heidelberg: Springer; 2013: 13–34

[209] McFarlane AC, Yehuda R. Clinical treatment of posttraumatic stress disorder: conceptual challenges raised by recent research. Aust N Z J Psychiatry 2000; 34(6): 940–953

[210] Menne B, Ebbinghaus R. Befund und Diagnosestellung. In: Sack M, Sachsse U, Schellong J, Hrsg. Komplexe Traumafolgestörungen: Diagnostik und Behandlung von Folgen schwerer Gewalt und Vernachlässigung. Stuttgart: Schattauer; 2013

[211] Mentzos S. Lehrbuch der Psychodynamik: Die Funktion der Dysfunktionalität psychischer Störungen. Göttingen: Vandenhoeck & Ruprecht; 2015

[212] Mühlhäuser R. Vergewaltigung. In: Gudehus C, Christ M, Hrsg. Gewalt. Ein interdisziplinäres Handbuch. Stuttgart, Weimar: J.B. Metzler; 2013: 164–169

[213] Münkler H. Die Strategie des Terrorismus und die Abwehrmöglichkeiten des demokratischen Rechtsstaats (Akademievorlesung am 1. Juni 2006). Im Internet: https://edoc.bbaw.de/files/55/II_01_Muenkler.pdf; Stand: 30.11.2016

[214] Münkler H. Was bedeutet Krieg in unserer Zeit? (2015). Interview: Kößler, T. Im Internet: http://www.deutschlandfunk.de/kriegssplitter-von-herfriedmuenkler-was-bedeutet-krieg-in.1310.de.html?dram:article_id=334482; Stand: 11.07.2016

[215] Nickerson A, Steel Z, Bryant R et al. Change in visa status amongst Mandaean refugees: relationship to psychological symptoms and living difficulties. Psychiatry res 2011; 187 (1): 267–274

[216] Nikendei C, Herzog W. Spezielle Psychosomatik. Der suizidale Patient. In: Bob A, Bob K, Hrsg. Duale Reihe Innere Medizin. 3., überarb. Aufl. Stuttgart: Thieme;1430

[217] OPD-Arbeitskreis, Hrsg. OPD-2. Operationalisierte Psychodynamische Diagnostik: Das Manual für Diagnostik und Therapieplanung. 3., überarb. Aufl. Bern: Huber; 2014

[218] Özkan I, Belz M. Kultursensibles Vorgehen in der Diagnostik. In: Sack M, Sachsse U, Schellong J, Hrsg. Komplexe Traumafolgestörungen. Diagnostik und Behandlung von Folgen schwerer Gewalt und Vernachlässigung. Stuttgart: Schattauer; 2013

[219] Özkan I, Belz M. Ressourcenorientierte traumazentrierte Behandlung von Migranten. Traum (a) Migration. Aktuelle Konzepte zur Therapie traumatisierter Flüchtlinge und Folteropfer. Gießen: Psychiatrie; 2013: 193–220

[220] Perkonigg A, Kessler RC, Storz S et al. Traumatic events and post-traumatic stress disorder in the community: prevalence, risk factors and comorbidity. Acta psychiatrica scandinavica 2000; 101(3): 46–59
[221] Porter M, Haslam N. Predisplacement and postdisplacement factors associated with mental health of refugees and internally displaced persons: a meta-analysis. Jama 2005; 294(5): 602–612
[222] Preitler B. Psychotherapie mit schwer traumatisierten tschetschenischen Flüchtlingen in der „Festung Europa". In: Feldmann Jr RE, Seidler GH, Hrsg. Traum(a) Migration. Aktuelle Konzepte zur Therapie traumatisierter Flüchtlinge und Folteropfer. Gießen: Psychosozial; 2013
[223] Sack M. Schonende Traumatherapie: ressourcenorientierte Behandlung von Traumafolgestörungen. Stuttgart: Schattauer; 2010
[224] Sack M, Ebbinghaus R. Grundlagen der Diagnostik. In: Sack M, Sachsse U, Schellong J, Hrsg. Komplexe Traumafolgestörungen: Diagnostik und Behandlung von Folgen schwerer Gewalt und Vernachlässigung. Stuttgart: Schattauer; 2013
[225] Sack M, Sachsse U, Schellong J, Hrsg. Komplexe Traumafolgestörungen: Diagnostik und Behandlung von Folgen schwerer Gewalt und Vernachlässigung. Stuttgart: Schattauer; 2013
[226] Sack M, Schellong J, Sachsse U. Einleitung. In: Sack M, Schellong J, Sachsse U, Hrsg. Komplexe Traumafolgestörungen: Diagnostik und Behandlung von Folgen schwerer Gewalt und Vernachlässigung. Stuttgart: Schattauer; 2013
[227] Saß H, Wittchen HU, Zaudig M et al. Diagnostisches und Statistisches Manual Psychischer Störungen – Textrevision (DSM-IV-TR). Göttingen: Hogrefe; 2003.
[228] Schneider P. Migranten und Flüchtlinge als Herausforderung für Deutschland und Europa. S&F Sicherheit und Frieden 2016; 34(1): 1–19
[229] Seidler GH. Psychotraumatologie: das Lehrbuch. Stuttgart: Kohlhammer; 2012
[230] Shay J. Achill in Vietnam: Kampftrauma und Persönlichkeitsverlust. Hamburg: Hamburger Edition; 1998
[231] Süß D. Bombardierung. In: Gudehus C, Christ M, Hrsg. Gewalt. Ein interdisziplinäres Handbuch. Stuttgart, Weimar: J. B. Metzler; 2013: 116–121
[232] Wirtz G, Overkamp B, Schellong J. Instrumente zur strukturierten Diagnostik. In: Sack M, Sachsse U, Schellong J, Hrsg. Komplexe Traumafolgestörungen. Diagnostik und Behandlung von Folgen schwerer Gewalt und Vernachlässigung. Stuttgart: Schattauer; 2013

4.2 Therapie von Traumafolgestörungen: Gesamtbehandlungsplan, Therapieverfahren und deren Wirksamkeit

Christoph Nikendei, Anja Greinacher, Martin Sack

4.2.1 Therapieziele, Indikationsstellung und Gesamtbehandlungsplan

Zu den grundlegenden Zielen der psychotherapeutischen Behandlung von Menschen mit Traumafolgestörungen gehören die Symptomkontrolle, die psychische und soziale Stabilisierung sowie die Integration des Trauma-Ereignisses in die persönliche Biografie. Im therapeutischen Fokus stehen demnach die Reduktion belastender Symptome sowie die Förderung der Funktionalität im Alltag [299]. Die Entscheidung, ob eine traumaspezifische Therapie bei den betroffenen Geflüchteten durchgeführt werden soll und kann, hängt von einer Vielzahl von Faktoren ab. Die in der S3-Leitlinie „Posttraumatische Belastungsstörung" beschriebenen klinischen Empfehlungen [251] können zwar eine 1. Orientierung in Hinblick auf die Gestaltung eines Gesamtbehandlungsplans bieten, lassen aber manche der für die Behandlung von Geflüchteten relevanten Aspekte, wie z. B. die Belastung durch das asylrechtliche Verfahren, unberücksichtigt.

Die S3-Leitlinie empfiehlt, dass bei der Therapie der Posttraumatischen Belastungsstörung konfrontative Therapie-Elemente mit dem Ziel einer Bearbeitung traumatischer Erinnerungen zum Einsatz kommen, um eine Symptomkontrolle zu erlangen und die Erinnerungen an das auslösende traumatische Ereignis unter geschützten therapeutischen Bedingungen psychisch zu integrieren [251]. Eine adjuvante psychopharmakologische Begleitung zur Symptomkontrolle kann hilfreich sein, stellt bei der PTBS jedoch keine alleinige oder vorrangige Therapieoption dar, da nach übereinstimmender Studienlage die Wirksamkeit der psychotherapeutischen Behandlung weit höher ist [251]. Die Behandlung der Traumafolgestörung endet i. d. R. nicht mit der (konfrontativen) Traumabearbeitung. Vielmehr ist davon auszugehen, dass für die Integration der traumatischen Erlebnisse und der hieraus resultierenden Belastungen in die

eigene Biografie sowie bezüglich der Reintegration in den Alltag weitere therapeutische Arbeit erforderlich sein kann. Als *absolute Kontraindikationen für einen konfrontativen Behandlungsansatz* sind
- akute Psychosen,
- akute Suizidalität,
- ein lebensgefährlicher Suizidversuch in den vergangenen 4 Monaten,
- schwerwiegende Selbstverletzung sowie ausgeprägte Fremdaggressivität

zu sehen.

Als *relative Kontraindikationen* gelten
- eine mangelnde Affekttoleranz,
- akuter Substanzkonsum,
- instabile psychosoziale und somatische Bedingungen,
- komorbide dissoziative Störungen,
- unkontrolliertes autoaggressives Verhalten [251].

Liegen absolute oder relative Kontraindikationen für eine konfrontative Traumabearbeitung vor, sollte zunächst an einer ausreichenden Stabilisierung im Sinne einer hinreichend guten äußeren psychosozialen Sicherheit und hinreichend guten Emotionsregulation gearbeitet werden.

Die Notwendigkeit der psychischen und sozialen Stabilisierung im Rahmen der Traumatherapie wird viel diskutiert. Forschungsergebnisse, insbesondere im Bereich der Verhaltenstherapie, belegen, dass eine leitliniengerechte konfrontative traumatherapeutische Behandlung auch ohne eine vorab erfolgte Stabilisierung erfolgreich durchgeführt werden kann [281]. Andere Autoren dagegen sehen stabilisierende Interventionen als unverzichtbaren Bestandteil der Traumatherapie an [291]. In einer randomisiert-kontrollierten Studie zeigten sich signifikant bessere Behandlungsergebnisse, wenn vor der Traumakonfrontation Stabilisierungselemente durchführt wurden [243].

Um einen Gesamtbehandlungsplan zu entwickeln, sollten u. a. folgende Fragen berücksichtigt werden:
- Einordnung des vorliegenden Krankheitsbildes: Welche Traumafolgestörung liegt nach ICD-10 (bzw. ICD-11) vor? Bestehen komorbide psychische Störungen wie z. B. depressive Störungen, Angsterkrankungen, somatoforme Störungen, dissoziative Störungen, Suchterkrankungen?
- Bedrohlichkeit und Akutstatus der Erkrankung: Ist eine Krisenintervention – z. B. bei akuter Suizidalität – notwendig oder kann eine Behandlung mit ausreichendem zeitlichem Vorlauf geplant werden?
- Vorhandensein persönlichkeitsstruktureller Einschränkungen: Liegen Beeinträchtigungen z. B. in der Affekttoleranz, Impulskontrolle oder emotionalen Kontaktaufnahme vor? Gibt es selbstverletzendes Verhalten? Besteht ein individueller Stabilisierungsbedarf?
- Wahl der Art der Behandlung: Besteht die Indikation für eine ambulante Einzel-/Gruppentherapie oder teilstationäre/stationäre Therapie?
- Verfügbarkeit von Therapie-Angeboten: Existieren Therapieprogramme in erreichbarer Nähe, mit denen die Belastungen behandelt werden können?
- Gewährleistung einer Behandlungskontinuität: Wie gestalten sich sowohl die aufenthaltsrechtliche Situation als auch die perspektivische Wohnsituation in Hinblick auf eine verlässliche Teilnahme an der Therapie?
- Asylrechtliche Situation: Besteht aktuell eine erlebte Bedrohungssituation des Patienten durch eine ggf. bevorstehende Ablehnung des Asylantrags?
- Notwendigkeit von sozialtherapeutischen Maßnahmen: Sind sozial-psychiatrische Interventionen vor oder begleitend zur Therapie indiziert?
- Therapieverständnis des betroffenen Patienten: Existiert eine ausreichende Therapiemotivation sowie der Wunsch, sich am therapeutischen Prozess aktiv zu beteiligen? Welche kulturell bedingten Vorstellungen in Bezug auf Psychotherapie liegen vor?
- subjektive Krankheitstheorie: Welche persönlichen Überzeugungen zu den vorliegenden Beschwerden gibt es und welche Behandlungsziele leitet der Patient davon ab?
- Therapieziele: Welche psychotherapeutischen, psychiatrischen, psychosozialen Therapieziele gibt es? Gibt es auch mittel- und längerfristige Zielsetzungen? Kann bezüglich dieser ein Konsens mit der Patientin erzielt werden?
- körperliche Gesundheitssituation: Liegen relevante körperliche Erkrankungen und Einschränkungen vor? Sind zusätzliche somatische (diagnostische) Untersuchungen und ggf. therapeutische Maßnahmen indiziert?
- Familiäres und soziales Umfeld: Müssen Kinder während Therapiezeiten betreut werden? Müssen Familienangehörige mit in die Behandlung einbezogen werden? Besteht ein Arbeitsverhältnis und ggf. die Notwendigkeit der Rücksprache mit dem Arbeitgeber?
- Sprache: Wie kann mit Sprachbarrieren umgegangen werden? Sind Dolmetscher(innen) in der Landessprache verfügbar?

- Finanzierung der Therapie: Liegt eine Kostenzusage vor (von Sozialamt, Regierungspräsidium, Krankenkasse)? Sind Aufwendung für Sprachmittlung mit abgedeckt?
- Vernetzung unter den Behandler(inne)n: Kann das Gelingen der Therapie durch eine berufsgruppenübergreifende Vernetzung (zwischen Psychotherapeut, Arzt, Rechtsanwalt, Sozialarbeiter, den Vertretern der Unterbringung usw.) unterstützt werden?

Unter Berücksichtigung einer partizipativen Entscheidungsfindung kann, ausgehend von den gewonnenen Informationen, ein Gesamtbehandlungsplan entwickelt werden. In der klinischen Praxis wird häufig ein multidisziplinärer, integrierter und interkultureller traumaspezifischer Gesamtbehandlungsansatz mit sprachgemittelten Therapie- und Gesprächsangeboten notwendig. In Anbetracht der häufig vorliegenden komplexen Traumatisierung und den vielfältigen Problemstellungen sollten sowohl medizinische, psychiatrische und psychotherapeutische Elemente als auch eine begleitende Kreativ-, Körpertherapie und (klinische) Sozialarbeit berücksichtigt werden [255].

4.2.2 Traumatherapeutische Methoden und Techniken

Wie alle therapeutischen Ansätze sollten auch traumatherapeutische Interventionen zielgerichtet und evidenzbasiert das jeweilige Störungsbild behandeln. Obwohl zahlreiche therapeutische Herangehensweisen in der klinischen Praxis positive Wirkung zu haben scheinen, sind viele der verfügbaren Behandlungsmethoden und -techniken empirisch nicht validiert [298]. Die zur Anwendung kommenden Ansätze nutzen häufig dieselben Grundstrategien und kombinieren diese mit üblichen psychotherapeutische Methoden [298]; ein Umstand, der eine klare konzeptuelle Trennung von Therapieverfahren im engeren Sinne, therapeutischen Methoden und Techniken erschwert [265]. Die unterschiedlichen Methoden und Techniken leiten sich aus den Störungsmodellen der verschiedenen Therapieverfahren ab. Aus diesem Grund soll im Folgenden ein Überblick über die Störungsmodelle der psychodynamischen Therapie, der kognitiv-behavioralen Therapie und der körperbasierten Therapie für die Traumafolgestörungen gegeben werden.

Störungsmodelle verschiedener Therapieverfahren

Störungsmodell der psychodynamischen Traumatherapie

Traumafolgesymptome lassen sich besser aus einer spezifischen Traumaperspektive erklären als aus der für die Psychodynamik zentralen Konflikt- und Strukturperspektive [316]: Die Symptome entstehen entsprechend dem psychodynamischen Modell durch initial sinnvolle, aktuell jedoch maladaptive Bewältigungs- und Anpassungsversuche an ein traumatisches Ereignis [244], welches wie ein Fremdkörper unintegriert im eigenen Erleben bleibt [314]. Wichtigster pathogener Faktor ist dabei weniger das Ereignis selbst noch die dadurch ausgelösten Emotionen, sondern vielmehr die fehlende Möglichkeit zur Verarbeitung dieser durch das Trauma ausgelösten Affekte und somit auch die fehlende emotionale Entlastung, die mit einem Verarbeitungsprozess einhergeht [277]. Psychodynamische Konzepte zu Konfliktthemen oder strukturellen Beeinträchtigungen werden in der Arbeit mit traumatisierten Menschen dennoch keinesfalls ausgeschlossen. Insbesondere bei interpersoneller, wiederholter und lang andauernder Traumatisierung (komplexer Traumatisierung) können sich traumatische Erlebnisse überdauernd negativ auf das Selbstbild und die Beziehungsfähigkeit auswirken [244]. Die Betroffenen zeigen dann ausgeprägte Konfliktkonstellationen und erhebliche Defizite in der Persönlichkeitsstruktur [316], welche in der Therapie in Erscheinung treten [284] und dort einer reflektierenden Bearbeitung zugänglich gemacht werden [296]. Zu den psychodynamischen Methoden im Einzelnen vgl. Kap. Psychodynamische Methoden.

Störungsmodell der kognitiv-behavioralen Traumatherapie

In der kognitiv-behavioralen Traumatherapie existieren mehrere relevante Störungsmodelle, u. a. das Phobiemodell [274], das Furchtstrukturmodell [253] sowie das kognitive Störungsmodell nach Ehlers und Clark [245]. Diese Modelle gehen entsprechend den Grundkonzepten der kognitiv-behavioralen Theorie davon aus, dass krankheitswertiges Verhalten von den Patienten erlernt wird: Der/die Betroffene erlebt ein traumatisches Ereignis, das eine intensive Angstreaktion auslöst und als dauerhafte Bedrohung interpretiert wird (z. B. „Ich bin nirgends sicher".). Die Erinnerungen an das traumatische Ereignis und die physiologische Reaktionen sind bruchstückhaft repräsentiert, also nicht vollständig in das autobiografische Gedächtnis integriert und werden deshalb nicht als in Raum und Zeit verortet wahrgenommen. Neutrale Reize (z. B. Berührungen oder Gerüche) werden im Sinne einer klassischen Konditionierung an dieses Ereignis geknüpft und aktivieren nun immer wieder die intensive Angstreaktion. Die Vermeidung der Reize im Sinne eines Sicherheitsverhaltens und damit einhergehende Angstreduktion hat durch die damit fehlende Falsifizierung der Bedrohungshypothese einen positiv verstärkenden Aufrechterhaltungseffekt (operante Konditionierung; [274]). Auf diesem Störungsmodell basierende kognitiv-behaviorale traumatherapeutische Methoden und -techniken sind u. a. Exposition, Entspannungsverfahren wie Autogenes Training, Erkennen von Mustern kognitiver Verzerrungen und Skills-Training.

Störungsmodell der körperbasierten Therapien

Körperbasierte Traumamodelle gehen davon aus, dass traumatische Ereignisse eine körperliche Stressreaktion bei den Betroffenen auslösen [313], mit einer in Folge auftretenden systematischen Dysregulation des Nervensystems [270], insbesondere des Hirnstamms und des Autonomen Nervensystems. Die posttraumatische Reaktion wird dabei im Körper als somatisches Muster „gespeichert" [271]. Ziel der Therapie ist es, ein basales, im Körper verankertes Sicherheitsgefühl wiederzufinden oder erstmals bewusst wahrzunehmen. Körperbasierte Therapien für Traumafolgestörungen sind u. a. Konzentrative Bewegungstherapie (KBT), Somatic Experiencing (SE) und adaptierte Formen des Yoga.

Techniken und Methoden in der Traumatherapie

In den folgenden Abschnitten werden die gängigsten Techniken und Methoden in der Traumatherapie sowie Erfahrungen in der Arbeit mit traumatisierten Geflüchteten vorgestellt. ▶ Tab. 4.4 zeigt im Anschluss daran einen Überblick über Studien zur traumaspezifischen Behandlung von Geflüchteten.

Ressourcenaktivierung/ Stabilisierungstechniken

Psychische Ressourcen sind aktuell verfügbare individuelle Fähigkeiten, Charaktereigenschaften oder geistige Haltungen, die die gesundheitsfördernde Entwicklung der jeweiligen Person unterstützen [246], z. B. die Wahrnehmung und Regulierung von Emotionen, die interpersonelle Kontaktaufnahme und Kommunikation und das Kennen und Vertreten der eigenen Identität; insgesamt Faktoren, die ein stabiles Selbstwertgefühl vermitteln [298]. Zu den Techniken zur Ressourcenaktivierung und Stabilisierung gehören das Erkennen und Fördern bereits vorhandener Fähigkeiten und Ressourcen sowie das Anreichern und Erweitern dieser Fähigkeiten durch Informationen, Training von selbstregulatorischen Fähigkeiten und Erarbeitung von Bewältigungskompetenzen [250]. Diese werden in der Therapie der Traumafolgestörungen zur Symptomreduktion und zu Förderung der Alltagsfunktionalität eingesetzt [299]. Darüber hinaus werden sie angewandt, um eine Distanzierung von belastenden Emotionen und Erinnerungen zu ermöglichen [298]. Bekannte Techniken zur Ressourcenaktivierung und Stabilisierung sind unter anderem Imaginationsübungen, Achtsamkeitsbasierte Stabilisierungsübungen, Skills-Training und tiergestützte Stabilisierung.

In der Arbeit mit traumatisierten Geflüchteten sollte berücksichtigt werden, dass Ressourcen sowohl individuell als auch in verschiedenen Kulturen sehr unterschiedlich geprägt und ausgestaltet sein können, z. B. welche Ressourcen helfen, die traumatischen Erfahrungen zu überwinden und welche Aspekte Zuversicht und Kraft für die Therapie geben, [262], [305], [309]. In einer randomisiert kontrollierten Studie mit traumatisierten Kriegsflüchtlingen, in der der Einsatz von unterschiedlichen Stabilisierungstechniken mit EMDR verglichen wurde, zeigte sich ein signifikanter, positiver Einfluss von Stabilisierungstechniken auf die Symptome der PTBS [312] (s. ▶ Tab. 4.4, Abschnitt Stabilisierung und Ressourcenaktivierung in der Arbeit mit Geflüchteten).

Im Folgenden werden die spezifischen Techniken Imaginationsübungen, Achtsamkeitsbasierte Stabilisierungsübungen und Skills-Training näher vorgestellt.

Imaginationsübungen

Imaginationsübungen, die als Element der Stabilisierung angewandt werden, beschreiben die therapeutische Arbeit mit wohltuenden, ressourcenaktivierenden inneren Bildern von Schutz und Sicherheit. Ziel der Übungen ist die emotionale Beruhigung [235], die Erschließung eigener Kraftreserven [235] sowie insbesondere die allgemeine Verbesserung der Selbstfürsorge. Da die Übungen nach ausreichender Erfahrung auch allein und ohne therapeutische Anleitung durchgeführt werden können [263], [289], ermöglichen Imaginationsübungen unabhängig von Therapeut(inn)en eine direkte und bewusste Einflussnahme auf die eigene Befindlichkeit [298]. Imaginationsübungen, die in der Traumatherapie als Stabilisierungsübungen häufig zur Anwendung kommen, sind z. B. „der sichere Ort", „die Baumübung" oder „die Tresorübung". Bei der Übung „sicherer Ort" imaginiert der Betroffene einen realen oder fiktiven Ort oder Raum, in dem er sich völlig geborgen fühlen kann. Während der Imaginationsübung sollte auf alle Sinneseindrücke (visuell, auditiv, kognitiv, olfaktorisch, gustatorisch) geachtet werden, um die Imagination so realistisch wie möglich zu erleben. Bei der Imagination werden dieselben Hirnareale aktiviert, als sei die Person tatsächlich an einem sicheren, geborgenen Ort. Imaginationsübungen wie z. B. „innere Bühne" oder „Bildschirm" können auch zur konfrontativen Bearbeitung von traumatischen Ereignissen genutzt werden. Der Betroffene kann mittels der Übungen das traumatische Ereignis in räumlicher Distanz „auf einer Bühne/auf einem Bildschirm" beobachten und bearbeiten: Die traumatischen Erinnerungen können so an die individuelle Belastbarkeit angepasst werden, z. B. können Szenen angehalten oder in Schwarz-Weiß wiedergegeben werden [289].

Die Wirksamkeit von Imaginationsübungen wurde sowohl im Rahmen der Psychodynamisch Imaginativen Traumatherapie (PITT; [269]) als auch im Rahmen von EMDR-Behandlungen empirisch nachgewiesen [268]. Studien, die ausschließlich mit Imaginationsübungen arbeiten, sowie Studien zu Imaginationsübungen in der Arbeit mit traumatisierten Geflüchteten liegen bisher noch nicht vor.

Achtsamkeitsbasierte Stabilisierungsübungen

Mindfulness-based Stress Reduction (MBSR) wurde in den 1970er Jahren gezielt zur Stressbewältigung entwickelt. MBSR nimmt Bezug auf die Traditionen des Yoga. Es wird mit der gezielten Lenkung der Aufmerksamkeit sowie der Einübung einer erweiterten Achtsamkeit gearbeitet. Im Fokus steht das wertfreie Annehmen des Wahrnehmbaren. Übungen sind u. a. (Geh- und Sitz-)Meditation, achtsame Körperwahrnehmung und Yoga-Übungen [264]. Der positive Einfluss von MBSR auf PTBS wurde in mehreren randomisiert kontrollierten Studien nachgewiesen [266], [283]. Hinton et al. [261] wandten MBSR in ihrer Arbeit mit Geflüchteten an. In durchgeführten Wirksamkeitsstudien der Forschergruppe wurde der positive Einfluss von MBSR in der therapeutischen Arbeit mit Geflüchteten aufgezeigt, allerdings bisher nur in Kombination mit kognitiver Verhaltenstherapie [259], [260] (s. ▶ Tab. 4.4, Abschnitt Achtsamkeitsbasierte Stabilisierungsübungen in der Arbeit mit Geflüchteten).

Skills-Training

Das bekannteste und meist verbreitete Training zur Aktivierung von Ressourcen ist das Skills-Training im Rahmen der Dialektisch-Behavioralen Therapie (DBT; [273]). Neben Psychoedukation werden manualisierte Übungen zur achtsamen Wahrnehmung, Regulationsstrategien bei Anspannung und starken Affekten, interpersonelle Fähigkeiten sowie Strategien zur Regulation des Selbstwertes vermittelt [239], [273]. Skills Training in Affect and Interpersonal Regulation (STAIR) zeigt sich bei der Behandlung von Komplexer Traumatisierung wirksam, auch in Kombination mit Exposition [243]. In der Arbeit mit traumatisierten Geflüchteten wurde eine Studie mit Skills-Training durchgeführt, die zeigte, dass die Symptome der PTBS nach dem Kurs zum Skills-Training deutlich nachließen. Es nahmen allerdings nur 8 Personen an der Studie teil [310] (s. ▶ Tab. 4.4, Abschnitt Skills-Training in der Arbeit mit Geflüchteten).

Psychodynamische Methoden

Eine Gemeinsamkeit der psychodynamischen Methoden zur Behandlung von Traumafolgestörungen ist die Kombination von psychodynamischen Ansätzen mit imaginativen, der Hypnotherapie entstammenden Techniken [289], z. B. die Aktualisierung und Bearbeitung der auftretenden Symptomatik in einem imaginären Raum, auch „innere Bühne" genannt [290]. Neben diesen imaginativen Techniken dienen zusätzliche strukturbezogene Interventionen [294] sowie die Förderung der Mentalisierungsfähigkeit (die Fähigkeit, sich die eigenen mentalen Zustände und die von anderen zu vergegenwärtigen [254]) einer Distanzierung vom traumatischen Ereignis sowie der Ermöglichung einer reflektierenden Bearbeitung [296]. Die Arbeit an traumatischen Beziehungsmustern, am Welt- und Selbstverständnis der Patient(inn)en steht im Mittelpunkt der Behandlung. Der Behandlungsplan folgt dem Phasenmodell: Stabilisierung, konfrontative Arbeit, Wiederanknüpfung und Neuanfang [258]. Die alleinige Bearbeitung der Traumafolgesymptomatik in der Übertragungs- und Gegenübertragungsbeziehung ist dagegen nicht mehr zeitgemäß: Dieses Vorgehen kann zu einer hohen emotionalen Belastung führen, welche eine reflektierte Distanzierung verunmöglich und im schwerwiegendsten Fall zu einen Therapie-Abbruch führt [298]. Psychodynamische Methoden sind u. a. Psychodynamische Traumatherapie, Psychodynamisch Imaginative Traumatherapie (PITT), Katathym-Imaginative Psychotraumatherapie (KIP-T) und mehrdimensionale Psychodynamische Traumatherapie (MPTT).

Im folgenden Abschnitt wird die Psychodynamisch Imaginative Traumatherapie (PITT) ausführlicher beschrieben.

Psychodynamisch Imaginative Trauma Therapie (PITT)

Die Psychodynamisch Imaginative Trauma Therapie (PITT) ist eine komplexe Methode, die verschiedene Techniken integriert, wie z. B. Imaginationsübungen und konfrontative Techniken. Die PITT wird insbesondere für die Behandlung von komplexen Traumafolgestörungen angewandt [29]. Der Schwerpunkt der Methode liegt auf der Förderung persönlicher Ressourcen: Es wird auf die persönlichen Stärken und Fähigkeiten des Patienten fokussiert, um die Handlungsfähigkeit und Selbstakzeptanz zu fördern [298]. Im Sinne der Selbstregulation werden Fähigkeiten zur Affektregulation und Affektdistanzierung von belastenden Erinnerungen gestärkt. Dies kann z. B. durch die Imaginationsübung „Sicherer Ort" unterstützt werden (s. Abschnitt Imaginationsübungen). Die Imaginationsübungen können jedoch auch als Konfrontationstechniken oder in Kombination mit anderen konfrontationsbasierten Elementen zum Einsatz kommen. So kann das traumatische Erlebnis bspw. auf einer imaginativen „Inneren Bühne" (s. Abschnitt Imaginationsübungen) bearbeitet werden. Es werden Bewältigungserfahrungen herausgearbeitet, sodass die Betroffenen ein Modell zum Umgang mit traumatischen Belastungen erlernen und in den Alltag übertragen können [298].

Die PITT ist im deutschsprachigen Raum sowohl im ambulanten als auch stationären Setting verbreitet [298]. Zwei naturalistische Studien ohne Vergleichsgruppe zeigen die Wirksamkeit dieser Methode im stationären Setting bei komplexen Traumafolgestörungen [269], [295]. Sowohl im ambulanten Setting als auch in der Arbeit mit traumatisierten Geflüchteten existieren aktuell keine Studien.

Konfrontationsbasierte Traumatherapie

Konfrontative Methoden, z. B. die prolongierte Exposition in sensu, *Eye Movement Desensitization and Reprocessing (EMDR)* und die kognitiv-behaviorale Traumatherapie, sind Therapiemethoden der 1. Wahl für die Behandlung der PTBS [252] und der Komplexen PTBS [248], [292]. Die konfrontationsbasierte Traumatherapie setzt den Fokus auf die aktive Konfrontation der Patient(inn)en mit den traumatischen Erlebnissen auf allen Sinneskanälen (visuell, auditiv, kognitiv, olfaktorisch, gustatorisch). Die Symptome der Traumafolgestörungen werden in einem Halt und Sicherheit vermittelnden therapeutischen Rahmen exploriert und bearbeitet. Ziel dieser Methoden ist der Abbau von Vermeidungsverhalten sowie die emotionale Verarbeitung der traumatischen Erlebnisse im Sinne von Entängstigung und Verknüpfung mit funktionalen Informationen (z. B. „Es ist vorbei!"). Die verschiedenen Methoden legen mit vergleichbarem Erfolg den Fokus entweder auf die Bearbeitung des Traumagedächtnisses (prolongierte Exposition in sensu, EMDR) oder der dysfunktionalen Gedanken (kognitiv-behaviorale Traumatherapie; [298]). Da die Konfrontation mit dem traumatischen Ereignis für viele Betroffene häufig kontraintuitiv und ängstigend ist, nimmt der Aufbau von Therapiemotivation eine besondere Rolle ein. Diese kann mit Hilfe von Psychoedukation gestärkt werden. Im folgenden Abschnitt wird die EMDR-Methode vorgestellt.

Eye Movement Desensitization and Reprocessing (EMDR)

EMDR ist eine visuell-konfrontative, entspannende und unterstützende Methode, die Anfang der 1990er Jahre von Francine Shapiro entwickelt wurde. Durch bilateral wechselnde Stimulation der visuellen Wahrnehmung durch schnelle, induzierte Augenbewegungen von rechts nach links wird die Verarbeitung und Integration traumatischer Erfahrungen unterstützt [308] und die damit einhergehende psychische Belastung verringert [307]. Während der Augenbewegungen wird die Aufmerksamkeit auf alle Ebenen der inneren Wahrnehmung fokussiert: auf den erzählbaren Teil des Trauma-Ereignisses, die sinnliche Repräsentation, die Generalisierung auf kognitiver Ebene, die emotionale Belastung sowie auf die Reaktion auf Körperebene [262], [305]. Die Neuverarbeitung (auch „Prozessieren" oder „EMDR-Prozess" genannt) ist der Kern der Methode: Bei jeder Serie der bifokalen Stimulierung erzählt der Betroffene, welches (unverarbeitete) Material in sein Bewusstsein getreten ist. Der EMDR-Prozess sollte immer in Kombination mit Stabilisierung durchgeführt werden.

EMDR ist eine schulenergänzende Methode, die in den Guidelines der World Health Organization [314] beschrieben wird. Sie ist auch sehr gut wissenschaftlich mittels Meta-Analysen untersucht [241], [304], [306]. In randomisiert kontrollierten Studien mit traumatisierten Geflüchteten zeigt sich EMDR als effektives Verfahren [234], [312], wenngleich die Arbeiten einschränkend eine geringe Fallzahl aufweisen (s. ▶ Tab. 4.4; Abschnitt EMDR in der Arbeit mit Geflüchteten). Da der Schwerpunkt von EMDR die Rekonstruktion und Exposition von traumatischen Erfahrungen in einem kontrollierten Setting ist [297], kann diese Vorgehensweise bei Asylbewerber(inne)n ohne geklärten Aufenthaltsstatus zunächst kontraindiziert sein [285]. In der Arbeit mit traumatisierten Geflüchteten mit EMDR unter Hinzuziehung eines professionellen Sprach- und Kulturvermittlers gibt es noch keine Studien. Es wird davon ausgegangen, dass ein Dolmetscher den Kontakt zum „Hier und Jetzt" fördert, so dass der EMDR-Prozess möglicherweise verlangsamt ablaufen könnte. Zudem könnte die enge Verbindung zwischen Therapeut (in) und Patient(in) während des Prozessierens irritiert werden, wodurch der EMDR-Prozess unterbrochen werden könnte. Dies wiederum könnte zur Folge haben, dass der Betroffene durch die getriggerten Erinnerungen kognitiv-emotional belastet wird [298], [299].

Narrative Methoden

Narrative Verfahren beschreiben das Versprachlichen von belastenden Erfahrungen [288], wodurch die traumatische Erfahrung in die individuelle Biografie integriert werden kann. Das Erzählen (oder auch das Verschriftlichen) ist eine wichtige Form der Identitätsbildung und hilft, Belastungen zu verarbeiten (s. auch Kap. 4.3.2). Obwohl die narrativen Verfahren mit Elementen der Trauma-Exposition arbeiten, werden diese klassischerweise als eigene Methode angesehen und behandelt. Methoden sind u. a.:

- Imagery Rescripting and Reprocessing Therapy (IRRT)
- Imagery Rehearsal Therapy (IRT)
- Narrative Expositionstherapie (NET, s. u.)
- Testimony Therapy (TT)
- Life Review Therapy (LRT) [298]

Die Narrative Expositionstherapie wird im Folgenden ausführlicher besprochen.

Narrative Expositionstherapie (NET)

Die Narrative Expositionstherapie (NET) wurde als manualisierte Kurzintervention gezielt für die Behandlung von Opfern organisierter Gewalt (auch Folter) sowie für Kriegsflüchtlinge entwickelt [303]. Nach erfolgter Psychoedukation werden auf einer Lebenslinie (durch ein Seil symbolisiert) positive (Blumen) und negative Erfahrungen (Steine) gelegt. Basierend auf dem Konzept des Furchtstrukturmodells (s. Kap. Störungsmodell der kognitiv-behavioralen Traumatherapie) sollen die traumatischen Erlebnisse durch eine Narration in die persönliche Biografie integriert werden. Die Narration erfolgt so detailliert wie möglich, ohne Vermeidung. Die damit verbundene Konfrontation und das Wiedererleben auf allen Wahrnehmungsebenen in der aktuellen Gegenwart (Kognitionen, Emotionen, Sensorik) aktiviert die Elemente des Furchtnetzwerkes so lange, bis eine Habituation eintritt und die Erlebnisse biografisch, in Ort und Zeit eingeordnet werden können. Durch die Habituation, also die Gewöhnung an die Erinnerungen der Erlebnisse, tritt eine Erleichterung der Symptomatik ein. Die Narration wird vom Therapeuten schriftlich festgehalten und zu Beginn der Folgestunde vorgelesen, um ggf. Korrekturen und Ergänzen einzufügen sowie die Habituation zu fördern [286]. Die Behandlung endet mit dem Erarbeiten von Wünschen für die Zukunft.

Die Narrative Expositionstherapie ist eine wissenschaftlich vergleichsweise sehr gut untersuchte Methode in der Behandlung von Traumafolgestörungen. So wurde in randomisiert kontrollierten Studie eine gute Wirksamkeit der NET nachgewiesen, z. B. in der Arbeit mit älteren Menschen zwischen 60 und 70 Jahren, bei denen die Traumatisierung in Folge von Folter bereits 40 Jahre zurückliegt [238]; mit Waisen durch den Genozid in Ruanda [300] und früheren Kindersoldaten in Norduganda [247]. Da die NET explizit für Kriegsflüchtlinge entwickelt wurde, gibt es neben Einzelfallstudien [280], [302] viele randomisiert kontrollierte Studien, in denen sich die Wirksamkeit der NET in der Arbeit mit traumatisierten Geflüchteten zeigt [236], [257], [279]. In einer Meta-Analyse [256] zeigten sich mittlere Effektstärken beim Einsatz der NET bzw. der modifizierten Form der NET bei Kinder (KIDNET) in der Arbeit mit traumatisierten Geflüchteten. Ein systematischer Review-Artikel beschreibt die Reduzierung von Symptomen einer PTBS sowie komorbiden Störungen auch beim Einsatz der KIDNET [293]. Die NET wird auch von Geflüchteten in unsicheren psychosozialen Bedingungen gut angenommen [257], [278]. Kulturelle Besonderheiten (z. B. der Bezug der Erinnerungen zur Gemeinschaft in kollektivistischen Kulturen) sind in der Arbeit mit Geflüchteten zu beachten [267]; (s. ▶ Tab. 4.4; Abschnitt NET in der Arbeit mit Geflüchteten).

Körperorientierte Methoden

Im Handbuch der Körpertherapie werden über 200 verschiedene Körpertherapiemethoden beschrieben [276]. Die Interventionen der körperbasierten Verfahren fokussieren die posttraumatischen Reaktionen, die im Körper als somatische Muster „gespeichert" wurden [271]. Ziel ist es, ein basales, körperlich verankertes Sicherheitsgefühl wiederzufinden bzw. erstmals bewusst wahrzunehmen. Die Selbstwahrnehmung soll dabei durch Zuwendung zum eigenen Körper verbessert werden. Voraussetzung ist dabei, dass auftauchende Emotionen toleriert werden können [298]. Methoden, die zur Behandlung von Traumafolgestörungen geeignet sind, sind u. a. Somatic Experiencing (SE), Konzentrative Bewegungstherapie (KBT) und Feldenkrais [298], wobei hier erstere nachfolgend dargestellt werden soll.

Somatic Experiencing (SE)

Somatic Experiencing (SE) [272] basiert auf Beobachtungen aus dem Tierreich. Tiere in akut lebensbedrohlichen Situationen stellen sich tot. Sind sie außer Gefahr, beginnt der ganze Körper zu zucken und die Tiere „schütteln" den Stress ab. Wenn diese natürliche Reaktion (das Erstarren und darauffolgende Schütteln) unterbrochen und nicht zu Ende geführt wird (Handlungsunterbrechung), entwickeln sich nach Peter Levine Symptome einer Traumafolgestörung. In der Therapie wird abwechselnd mit traumatischen (z. B. Muskelanspannung, Atmung, Körperhaltung) und ressourcenorientierten Sinnesempfindungen (z. B. Körperstellen, die schmerzfrei sind, die sich kraftvoll anfühlen,…) gearbeitet. Durch den Wechsel zwischen diesen beiden Empfindungen kann das gespeicherte somatische Muster gelöst werden, ohne dass eine Retraumatisierung stattfindet. In einer kontrollierten Studie mit Opfern des Hurricane Kathrina zeigte sich eine signifikante Besserung der Symptome durch Einsatz von SE im Vergleich zu Psychoedukation [270]. Die Wirksamkeit einer leicht modifizierten Form des SE zeigte sich auch in einer naturalistischen Studie ohne Kontrollgruppe bei Tsunami-Opfern [287]. Studien zur Behandlung von Geflüchteten mit SE liegen nicht vor.

Tab. 4.4 Studien zur traumaspezifischen Behandlung von Geflüchteten.

Studie	Stichprobe	Studiendesign	Ergebnisse
Stabilisierung und Ressourcenaktivierung in der Arbeit mit Geflüchteten			
Ter Heide, Mooren, van de Schoot, de Jongh u. Kleber (2016) [312]	72 erwachsene Geflüchtete mit PTBS in den Niederlanden auf der Suche nach Psychotherapie	RCT: 2 Behandlungsgruppen: 12h EMDR (n = 36) vs. 12h Stabilisierung (n = 36); Prä-Messung (T 1), Post-Messungen nach 2 Wochen (T 2), nach 3 Monaten (T 3)	deutlich reduzierte PTBS-Symptomatik bei 40 % der Pat. in beiden Gruppen von T 1 zu T 3; keine signifikanten Unterschiede zwischen den Gruppen bzgl. Symptomatik von PTBS, Depressivität, Angst
Achtsamkeitsbasierte Stabilisierungsübungen in der Arbeit mit Geflüchteten			
Hinton, Chhean, Pich, Safren, Hofmann u. Pollack (2005) [259]	40 erwachsene Genozid-Flüchtlinge aus Kambodscha mit PTBS-Symptomatik und komorbider Panik in den USA, ohne bisherigen Therapie-Erfolg	RCT: individuelle kognitive VT, kulturell adaptiert (12 Sitzungen), Fokus auf Akzeptanz, Entspannungs- und Achtsamkeitstechniken; Untersuchungsgruppe (n = 20) und Wartekontrollgruppe, die später beginnt (n = 20); Prä-Messung (T 1), Post-Messungen nach 12 Therapiesessions (T 2/T 3), 12 Wochen nach Therapie-Ende (T 4)	Therapie erweist sich als effektiv; Verbesserung in allen Outcome-Parametern von T 1 bis T 4; sehr deutliche Verbesserungen in Untersuchungsgruppe im Vergleich zur Kontrollgruppe in allen Parametern
Hinton, Pham, Tran, Safren, Otto u. Pollack (2004) [260]	12 erwachsene Geflüchtete aus Vietnam in den USA, neben PTBS-Symptomen komorbide Panik, ohne bisherigen Therapie-Erfolg	Pilotstudie: individuelle kognitive VT, kulturell adaptiert (12 Sitzungen), Fokus auf Akzeptanz, Entspannungs- und Achtsamkeitstechniken; Untersuchungsgruppe (n = 6) und Wartekontrollgruppe, die später beginnt (n = 6); Prä-Messung (T 1), Post-Messungen nach 11 Therapiesessions (T 2), 10 Wochen nach Therapie-Ende (T 3)	Reduktion von PTBS- und Paniksymptomen; Verbesserung von T 1 zu T 3 sowie im Vergleich der Untersuchungsgruppe und der Wartekontrollgruppe
Skills-Training in der Arbeit mit Geflüchteten			
Snodgrass, Yamamoto, Frederick, Ton-that, Foy, Chan, Wu, Hahn, Shinh, Nguyen, de Jonge u. Fairbanks (1993) [310]	14 vietnamesische Geflüchtete in den USA	Pilotstudie: 10 × 2h-Sessions SIT; Untersuchungsgruppe (n = 8) und Kontrollgruppe (n = 6); Prä-Messung (T 1) und Post-Messung nach Treatment (T 2)	signifikante PTBS-Symptomreduktion nach dem Kurs in Interventionsgruppe; Kontrollgruppe gleichbleibend

Tab. 4.4 Fortsetzung

Studie	Stichprobe	Studiendesign	Ergebnisse
EMDR in der Arbeit mit Geflüchteten			
Acarturk, Konuk, Cetinkaya, Senay, Sijbrandij, Gulen u. Cuijpers (2016) [234]	70 syrische Geflüchtete mit PTBS-Symptomatik in einem Camp an der türkisch-syrischen Grenze	RC:; EMDR mit 8 Sitzungen (n = 37) vs. Wartekontrollgruppe (n = 33) ohne Treatment; Prä-Messungen (T 1), Post-Messungen 1 Woche danach (T 2) und 5 Wochen danach (T 3)	Reduktion von PTBS- sowie Depressionssymptomen; Verbesserung von T 1 zu T 3 sowie im Vergleich der Untersuchungsgruppe und der Wartekontrollgruppe
Ter Heide, Mooren, van de Schoot, de Jongh u. Kleber (2016) [312]	s. o.	s. o.	s. o.
NET in der Arbeit mit Geflüchteten			
Adenauer, Catani, Gola, Keil, Ruf, Schauer u. Neuner (2011) [236]	34 erwachsene Geflüchtete mit PTBS in einer Spezialambulanz in Konstanz	RCT: 2 Gruppen: NET (n = 16) vs. Wartekontrollgruppe (n = 18), 12 Therapiesitzungen; Prä-Messung (T 1) und Post-Messung 4 Monate danach (T 2)	PTBS- und Depressionssymptome mit signifikantem Rückgang im Vergleich zur Kontrollgruppe; NET-Gruppe: vermehrte Top-Down-Verarbeitung aversiver Stimuli
Hensel-Dittmann, Schauer, Ruf, Catani, Odenwald, Elbert u. Neuner (2011) [257]	28 erwachsene schwertraumatisierte Geflüchtete mit PTBS in einer Spezialambulanz in Konstanz	RCT: 2 Behandlungsgruppen: NET (n = 15) vs. SIT (n = 13), jeweils 10 Sitzungen à 90 min; Prä-Messungen (T 1), Post-Messungen 4 Wochen (T 2), 6 Monate (T 3) und 12 Monate (T 4) danach	signifikante Reduktion der PTBS-Symptome bei NET; keine Effekte für SIT
Neuner, Onyut, Ertl, Odenwald, Schauer u. Elbert (2008) [279]	277 somalische und ruandische Geflüchtete mit PTBS in einem Flüchtlingslager in Uganda	RCT; 3 Gruppen: NET (n = 111) vs. TC (n = 111) vs. Wartekontrollgruppe (n = 55); jeweils 6-wöchiger Kurs; Prä-Messungen (T 1), Post-Messungen nach Treatment (T 2) und 6 Monate später (T 3)	NET und TC zeigen vergleichbare, signifikante Ergebnisse: bei T 3 zeigen 70 % (NET) / 65 % (TC) der Probanden keine PTBS-Symptome mehr; Kontrollgruppe nur 37 %
Meta-Analyse: NET in der Arbeit mit Geflüchteten			
Autoren	inkludierte Studien	Ergebnisse	
Gwozdziewycz & Mehl-Madrona (2013) [256]	insgesamt 7 RCT-Studien mit ausreichend Power und angegebenen Effektstärken zu (KID)NET mit Geflüchteten	mittlere Effektgröße (d = .63) über alle Studien hinweg; größere Effekte, wenn Geflüchtete selbst Berater sind (d = 1.02); kleiner Effekte bei Ärzten oder Doktoranden (d = .53)	
Review: NET in der Arbeit mit Geflüchteten			
Robjant u. Fazel (2010) [293]	16 Studien, 6 davon mit Kindern, 11 davon in Entwicklungsländern	effektives Verfahren, nicht nur in Entwicklungsländern, sondern auch für Geflüchtete in Industrienationen; häufig in den Follow-Up-Messungen noch weitere Reduktion der PTBS-Symptomatik	

CBT = Kognitiv-behaviorale Therapie, EMDR = Eye movement and desensitization and reprocessing, KIDNET = Narrative Expositionstherapie für Kinder, NET = Narrative Expositionstherapie, PTBS = Posttraumatisch Belastungsstörung, RCT = randomized controlled trial (Randomisiert-kontrollierte Studie), SIT = Stress Inoculation Module, TC = trauma counselling (flexibles Treatment mit verschiedenen, traumaspezifischen Methoden), VT = Verhaltenstherapie

4.2.3 Rahmenbedingungen und Zugang zur Versorgung

Gesetzliche und finanzielle Rahmenbedingungen

Bis zur Anerkennung des Asylantrages regelt das Asylbewerberleistungsgesetz den Zugang zur medizinischen Versorgung. Die Finanzierung einer psychotherapeutischen Behandlung obliegt in dieser Phase den Sozialämtern bzw. Regierungspräsidien, während nach einer Anerkennung als Flüchtling von demselben reguläre Kassenleistungen in Anspruch genommen werden können (s. Kap. 1.3). Einem Bericht der Bundesweiten Arbeitsgemeinschaft der Psychosozialen Zentren für Flüchtlinge und Folteropfer (BAFf e. V.) aus dem Jahre 2015 ist zu entnehmen, dass bis zum Jahr 2013 von Seiten der Sozialämter lediglich in etwa 50 % der Fälle Anträgen zur Kostenübernahme psychotherapeutischer Behandlungen stattgegeben wurde. Obwohl die Bewilligung von Psychotherapien bis zum Jahr 2015 auf 85 % gestiegen war, liegt auch diese Zahl immer noch deutlich unter der Bewilligungsquote von 97–99 % bei den Versicherten der Gesetzlichen Krankenversicherung. Zudem bestehen trotz der Vorgaben der Gesetzgeber nach wie vor Schwierigkeiten mit zeitnahen Entscheidungen der Gutachter über die Bewilligung der gestellten Psychotherapieanträge [237].

Sprachbezogene Rahmenbedingungen

Eine gute sprachliche Verständigungssituation mit professionellen Sprachmittlern ist eine unabdingbare Voraussetzung für eine erfolgreiche psychotherapeutische Behandlung (s. Kap. 3.1). Ein ungelöstes Dilemma bleibt, dass selbst nach Anerkennung des Asylantrages – wenn die Kostenübernahme der psychotherapeutischen Behandlung also über die Gesetzliche Krankenversicherung erfolgt – die Ablehnungsquote für die Übernahme von Dolmetscherkosten aktuell 100 % beträgt [237].

Aufenthaltsrechtliche Rahmenbedingungen

Ein sich noch in der Schwebe befindendes aufenthaltsrechtliches Verfahren stellt einen der stärksten Post-Migrationsstressoren und damit eine erhebliche Belastung für die Betroffenen dar (Kap. 4.1.3). Dies hat zur Folge, dass unter Umständen von traumakonfrontierenden Therapie-Elementen Abstand genommen werden muss [255].

Interkulturelle Rahmenbedingungen

Kenntnisse über Psychotherapie als reflektierende und introspektive Methode sind in anderen Kulturkreisen oft wenig verbreitet [233], [311]. Durch die kulturelle und soziale Determinierung existiert insbesondere für konfrontative Therapieverfahren nicht immer ein hinreichendes Verständnis [242], vielmehr geht es den Betroffenen häufig darum, im Behandlungsprozess keinen „Gesichtsverlust" zu erleiden [267] (s. Kap. 4.3.1).

4.2.4 Behandlungsangebote

Der hohen Prävalenz an psychischen Störungen bei den unterschiedlichen Gruppen von Geflüchteten (s. Kap. 2) steht die unzureichende Versorgung der Betroffenen entgegen. Diese Unterversorgung entsteht aufgrund der beschriebenen Rahmenbedingungen einerseits sowie aufgrund der begrenzt verfügbaren, meist fehlenden Behandlungsangebote andererseits [240].

Aufnahmeeinrichtungen und kommunale Unterbringung

In den Registrierungszentren und Erstaufnahme-Einrichtungen der Bundesländer wird eine ärztliche Erstuntersuchung entsprechend des § 62 Asylverfahrensgesetzes (AsylVfG) durchgeführt. Diese „ärztliche Inaugenscheinnahme" variiert deutlich zwischen den einzelnen Bundesländern, umfasst zumeist eine auf infektiöse Erkrankungen fokussierte Anamnese sowie eine orientierende körperliche Untersuchung der dort wohnenden Geflüchteten [240]. Medizinische Ambulanzen verschiedener Fachdisziplinen auf dem Niveau der gesetzlichen Regelversorgung mit integrierter psychotherapeutischer Versorgung [275] stellen dort eine absolute Seltenheit dar. Vielmehr sind meist Sprechstundensysteme für (Notfall-)Patienten mit primär somatischen Beschwerden etabliert. Auch in den kommunalen Unterbringungen sind Sprechstundensysteme oder eine aufsuchende Behandlung eine Rarität [240]. Geflüchtete mit psychischen Belastungen sind weitestgehend auf sich selbst gestellt, wenn sie nicht eigeninitiativ oder mit sozialarbeiterischer Unterstützung Ambulanzen der umgebenden Kliniken oder spezialisierte Zentren für die Beratung und Behandlung von Flüchtlingen und Folteropfern aufsuchen (z. B. Zentren für Folteropfer, Refugio-Zentren; s. Kap. 8.3). Diesen Zentren kommt eine wichtige Rolle bei der psychosozialen Betreuung und ambulanten psychotherapeutischen Versorgung insbesondere *vor* – aber auch *nach* – der Anerkennung als aufenthaltsberechtigter Flüchtling zu. Während die Behandlung in den o. g. Zentren aufgrund der Finanzierungsstruktur für die Geflüchteten kostenfrei ist, richtet sich die Kostenübernahme kassenärztlicher Gesundheitsleistungen nach dem aktuellen Aufenthaltsstatus (s. Kap. Gesetzliche und finanzielle Rahmenbedingungen).

Ambulante Behandlungsangebote als Leistung der Sozialämter und als kassenärztliche Gesundheitsleistung

Die Vermittlung von Asylantragssteller(inne)n oder anerkannten Flüchtlingen in eine ambulante psychotherapeutische Behandlung ist mit deutlichen Schwierigkeiten behaftet. Die Kapazitäten und personellen Ressourcen der auf Flüchtlinge und Folteropfer spezialisierten Zentren sind begrenzt. Außerhalb dieser Einrichtungen ist die Verfügbarkeit von traumatherapeutisch, interkulturell sowie fremd- und fachsprachlich qualifizierten Psychotherapeuten eingeschränkt [237]. Vor der Anerkennung als Flüchtling stellen das komplizierte Kostenerstattungsverfahren über die Sozialämter, die Unklarheiten der aufenthaltsrechtlichen Situation und die etwaige Befürchtung, von Menschen ohne eindeutigen Aufenthaltsstatus für das Asylverfahren instrumentalisiert zu werden, weitere relevante Hürden dar [237]. Mit der Anerkennung als Asylberechtigter stehen den betroffenen Geflüchteten Regelleistungen der gesetzlichen Krankenkassen zur Verfügung. Neben der ambulanten Richtlinienpsychotherapie existieren weitere ambulante Behandlungsangebote (z. B. kultursensible Gruppentherapien für Migrant(inn)en und Geflüchteten), die in Kap. 8 dargestellt werden.

Stationäre Behandlungsangebote

Stationäre Behandlungsangebote für Geflüchtete sind rar und kaum wissenschaftlich evaluiert. Aufgrund der aktuell geringen Verfügbarkeit von stationären Behandlungsoptionen besteht eine dringende Notwendigkeit, weitere Behandlungsangebote zu schaffen. Darüber hinaus sollten gegenwärtige Konzepte für die Versorgung traumatisierter Geflüchteter und Folteropfer weiterentwickelt und wissenschaftlich evaluieren werden [249]. Basierend auf einer bundesweiten Befragung, die sich an existierenden Therapieführern [282], [301] sowie publizierten stationären Behandlungskonzepten orientiert, werden in Kap. 8.1 stationäre Behandlungsangebote für Migrant(inn)en und Geflüchtete dargestellt.

Telefon- und internetbasierte Hilfsangebote

Telefon- und internetbasierte Hilfsangebote (Kap. 8.4 u. 8.5) sind niederschwellig verfügbare Informations- und Unterstützungsquellen. Sie können eine erste Orientierung und Stabilisierung bieten. Eine Traumatherapie im engeren Sinne sollte jedoch immer bei speziell ausgebildeten Psychotherapeuten stattfinden.

Fazit

Bei der Behandlung von Traumafolgestörungen stehen die psychosoziale Stabilisierung sowie konfrontative Therapie-Elemente im Vordergrund. Unter anderem können ressourcenaktivierende, stabilisierende, psychodynamische, konfrontative, narrative und körperorientierte Therapie-Elemente zum Einsatz kommen. Vor der Vermittlung und Aufnahme einer psychotherapeutischen Behandlung müssen zahlreiche klinische und sozialtherapeutische Variablen im Sinne der Entwicklung eines Gesamtbehandlungsplans berücksichtigt werden. Bei Geflüchteten sind besonders finanzierungsbezogene, asylrechtliche, interkulturelle und Sprachmittlungsaspekte hochrelevant. Bei der traumatherapeutischen Behandlung von Geflüchteten ist die Datenlage für die Narrative Expositionstherapie am nachhaltigsten, für zahlreiche andere Therapie-Ansätze existieren noch keinerlei Beschreibungen oder Wirksamkeitsnachweise. Entsprechend besteht ein bedeutender Bedarf an der Entwicklung, Evaluation und Wirksamkeitsüberprüfung kultursensibler Behandlungsansätze für die Therapie traumatisierter Geflüchteter.

4.2.5 Literatur

[233] Abdallah-Steinkopff B, Soyer J. Traumatisierte Flüchtlinge. Kultursensible Psychotherapie im politischen Spannungsfeld. In: Feldmann Jr RE und Seidler GH, Hrsg. Traum(a) Migration. Gießen: Psychosozial; 2013

[234] Acarturk C, Konuk E, Cetinkaya M et al. The efficacy of eye movement desensitization and reprocessing for post-traumatic stress disorder and depression among Syrian refugees: results of a randomized controlled trial. Psychological Medicine 2016; 46(12): 2583

[235] Achterberg J. Gedanken heilen: die Kraft der Imagination. Grundlagen einer neuen Medizin. Hamburg: Rowohlt; 1990

[236] Adenauer H, Catani C, Gola H et al. Narrative exposure therapy for PTSD increases top-down processing of aversive stimuli-evidence from a randomized controlled treatment trial. BMC neuroscience 2011; 12(1): 1

[237] Baron J, Schriefers S. Versorgungsbericht zur psychosozialen Versorgung von Flüchtlingen und Folteropfern in Deutschland. Bundesweite Arbeitsgemeinschaft der Psychosozialen Zentren für Flüchtlinge und Folteropfer (BAfF) e. V.; 2015

[238] Bichescu D, Neuner F, Schauer M et al. Narrative exposure therapy for political imprisonment-related chronic post-traumatic stress disorder and depression. Behav Res Ther 2007; 45(9): 2212–2220

[239] Bohus M, Wolf M. Interaktives Therapieprogramm für Borderline-Patienten. Therapeuten-Version. Stuttgart: Schattauer; 2009

[240] Bozorgmehr K, Nöst S, Thaiss HM et al. Die gesundheitliche Versorgungssituation von Asylsuchenden. Bundesgesundheitsblatt Gesundheitsforschung Gesundheitsschutz 2016; 59(5): 545–555

[241] Bradley R, Greene J, Russ E et al. A multidimensional meta-analysis of psychotherapy for PTSD. Am J Psychiatry 2005; 162(2): 214–227

[242] Bruner J. The narrative creation of self. In: The handbook of narrative and psychotherapy: Practice, theory, and research. London: Sage; 2004: 3–14

[243] Cloitre M, Stovall-McClough KC, Nooner K et al. Treatment for PTSD related to childhood abuse: A randomized controlled trial. Am J Psychiatry 2010; 167(8): 915–24

[244] Davies JM, Frawley MG. Treating the adult survivor of childhood sexual abuse: A psychoanalytic perspective. New York: Basic Books; 1994

[245] Ehlers A, Clark DM. A cognitive model of posttraumatic stress disorder. Behav Res Ther 2000; 38(4): 319–345

[246] Erhart M, Hölling H, Bettge S et al. Der Kinder- und Jugendgesundheitssurvey (KiGGS): Risiken und Ressourcen für die psychische Entwicklung von Kindern und Jugendlichen. Bundesgesundheitsblatt Gesundheitsforschung Gesundheitsschutz 2007; 50(5–6): 800–809

[247] Ertl V, Pfeiffer A, Schauer E et al. Community-implemented trauma therapy for former child soldiers in Northern Uganda: a randomized controlled trial. Jama 2011; 306(5): 503–512

[248] Feeny NC, Zoellner LA, Foa EB. Treatment outcome for chronic PTSD among female assault victims with borderline personality characteristics: A preliminary examination. J Pers Disord 2002; 16(1): 30

[249] Feldmann Jr RE, Seidler GH, Hrsg. Traum (a) Migration. Aktuelle Konzepte zur Therapie traumatisierter Flüchtlinge und Folteropfer (Therapie & Beratung). Gießen: Psychosozial 2013

[250] Fiedler P. Ressourcenorientierte Psychotherapie bei Persönlichkeitsstörungen. Psychotherapeutenjournal 2004; 1(2004): 4–12

[251] Flatten G, Gast U, Hofmann A et al. S3–LEITLINIE Posttraumatische Belastungsstörung ICD-10: F43. 1. Trauma und Gewalt 2011; 5(3): 202–210

[252] Flatten G, Gast U, Hofmann A et al. Posttraumatische Belastungsstörung: Leitlinie und Quellentext. Stuttgart: Schattauer; 2013

[253] Foa EB, Kozak MJ. Emotional processing of fear: exposure to corrective information. Psychol Bull 1986; 99(1): 20

[254] Fonagy P, Gergely G, Jurist EL. Affect regulation, mentalization and the development of the self. London, New York: Karnac books; 2004

[255] Gurris NF, Wenk-Ansohn M. Folteropfer und Opfer politischer Gewalt. In: Maercker A, Hrsg. Posttraumatische Belastungsstörungen. Heidelberg: Springer; 2009: 477–499

[256] Gwozdziewycz N, Mehl-Madrona L. Meta-analysis of the use of narrative exposure therapy for the effects of trauma among refugee populations. Perm J 2013; 17(1): 70–76

[257] Hensel-Dittmann D, Schauer M, Ruf M et al. Treatment of traumatized victims of war and torture: A randomized controlled comparison of narrative exposure therapy and stress inoculation training. Psychother Psychosom 2011; 80(6): 345–352

[258] Herman-Lewis J. Die Narben der Gewalt. München: Kindler; 1994

[259] Hinton DE, Chhean D, Pich V et al. A randomized controlled trial of cognitive behavior therapy for Cambodian refugees with treatment-resistant PTSD and panic attacks: A crossover design. J Trauma Stress 2005; 18(6): 617–629

[260] Hinton DE, Pham T, Tran M et al. CBT for Vietnamese refugees with treatment-resistant PTSD and panic attacks: A pilot study. J Trauma Stress 2004; 17(5): 429–433

[261] Hinton DE, Pich V, Hofmann SG et al. Acceptance and mindfulness techniques as applied to refugee and ethnic minority populations with PTSD: Examples from „culturally adapted CBT". Cogn Behav Pract. 2013; 20(1): 33–46

[262] Hofmann A, Liebermann P, Flatten G. Diagnostik der posttraumatischen Belastungsstörung. In: Flatten G, Hofmann A, Liebermann P, Wöller W, Siol T, Petzold ER, Hrsg. Leitlinien Posttraumatische Belastungsstörung. Stuttgart: Schattauer; 2001: 71–84

[263] Huber M. Der innere Garten: ein achtsamer Weg zur persönlichen Veränderung. Paderborn: Junfermann; 2005

[264] Kabat-Zinn J, Born H. Achtsamkeit und Meditation im täglichen Leben. Freiburg: Arbor; 2008

[265] Kächele H, Strauß B. Brauchen wir Richtlinien oder Leitlinien für psychotherapeutische Behandlungen? Psychotherapeut 2008; 53(6): 408–413

[266] Kearney DJ, McDermott K, Malte C et al. Effects of participation in a mindfulness program for veterans with posttraumatic stress disorder: A randomized controlled pilot study. J Clin Psychol 2013; 69(1): 14–27

[267] Kizilhan J. Narrative Traumatherapie. Trauma und Gewalt 2009; 3(1): 70–76

[268] Korn DL, Leeds AM. Preliminary evidence of efficacy for EMDR resource development and installation in the stabilization phase of treatment of complex posttraumatic stress disorder. J Clin Psychol 2002; 58(12): 1465–1487

[269] Lampe A, Mitmansgruber H, Gast U et al. Therapieevaluation der Psychodynamisch Imaginativen Traumatherapie (PITT) im stationären Setting. Neuropsychiatrie 2008; 22(3): 189–197

[270] Leitch ML, Vanslyke J, Allen M. Somatic experiencing treatment with social service workers following Hurricanes Katrina and Rita. Social Work 2009; 54(1): 9–18

[271] Levine P. Walking the tiger. Berkeley, California: North Atlantic Books; 1997

[272] Levine PA, Frederick A. Trauma-Heilung. Das Erwachen des Tigers. Unsere Fähigkeit, traumatische Erfahrungen zu transformieren. Essen: Synthesis; 1998

[273] Linehan M. Dialektisch-Behaviorale Therapie der Borderline-Persönlichkeitsstörung. München: Cip-Medien; 2006

[274] Maercker A, Michael T. Posttraumatische Belastungsstörungen. In: Lehrbuch der Verhaltenstherapie. Heidelberg: Springer; 2009: 105–124

[275] Manok N, Huhn D, Kohl RM et al. Entwicklung, Implementierung und Patientenspektrum einer Ambulanz für Geflüchtete mit Traumafolgestörungen und psychischen Belastungen in einer Landeserstaufnahmeeinrichtung. Psychotherapeut. im Druck

[276] Marlock G. Handbuch der Körperpsychotherapie. Stuttgart: Schattauer; 2006

[277] Mentzos S. Neurotische Konfliktverarbeitung. Frankfurt a. M.: Fischer; 2013

[278] Neuner F, Kurreck S, Ruf M et al. Can asylum-seekers with posttraumatic stress disorder be successfully treated? A randomized controlled pilot study. Cogn Behav Ther 2010; 39(2): 81–91

[279] Neuner F, Onyut PL, Ertl V et al. Treatment of posttraumatic stress disorder by trained lay counselors in an African refugee settlement: a randomized controlled trial. J Consult Clin Psychol 2008; 76(4): 686

[280] Neuner F, Schauer M, Roth WT et al. A narrative exposure treatment as intervention in a refugee camp: a case report. Behav Cogn Psychother 2002; 30(02): 205–209

[281] Neuner F. Stabilisierung vor Konfrontation in der Traumatherapie – Grundregel oder Mythos? Verhaltenstherapie 2008; 18(2): 109–118

[282] Nikendei C, Munz D, Herzog W. Wegweiser für die stationäre psychodynamische Therapie von Essstörungen. In: Herzog W, Munz D, Kächele H., Hrsg. Essstörungen. Therapieführer und psychodynamische Behandlungskonzepte. Stuttgart: Schattauer; 2004: 305–419

[283] Omidi A, Mohammadi A, Zargar F et al. Efficacy of mindfulness-based stress reduction on mood states of veterans with post-traumatic stress disorder. Arch Trauma Res 2013; 1(4): 151–154

[284] OPD-Arbeitskreis. OPD-2. Operationalisierte Psychodynamische Diagnostik: Das Manual für Diagnostik und Therapieplanung. Bern: Huber; 2014

[285] Özkan I, Belz M. Ressourcenorientierte traumazentrierte Behandlung von Migranten. In: Feldmann Jr RE, Seidler GH, Hrsg. Traum (a) Migration. Aktuelle Konzepte zur Therapie traumatisierter Flüchtlinge und Folteropfer (Therapie & Beratung). Gießen: Psychosozial; 2013: 193–220

[286] Pabst A, Gerigk U, Erdag S, Paulsen G. Flucht & Trauma. Ein multiprofessionelles Behandlungsangebot für psychisch erkrankte Flüchtlinge. In: Feldmann Jr RE, Seidler GH, Hrsg. Traum(a) Migration (Therapie & Beratung). Gießen: Psychosozial; 2013

[287] Parker C, Doctor RM, Selvam R. Somatic therapy treatment effects with tsunami survivors. Traumatology 2008; 14(3): 103–109

[288] Pennebaker JW. Writing about emotional experiences as a therapeutic process. Psychological science 1997; 8(3): 162–166

[289] Reddemann L. Psychodynamisch Imaginative Traumatherapie: PITT®-Das Manual. Ein resilienzorientierter Ansatz in der Psychotraumatologie. Stuttgart: Klett-Cotta; 2014

[290] Reddemann L. Psychotherapie auf der inneren Bühne. Persönlichkeitsstörungen Theorie und Praxis 1998; 2: 88–96

[291] Reddemann L. Stabilisierung in der Traumatherapie. Trauma und Gewalt 2011; 5(3): 256–263

[292] Resick PA, Nishith P, Griffin MG. How well does cognitive-behavioral therapy treat symptoms of complex PTSD? An examination of child sexual abuse survivors within a clinical trial. CNS spectrums 2003; 8(05): 340–355

[293] Robjant K, Fazel M. The emerging evidence for narrative exposure therapy: A review. Clin Psychol Rev 2010; 30(8): 1030–1039

[294] Rudolf G. Strukturbezogene Psychotherapie: Leitfaden zur psychodynamischen Therapie struktureller Störungen. Stuttgart: Schattauer; 2006

[295] Sachsse U, Vogel C, Leichsenring F. Results of psychodynamically oriented trauma–focused inpatient treatment for women with complex posttraumatic stress disorder (PTSD) and borderline personality disorder (BPD). Bull Menninger Clin 2006; 70(2): 125–144

[296] Sachsse U. Die therapeutische Beziehung als Matrix der Pathologie und Nachreifung? In: Hermer M, Röhrle B, Hrsg. Handbuch der therapeutischen Beziehung. Band I: Allgemeiner Teil. Tübingen: DGVT; 2008: 773–798

[297] Sachsse U. Trauma-Synthese durch Trauma-Exposition: Allgemeines zur Wirksamkeit und zum therapeutischen Vorgehen. In: Sachsse U. Traumazentrierte Psychotherapie: Theorie, Klinik und Praxis. Stuttgart: Schattauer; 2004: 264

[298] Sack M, Sachsse U. Therapiemethoden und Behandlungstechniken. In: Sack M, Sachsse U, Schellong J, Hrsg. Komplexe Traumafolgestörungen. Diagnostik und Behandlung von Folgen schwerer Gewalt und Vernachlässigung. Stuttgart: Schattauer; 2013: 247–297

[299] Sack M. Schonende Traumatherapie: ressourcenorientierte Behandlung von Traumafolgestörungen. Stuttgart: Schattauer; 2010

[300] Schaal S, Elbert T, Neuner F. Narrative exposure therapy versus interpersonal psychotherapy. Psychotherapy and psychosomatics 2009; 78(5): 298–306

[301] Schauenburg H, Hildenbrand G, Koch U, Mattke D, Neun H, Rüddel H, Hrsg. Klinikführer: stationäre psychosomatisch-psychotherapeutische Einrichtungen. Stuttgart: Schattauer; 2007

[302] Schauer E, Neuner F, Elbert T et al. Narrative exposure therapy in children: a case study. Intervention 2004; 2(1): 18–32

[303] Schauer M, Neuner F, Elbert T. Narrative exposure therapy: A short-term treatment for traumatic stress disorders. Cambridge, MA: Hogrefe Publishing; 2011

[304] Schouler-Ocak M. Interkulturelle traumazentrierte Psychotherapie unter Anwendung der EMDR-Methode. In: Feldmann Jr RE, Seidler GH, Hrsg. Traum(a) Migration. Aktuelle Konzepte zur Therapie traumatisierter Flüchtlinge und Folteropfer (Therapie & Beratung). Gießen: Psychosozial; 2013

[305] Schubbe O. Eye-Movement Desensitization and Reprocessing (EMDR). In: Maercker A, Hrsg. Posttraumatische Belastungsstörungen. Heidelberg: Springer; 2009: 285–300

[306] Seidler GH, Wagner FE. Comparing the efficacy of EMDR and trauma-focused cognitive-behavioral therapy in the treatment of PTSD: a meta-analytic study. Psychol Med 2006; 36(11): 1515–1522

[307] Shapiro F. EMDR – Grundlagen und Praxis. Paderborn: Junfermann 1998
[308] Shapiro F. Eye movement desensitization and reprocessing: Basic principles, protocols, and procedures (2nd ed.). New York: Guilford; 2001
[309] Silver SM, Rogers S, Russell M. Eye movement desensitization and reprocessing (EMDR) in the treatment of war veterans. J Clin Psychol 2008; 64(8): 947–957
[310] Snodgrass LL, Yamamoto J, Frederic C et al. Vietnamese refugees with PTSD symptomatology: Intervention via a coping skills model. J Trauma Stress 1993; 6(4): 569–575
[311] Straub M, Maier T. Therapieerwartungen und Krankseinskonzepte bei traumatisierten Migranten und Migrantinnen. Eine qualitative Studie. Ethnologisches Seminar an der Universität Zürich; 2007. Im Internet: https://www.sem.admin.ch/dam/data/sem/publiservice/service/forschung/studie-therapie-traumatisierte-migranten-d.pdf; Stand: 15.12.2016
[312] ter Heide FJJ, Mooren TM, van de Schoot R et al. Eye movement desensitisation and reprocessing therapy v. stabilisation as usual for refugees: randomised controlled trial. Br J Psychiatry 2016
[313] Van der Kolk BA. The body keeps the score: Memory and the evolving psychobiology of posttraumatic stress. Harv Rev Psychiatry 1994; 1(5): 253–265
[314] World Health Organization. Responding to intimate partner violence and sexual violence against women: WHO clinical and policy guidelines. 2013. Im Internet: http://apps.who.int/iris/bitstream/10665/85240/1/9789241548595_eng.pdf; Stand: 15.12.2016
[315] Wöller W, Kruse J. Hypothesen und ihre Überprüfung. Initiale und adaptive Diagnostik. In: Wöller W, Kruse J, Hrsg. Tiefenpsychologisch fundierte Psychotherapie: Basisbuch und Praxisleitfaden. Stuttgart: Schattauer; 2014
[316] Wöller W, Kruse J. Perspektivenvielfalt und Adaptivität. Einige Grundorientierungen tiefenpsychologisch fundierter Arbeit. In: Wöller W, Kruse J, Hrsg. Tiefenpsychologisch fundierte Psychotherapie: Basisbuch und Praxisleitfaden. Stuttgart: Schattauer; 2014

4.3 Spezifische Situationen in der psychotherapeutischen Begegnung

Jan I. Kizilhan

4.3.1 Einleitung

Neben der Arbeitsmigration seit den 60er Jahren sind politische Umwälzungen, Kriegs- und Bürgerkriegszustände sowie steigende Armut und Naturkatastrophen in verschiedenen Ländern der Welt Ursachen für die Migration von Menschen nach Europa. Ihre psychische Verfassung und psychosoziale Lebenssituation können mehrdimensional beeinträchtigt sein: Einerseits können sie von unverarbeiteten traumatischen Erlebnissen, begleitet von Migrations- und Entwurzelungserfahrungen geprägt sein, andererseits werden sie im Aufnahmeland mit zum Teil völlig neuen Normen und Werten, Institutionen sowie einer fremden Sprache konfrontiert. Besonders schwierig ist es für Menschen aus Gemeinschaften, die sich seit mehreren Generationen auf der Flucht, im Krieg oder in kriegsähnlichen Situationen befinden [432]. Bei Menschen mit Genozid- und Foltererfahrung können sogar Kinder und Kindeskinder betroffen sein [344].

Die medizinische und psychologische Behandlung traumatisierter Migrant(inn)en stellt Therapeut(inn)en vor erhebliche Schwierigkeiten. Dazu gehören neben

- der sprachlichen Verständigung
- kulturspezifische Krankheitsvorstellungen und -beschreibungen der Patient(inn)en,
- ihre Beziehung mit den Therapeut(inn)en,
- ihre entsprechende Erzählstruktur,
- politische Konstellationen,
- geschlechtsspezifische Aspekte usw.,

die die Untersuchung, Diagnostik und Behandlung erschweren [317]. Angenommen werden kann bei den Geflüchteten neben traumatischen Erlebnissen eine erhöhte psychische Belastung aufgrund zusätzlicher Stressoren während der Flucht und Migrationsanpassung, wie z. B. unsicherer Aufenthaltsstatus, begrenzter Zugang zur Gesundheitsversorgung etc. ([336], [346], s. auch Kap. 1.2). Ferner ist ein großer Teil der Migrant(inn)en seit mehreren Generationen im Herkunftsland wegen ihrer Ethnie oder Religion zahlreichen Repressalien ausgesetzt [331], [340].

Gleichzeitig handelt es sich um eine äußerst heterogene Gruppe unterschiedlicher Ethnien, Religionen und Subgruppen. Migrant(inn)en weisen unterschiedliche Vorstellungen von Gesundheit und Krankheit auf und verfügen über unterschiedliche kulturelle und traditionell-medizinische Vorstellungen vom Umgang mit traumatischen Erlebnissen. Dies erfordert umso mehr Reflexion und Anpassung westlicher Konstrukte und die Integration alternativer Konzepte in der Begegnung mit Traumatisierten aus anderen Kulturen.

Trotz der steigenden Zahl von Geflüchteten und damit auch traumatisierter Menschen, trotz der Migration seit 60 Jahren fehlen grundlegende Bedingungen, die für eine effektive psychotherapeutische Behandlung notwendig wären (s. die folgende Aufstellung).

Notwendige Bedingungen bei der Betreuung und Behandlung von Menschen aus anderen Kulturen

A) Soziale Bedingungen
- sprachliche Probleme abbauen (Sprachbarrieren, Einsetzung von Dolmetscher(inne)n und Bezahlung durch die Krankenkassen)
- ausreichende Kenntnisse von kulturell bedingten Unterschieden (z. B. Rolle der Familienmitglieder in kollektiven Gesellschaften)
- Verbesserung migrationsspezifischer psychologischer Probleme (z. B. Generationskonflikte, Integration etc.)
- bessere Rechte in Aufnahmegesellschaften (z. B. begrenzter Wohnraum, minimale finanzielle Unterstützung von Geflüchteten)
- kulturspezifische Informationen über die Lebenssituation im Aufnahmeland (z. B. Asylverfahren, Aufenthaltsstatus, Schulbesuch etc.)
- Familienzusammenführung erleichtern, vor allem wenn es um Kinder geht, die noch im Herkunftsland oder in einem anderen Land darauf warten, von ihren Eltern geholt zu werden

B) Allgemeine Versorgungsstrukturen
- frühzeitige Erstfeststellung vulnerabler Gruppen
- psychosoziale Basisangebote (Beratung, niederschwellige Angebote) für psychisch belastete Geflüchtete
- Psychotherapieangebote bei Therapeut(inn)en, die Kenntnisse/Erfahrungen in der Behandlung von Traumapatient(inn)en haben und aufgrund ihrer Kenntnisse in der Lage sind, den besonderen kulturellen Besonderheiten Rechnung zu tragen und unter Einbeziehung von Sprachmittlern zu arbeiten
- muttersprachlich ausgebildete Traumatherapeut(inn)en, die kulturspezifische Diagnostik durchführen
- Verbesserung der Behandlungsmöglichkeiten von traumatisierten Geflüchteten ohne einen sicheren Aufenthalt innerhalb der gesundheitlichen Regelversorgung
- psychiatrische und psychosomatische Kliniken mit ausreichender transkultureller Kompetenz
- geschulte Gutachter und einheitliches Vorgehen derselben bei traumatisierten Migrant(inn)en, insbesondere hinsichtlich möglicher Abschiebung; Klärung der Gesundheitssituation des Herkunftslandes

C) Spezielle Versorgungsstrukturen
- spezielle Behandlungsmodule für bestimmte Gruppen (z. B. Migrant(inn)en aus traditionell-religiösen Gemeinschaften, die über eine unterschiedliche Erzählstruktur und Umgang mit Traumata verfügen)
- Alternativen zu Konfrontationstechniken der Psychotraumatherapie bei Patient(inn)en aus familienorientierten Gesellschaften, die diese Techniken kulturell nur schwer annehmen können
- spezifische Behandlungskonzepte für sexuelle Gewaltopfer und traumatisierte Frauen (z. B. aufgrund einer Genitalverstümmelung *(Female Genital Mutilation, FGM)*
- kulturelle Leitlinien für Therapeut(inn)en im Umgang mit Scham- und Schuldgefühlen unter Berücksichtigung der kulturellen Werte von Ehrvorstellungen des Individuums und Kollektivs (z. B. bei Vergewaltigungen, Misshandlungen und Demütigungen durch Personen oder Gruppen)
- Entwicklung von kulturspezifischem psychoedukativem Informationsmaterial
- Implementierung der kultursensiblen Behandlung von traumatisierten Migrant(inn)en in Studium, Aus-, Fort- und Weiterbildungen (Medizin und Psychologie)

Werden u. a. sprachliche, kulturelle und migrationsspezifische Aspekte in die Beratung, Behandlung und soziale Unterstützung von Migrant(inn)en mit einer PTBS einbezogen, ist es möglich, ihre Versorgung und Integration grundlegend zu verbessern. So sind u. a. sowohl aufseiten der Behandler als auch bei den Gesundheitsinstitutionen spezifische transkulturelle Kenntnisse und die Berücksichtigung sozialer und politischer Strukturen der Gesundheitsinstitutionen notwendig, um bei diesen Patient(inn)en richtig diagnostizieren, frühzeitig und adäquat behandeln zu können und so z. B. eine Chronifizierung der Krankheit zu verhindern.

Die Diagnostik psychischer Störungen und die Diagnostik der Traumafolgestörungen orientiert sich an den Kriterien der ICD-10 und DSM-5 (s. a. Kap. 4.1.1). Dies unterstellt bei allen Menschen vergleichbare Belastungen und Reaktionen nach dem Erleben traumatischer Erfahrungen, was sich jedoch nach klinischer Erfahrung und den Befunden der transkulturellen Psychiatrie nicht bestätigen lässt [330], [350].

Grundsätzlich ist das Konzept der Posttraumatischen Belastungsstörung (PTBS) übergreifend auf alle ethnischen Gruppierungen anwendbar. Dennoch können die unterschiedlichen Vorstellungen von Gesundheit bzw. Krankheit und kulturell-traditionell-medizinischer Behandlung im Umgang mit traumatischen Erlebnissen alternative Konzepte oder Ergänzungen erfordern.

Eine Grundvoraussetzung ist in jedem Fall eine sichere Umgebung, in der sich die Person nicht von Verfolgung oder anderen Gefahren bedroht fühlt oder – im Falle von Geflüchteten – nicht fürchten muss, in das Herkunftsland abgeschoben zu werden. Erst diese Sicherheit erlaubt ihr, über ihre kritischen Lebensereignisse zu sprechen und sich auf die Therapie und den Therapeuten einzulassen.

Schon das Herausarbeiten von Kognitionen, Emotionen, der Definition vom Selbst, individueller und kollektiver Identität sowie die Art und Weise, wie Beschwerden dargestellt werden (z. B. berichten einige Patientengruppen zu Beginn der Anamnese nur über Körperschmerzen), können die Behandlung erschweren, da sich oft keine Übereinstimmung mit den bekannten Diagnosekriterien findet [351]. So berichten Therapeut(inn)en häufig, dass Patient(inn)en aus einer traditionell orientalischen Gemeinschaft bei der Erstanamnese zunächst ausführlich über die Belastungen ihrer Vorfahren erzählen und erst später (vielleicht) einen Zusammenhang mit ihrer Traumatisierung herstellen. Dies kann zu Unverständnis und Ungeduld beim Therapeuten führen [333].

Ein weiteres Problem während der Behandlung stellt oft die Traumakonfrontation [343], [347] dar. Auch wenn wir von einer grundsätzlich positiven Wirkung der Konfrontation bei der Traumatherapie ausgehen (s. auch Kap. Konfrontationsbasierte Traumatherapie), so ist eine Grundvoraussetzung jedoch in jedem Fall eine sichere Umgebung, in der sich die Person nicht von Verfolgung bedroht fühlt oder fürchten muss, in das Exilland abgeschoben zu werden. Diese Sicherheit erlaubt ihr, überhaupt erst über ihre kritischen Lebensereignisse zu sprechen und sich auf die Therapie einzulassen.

Gleichzeitig ist bekannt, dass es viele Kulturen nicht gewohnt sind, die Narration und damit auch traumatische Ereignisse konfrontativ zu behandeln [319]. Die traditionelle Expositionstherapie ist bei Opfern politischer Unterdrückung und bei Menschen mit komplexer und kumulativer Traumatisierung nicht immer effektiv [321], [329]. Sie kann sogar kontraproduktiv sein und sowohl die Compliance senken als auch die Abbrecherquote erhöhen. Nicht über alle, aber einige Patient(inn)en wird berichtet, dass Verdrängung und Vermeidung hier möglicherweise eine bessere Copingstrategie darstellen [328], [343]. In manchen Kulturen gilt dies als ein erfolgreicher Bewältigungsmechanismus. Das betrifft besonders kollektivistische Gesellschaften, in denen die soziale Harmonie höchste Priorität hat [320]. Hier wird insbesondere der Heilungsprozess durch den kulturellen und sozialen Kontext determiniert und darauf geachtet, dass das Opfer keinen „Gesichtsverlust" erleidet. Dies gilt vor allem bei politisch motivierter Gewalt [333]. Das Gespräch über die Belastung wird bei diesen Patient(inn)en eher vermieden.

4.3.2 Der narrative Ansatz

Die Narration kann, richtig angewendet – z. B. durch die soziale Unterstützung, sozialen Kontakt und eingebettet in die sozialen Strukturen –, angenommen und als heilsam erlebt werden. In traditionellen Gesellschaften ist Geschichtenerzählen (Narration) ein vertrautes psychologisches Hilfsmittel, das z. B. bei Menschen aus dem Orient angewendet wird und bereits den Mayas vertraut war [345].

> **Narrative Traumatherapie**
>
> Um ein Trauma zu bewältigen, sind für alle Menschen Stabilität, Sicherheit, Orientierung, Selbstwert und Intimität wesentlich. Die „Traumageschichte" selbst ist aus individueller, kollektiver, soziokultureller und politischer Sicht sehr wichtig (Kizilhan, 2009).
>
> Die Narrative Traumatherapie wie z. B. die Narrative Expositionstherapie (NET, s. Kap. Narrative Methoden) [348] und die Kultursensitive Narrative Traumatherapie (KNTT) [333] basieren auf den Arbeiten der Zeugnistherapie und der Kognitiven Verhaltenstherapie und umfassen Forschungsergebnisse aus den Bereichen der Neurobiologie und der Kognitiven Psychologie. In der narrativen Traumatherapie werden aufgrund von Krieg, Folter und Flucht traumatisierte Patient(inn)en ermutigt, ihre traumatischen Erfahrungen zu erzählen. Mit der empathischen Hilfe eines Therapeuten werden diese Erfahrungen intensiv bearbeitet, und Patient(inn)en lernen, ihre traumatischen Erlebnisse in ihr autobiografisches Gedächtnis zu integrieren. Auf diesem Wege werden fragmentari-

sche Erinnerungen in eine zusammenhängende Geschichte gebracht. Diese Therapie ermöglicht die Verarbeitung schmerzhafter Gefühle und den Aufbau eindeutiger Risikoeinschätzungen gefährlicher und sicherer Situationen, was normalerweise zu einer bedeutenden emotionalen Genesung führt. In der Kultursensitiven Narrativen Traumatherapie sollen insbesondere auch durch Narration die transgenerationellen, kollektiven und individuellen Traumata bearbeitet werden.

Die Narration selbst kann als ein wichtiges Element einer stabilen Ich-Identität angesehen werden [333]. Sie steht in enger Verbindung mit dem Gedächtnis, aus dem die eigene Lebensgeschichte und die traumatischen Ereignisse abgerufen werden. Dies geschieht nicht objektiv, sondern ist immer gefärbt von aktuellen und vergangenen Bedeutungen. Die Erzählformen einer Gesellschaft bestimmen, wie die Geschichte erzählt wird, und auch, welche Bedeutung den einzelnen Elementen zukommt [352]. Narration ist somit stark kulturell geprägt, ebenso wie die Erinnerung selbst. Erzählstruktur und Zeiterleben unterscheiden sich in den verschiedenen Gesellschaften [338]. In kollektivistischen Kulturen werden Erinnerungen z. B. immer in Verbindung mit dem Kollektiv wiedergegeben und nicht, wie in individualistischen Kulturen, als ein individuell erlebtes Ereignis verstanden [333].

In den vergangenen Jahren haben sich Forscher und Praktiker mit alternativen Behandlungsansätzen beschäftigt, die verstärkt kulturelle Faktoren, aber auch das Krankheitsverständnis und Bewältigungsstrategien von Menschen mit einem Migrationshintergrund berücksichtigen.

Eine kulturübergreifend nachgewiesen hilfreiche Methode ist die Kombination aus Narrations- und Expositionstherapie, wie sie etwa in der Narrativen Expositionstherapie ([348], s. Kap. Narrative Methoden) und der Kultursensitiven Narrativen Traumatherapie [333] umgesetzt werden.

Bei genauer Betrachtung können diese Modelle als Zusatzmodule westlicher Therapie-Ansätze gesehen werden. Denn alle Konzepte haben mehr oder weniger das Ziel, die Traumapatient(inn)en wieder in die Lage zu versetzen, mit ihren erlebten traumatischen Belastungen umgehen und ein menschenwürdiges, funktionales und gesundes Leben führen zu können.

4.3.3 Das psychotherapeutische Gespräch

Dem psychotherapeutischen Gespräch kommt bei der Behandlung psychischer Erkrankungen eine zentrale Bedeutung zu. Patient(inn)en anderer Kulturen kommen möglicherweise mit anderen Erwartungen als einheimische in ein Erstgespräch. Diese zu kennen und im Rahmen des Möglichen darauf einzugehen, ist essenziell, um eine gute Ausgangsbasis für die Behandlung zu schaffen [337]. Bereits beim Erstgespräch kann es z. B. zu Missverständnissen kommen, da neben den Patient(inn)en auch die mitgekommenen Verwandten dabei sein wollen. In diesem Fall empfehlen von Lersner u. Kizilhan [337], zuerst einmal alle Personen mit in das Behandlungszimmer zu nehmen und diese 1. Sitzung mit der Familie zu gestalten, wenn das Setting auch ungewohnt sein mag. An dieser Stelle muss berücksichtigt werden, dass sich soziozentrisch orientierte Menschen als Teil eines sozialen Systems erleben und in diesem System denken, fühlen und handeln. Die Lebenswirklichkeit ist in der Familie immer mit den „anderen" verbunden; der „kollektive Gedanke" überwiegt und beeinflusst das Denken und Handeln. Konzepte über das „Ich" sind nicht wie im westlichen Denken individualistisch ausgerichtet [337]. Grundvoraussetzung eines jeden therapeutischen Gesprächs mit den Patient(inn)en ist die Kommunikation in einer gemeinsamen Sprache (zum Thema Sprachmittler s. Kap. 3.1).

Bei der Anamnese erzählen Menschen aus orientalisch-patriarchalischen Gesellschaften die Ereignisse nicht chronologisch und nicht individuell an ein bestimmtes Punktereignis gebunden, sondern immer im Zusammenhang mit dem Kollektiv, das heißt, es wird auf Vorfahren, an die Familie, an Stammesstrukturen etc. referiert. Dies kann zu einer Stresssituation beim Therapeuten führen, da er durchaus eine lineare Erzählstruktur mit einem Anfang und Ende gewohnt ist und die Patient(inn)en in der vorgegebenen Zeit nicht fertig werden. Ein Drängen, zum „Punkt" zu kommen, kann vonseiten des Patienten als eine Kränkung oder Ablehnung verstanden werden und schon zu Beginn die Patient-Therapeut-Beziehung belasten. In solchen Fällen ist es ratsam, dass z. B. bei der biografischen Anamnese eine Doppelstunde eingeplant wird. Natürlich gibt es auch Schwersttraumatisierte, die aufgrund langer Gefangenschaft und Hungerstreiks Gedächtnisstörungen aufweisen oder zu

Beginn nicht so weit sind, mit den Therapeut(inn)en aktiv zu kommunizieren.

Die Beziehungsgestaltung unter besonderer Berücksichtigung traditioneller Familien

In traditionellen Familien ist infolge der traditionellen Erziehung und Sozialisation zunächst die Beziehung zu anderen Menschen besonders bedeutsam, so auch zu den behandelnden Ärzt(inn)en und Therapeut(inn)en, zumal viele Patient(inn)en zuvor bereits traditionelle Heiler(innen) in ihrem Herkunftsland aufgesucht haben, die über besondere kommunikative Kompetenzen verfügen. Eigenschaften des/der Behandelnden wie Verständnis, Geduld, Respekt, Höflichkeit, Aufmerksamkeit, Freundlichkeit und Offenheit werden insbesondere bei traumatisierten Patient(inn)en mehr geschätzt als sein oder ihr Fachwissen [323], [337].

Eine vertrauensvolle Beziehungsgestaltung, was vor allem die Akzeptanz der Beschwerden der Patient(inn)en bedeutet, ist besonders wichtig. Bei Patient(inn)en aus familienorientierten Gesellschaften wird der Arzt (auch der klinische Psychologe wird als Arzt/„Doktor" gesehen) traditionell als väterlicher Freund der Familie verstanden [339]. Er stellt eine Autoritätsfigur dar, die einen aktiven, wissenden und beratenden Umgang mit dem Patienten und seiner Familie pflegt. Diese kulturelle Übertragung wird er annehmen müssen, wenn er nicht erhebliche Verunsicherung auslösen will. Behandlerinnen werden genauso wie männliche Behandler akzeptiert. Beide haben in traditionellen Gesellschaften ein hohes Ansehen, und oft wird im Alltagsdiskurs der Satz „Erst Gott, dann der Doktor" erwähnt. So lassen sich Männer und Frauen ohne Probleme sowohl von Ärztinnen als auch Ärzten körperlich untersuchen. Bei schwer traumatisierten Patientinnen z. B. aufgrund sexualisierter Gewalt ist es jedoch ratsam, vor der Behandlung zu fragen, ob eine Therapie mit einem männlichen Behandler in Ordnung ist. Hier spielen Schamgefühle und Übertragungsphänomene eine wichtige Rolle, die berücksichtigt werden sollten. Im Gegensatz zum Umgang mit einheimischen Patienten, bei denen ein Mobilisieren des eigenen Potenzials im Vordergrund steht, wird bei o. g. Patient(inn)en mehr Hilfe durch die Autorität erwartet und angeboten werden müssen [339]. Dies bedeutet aber, dass der Behandler auch ein Bewusstsein für die eigene kulturelle Gebundenheit entwickeln muss und aus dieser Position in der Lage sein sollte, seine (Gegen-)Übertragungen auf den Patienten, alle individuellen und gesellschaftlichen Vorurteile und Stereotypien, die als kollektive Übertragungen auftauchen, zu entaktualisieren, bevor sie in der Behandlung destruktiv wirksam werden. Erst danach ist eine Bereitschaft der Patient(inn)en zur Verhaltensänderung auf psychischer und physischer Ebene möglich.

Störungen und Belastungen sind nicht a priori individualisiert und pathologisiert, sondern mit dem sozialen Umfeld vernetzt. Die Geschichte des Individuums wird in Verbindung mit seiner Familie und Gemeinde innerhalb eines kulturellen/sozialen/politischen Kontextes gesehen. Dies gilt vor allem bei politisch motivierten Gewalterfahrungen. Denn erst aufgrund ihrer Zugehörigkeit zu einer sozialen oder politischen Gruppe wurden diese Menschen überhaupt zu Gewaltopfern [352]. Zusammen mit dem Verständnis der Migrationserfahrung als einem notwendigen Entwicklungsprozess ist dies die Grundlage für eine produktive Traumatherapie mit Migrant(inn)en aus familienorientierten Gesellschaften.

Werden die Familie und die jeweilige Rolle aller Mitglieder der Großfamilie einbezogen, kann dies zu einem besseren Verständnis der möglichen familiären Konflikte und Beziehungsabhängigkeiten beitragen. Doch die starke Solidarität der Familie mit einem/r traumatisierten Patient(in) kann in Fällen von sexualisierter Gewalt außerhalb oder innerhalb der Familie eine Besserung unter Umständen auch verhindern und die Symptomatik verschlimmern.

Der Kontakt mit einer anderen Kultur durch Migration hat zwar einen Einfluss auf die Erklärungsmodelle von Krankheit und Gesundheit, scheint aber dabei die Attributionsmuster nicht grundlegend zu beeinflussen. Wie aus Studien zur Migration bekannt ist, neigen Gruppen im Ausland dazu, ihre Werte- und Einstellungssysteme zu verfestigen [337]. Andererseits werden positiv erlebte Attributionsmuster übernommen und in das eigene Krankheitskonzept integriert.

In ▶ Tab. 4.5 werden einige mögliche Einstellungsmöglichkeiten von Behandlern dargestellt.

Tab. 4.5 Einstellungsmuster von Behandlern im Kontakt mit Patient(inn)en aus familienorientierten Gesellschaften.

Typologien von Behandlern	Einstellungs- und Handlungsmuster westlich-individuell geprägter Behandler
elterlich-annehmend, infantilisierend, umsorgend	Für diese Behandler entsprechen die hilflosen, vertrauensvollen Patient(inn)en dem „Kindchenschema", ein Wahrnehmungsmuster, durch das ein Bedürfnis des Behandlers nach Fürsorge aktiviert und befriedigt wird.
solidarisierend mit dem Patienten	Sie solidarisieren sich mit dem Patienten, haben aber Schwierigkeiten, dessen anderes Rollenverhalten zu akzeptieren. So können sie z. B. die Beziehungen in einer traditionellen Familie als Sinnbild der Unterdrückung der Frauen wahrnehmen und versuchen etwa, die Patientinnen emanzipatorisch zu „erziehen" oder den vermeintlich patriarchalischen Mann bewusst oder unbewusst unter „Druck" zu setzen, was die Behandlung und Therapeut- Patient-Beziehung gefährden kann.
begrenztes Verständnis für abweichende Krankheitsverarbeitung und Krankheitsverständnis	Sie zeigen eine erkennbare Distanz gegenüber dieser Patientengruppe, akzeptieren die vermeintlich stabileren, patriarchalischen Familienstrukturen und sehen in den fremden Lebensformen einen Ausdruck kultureller Exotik mit einer rückschrittlichen Heilmedizin. Die Behandler(innen) werden ungehalten, wenn ihre Arbeit dadurch behindert oder aufgehalten wird.
ethnozentrische Akkulturation fordernd	Diese Behandler(inn)en erwarten von ihren Patient(inn)en Anpassung an die hiesigen Verhältnisse, auch medizinisch-psychologisch (z. B. soll der Patient seine Schmerzäußerung nicht so „übertreiben" und endlich „aktiv an sich arbeiten").
schnell frustriert, sich aus der Beziehungsgestaltung distanzierend	Der Behandler ist schnell frustriert und zieht sich aus der Beziehungsgestaltung zurück, weil der Patient z. B. aktive Handlungen wie Sport und Physiotherapie, die der Behandler verschreibt, nicht annimmt.
überhöht kultursensibel	Der überhöht kultursensible Behandler versucht, die kulturell-religiösen Verhaltensnormen des Patienten/ der Patientin sehr genau einzuhalten, um ihn/sie nicht zu beleidigen. Dies kann zu einer Art „Berührungsangst" führen, indem der Arzt z. B. bei der körperlichen Untersuchung auf das Auskleiden verzichtet.

Mit freundlicher Genehmigung von Pabst Science Publishers aus: Kizilhan J, Haag G. Die Rolle der therapeutischen Beziehung bei der Behandlung türkischer Schmerzpatienten. Praxis Klinische Verhaltensmedizin und Rehabilitation 2011; 88:14–18

4.3.4 Erwartungen an die Psychotherapie

Während z. B. westliche Gesellschaften psychische Probleme als erworben ansehen und diese aktiv bearbeitet werden sollen, betrachten traditionelle Gesellschaften die psychische Erkrankung als eine Folge des Schicksals und sehen keinen Grund, aktiv z. B. an einer Verhaltensänderung zu arbeiten. Die Patient(inn)en erwarten von dem Behandler, dass er eine Lösung hat, und im Weiteren wird versucht, mit der Unterstützung der Familie und seiner Gemeinschaft z. B. durch Rituale die psychische Erkrankung zu heilen. Auch Vorstellungen, dass das Trauma mit den verschiedenen Symptomen nur durch Medikamente ausreichend behandelbar ist, stellt eine weitere Herausforderung an die Therapie dar. Aufgrund dieser Einstellung ist es im Zusammenhang mit einer Traumastörung notwendig, einer möglichen Suchtproblematik nachzugehen. Aus unseren jahrelangen Erfahrungen mit traumatisierten Menschen aus anderen Kulturen ist zu beobachten, dass Frauen vor allem Schmerzmittel und Männer Alkohol und andere Suchtmittel zur Linderung ihrer Traumasymptome nehmen.

▶ Tab. 4.6 gibt einen Überblick, wie das Behandlungssetting bei Menschen aus anderen Kulturen erweitert werden kann. Die aufgeführten Themen sind exemplarisch zu verstehen und lassen sich je nach Individuum und Kultur einschränken bzw. erweitern.

Tab. 4.6 Behandlungssetting bei Menschen aus anderen Kulturen.

Thema	Erweiterung bzw. Spezifizierung bei Menschen aus anderen Kulturen
Erstuntersuchung	Aufgrund einer **unterschiedlichen Erzählstruktur** und möglicher Kommunikationsprobleme kann die Erstuntersuchung längere Zeit beanspruchen. Die Fixierung auf körperliche Beschwerden ist möglich, weist jedoch nicht per se auf eine Somatisierungsstörung hin. Sollten **Sprachmittler** notwendig sein, so müssen diese geschult und mit dem Therapiesetting vertraut sein.
Krankheits- und biografische Anamnese	Die Umstände des 1. Auftretens bzw. einer Aggravation der Beschwerden unter Berücksichtigung der individuellen und der kollektiven Biografie sind zu erheben. Dabei sollte auf **spezifische migrationsbezogene und kulturelle Aspekte** eingegangen werden, z. B. Ausgrenzungserfahrungen aufgrund ethnischer und/oder religiöser Zugehörigkeit im Herkunftsland, Migrationsgeschichte, Kultur- und Generationskonflikte etc.). Vom mitteleuropäischen Verständnis **abweichende Vorstellungen**, was die Anatomie und Funktionsweise des eigenen Körpers sowie die Ursachenzuschreibung von Beschwerden betrifft (Magie, Fluch, Bestrafung etc.), sind zu erwarten, sollten aber auch als eine Ressource betrachtet und integriert werden.
Patient-Therapeut-Beziehung	Es ist ein **wechselseitiges Verstehen** in der therapeutischen Situation notwendig, um kulturell geprägte Kognitionen mit unterschiedlichen emotionalen Reaktionen und Verhaltensweisen zu erkennen und entsprechende Veränderungen zu ermöglichen. Die kulturelle Dimension der Interaktion erfordert eine **Reflexivität** hinsichtlich der eigenen kulturellen Herkunft und Gebundenheit. Eine **vertrauensvolle Beziehung** zu gestalten bedeutet vor allem, die Beschwerden des Patienten zu akzeptieren. Patient(inn)en aus familienorientieren Gesellschaften betrachten den Arzt (auch der klinische Psychologe wird als Arzt/„Doktor" gesehen) traditionell als väterlichen/mütterlichen Freund/in der Familie. Er/sie stellt eine Autoritätsperson dar, die einen aktiven, wissenden und beratenden Umgang mit dem Patienten und seiner Familie pflegt. Diese kulturelle Rollenübertragung sollte bedingt angenommen werden, um die Patient(inn)en nicht zu verunsichern. Eine Fähigkeit im Rahmen interkultureller Kompetenz ist die Fähigkeit des Therapeuten, mit Wissenslücken bezüglich kultureller Spezifika der Patient(inn)en offen umzugehen. Diese Fähigkeit wird als **pro-aktiver Umgang mit Nicht-Wissen** bezeichnet. Untersuchungen zeigen, dass Patient(inn)en es honorieren, wenn der Behandler solche Wissenslücken zugibt und nachfragt; der Behandler zeigt dadurch Interesse an den für die Patient(inn)en wichtigen kulturellen Merkmalen und die Patient(inn)en rücken an dieser Stelle in die Rolle der Expert(inn)en.
Familienanamnese	Zu klären sind **Beziehung und Struktur der Kernfamilie** (mögliche Generationskonflikte, Werteveränderung der nachfolgenden Generationen, Heirat, traditionelles Familienbild etc.) sowie der Großfamilie (eventuelle Verpflichtungen gegenüber der Großfamilie in Deutschland oder im Herkunftsland), ferner die Form der Heirat, ob traditionell, freiwillig oder Zwangsverheiratung, sowie aktuelle Vorgänge in der Familie.
Behandlungs- und Erklärungsmodell	Es gilt, gemeinsam mit den Patient(inn)en ein Behandlungs- und Erklärungsmodell zu entwickeln, das an das jeweilige Bildungsniveau und kulturelle Verständnis anschließen kann. Für Patient(inn)en aus familienorientierten Gesellschaften mag dies ungewohnt sein; sie erwarten eher, dass die Therapeutin nach der 1. Untersuchungsstunde ein vollständiges Erklärungsmodell liefert, wie sie es von traditionellen Heiler(inne)n kennen. Daher ist es notwendig, dem Patient(inn)en bereits frühzeitig die **Sinnhaftigkeit einer für sie ungewohnten Behandlungsstrategie** zu erklären.
Psychoedukation	Ein weiteres Behandlungsmodul ist die Psychoedukation als ein notwendiger Bestandteil der Therapie. Sie soll geeignet sein, das **Konzept einer Psychotherapie verständlich zu machen** und die **Selbstwirksamkeitsüberzeugungen zu stärken**. Dies kann auch den Einsatz von Medien wie Selbsthilfebroschüren und Videos in der Muttersprache der Patient(inn)en umfassen. Die Edukation soll diesen im Wesentlichen verdeutlichen, dass körperliche und psychische Prozesse zusammenhängen. Außerdem können **positive Erwartungen** an den Verlauf einer Psychotherapie aufgebaut werden; ggf. sind Videos erfolgreich behandelter Patient(inn)en mit ähnlichem kulturellem Hintergrund hierzu hilfreich. Die kulturspezifischen Aspekte und das Bildungsniveau der Patient(inn)en müssen dabei berücksichtigt werden.

Tab. 4.6 Fortsetzung

Thema	Erweiterung bzw. Spezifizierung bei Menschen aus anderen Kulturen
traditionelle Heilmethoden	Der Glaube an die **Existenz von Geisterwesen, Magie, Heilungsgesang, Religiosität und Spiritualität**, die einige Patient(inn)en aus ihrem Herkunftsland mitgebracht haben und auch im Aufnahmeland praktizieren, können als mögliche Ressourcen und Techniken der Verhaltensveränderung berücksichtigt werden. Die Grundprinzipien einer Psychotherapie werden jedoch beibehalten.
Einsatz kognitiver Methoden	Kognitive Strategien sind zu entwickeln, um **dysfunktionale Gedanken innerhalb des kulturellen Kontextes** zu identifizieren und zu bearbeiten.
soziale Aktivitäten	Diese Maßnahmen bieten Möglichkeiten, das **soziale Unterstützungsnetzwerk** (Familie, Vereine, Bekannte etc.) zu **stärken** und somit **soziale Kompetenz und selbstsicheres Verhalten der Patient(inn)en zu fördern**. Wichtig ist eine Einbeziehung der Familie in die Planung, wenn es um Veränderungen und Verhalten derselben geht.

Mit freundlicher Genehmigung vom Verlag Wissenschaft und Bildung (VWB) aus: Kizilhan J. Handbuch zur Behandlung kriegstraumatisierter Frauen. Berlin: VWB; 2016

4.3.5 Unterschiedliche Symptomdarstellung

Es gibt Hinweise auf eine transkulturell unterschiedliche Phänomenologie von Traumatisierung (vgl. ▶ Tab. 4.7). Nicht alle Kriterien einer PTBS werden bei Menschen aus anderen Kulturen gezeigt, obwohl diese unter Traumafolgen leiden. Friedman u. Jaranson [322] stellen fest, dass insbesondere das C-Kriterium (Vermeidung und Abflachung der allgemeinen Reagibilität) ethnokulturelle Unterschiede aufweist. Gerade intime Themen wie Sexualität stellen hier ein Problem dar, und es verletzt in vielen Kulturen die Ehre, Auskunft über solche Ereignisse zu geben, auch wenn sie nicht erkrankt sind [335]. Insbesondere Somatisierung und Dissoziation scheinen sehr wesentliche Komponenten posttraumatischer Stresssymptome in nicht-westlichen Kulturen zu sein [326], [341]. Zudem äußern sich depressive und psychotische Symptome sowie Angst, die Bestandteile des posttraumatischen Syndroms sein können, unter Umständen in verschiedenen Kulturen unterschiedlich [342].

Tab. 4.7 Kulturspezifische Syndrome. Auf der Grundlage der traditionellen Medizin haben Menschen in ihren Kulturen bestimmte Beschwerden ganz spezifischen Organen zugeordnet und reagieren ganz spezifisch in bestimmten belastenden Situationen. *Im Nahen und Mittleren Osten, ** in Südchina, ***in Lateinamerika,**** weltweit (diese Syndrome treten in verschieden Ländern der Welt auf: Latein- und Südamerika, Mittlere Osten, Fernasien etc.).

Ätiologie		Beschwerdebild	Therapie	Assoziationen
Nabelfall*	schwer heben, in die Höhe springen, schwere Arbeit, schweres Leben, Stress	Bauch- und Magenschmerzen, Übelkeit, Schwindel, Schwäche, Müdigkeit	Bauch- und Rückenmassage, heiße Teller, Ziehen des Nabels an den richtigen Ort, anschließend Ruhe	schweres Leben, Verlust der Mitte
brennende Leber*	Traurigkeit, Sorgen, schweres Leid	Leber- und Oberbauchschmerzen	Rezitationen aus dem Koran, Einnahme von Kräutern und Säften	Kummer, Trauer, Sehnsucht, Verlust oder Liebeskummer
Rückenschmerzen*	familiäre Konflikte, Sorgen, Rollenproblematik, schwere Arbeit	stechende und ziehende Rückenschmerzen, kaum in der Lage, sich zu bewegen oder etwas zu heben und zu tragen	Massagen, wenig Bewegung und viel Ruhe	Halt, Sitz von Stärke und Ausdauer beim Mann, geschwächte „männliche Identität" (Libidoverlust)
Wander- und „Windschmerzen"***	Kummer, Sorgen, Konflikte, Sehnsucht	Müdigkeit, Schwäche, Antriebslosigkeit, jeden Tag schmerzt eine andere Stelle des Körpers	Massage, Ruhe, keine Belastung	wenig Akzeptanz in der Familie oder Gemeinde, schweres Leben

Tab. 4.7 Fortsetzung

Ätiologie		Beschwerdebild	Therapie	Assoziationen
Beklemmungsgefühl*	Kummer, Sorgen, Schuldgefühle, Sehnsucht, Ärger	Kopf- und Halsschmerzen, Enge-, Globus- und Erstickungsgefühl, Kurzatmigkeit	Hodscha, Arzt, Benutzung von „Schutzamuletten"	Ängste, Unsicherheit
Karabasan/ Alpdruck***	Angst, Schuld- und Schamgefühle	Gefühl von einer schweren Last auf dem Körper, wobei der Patient glaubt, sich nicht bewegen zu können	Arzt, Ruhe, Amulette als Schutz vor einem erneuten Karabasan	Ängste, Unsicherheit, Panik, Kummer
dissoziatives Haareausreißen (bei Frauen)*	Angst, Schamgefühle, Verlust von Weiblichkeit; tritt häufig bei Frauen vor dem Hintergrund sexueller Gewalt auf	histrionisch anmutende Schreianfälle, Haarausreißen, Kurzatmigkeit, Impulskontrollstörung	Ruhe, Orientierung auf „hier und jetzt"	Ängste, starke Überforderung, alltägliche Dinge zu erledigen
psychogene Ohnmachtsanfälle*	Angst, Erinnerung an traumatische Erlebnisse, Schamgefühle, starke Überforderung im Alltagsleben	Gefühle von Schwäche	Ruhe, Arzt	Ängste, Unsicherheit, Panik, Überforderung, geringe Akzeptanz
Koro****	Angst, Angst vor Verlust der Genitalien	Unruhe, Zittern, Schweißanfälle, Agitiertheit	Aufsuchen von traditionellen Heilern, Arzt, traditionelle Medizin	Ängste, Kummer, Trauer, Sehnsucht, Verlust
Susto/nervios***	Schreckhaftigkeit	Unruhe, Zittern, Schweißanfälle, Agitiertheit	Aufsuchen von traditionellen Heilern, Arzt, traditionelle Medizin	Ängste, Kummer, Strafe der Götter, Verlust

Mit freundlicher Genehmigung vom Verlag Wissenschaft und Bildung (VWB) aus: Kizilhan J. Handbuch zur Behandlung kriegstraumatisierter Frauen. Berlin: VWB; 2016

4.3.6 Kultursensible Diagnostik

Für die Diagnostik und Behandlung ist nicht nur das individuelle Trauma, das eine Person erleben musste, von Bedeutung, sondern auch Traumata, die die bisherigen Generationen erlebt haben, sowie kollektive Traumata, wenn z. B. Terrororganisationen wie der IS („Islamischer Staat") versuchen, die gesamte Glaubensgemeinschaft der Jesid(inn)en zu vernichten. So haben z. B. Jesid(inn)en von ihren Eltern und Großeltern, eingebettet in Gebete, Rituale, Geschichten, von den bisherigen 72 Genoziden gegen ihre Glaubensgemeinschaft gehört. Ihnen werden Verhaltensregeln über mehrere Generationen beigebracht, wie sie sich gegenüber anderen Gemeinschaften zu verhalten haben.

Fallbeispiel: Delal ⓑ

Delal ist 16 Jahre alt und Jesidin. Sie wurde vom IS mit ihrer Familie gefangengenommen. Ihr Vater und 2 Brüder sind mit anderen Männern vor ihren Augen hingerichtet worden.

Sie berichtet, dass die Terroristen sie alle in eine Schule trieben und ihnen dabei Schmuck und andere Wertsachen abnahmen. Danach trennten sie die Männer von den Frauen. Viele Männer wurden sofort hingerichtet. Dann wurden ältere Frauen, Frauen mit Kindern, verheiratete Frauen ohne Kinder und junge Mädchen in Gruppen aufgeteilt und an verschiedene Orte gebracht. Ältere Frauen und Frauen mit Kindern seien in Massenunterkünfte wie in Tel Afar oder Mossul gebracht worden, die vormals von Schiiten bewohnt wurden. Sie selbst sei von IS-Kämpfern bewacht, erniedrigt, geschlagen und in der Stadt Mossul mehrfach vergewaltigt worden. Jeden Abend seien IS-Kämpfer, aber auch zivile Männer aus Syrien, Saudi-Arabien und anderen arabischen Ländern aufgetaucht, hätten sich die Mädchen angeschaut und sie für sich gekauft. Sie sei dabei von einem Tunesier gekauft und nach Syrien gebracht worden. Sie sei auch in Syrien immer wieder vergewaltigt und dann weiterverkauft worden. Sie sei insgesamt 12-mal an IS-Kämpfer im Irak und in Syrien verkauft worden. Frauen des IS hätten sie z. B. in Mossul mit Schlägen und Nahrungsentzug bestraft und gefesselt. „Eine islamische Frau schaute zu, wie ich vergewaltigt wurde. Sie sagte mir, ich sei jetzt eine Muslimin geworden", berichtet Delal. Schließlich habe sie es nach 10 Monaten Geiselhaft geschafft, aus Syrien zu fliehen. Zwei Schwestern von ihr seien immer noch in den Händen des IS. Sie wisse nicht, wo sich ihre Mutter im Moment befinde. Im Weiteren berichtet sie, „als die IS in unser Dorf kamen, berichtete mir meine Mutter, dass den Jesiden wieder eine Katastrophe wie schon 72-mal in ihrer Geschichte bevorsteht". Delal berichtet von Geschichten über die vergangenen Massaker und dass sie gelernt habe, keinen Muslimen zu vertrauen, ihnen gegenüber aber höflich zu sein, jedoch immer distanziert, da ihre Vorfahren viel Leid durch sie erfahren haben.

Delal sei durch ein Sonderkontingent der Landesregierung Baden-Württemberg mit weiteren 1100 Personen nach Deutschland zur Behandlung gebracht worden. Sie leidet an einer Posttraumatischen Belastungsstörung und erleidet fast jeden Tag dissoziative Krampfanfälle.

Unabhängig von kulturellen Aspekten und der ethnischen Zugehörigkeit ist für die Diagnostik und Therapie entscheidend, dass sowohl die Therapeut(inn)en als auch Patient(inn)en die Krankheit verstehen und richtig einordnen. In einer vergleichenden Studie mit türkischstämmigen und deutschen Patient(inn)en in einer psychosomatischen Klinik zeigte sich, dass signifikant weniger türkischstämmige Patient(inn)en ihre Krankheit erklären konnten [335]. Die Erklärungen der Behandler müssen dem Bildungsniveau und kulturellen Hintergrund angepasst werden. Weitere hinderliche Gründe, warum die Patent(inn)en den genauen Grund ihrer psychischen Krankheit nicht verstehen (z. B. körperliche Schmerzen aufgrund innerpsychischer Konflikte) und nicht in ihrem Krankheitsverständnis einordnen, sind möglicherweise multiple und mehrfache individuelle und kollektive Belastungen (z. B. Krieg im Herkunftsland seit mehreren Generationen, geschlechtsspezifische und gesellschaftliche Benachteiligungen, Verhaftung von Familienmitgliedern oder deren Verschwundensein etc.). So sind z. B. ethnische und religiöse Minderheiten im Irak und Syrien seit mehreren Generationen von Krieg und Traumata bedroht, was in der Folge die nachfolgenden Generationen in ihrem Verhalten, Denken und Emotionen beeinflusst.

Die Einstellungen, Bewertungen und Überzeugungen der Patient(inn)en hinsichtlich des Traumas sind unter Berücksichtigung ihrer kulturellen Prägung und der Generationsunterschiede im Sinne einer Kognitionsanalyse zu ermitteln. Hierbei können Ressourcen wie Solidarität, familiäre Loyalität und Unterstützung durch das soziale Netzwerk in Notsituationen sowie traditionelle Verfahren zur Schmerzlinderung bei der Bewältigung helfen.

Die Motivationsanalyse bezieht sich auf die Bereitschaft der Patient(inn)en, selbst etwas ändern und dazu beitragen zu wollen. So werden aber gerade aktive Handlungen wie z. B. Sport und Physiotherapie von Patient(inn)en aus familienorientierten Gesellschaften weniger angenommen, was zu einer Fehlinterpretation ihrer Compliance führen kann. Da diese Gesellschaften bei körperlichen und psychischen Beschwerden eher davon ausgehen, dass sich der Körper nicht bewegen darf, sind bei der Diagnose und der späteren Behandlung zunächst die Beziehung zwischen Therapeut(inn)en und Patient(in) sowie vor allem die Akzeptanz seiner/ihrer Beschwerden wichtig. Erst danach wird die Person bereit sein, den Umgang mit ihren Ängsten zu ändern und z. B. lernen, diese zu kontrollieren.

Der Erfassung individueller und kultureller Ressourcen (externale und/oder internale), die für eine Verhaltensänderung eingesetzt werden können, kommt große Bedeutung zu. Das heißt, die Traumatisierung darf nicht der alleinige Fokus sein, und der allgemeine Lebenskontext der Patient(inn)en sollte nicht unterschätzt werden. Ressourcen und Belastungen aus der Vergangenheit müssen ebenso wie wichtige Bewältigungsstrategien (spezielle Entspannungsverfahren und Massagetechniken aus dem Herkunftsland, Gebete, Einbeziehung der Familie in die Behandlung etc.) in die Therapie einfließen.

Die problemanalytische Diagnose sollte durch Fragebogeninstrumente und Verhaltensanalysen ergänzt werden. Dies ist allerdings insbesondere bei Patient(inn)en mit geringer Schulbildung problematisch. Nicht selten sind die betreffenden Personen Analphabeten und im Umgang mit psychometrischen Tests völlig unbedarft [335], was die Notwendigkeit einer sehr ausführlichen biografischen Trauma- und Sozialanamnese unterstreicht. Ferner ist bei der Diagnostik auch die Komorbidität zu überprüfen, da sehr oft von mehreren psychischen und körperlichen Diagnosen ausgegangen werden muss.

4.3.7 Kultursensible Behandlung

Ein unterschiedliches Verständnis von Gesundheit und Krankheit, die traditionelle medizinische Versorgung des Herkunftslandes und die Rolle des Individuums und Kollektivs können in der Diagnostik und Behandlung bei Menschen aus anderen Kulturen mit psychischen Reaktionen auf extreme Belastungen eine große Rolle spielen [324]. So sind Menschen aus traditionell-ländlichen Regionen i. d. R. von einer kollektiven Denkweise geprägt, in der persönliche Wünsche, Interessen und Beschwerden eines Einzelmitglieds als sekundär betrachtet werden. Harmonie und Sicherheit in der Familie und der Peergroup sind wesentlich wichtiger als die individuelle Autonomie [325]. Der Einzelne sieht sich als Teil einer Solidargemeinschaft, aus der sich die entsprechenden Aufgaben und Pflichten ergeben. Er muss dafür sorgen, dass der Solidargemeinschaft, insbesondere der Kern- und Großfamilie, kein Schaden zugefügt wird. Folglich werden persönliche Gefühle und Beschwerden nicht geäußert, um nicht möglicherweise die Familie zu belasten oder ihr zu schaden [332].

Fallbeispiel: Frau N.

Eine 46-jährige Patientin aus Syrien, Frau N., wurde vor 10 Jahren während einer Hausdurchsuchung von mehreren Soldaten vergewaltigt. Die Hausdurchsuchung erfolgte, weil der Ehemann in der Opposition gegen das herrschende Regime politisch aktiv war; er befand sich zu diesem Zeitpunkt bereits im Ausland. Ihre 2 Kinder waren an diesem Tag bei den Großeltern. Nach dem Ereignis reagierte Frau N. mit Angst, Unruhe, Ein- und Durchschlafstörungen, Flashbacks und Intrusionen. Nach einigen Monaten entwickelte sie zusätzlich einen Waschzwang, sie musste sich mehrmals am Tag waschen und war kaum mehr in der Lage, sich im Spiegel anzuschauen, da sie ihren Körper als verschmutzt erlebte und sich vor ihm ekelte. Durch die Vergewaltigung war sie schwanger geworden. Sie ließ einen Schwangerschaftsabbruch vornehmen. Über die Vergewaltigung und die Schwangerschaft sprach sie mit niemandem. Auch die Familie und der Ehemann wussten nichts davon. Nach 18 Monaten konnte sie zu ihm nach Deutschland fliehen und stellte einen Asylantrag, der erst nach 8 Jahren anerkannt wurde. Sie klagte in der Migration während der ambulanten Psychotherapiebehandlung weiterhin über körperliche und psychische Beschwerden. Als besonders belastend erlebte Frau N. ihre Unterbauchschmerzen, wie sie später dem Therapeuten erzählte, weil sie dann immer wieder an das traumatische Erlebnis erinnert wurde. Mit ihrem Körper konnte sie auch weiterhin nicht umgehen und empfand ihn trotz häufigen Duschens als schmutzig und „entehrt". Sie wollte keine Frau mehr sein und ließ ihre Gebärmutter entfernen. Jeglichen sexuellen Kontakt zu ihrem Ehemann lehnte sie mit dem Hinweis auf ihre Krankheit ab, was immer wieder zu familiären Konflikten führte. Mehrere ambulante und stationäre psychiatrische Behandlungen verbesserten die Beschwerden nicht. Schließlich wurde die Patientin 12 Wochen stationär in einer psychosomatischen Klinik und anschließend psychotherapeutisch ambulant in ihrer Muttersprache behandelt. Zu Beginn war sie kommunikativ eingeschränkt und sprach nur, wenn sie gefragt wurde. Durch zunehmendes Vertrauen und „allgemeine Gespräche" über die politischen und familiären Probleme berichtete sie dann von ihrer Kränkung und Demütigung. Sie sei als Frau „entehrt", könne auf keinen Fall mit ihrem Ehemann oder mit Verwandten darüber sprechen, da diese sie dann ablehnen und als eine „Schande für ihre Familie" sehen würden. Durch das tägliche Duschen von manchmal bis zu 2 Stunden erlebe sie eine gewisse Entspannung und habe das Gefühl, etwas sauberer zu sein, was aber nicht lange anhalte. Als ihre kulturelle Vorstellung von „Ehre" sowie ihre Schuld- und Schamgefühle miteinbezogen wurden, sie den Zusammenhang zwischen psychischen und körperlichen Beschwerden erkannte und das Gefühl entwickelt hatte, in der Therapie ohne Angst vor Ablehnung sprechen zu können und hier auf Verständnis zu stoßen, reduzierte sich ihr Waschzwang. Erst nach einem Jahr intensiver ambulanter Psychotherapie konnte Frau N. mit ihrem Ehemann über ihre traumatischen Erlebnisse sprechen, der – für sie überraschend – Verständnis zeigte. Das familiäre Verhältnis besserte sich deutlich. Sie versucht weiterhin, ihr Leben in der Migration trotz dieser traumatischen Erlebnisse zu bewältigen.

Inwieweit eine psychotherapeutische Trauma-Arbeit möglich ist, scheint also auch davon abzuhängen, wie eine Gesellschaft mit dem Thema Sexualität umgeht. Sehr häufig berichten Patient(inn)en in diesem Zusammenhang von einer erheblichen Unsicherheit, wenn nicht gar von völliger Tabuisierung. Hohe moralische Vorstellungen und Einschränkungen führen gerade bei Frauen zu erheblicher Sorge und Angst, da gerade sie der Gefahr kollektivistischer Ausgrenzung ausgesetzt sind. Hierbei spielen auch Schamgefühle eine besondere Rolle. Denn in einer sogenannten Schamkultur spielen weniger der Vorgang und das Begehen einer möglichen Normverletzung eine Rolle, sondern vielmehr, wie das Gesicht vor dem anderen gewahrt werden kann. So kann z. B. die Vergewaltigung einer jungen Frau vom Kollektiv als schändlich bewertet und das Opfer ausgegrenzt werden. Die Rolle des Täters wird zwar ebenfalls als Normverletzung bewertet, spielt aber im Kollektiv eine sekundäre Rolle. Nicht selten wollen unverheiratete junge Mädchen, die vergewaltigt worden sind, ihr Hymen „wiederherstellen" lassen, damit sie sich bei einer möglichen Heirat als „Jungfrauen" präsentieren können und nicht von ihrer Gemeinschaft ausgegrenzt werden.

Familienorientierte Gesellschaften thematisieren traumatische Ereignisse oft über Schmerzäußerungen [349]. Aus psychodynamischer Perspektive bietet die Somatisierung für Menschen mit schweren traumatischen Erlebnissen eine Möglichkeit, Ausgrenzung, soziale Kränkung, Schuld- und Minderwertigkeitsgefühle aus dem bewussten Erleben auf die Körperebene zu verlagern. So bewahren sie die Selbstachtung und hoffen gleichzeitig darauf, dass Arzt und Medizin ihnen helfen können [331].

In der Einzelpsychotherapie können in der Begegnung mit Menschen, die an einer Posttraumatischen Belastungsstörung leiden und aus anderen Kulturen stammen, folgende kulturspezifische Bausteine hilfreich sein. Die verschiedenen Schritte müssen nicht immer in dieser Abfolge erfolgen, sondern können individuell angepasst werden.

Kulturspezifische Bausteine einer Traumabehandlung

1. Phase: Psychoedukation über die Störung und Vermittlung eines Erklärungs- und Veränderungsmodells
Die Informationsvermittlung über die Störung, deren Entstehung und Behandlung finden i. d. R. in den ersten Sitzungen statt. Ziel ist, normalisierende Erläuterungen für die Störung anzubieten, den Patient(inn)en eine Erklärung für ihre Symptome zu geben und die einzelnen Behandlungsschritte schlüssig und verständlich abzuleiten.

Bei Patient(inn)en, die aufgrund von (institutionalisierter) Unterdrückung in ihrem Heimatland eingewandert sind, kann der Kontakt mit staatlichen Stellen traumatische Erfahrungen zum Vorschein bringen. Möglicherweise empfinden die Betroffenen gegenüber Mediziner(inne)n und Therapeut(inn)en Misstrauen.
Ziel: Therapie- und Veränderungsmotivation herstellen

2. Phase: Narration der präbelastenden Ereignisse
Bei der Narration der individuellen Lebensereignisse sind u. a. folgende Anamnesen zu erheben:
- transgenerationale Anamnese
- soziopolitische und kulturelle Anamnese
- ethnisch-religiöse Anamnese
- Fluchtanamnese

Die Lebensgeschichte in den verschiedenen Phasen bis zur Gegenwart ist in sich nicht abgeschlossen und führt immer zu einer gegenseitigen Reflexion. Hierbei soll der Patient (erlebtes Selbst) eine Position ähnlich der Bildschirmtechnik (Reddemann 2004) einnehmen und versuchen, die Lebensereignisse zu rekonstruieren, als würde er sie in dem Augenblick erleben.

Ziel: Wiederherstellung der Verbindung zwischen dem Opfer und seinem Kollektiv im Sinne einer Vergegenwärtigung der Vergangenheit

3. Phase: Narration der belastenden Ereignisse
- Belastungen aufgrund der Zugehörigkeit zu einer Gruppe
- Haft-, Flucht-, Kriegs- und Folterereignisse im Herkunftsland
- mögliche Belastungen der Vorfahren aufgrund ihrer kulturellen Zugehörigkeit sind hier zu berücksichtigen

Themen der 2. Phase können sich wiederholen und sollten in dieser Phase psychotherapeutisch bearbeitet werden.
Ziel: Wiederherstellung der Verbindung zwischen Opfer und sozialer Gemeinschaft

4. Phase: Narration der post-belastenden Ereignisse
- Haft, Flucht, Kriegs- und Folterereignisse nach dem Verlassen des Herkunftslandes etc.
- Migration: Aufenthalt, Asylantrag, Wohnsituation, Familie, Gesundheit- und Behandlungsmöglichkeiten etc.

In dieser Phase sollen auch psychosoziale Belastungen, Themen der Alltagsbewältigung sowie Zukunftspläne besprochen werden.
Ziel: (Wieder-)Aneignung der eigenen Geschichte

5. Phase: Narration sonstiger Ereignisse
Durch die Psychotherapie können Themen, die zu Beginn der Behandlung nicht erinnert oder vermieden wurden oder eine andere Bedeutung hatten, wichtig werden.
Themen aus der 2.– 4. Phase können in der 5. Phase auftreten und sollten durch den Therapeuten mit dem Ziel einer Neubewertung bearbeitet werden.
Ziel: Integration der alten und neuen Identität durch Vergegenwärtigung der Vergangenheit

6. Phase: Narration der Verstehbarkeit und der Sinnfindung
Die Vergangenheit, die traumatischen Erlebnisse und die neuen Lebensumstände in der Migration können neu bewertet werden, und ein Gefühl der Kontrolle über die eigenen Kognitionen, Emotionen und das Verhalten entsteht. Die Ereignisse werden im Sinne des Kohärenzgefühls der Salutogenese verstehbar, handhabbar und so weit als möglich sinnhaft.
Ziel: Soziale Anerkennung der zugefügten Gewalt bzw. des erlittenen Leids

4.3.8 Empfehlungen im Umgang mit Patient(inn)en aus anderen Kulturen

Eine interdisziplinäre und kultursensitive Behandlung unter besonderer Berücksichtigung der Beziehungsgestaltung zwischen Patient(in) und Behandler(in) ist besonders wichtig, bei der Traumatolog(inn)en und Ärzte mit anderen Berufsgruppen (Sport-, Physio-, Gestaltungstherapeuten etc.) kooperieren und die kulturelle Prägung der Patient(inn)en als *lege artis* ansehen.

Bei der Behandlung von Migrant(inn)en mit einer PTBS geht es keinesfalls darum, eine neue Psychotherapie zu erlernen. Es geht um das Wahrnehmen und Erlernen von Fähigkeiten einer kultursensiblen Umsetzung psychotherapeutischer Anwendungen im Allgemeinen und der Traumatherapiemethoden im Besonderen (▶ Abb. 4.1).

Es geht als auch in der Einzeltherapie darum, sich auf Menschen aus anderen Kulturen mit einem anderen Krankheitsverständnis und abweichender Krankheitsverarbeitung einzulassen. Dies erfordert eine erhöhte Reflexionsbereitschaft und kritische Haltung gegenüber der eigenen Arbeit und gleichzeitig eine Unvoreingenommenheit und Offenheit gegenüber den Anliegen der Patient(inn)en. Therapeut(inn)en können nicht alles wissen und müssen dennoch lernen, mit den Wissenslücken umzugehen. Patient(inn)en können helfen, diese Wissenslücken zu füllen, was auch sehr von denselben geschätzt wird. Sie können über sich, ihre Kultur berichten und werden, vielleicht erstmalig, gehört. Das heißt, die transkulturelle Kompetenz bedeutet u. a., dass zunächst eine Reflexion der eigenen Kultur notwendig ist, um andere Kulturen zu verstehen. Ferner sind die Fähigkeit zum Perspektivenwechsel, wertfreier Umgang mit Menschen aus anderen Kulturen, Neugier und Nachfragen, Flexibilität und Methodenvielfalt sowie guter Umgang mit Misstrauen und Distanz (aufgrund erlebter traumatischer Erlebnisse der Patient(inn)en) notwendig.

4.3 Psychotherapeutische Begegnung

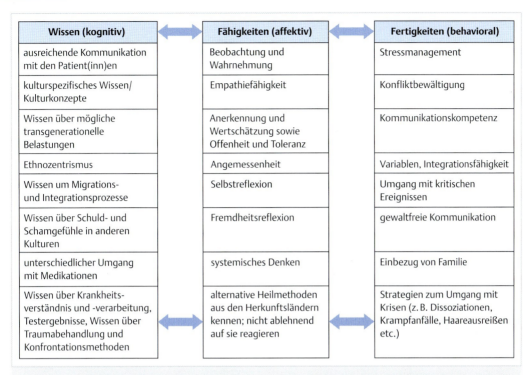

Abb. 4.1 Kultursensible Kompetenz bei der Behandlung von PTBS Patient(inn)en aus anderen Kulturen.

Fazit

Bei der Behandlung von Migrant(inn)en mit einer Posttraumatischen Belastungsstörung müssen sowohl kulturelle und soziopolitische Aspekte, das Krankheitsverständnis und die -verarbeitung als auch die Beziehungsgestaltung berücksichtigt werden. Außerdem sind alternative Therapie-Ansätze mit einer interdisziplinären und kultursensitiven Ausrichtung, in der Psychiater(innen) und Psychotherapeut(inn)en mit anderen Berufsgruppen kooperieren und die kulturelle Prägung der Patient(inn)en als *lege artis* ansehen, besonders wichtig.

4.3.9 Literatur

[317] Boos A. Kognitive Verhaltenstherapie nach chronischer Traumatisierung. Ein Therapiemanual. Göttingen: Hogrefe; 2005
[318] Brewin CR., Andrews B, Valentine J. D. Meta-analysis of risk factors for post-traumatic stress disorder in trauma-exposed adults. J Consult Clin Psychol 2000; 68 (5): 748–766
[319] Bruner J. The Narrative Creation of Self. In: Angus LE, McLeod J, eds. The handbook of narrative and psychotherapy. Thousand Oaks: Sage Publication; 2004: 3–14
[320] Drozdek B. How do we salve our wounds? Intercultural perspectives on individual and collective strategies of making peace with own past. Traumatology 2010; 16 (4): 5–16
[321] Ford JD, Courtois C, van der Hart O et al. Treatment of complex post-traumatic self-dysregulation. J Trauma Stress 2005; 18: 467–477
[322] Friedman M, Jaranson J. The applicability of the posttraumatic stress disorder concept to refugees. In: American Psychological Association, ed. Amidst peril and pain: the mental health and well-being of the world's refugees. Washington, DC: American Association; 1994: 207–222
[323] Gilson L, Alilio M, Heggenhougen K. Community satisfaction with primary health care services: an evaluation undertaken in the Morogoro Region of Tanzania. Social Science Medicine 1994; 39: 767–780
[324] Haasen C, Yagdiran O. Kulturelle Aspekte bei der Diagnostik psychischer Störungen. In: Assion HJ, Hrsg. Migration und seelische Gesundheit. Heidelberg: Springer Medizin; 2005: 145–155
[325] Hofstede G. Lokales Denken, globales Handeln. Interkulturelle Zusammenarbeit und globales Management. 4., durchgeseh. Aufl. München: dtv; 2009

[326] Hough RL, Canino GJ, Abueg, FR et al. PTSD and related stress disorder among Hispanics. In: Marsella AJ, Friedman MJ, Gerrity ET et al. eds. Ethnocultural aspects of posttraumatic stress disorder. Issues, research and clinical applications. Washington, DC: American Psychological Association; 1996: 301–340

[327] Hunt N, Gakenyi M. Comparing refugees and nonrefugees: The Bosnian experience. Anxiety Disorders 2004; 19: 717–723

[328] Kinzie JD. Cross cultural treatment of PTSD. In: Wilson JP, Friedman MJ, Lindy JD, eds. Treating psychological trauma and PTSD. New York: The Guilford Press; 2001

[329] Kira IA. Etiology and treatment of post-cumulative traumatic stress disorders in different cultures. Traumatology 2010; 16 (4): 128–141

[330] Kirmayer LJ. Confusion of the senses: Implications of ethnocultural variations in somatoform and dissociative disorders for PTSD. In Marsella AJ, Friedman MJ, Gerrity ET et al., eds. Ethnocultural aspects of posttraumatic stress disorder. Issues, research and clinical applications. Washington, DC: American Psychological Association; 1996: 131–164.

[331] Kizilhan J. Handbuch zur Behandlung kriegstraumatisierter Frauen. Berlin: VWB; 2016

[332] Kizilhan J. Kultursensible Psychotherapie. Berlin: VWB; 2013

[333] Kizilhan J. Narrative Traumatherapie. Trauma und Gewalt 2009; 3 (1): 70–76

[334] Kizilhan J, Haag G. Die Rolle der therapeutischen Beziehung bei der Behandlung türkischer Schmerzpatienten. Praxis Klinische Verhaltensmedizin und Rehabilitation 2011; 88:14–18

[335] Kizilhan J, Utz KS, Bengel J. Transkulturelle Aspekte bei der Behandlung der Posttraumatischen Belastungsstörung. In: Feldmann RE Jr., Siedler GH, Hrsg. Traum(a) Migration – Aktuelle Konzepte zur Therapie traumatisierter Flüchtlinge und Folteropfer. Gießen: Psychosozial; 2013: 261–279

[336] Knipscheer JW, Kleber RJ. The relative contribution of posttraumatic and acculturative stress to subjective mental health among Bosnian refugees. J Clin Psychol 2006; 62 (3): 339-335

[337] Lersner U von, Kizilhan J. Kultursensitive Psychotherapie. Göttingen: Hogrefe; 2016

[338] Lucius-Hoene G, Deppermann A. Rekonstruktion narrativer Identität. Ein Arbeitsbuch zur Analyse narrativer Interviews. Wiesbaden: VS Verlag für Sozialwissenschaften; 2004

[339] Machleidt W, Gül K. Kulturelle und transkulturelle Psychotherapie – Tiefenpsychologische Behandlung. In Machleidt W, Heinz A, Hrsg. Praxis der interkulturellen Psychiatrie und Psychotherapie. München: Elsevier; 2010: 401–413

[340] Maercker A. Psychologische Modelle. In: Maercker A., Hrsg. Posttraumatische Belastungsstörungen. 3., vollständig neu bearb. u. erweiterte Aufl. Heidelberg: Springer Medizin; 2009: 33–50

[341] Manson S, Beals J, O'Nell T et al. Wounded spirits, ailing hearts: PTSD and related disorders among American Indians. In Marsella AJ, Friedman MJ, Gerrity ET et al., eds. Ethnocultural aspects of posttraumatic stress disorder. Issues, research and clinical applications. Washington, DC: American Psychological Association; 1996: 255–283

[342] Marsella AJ, Wilson J. Culture and trauma. In: Reyes G, Elhai J, Ford J, eds. Encyclopedia of trauma. New York: John Wiley; 2008: 190–194

[343] Neuner F. Stabilisierung vor Konfrontation in der Traumatherapie – Grundregel oder Mythos? Verhaltenstherapie 2008; 18: 109–118

[344] Neuner F, Schauer M, Klaschik C et al. A comparison of narrative exposure therapy, supportive counselling, and psychoeducation for treating posttraumatic stress disorder in an African refugee settlement. J Consult Clin Psychol 2004; 72(4): 579–587

[345] Pennebaker JW. Writing about emotional experiences as a therapeutic process. Psychological Science 1997; 8(3): 162–166

[346] Porter M, Haslam N. Predisplacement and postdisplacement factors associated with mental health of refugees and internally displaced persons: a meta-analysis. Journal of the American Medical Association 2005; 294 (5): 602–612

[347] Reddemann L. Psychodynamisch Imaginative Traumatherapie. PITT. Das Manual. Stuttgart: Klett-Cotta; 2004

[348] Schauer M, Neuner F, Elbert T. Narrative Exposure Therapy. A short-term treatment for traumatic stress disorders. 2nd, rev. and exp. ed. Cambridge: Hogrefe; 2011

[349] Stellfeld C. Somatisierung bei Opfern organisierter Gewalt [Masterarbeit]. Konstanz: Universität Konstanz; 2004

[350] Summerfield D. The impact of war and atrocity on civilian populations: Basic principles for NGO interventions and a critique of psychosocial trauma projects. Relief and rehabilitation network paper 1996; 14. London: Overseas Development Institute; 1996

[351] Summerfield D. The invention of post-traumatic stress disorder and the social usefulness of a psychiatric categroy. BMJ 2001; 322: 95–98

[352] Utz KD. Traumaarbeit im interkulturellen Kontext: eine kritische Reflexion westlicher Ansätze und Begutachtung alternativer Zugänge am Beispiel von Überlebenden politisch motivierter Gewalt [Bachelorarbeit]. Freiburg: Universität Freiburg; 2011

4.4 Geflüchtete Patient(inn)en in der Krise – Möglichkeiten der psychotherapeutischen Unterstützung

Eva van Keuk, Veronika Wolf

4.4.1 Einführung

Krisen in der Psychotherapie mit Geflüchteten

In der Literatur werden „Kriseninterventionen im Rahmen von Traumatherapie" i. d. R. verknüpft mit frühen Interventionen bei akut Traumatisierten auf der einen Seite und auto- bzw. fremdaggressiven Krisen, oftmals bei komplex traumatisierten Patient(inn)en, auf der anderen Seite [358]. Grundsätzlich wird bei Patient(inn)en mit Traumafolgestörung von einem deutlich erhöhten Suizidrisiko ausgegangen (bis zu 8-fach erhöht: [363]). In der

Behandlung von Geflüchteten in Deutschland stellt die Gruppe der akut Traumatisierten hingegen nur eine vergleichsweise kleine Gruppe dar – meist dauern die Organisation der Flucht (Kontakt zu Schleppern herstellen, Wege bahnen, Geld und Papiere organisieren etc.) und die Flucht selbst mehrere Monate. Häufige Auslöser von Krisen bei geflüchteten Patient(inn)en in der Psychotherapie sind hingegen i. d. R. konkrete äußere Umstände. Praktische Erfahrungen aus der Psychotherapie mit geflüchteten Patient(inn)en legen nahe: Die Krise durch äußere reale Belastungen stellt bei ihnen eher die Regel als die Ausnahme dar. Allerdings verfügen sehr viele geflüchtete Patient(inn)en neben ihren klinischen Symptomen über wirkungsvolle Ressourcen, die genutzt werden können, um trotz äußerer Instabilität und trotz klinischen Symptomen Krisen im Rahmen der Psychotherapie erfolgreich zu bewältigen. Hierfür ist ein erweitertes Verständnis von Psychotherapie hilfreich, das die Lebensumstände der geflüchteten Patient(inn)en sowohl in Deutschland als auch in der Heimat mit in den Blick nimmt, sich nicht von eigenen kulturalisierenden Kategorien [356], [369], [372] leiten lässt und in jedem Einzelfall bedürfnis- und zielorientiert Wege der Veränderung auslotet – neben den symptomorientierten, wirksamen Interventionen. Ein hilfreicher Reframing-Prozess aufseiten der behandelnden Psychotherapeut(inn)en im Kontakt mit geflüchteten Patient(inn)en kann bedeuten, dass die persönlichen Bewertungsmaßstäbe infrage gestellt werden, zumal viele Psychotherapeut(inn)en nicht über eigene Flucht- und Kriegserfahrungen verfügen. Zitat einer kurdischen Klientin: „Macht euch keine Sorgen. Wenn wir alles so planen würden und auf gute Zeiten warten würden, dann würde es uns ja schon lange nicht mehr geben. Wir wissen nicht, was morgen kommt, aber wir heiraten, wir bekommen Kinder, wir ziehen sie groß. Eines Tages sterben wir, nur Allah weiß, wann. Es kann schon morgen sein. Wir müssen stark sein, eine andere Wahl haben wir nicht und hatten wir noch nie."

Krise macht sich demzufolge nicht an dem auslösenden Ereignis fest, sondern wird erst durch die psychischen Reaktionen der Patient(inn)en erkennbar. Im Folgenden werden nicht die üblichen Vorgehensweisen in Krisen während der psychotherapeutischen bzw. psychiatrischen Behandlung behandelt, sondern der Fokus wird auf die flüchtlingsspezifischen Besonderheiten gerichtet. Hierbei spielen Auslöser der Krisen, individuelle Bewältigungsmöglichkeiten und Interventionsmöglichkeiten gleichermaßen eine Rolle – wie bei allen Patient(inn)en, mit und ohne Fluchterfahrungen. Allerdings ergeben sich in der Krisenintervention mit geflüchteten Patient(inn)en spezifische Fallstricke:

a) Behandelnde sind mit gesetzlichen Realitäten (Bsp.: Abschiebung) und strukturellen Barrieren (Bsp.: keine Kostenübernahme von Dolmetscherkosten) konfrontiert, die ihnen möglicherweise bis zu diesem Zeitpunkt unbekannt waren. In Einzelfällen können Irritationen über Ungerechtigkeiten starke Gefühle der Hilflosigkeit auslösen und es den Behandelnden erschweren, ihre routinierten psychotherapeutischen Interventionsmöglichkeiten auch bei Geflüchteten umzusetzen. Auch bei einem unsicheren Aufenthalt können traumatherapeutische Interventionen zur Aufarbeitung in Einzelfällen möglich sein. Beispielsweise forderte ein albanischer Geflüchteter genau dies ein: „Ich werde sicher nur kurze Zeit hier sein, das möchte ich nutzen, um meine Erfahrungen als Soldat in Afghanistan zu verarbeiten", war sein Wunsch.

b) Das Ausmaß der Krise kann verkannt werden, wenn Psychotherapeut(inn)en erstmals im transkulturellen Kontext arbeiten. So verneinte beispielsweise ein junger Mann aus einer dörflichen Region in Afghanistan beharrlich alle diagnostischen Fragen zur Erfassung von Angstsymptomen, bei gleichzeitig hochgradig auffälligem Befund. Später klärte es sich, dass ihm sein Onkel immer gesagt habe „Wir Männer dürfen niemals Angst haben!", was in einer jahrzehntelangen Kriegssituation grundsätzlich dem Überleben helfen kann. Erst die Fragen nach den körperlichen Korrelaten von heftigen Angstreaktionen zeigte das tatsächliche Ausmaß der Angstsymptome.

c) Die Heftigkeit der Krisen bei Geflüchteten kann den Blick auf die vorhandenen Ressourcen im Einzelfall erschweren. Durch die psychotherapeutische Haltung der professionellen Parteilichkeit in der Traumatherapie, gepaart mit den flüchtlingsspezifischen Belastungen in der konkreten Lebenssituation, liegt das Risiko nahe, dass es zu einer übergroßen Identifikation zwischen Behandler(in) und Patient(in) kommt, was den Blick auf Eigenverantwortlichkeit und Kompetenzen versperren kann. Zudem liegen einige der häufig vorkommenden Ressourcen vielen Behandler(inn)en in Deutschland selbst möglicherweise fern, beispielsweise eine tiefe religiöse Überzeugung, patriotische Grundhaltungen, politische oder ethnische Zugehörigkeiten, Werte wie Ehre und der Wunsch, dass das soziale Umfeld „gut über mich spricht". Gerade die Ressourcen sind es aber, die in Krisensituationen Halt geben können.

Krise ist nach Sonneck der „Verlust des seelischen Gleichgewichts, den ein Mensch verspürt, wenn er mit Ereignissen und Lebensumständen konfrontiert wird, die er im Moment nicht bewältigen kann, weil sie von der Art und vom Ausmaß her seine durch frühere Erfahrungen erworbenen Fähigkeiten und erprobten Hilfsmittel zur Erreichung wichtiger Lebensziele oder zur Bewältigung seiner Lebenssituation überfordern" ([367],15).

Die Definition zeigt eine starke Verknüpfung von Krisen mit der Verfügbarkeit von Ressourcen, was in Bezug auf die Lebenssituation von Geflüchteten von besonderer Relevanz ist: Die Flucht und das neue Umfeld führen zu Umgebungsbedingungen, in denen es schwieriger wird, auf individuelle und auf interpersonelle Ressourcen zurückzugreifen. Auf äußere, individuelle Ressourcen kann nicht mehr zurückgegriffen werden (Finanzen, Arbeit, Wohnverhältnisse, Berufsausbildung, soziale Position). Der Wert interpersoneller Ressourcen ist eingeschränkt, wenn Familie oder Großfamilienstrukturen, Freunde und Bekannte in den Herkunftsländern verblieben sind, umso mehr, wenn möglicherweise die Erwartung besteht, dass die oder der Geflüchtete den Verbliebenen hilft. Und auch Fähigkeiten, Kompetenzen, eigene Stärken sowie Kenntnisse (Sprachkenntnisse, Kenntnisse über lokale Strukturen) sind im neuen Kontext nicht mehr gleichermaßen hilfreich. Das Selbstwertgefühl kann durch die Bittstellersituation vermindert sein, eigene Ziele (z. B. eine Zukunft für die Kinder zu sichern) mögen durch die in Deutschland vorgefundene Situation unerreichbar scheinen.

Für traumatisierte Menschen ist das Erleben von Sicherheit und Stabilität notwendig, um auf eigene Ressourcen zurückgreifen zu können. Nach Abilgaard ist eine akute Krise jedoch „dadurch gekennzeichnet, dass Menschen ihrer intrapsychischen Sicherheit beraubt sind. Sehr häufig ist dies auch mit dem Verlust ‚äußerer Sicherheit' verbunden" ([353], S. 72). Hinzu kommen neurophysiologisch veränderte Prozesse, die bei traumatisierten Patient(inn)en immer wieder dazu führen, dass Gefahren überschätzt werden [368]. Das Wiederherstellen der äußeren Sicherheit ist deshalb ein zentraler therapeutischer Auftrag, um der Patientin eine Bewältigung der Krise zu ermöglichen. Die fundamentale Unsicherheit der äußeren Situation durch das Asylverfahren steht dem Erleben von Sicherheit und Stabilität entgegen.

Zitat eines geflüchteten Patienten aus Syrien: „Seit einem Jahr lebe ich hier, und noch immer konnte ich kein Interview beim Bundesamt für Migration und Flüchtlinge führen. Meine Frau und meine Kinder leben in Syrien, jeden Tag bange ich um ihr Leben. Und wenn ich dann nur diesen Status bekomme, mit dem ich noch weitere 2 Jahre warten muss, bis meine Familie nachkommen kann? Und wenn sie dann längst nicht mehr leben? Ich zermartere mein Gehirn, ich kann nicht mehr. Hätte ich das gewusst, ich wäre nie hierhergekommen, lieber würde ich gemeinsam mit meiner Familie dort sterben als hier alleine zu sein. Es ist meine Schuld. Sechs Monate war ich auf der Flucht, weil ich dachte, es wäre zu gefährlich für Frau und Kinder – und dass ich sie sofort nachkommen lassen kann. Nichts kann ich hier, außer sitzen und warten. Ich drehe durch."

Hinzu kommen vielfältige zusätzliche Belastungen in der Situation durch Gemeinschaftsunterkünfte. Hier gibt es große Unterschiede zwischen den Kommunen und auch innerhalb einer Kommune – einige Unterkünfte verfügen über separate Familieneinheiten und eine gute Betreuung durch Fachkräfte und Ehrenamtliche, in anderen müssen sich Fremde einen Raum teilen und eine Sozialarbeiterin ist für Hunderte von Geflüchteten zuständig. Per se stellen jedoch die Unterbringungsbedingungen i. d. R. schwierige Rahmenbedingungen für die Bedürfnisse der Geflüchteten nach Ruhe, Privatsphäre, Sauberkeit, Normalität und Selbstgestaltung dar.

Sonneck [367] unterscheidet Krisen, die bestimmte Auslöser haben (sogenannte traumatische Krisen) und Veränderungskrisen. In beiden Fällen erleben die Patient(inn)en eine intensive Angst und Ohnmacht, sie fühlen sich in ihrer Sicherheit und Gesundheit bedroht. Bei traumatischen Krisen wird, so Sonneck, die Krisensituation plötzlich und unvorhersehbar verursacht. Die Reaktion sei zunächst ein Schock, worauf eine Reaktionsphase mit z. B. tiefster Verzweiflung, Apathie, Hoffnungslosigkeit, Aggression und körperlicher Symptomatik folge. Es bestehe die Gefahr der Chronifizierung und Festigung durch Alkohol- und Medikamentenmissbrauch, durch einen psychischen Zusammenbruch und Suizidalität, wenn es nicht zur Bearbeitung und Neuorientierung komme. – Bei Veränderungskrisen entstehe die fundamentale Verunsicherung durch eine Konfrontation mit einer Veränderung (z. B. ein Auszug der Kinder, der Übertritt in den Ruhestand), die ein Versagensgefühl hervorrufe. Wenn der Versuch, Hilfe zu mobilisieren und die Krise zu bewältigen, scheitere, entstehe mit Rückzug, Resignation und Chronifizierung ein Vollbild der Krise ähnlich der traumatischen Krise (vgl. [367], S. 16 ff). Während die traumatischen Krisen die Patient(inn)en unvorbereitet träfen, sei es möglich, sich auf Veränderungskrisen vorzubereiten und im Vorfeld Ressourcen zu aktivieren.

Die Reaktionen der Patient(inn)en mit bzw. ohne Fluchtgeschichte auf eine Krise scheinen sich nicht voneinander zu unterscheiden. Zusammenfassend kann es zu …
- einer allgemeinen erheblichen Symptomverschärfung
- deutlich erhöhter innerer Unruhe
- depressivem Grübeln
- suizidalen Ideen, Impulsen, Plänen, Handlungen
- emotionalen Reaktionen wie Verzweiflung, Kränkung, Traurigkeit, Wut, Hilflosigkeit, Angst, Panik
- auto- und fremdaggressiven Impulsen und Handlungen
- Suchtdruck, Suchtmittelabusus
- einem breiten Spektrum an dissoziativen Symptomen
- psychotischen Symptomen wie Stimmenhören, paranoiden Erleben, visuelle Halluzinationen, oft verknüpft mit traumarelevanten Inhalten (und häufig ohne Vorliegen einer Störung aus dem schizophrenen Formenkreis)

… als Reaktion auf eine Krise kommen.

Wieso jetzt? Häufige Auslöser von Krisen bei geflüchteten Patient(inn)en

Viele Krisen bei geflüchteten Patient(inn)en sind mit traumatischen Krisen nach Sonneck vergleichbar – nicht vorhersehbare äußere Bedingungen führen zu Ohnmacht, die Bewältigungsfähigkeit ist überschritten. Darüber hinaus kommt es zum Teil zu einer Reihung von Herausforderungen, die die Krise erst auslösen oder verschärfen. Zusätzlich erschwert die Lebenssituation in der ungewohnten Fremde den Zugriff auf die eigenen Ressourcen und verunmöglicht daher die Bewältigung einer Krise. Unter dem Begriff „Akkulturationsstress" wurde zu den migrationsspezifischen Belastungen ausführlich publiziert (u. a. [354], [362], [365], [366]. Die Exilsituation in Deutschland wird keinesfalls immer als Belastung erlebt. Der Grad der Be- bzw. Entlastung in der Exilsituation ist vielmehr erheblich davon abhängig,
a) in welchem sozialen Milieu die Geflüchteten in der Heimat gelebt hatten,
b) wie konkret die Lebenssituation in Deutschland gestaltet ist,
c) welche individuellen Fähigkeiten zur Problemlösung und zur Resilienz vorliegen.

Hat eine Familie beispielsweise in einer einfachen Hütte in einem Slum gelebt, dann ist allein die Tatsache, im Flüchtlingswohnheim über eine Tür und fließendes Wasser zu verfügen, eine enorme Verbesserung. Wer hingegen in der Heimat über guten Wohnraum, evtl. ein eigenes Haus verfügte, für den ist die Lebenssituation ohne ausreichende Intimsphäre, mit geteilten sanitären Anlagen, ein extremer Belastungsfaktor (Extremfall: Traglufthalle mit flexiblen Abtrennungen, ohne akustische Intimsphäre). Hinzu kommt der Aspekt der sozialen Verwundung – konnte ein Geflüchteter mit seiner gesamten Familie ausreisen, oder ist er alleinstehend, in ständiger Sorge um Zurückgebliebene, möglicherweise vulnerabel durch die akute Trauer um verlorene Angehörige? War ein geflüchteter Patient bereits in der Heimat durch traumatische Verlusterfahrungen früh gestört und hat beispielsweise eine emotional instabile Persönlichkeit mit Suchtmittelabhängigkeit entwickelt, dann sind seine Möglichkeiten der konstruktiven Problembewältigung sowie der Selbstberuhigung eingeschränkt.

Zitat eines armenischen Patienten: „Ich bin froh, hier zu sein, niemand kommt und fragt, zerstört die Möbel, schlägt mich. Aber ich bin so nervös. Zuhause konnte ich früher als Schaschlikgriller arbeiten. Hier nicht. Ich bin immer zu Hause, rauche, denke an das, was passiert ist, und habe Angst vor dem, was noch kommt. Ich bin nicht normal, ich bin krank und habe Angst, mit Menschen zu sprechen. Ich schaffe es nicht, die Sprache zu lernen; es gibt nicht viele Armenier hier. Meine Frau sagt dann, komm, Sergej, wir gehen raus. Aber ich schaffe das nicht. Obwohl es hier sicher ist, werde ich doch immer mehr krank, ich spüre, wie das

Flattern im Bauch immer mehr wird. Immer nur kreisen meine Gedanken darum, ob wir hier bleiben können oder nicht. Vor 2 Tagen habe ich mich mit einem Messer verletzt; danach ging es mir besser, aber meine Frau war entsetzt. Ich soll hier davon erzählen."

Wie eingangs beschrieben, stellen die äußeren Belastungen und infolgedessen krisenhaften Entwicklungen von geflüchteten Patient(inn)en eher die Regel als die Ausnahme dar. Häufige Auslöser für schwere psychische Krisen sind nach den Erfahrungswerten in der psychotherapeutischen Behandlung folgende Ereignisse:

Sorge um Angehörige, insbesondere ausgelöst durch belastende Nachrichten aus der Heimat

Nur selten leben Angehörige und Bekannte in der Heimat in völlig gesicherten Umständen. Die Nachricht von Bombenangriffen in der Heimatregion und die damit verknüpfte Sorge um Familienangehörige und Bekannte stellt bei vielen Patient(inn)en eine immense Belastung dar. Eine Vielzahl an Ereignissen kann zu erheblichen Symptomverschärfungen und schweren, akuten Krisen führen. Hierzu zählen politische Krisen im Heimatland, Verhaftungen, Verschwindenlassen und Ermordung von Angehörigen, Vertreibung von Angehörigen, Todesfälle durch eine Krankheit, die in Deutschland behandelbar wären, Suizid in der Heimat, gewaltsame Hausdurchsuchungen (bei denen nach dem geflüchteten Patienten gefragt wird). Gleichermaßen können auch fehlende Kontaktmöglichkeiten nach der Flucht (z. B. da aufgrund von Verfolgung eine Kontaktaufnahme Familienmitglieder gefährden könnte), verbunden mit massiven Sorgen um die Angehörigen und Schuldgefühlen diesen gegenüber, Krisen auslösen. Selbstverständlich werden auch viele Krisen – vergleichbar mit anderen Patient(inn)engruppen – durch aktuelle Belastungen im Familiensystem sowie Sorgen um Angehörige in Deutschland ausgelöst, z. B. eine schwere Erkrankung des Kindes, ein Suizidversuch der Ehefrau etc.

Fallbeispiel 1: Zitat eines 32-jährigen geflüchteten Patienten aus Bangladesh

„Meine Eltern sind geschlagen und vertrieben worden, mein Bruder musste untertauchen. Als ich vor 3 Jahren floh, ging es allen sehr gut. Wir dachten, wenn ich gehe, dann hört die Gefahr auf. Aber nun hat meine Familie alles verloren. Ich sitze hier, bin krank geworden, weiß nicht, ob ich bleiben kann. Und ich kann nichts tun, um ihnen zu helfen. Wenn ich daran denke, dass mein Vater nach den Schlägen 2 Wochen im Krankenhaus war und aus dem Krankenhaus fliehen musste, dass meine alte Mutter nun alleine leben muss, weil alle anderen untergetaucht sind und wir das Haus nicht aufgeben können, und das alles nur wegen der Kommunalwahl und weil die Beamten der Regierung denken, wir gehören zur Opposition. Und ich bin hier, selbst telefonieren kann ich nur selten, ich kann nichts, rein gar nichts für sie tun – wenn ich daran denke, dann könnte ich durchdrehen."

Verfahrenslänge, Ablehnung des Asylverfahrens und damit verknüpft die Angst vor Abschiebung

Hiermit ist die subjektive Wahrnehmung von Unsicherheit gemeint, die sich bei traumatisierten Geflüchteten nochmal deutlich unterscheiden kann von der tatsächlichen, objektiven rechtlichen Situation [360]. Sollte eine Ablehnung des Bundesamtes für Migration und Flüchtlinge erfolgen, kann bereits eine solche Krise ausgelöst werden – wobei zunächst das Asylverfahren von einem Anwalt vor dem Verwaltungsgericht fortgesetzt werden kann (wenn fristgerecht eine Klage eingereicht wird) und keine akute Abschiebegefahr besteht. Durch die traumaspezifische Wahrnehmungsverzerrung wird häufig die Gefahr drastisch überschätzt (wobei seit dem im März 2016 verabschiedeten Asylpaket II die reale Gefahr nach Ablehnung des Asylverfahrens tatsächlich erheblich angestiegen ist, s. Exkurs: Abschiebungen nach Asylpaket II) (S. 119). Angst und Unsicherheit führen zu einer Reaktualisierung traumatischer Erfahrungen. Auch das Erleben einer Abschiebung von Bekannten, Freunden oder Nachbarn kann Auslöser für eine akute Krise sein, insbesondere wenn eine tatsächliche oder wahrgenommene Aufenthaltsunsicherheit besteht.

Des Weiteren können Krisen auch durch einzelne Verfahrensschritte ausgelöst werden, z. B. die Anhörung, eine Reisefähigkeitsuntersuchung beim Gesundheitsamt o. ä. In Einzelfällen, bei retardierten Patient(inn)en oder solchen mit schwerer dissoziativer bzw. psychotischer Symptomatik, kann die reale Situation hingegen auch ausgeblendet, nicht wahrgenommen oder in Einzelfällen sogar positiv verzerrt werden.

Fallbeispiel 2: Zitat einer 40-jährigen geflüchteten Patientin aus dem Kosovo, zugehörig zur sozialen Gruppe der Roma

„Ich weiß, wir haben eine Aufenthaltserlaubnis, es wird mir immer wieder erklärt. Aber wir sind 14 Personen, wir finden keine Wohnung und leben weiter im Flüchtlingswohnheim. Es kommen immer Briefe, die ich nicht verstehe, die mir Angst machen. Und viele von uns werden abgeschoben, auch Familien mit Kindern. Sie kommen ohne Ankündigung, manche haben keine Zeit zu packen, sie weinen, aber das ist egal. Sie werden abgeschoben. Ich frage mich, wann werden wir abgeschoben."

Gewalterfahrungen in Deutschland bzw. Zeugenschaft von Gewalt

Erst an dritter Stelle genannt, stellen die Belastungen im Aufnahmeland Deutschland dennoch einen erheblichen Belastungsfaktor dar: Zum einen gibt es unter beengten Wohnverhältnissen Auseinandersetzungen in Flüchtlingswohnheimen zwischen den unterschiedlichen Gruppen. Alleinstehende Frauen können sexuelle Belästigung und Übergriffe erleben. Auch homosexuelle Geflüchtete haben oftmals Angst vor homophober Gewalt oder erleben diese; die meisten versuchen, ihre Identität zu verbergen und sich sozial unauffällig zu verhalten. Insbesondere in Männerwohnheimen ist der Einsatz von Sicherheitskräften und Polizei nicht ungewöhnlich. Zwar erleben unbeteiligte Nachbarn diese Eingriffe auch als *ent*lastend, aber ein Gefühl von Sicherheit kann so nicht entstehen. Die Zeugenschaft von Abschiebungen mit Polizeieinsatz (s. das letzte Fallbeispiel) stellen einen weiteren, gravierenden Belastungsfaktor dar, ebenso diskriminierende und rassistische Angriffe.

Fallbeispiel 3: Zitat eines 28-jährigen Patienten aus Guinea

„Die alte Frau im Zug starrte mich an und sagte was, das ich nicht verstanden habe. Ich habe gelernt, immer höflich zu Älteren zu sein, ich habe versucht zu lächeln. Es war sehr voll, ich konnte nicht ausweichen, als sie aussteigen wollte. Sie ging so eng an mir vorbei, dann ist es passiert. Sie hat mich angespuckt. Ich ... ich. Keiner sagte etwas ... Ich wollte so tun, als wenn nichts passiert war. Ich hätte nie gedacht, dass jemand, der mich doch gar nicht kennt, so reagiert. Ich hoffe, sie war krank. Vielleicht habe ich sie an jemanden erinnert, der ihr wehgetan hat. Seitdem kann ich noch schlechter schlafen. Ich träume davon. Wenn ich einer alten Frau wie ihr begegne, versuche ich, wegzugehen. Ich habe doch nichts getan."

Exkurs: Abschiebungen nach Asylpaket II

Ziel der aktuellen Asylgesetzgebung ist – neben der beschleunigten Anerkennung der Geflüchteten mit „guter Bleibeperspektive" – eine Erleichterung von Abschiebungen der anderen Geflüchteten (vgl. z. B. [355]).

Dafür wurden mit asylrechtlichen Änderungen seit Herbst 2015 (Asylpaket I im Okt. 2015, Asylpaket II im März 2016, Integrationsgesetz im Mai 2016) rechtliche Rahmenbedingungen geschaffen.

Insbesondere das Asylpaket II verfolgt dabei das Ziel, Abschiebungshindernisse aus „vermeintlich gesundheitlichen Gründen" abzubauen, vgl. [357]. Dafür wurden die Anforderungen an Atteste im direkten Vorfeld der Abschiebung verschärft: so dürfen von den Behörden nur noch „qualifizierte ärztliche Bescheinigungen" berücksichtigt werden, die bestimmte Inhalte enthalten und nicht älter als 2 Wochen sind. Des Weiteren sind nur noch lebensbedrohliche oder schwerwiegende Erkrankungen, die bereits vorliegen und die sich durch die Abschiebung wesentlich verschlechtern würden, relevante Abschiebungshindernisse. In der Begründung zum Gesetzentwurf durch die Fraktionen CDU/CSU und SPD [357] wird die politische Absicht der Reduktion von Abschiebungshindernissen deutlich, dort heißt es dazu, dass „eine solche schwerwiegende Erkrankung (…) hingegen z. B. in Fällen von PTBS regelmäßig nicht angenommen werden (kann): In Fällen einer PTBS ist die Abschiebung regelmäßig möglich (…)".

Ein halbes Jahr nach Beschluss beeinflusst das Gesetz die Handlungspraxis der Ausländerbehörden – bisherige Ermessensspielräume zu Gunsten von Geflüchteten werden teilweise nicht mehr wahrgenommen. Es kommt zu Konstellationen, wo psychische Störungen und Belastungen als unstrittig anerkannt werden, sich jedoch für die Behörden daraus keine Abschiebungsverbote ableiten lassen, da mit Behandlungsmöglichkeiten im Herkunftsland argumentiert wird. Es ist zu erwarten, dass die Anzahl der Abschiebungen von schwer kranken Patient(inn)en deutlich steigen wird. Neben den krisenhaften Situationen, zu denen es bei der Durchführung von Abschiebungen kommen kann, ist dadurch auch mit einem massiven Anstieg von Krisen aufgrund von drohenden Abschiebungen zu rechnen, da auf eine durchgeführte Abschiebung ein zigfacher Anteil von Patient(inn)en kommt, deren Behandlung aus Perspektive der Behandelnden durch eine drohenden Abschiebung massiv beeinträchtigt wird [371].

Fallbeispiel 4: Herr M., geflüchteter Patient aus dem Kongo, Folteropfer; nach 10 Jahren unsicherem Aufenthalt in Deutschland

Herr M., 46 Jahre alt und alleinstehend, vergräbt sein Gesicht in den Händen und verbirgt die Tränen. „Ich weiß nicht mehr weiter. Wozu habe ich das alles durchgestanden? Wozu denn?" Sein Bruder ist vor einer Woche plötzlich in der Heimat verstorben – er hat ihn 14 Jahre lang nicht gesehen. Die Familie seiner Freundin in Deutschland, mit der bereits eine Verlobung geplant ist, lehnt ihn ab, da er nur einen unsicheren Aufenthaltsstatus besitzt und daher immer nur phasenweise eine Arbeit erhält. Und nun wurde er aus dem Flüchtlingswohnheim abgemeldet, seine privaten Dinge wurden vor dem Wohnheim verstreut und sind verregnet, sein Zimmer wurde gestern von städtischen Mitarbeiter(inn)en verschlossen mit der Begründung, er halte sich zu selten dort auf. Ohne Anmeldung vor Ort droht ihm die Illegalität, da die Ausländerbehörde sich weigert, eine Duldung zu verlängern, wenn er nicht vor Ort gemeldet ist. Zu seinem Helfersystem gehören ein Sozialarbeiter, eine Rechtsanwältin, ein Pfarrer und ein Psychosoziales Zentrum für Flüchtlinge. Zur Vorgeschichte: Herr M. kam vor 9 Jahren aus dem Kongo nach Deutschland. Weiterhin lebt er im Flüchtlingswohnheim und hat nur eine Duldung, einen unsicheren Aufenthaltsstatus. Nach einer schweren suizidalen Krise wurde er von seinem Pfarrer vor 2 Jahren an ein Psychosoziales Zentrum für Flüchtlinge verwiesen, zur Psychotherapie. Er war mehr als 5 Jahre auf dem afrikanischen Kontinent auf der Flucht gewesen, hat viele Freunde auf der Flucht verloren, war Zeuge vom Tod (durch Verdursten, Ertrinken, Erschlagen) von anderen Flüchtenden. Zuvor war er in der Heimat mehrfach inhaftiert und gefoltert worden; die Narben wurden hier rechtspsychologisch untersucht und als Folterspuren eingeordnet. Trotzdem hat Herr M. in Deutschland immer gearbeitet, in schlecht bezahlten, ungelernten Hilfstätigkeiten. Daher stellte die zuständige Ausländerbehörde ihm einen besseren Aufenthalt in Aussicht, eine Aufenthaltserlaubnis. Aber seit mehr als 12 Monaten wartet er bisher vergeblich auf den Titel. Die Behandlung erfolgt in der gemeinsamen Zweitsprache Französisch.

Auf der Symptomebene liegen vorwiegend das gesamte Spektrum depressiver Symptome sowie phasenweise Intrusionen vor. Beispielsweise werden lebhafte Erinnerungen an seine Inhaftierung im Kongo ausgelöst durch den Geruch der benachbarten Toiletten im alten Gebäude seines Flüchtlingswohnheims. Diagnostisch handelt es sich um eine wiederholte Episode einer Major Depression und um eine chronifizierte PTBS.

Seine Ressourcen sind eine gesunde kindliche Entwicklung in einer kinderreichen Familie mit liebevollen und autoritären Eltern, ein hohes Verantwortungsgefühl, eine feste moralische Werteorientierung, eine tiefe Religiosität und eine Verbundenheit der eigenen Familie gegenüber. Eine weitere, sehr wirksame Ressource stellt für ihn sein Vorname dar – wie in seiner soziokulturellen Gruppe üblich, wurde er nach einem kürzlich verstorbenen Verwandten benannt. Dieser war für seine hohe Belastbarkeit und seine kämpferische Art – dabei selbstbeherrscht und niemals aggressiv – bekannt. Herr M. hat den festen Eindruck, auch er besitzt als Träger des Namens seines Onkels dessen Eigenschaften, die ihm Kraft geben.

Risikofaktoren sind bei ihm frühere, ernsthafte suizidale Krisen, frühere depressive Phasen mit psychotischen Symptomen, eine 2-jährige Phase als junger Erwachsener auf der Straße (als es der Familie wegen Arbeitsplatzverlust des Vaters sehr schlecht ging), eine Vielzahl traumatischer Gewalterfahrungen in der Heimat und auf der Flucht, anhaltende aufenthaltsrechtliche Unsicherheit, seine Lebenssituation als weiterhin lediger unverheirateter Mann mit ausgeprägtem Familienwunsch, sein schlechter Status in der eigenen Migranten-Community, da er ohne Papiere, unverheiratet und kinderlos, ohne ausreichendes Geld als minderwertig angesehen wird (beispielsweise wurde seine Freundin von anderen in der Community gewarnt, er habe ja nichts in den Händen, mit so einem solle sich keine Frau binden).

Folgende Krisenintervention wurden bei Herr M. durchgeführt:
- Herr M. konnte mit Schriftstücken wie Non-Suizid-Verträgen wenig anfangen. „Im Gefängnis musste ich auch dauernd falsche Geständnisse unterschreiben." Hingegen zählte für ihn ein persönliches *Non-Suizid-Versprechen* mit Handschlag sehr viel.
- Ein üblicher *Notfallplan* wurde gemeinsam erstellt. Um zu gewährleisten, dass der Patient trotz fehlender Geldmittel immer Hilfe holen konnte, hatte er eine *Handykarte*, die immer mit 5 Euro geladen war, sowie die Geldsumme für eine *Fahrkarte* in einem verschlossenen Umschlag bei sich. Dies konnte aus Spendenmitteln gewährleistet werden. Bei Patient(inn)en ohne Aufenthaltstitel sollten diese finanziellen Hürden mitgedacht werden – mit sehr hoher Wahrscheinlichkeit würde der Geflüchtete aus Schamgründen nicht mitteilen, dass die eine oder andere Vereinbarung im Notfallplan aus Geldmangel nicht realisierbar ist. Deshalb ist es ratsam, aktiv danach zu fragen. – Es wurde eine ambulante psychiatrische Behandlung (Antidepressiva und zu Beginn Sedativa) eingeleitet, was allerdings durch den illegalen Status und die fehlende Krankenversicherung erschwert war. Der Kontakt zu einer weiteren Flüchtlingsorganisation, die über ein Netzwerk an Ärzt(inn)en zur Versorgung von Geflüchteten ohne Aufenthalt verfügt, half hierbei. In vielen Städten gibt es solche Strukturen, häufig unter dem Namen „Medinetz".
- In den ersten Tagen der suizidalen Krise wurden tägliche 5-minütige Telefonkontakte durchgeführt, zu festgelegten Zeiten. Hierbei ging es um den kurzen Kontakt, ob existenzielle Grundlagen (Essen, Trinken, Raum zu schlafen) vorhanden sind, welche Tagesstruktur geplant ist und ob die getroffenen nonsuizidalen Absprachen bis zum nächsten Telefonkontakt in 24 Stunden eingehalten werden können. Nach der Krise beschrieb der Patient dies als eine Form der Bootsstege – „dazwischen schaukelte ich auf den Wellen, aber ich wusste, es kommt immer wieder ein Steg". Um die professionelle Distanz zu wahren und auch den eigenen privaten Raum zu schützen, waren diese Kontakte tatsächlich zeitlich sehr begrenzt, doch hinreichend wirkungsvoll.
- Damit der Patient in einen Zimmer mit geringerer Triggerdichte wechseln konnte, wurde eine entsprechende kurze Psychologische Bescheinigung zur Vorlage beim Sozialamt und beim Wohnheim erstellt. Es dauerte trotzdem Monate, bis ein Umzug innerhalb der Unterkunft erfolgen konnte. Bis dahin musste der Patient versuchen, mit begrenzten Übernachtungen vor Ort und eigener sensorischer Kontrolle (Duftöle, Riechkerzen, Putzmittel) diese Zeit ohne ständige Intrusionen zu überbrücken.
- Eine psychotherapeutische *Bescheinigung für die Ausländerbehörde* war dringend erforderlich, um darauf aufmerksam zu machen, dass es sich bei diesem Geflüchteten um ein psychisch erkranktes Folteropfer handelt, bei dem die rechtlichen regulären Schritte unverhältnismäßige Konsequenzen auslösen.
- Mit der Unterstützung des Sozialarbeiters und des Pfarrers vor Ort konnten *finanziellen Hilfen* vermittelt werden, um die Notlage zu überbrücken und zumindest Lebensmittel und Fahrkarten zu gewährleisten. Hier ist dringend zu empfehlen, finanzielle Unterstützung von der psychotherapeutischen Behandlung zu trennen.
- Über den Sozialarbeiter konnten für den Patienten *zwei helfende Tätigkeiten als Tagesstruktur und zur Selbstwertstabilisierung* organisiert werden, die einen enormen Beitrag zur Stabilisierung leisteten.
- In der Psychotherapie wurden seine *tiefen religiösen Überzeugungen* einbezogen. Eine hilfreiche Überzeugung wurde in der Sprache der Behandlung – Französisch – und in der Erstsprache des Patienten – Lingala – schriftlich festgehalten: „Gott belastet jeden nur bis zu der Grenze, die er aushalten kann; wahrscheinlich kennt er mich besser als ich mich". Äußerst hilfreich waren die

Praktiken seiner christlichen Gemeinde, in der beispielsweise eine Nacht pro Woche gesungen und getanzt wird für diejenigen, die derzeit Probleme haben. Diese intensive soziale Unterstützung, verbunden mit aktivem Singen und Tanzen, entfaltete eine deutlich antidepressive Wirkung. Singen und Beten als Entlastung zu Hause fügten wir in den Notfallplan ein.

- *Ehrenamtliche Unterstützung* durch Student(inn)en und Praktikant(inn)en waren ein weiterer Baustein in der wöchentlichen Tagestruktur. Hier erhielt der Patient praktische Unterstützung: Deutsch lernen, Bewerbungen schreiben, Job suchen.
- Herr M. litt sehr unter Selbstwertproblemen, verstärkt nach dem Tod des Bruders. „Ich müsste jetzt ein Trauerritual für ihn durchführen, danach alle zum Essen und Trinken einladen, aber ich habe dazu kein Geld. Noch nicht einmal dazu habe ich die Mittel, ich bin der große Bruder, ich muss Verantwortung tragen und kann es doch nicht." Die konkrete Planung eines weniger kostenintensiven *Trauerrituals* am überreligiösen Trauerort des Psychosozialen Zentrums für Flüchtlinge für den verstorbenen Bruder half ihm, sich selbst zu entlasten und eine zeitliche Dimension einzubauen: „Jetzt bin ich dazu nicht in der Lage, aber ich verspreche vor Gott, wenn ich die Mittel habe, dann werde ich das nachholen."
- *Herausforderungen* in der Krisenintervention waren die zeitintensiven Absprachen und Kooperationen mit dem Sozialarbeiter vor Ort, den Behörden, Ehrenamtlichen und der Rechtsanwältin. Im Fall von Herr M. konnte innerhalb des Psychosozialen Zentrums auf die Unterstützung von Sozialarbeiter(inn)en zurückgegriffen werden; im Falle der Behandlung in einer eigenen Praxis wäre hier noch mehr Koordinationsarbeit vonnöten. Die Krise fand zudem über die Weihnachtsfeiertage statt, in denen nicht alle im Helfernetz ansprechbar waren. Eine weitere Herausforderung war das Selbstbild des Patienten als stark und kämpferisch, idealisierte Eigenschaften des Onkels, dessen Namen er trägt. In Zeiten „normaler" Belastungen stellte dies eine enorme Ressource dar; in Zeiten einer Krise mit suizidalen Symptomen hingegen waren die inneren Impulse des Patienten nicht vereinbar mit diesem Selbstbild; möglicherweise ein Grund für psychosenahe Symptome vor Beginn der Psychotherapie. Hier war es von therapeutischer Seite aus nicht einfach, die richtige Balance zu finden zwischen der emotionalen Entlastung einerseits und dem ressourcenorientierten Vorgehen andererseits.
- *Aktuell* hat sich seine Situation beruhigt. Die Medikation hat er abgesetzt; er hat ein Zimmer im Flüchtlingswohnheim ohne Toilettengeruch erhalten, seine Duldung wurde nach 3 Monaten der Illegalität nun verlängert, er hat einen Minijob. Nach einer Beziehungskrise hält seine Partnerin nun zu ihm, wobei eine Skepsis bei ihm bleibt. Auf der Symptomebene liegen aktuell mittelschwere bzw. leichte depressive Beschwerden vor, Intrusionen sind seltener geworden.

Was gelernt werden kann: Gelernt wurde die hohe Bedeutung eines Helfernetzes, um die vielen Aufgaben gut zu verteilen, den psychotherapeutischen Raum zu schützen und die professionelle Distanz nicht zu verlieren. Im Übrigen waren die hilfreichen Praktiken in der christlichen Gemeinde des Patienten der Therapeutin zuvor unbekannt. Vielleicht eine sinnvolle Idee für depressive Gemeindemitglieder in deutschsprachigen Gemeinden…

4.4.2 Krisenintervention im transkulturellen Setting mit Geflüchteten

Ressourcen der geflüchteten Patient(inn)en

Gerade bei Psychotherapeut(inn)en *zu Beginn* der Arbeit mit geflüchteten Patient(inn)en kann die Auseinandersetzung mit deren widrigen Lebensumständen dazu führen, dass durch die eigene Irritation über die Lebensrealitäten eine ressourcenorientierte Arbeit leicht aus dem Fokus gerät. „Ich hätte nie gedacht, dass es dies in Deutschland gibt. Es kann doch nicht angehen, dass so mit verletzten Menschen umgegangen wird, ich bin erschüttert." (Zitat einer Psychotherapeutin während einer Fortbildung).

Jedoch verfügen gerade geflüchtete Patient(inn)en häufig über ein hohes Ausmaß an inneren Werten und Maßstäben, festen Orientierungen und sozialem Zusammenhalt, die essenziell sein können – besonders im Rahmen der Krisenintervention.

„Zusammenfassend kann alles eine Ressource sein, was innere und äußere Stabilität, Selbstwirksamkeit und einen Fluss der kreativen Energien ermöglicht" ([373], 85).

4.4 Krisenintervention

Daher ist es ratsam, systematisch im Rahmen der Anamnese auch die Ressourcen aller Patient(inn)en zu erfassen:

- *Religiöse Überzeugungen:* Nicht immer, aber häufig verfügen geflüchtete Patient(inn)en über tiefe religiösen Überzeugungen und Praktiken, die i. d. R. einen wirksamen Schutz vor suizidalen Handlungen darstellen und daher unbedingt einbezogen werden sollten.
- Allerdings können religiöse Überzeugungen auch eine Krisenintervention behindern, daher ist eine sorgfältige Exploration erforderlich, beispielsweise wenn das religiöse Tabu einerseits und suizidale Ideen andererseits zu einer Verschärfung der Selbstabwertung und der Schamgefühle führen. Bei einer tief religiösen Muslima gab es beispielsweise das feste Tabu der suizidalen Handlung bei gleichzeitigen hohem inneren Druck und Todessehnsucht während der Krise. Dies führte dann zu versteckten autoaggressiven Handlungen, die ihrerseits lebensgefährlich wurden.
- *Familiäre Verantwortung:* Vollkommen vergleichbar mit Patient(inn)en ohne Fluchtgeschichte, stellt dieser Punkt eine enorme Ressource dar, insbesondere die Verantwortung für die Kinder bzw. die Rücksichtnahme auf die eigenen Eltern in der Heimat. Schwierig kann es daher werden, wenn Patient(inn)en Angehörige verloren haben, diese verschwunden sind oder nach der Traumatisierung ein Ausstoß aus der Familie erfolgt ist. Ein erheblicher Stabilisierungsfaktor ist es, die Familie mit Kindern hier in Deutschland zu haben. (Ehe-)Partner(inn)en der Patient(inn)en können dann bei Krisen und Notfallplänen mit einbezogen werden.
- *Soziale Verpflichtungen, die mit Moral und Ehrvorstellungen verknüpft sind:* Jenseits der konkreten familiären Verpflichtungen können geflüchtete Patient(inn)en unter hohem Druck und sozialen Erwartungen ihrer Community stehen, die im Rahmen einer Krise durchaus stabilisierend wirken können.

Zitat einer tschetschenischen Patientin: „Ich würde mich sofort umbringen, aber dann hätten meine Kinder ein Schandmal bei uns, niemand würde sie mehr heiraten wollen, denn ich hätte mich umgebracht. Das geht bei uns einfach nicht, und alle meine Nachkommen müssten die Konsequenzen tragen."

Zitat eines albanischen Patienten: „Was würden die anderen denken, wenn sie erfahren würden, dass ich mich selbst getötet habe? Nein, das ist vollkommen undenkbar, diese Schande kann ich den Meinen nicht zufügen, auch wenn ich mir täglich wünsche, endlich zu sterben."

- *Politische Überzeugungen:* Hier ist oft die Überzeugung maßgeblich, Teil eines großen Ganzen mit einem höheren Auftrag zu sein, verbunden mit der Bereitschaft, hohes persönliches Leiden auszuhalten, um die gemeinsame Idee zu verfolgen. Die Solidarität zu anderen Mitgliedern der politischen Gruppe und sehr oft der enge Kontakt untereinander stellen eine enorme Ressource dar. Manchmal ist die Bereitschaft der Selbstreflexion und Selbstwahrnehmung dann deutlich herabgesetzt, was während der Krisenbewältigung sogar zeitweise hilfreich sein kann, solange keine psychosenahen und dissoziativen Symptome vorliegen.

Fallbeispiel 5: junge Frau aus Sri Lanka

In der Heimat der Zwangsprostitution ausgesetzt und kürzlich nach Deutschland eingereist, fürchtete sie den Kontakt zu männlichen Landsleuten. In der Heimat hatte sie regelmäßig einen hinduistischen Tempel des Affengottes Hanuman aufgesucht und Kraft geschöpft. Es war ihr großer Wunsch, hier vor Ort einen hinduistischen Tempel aufzusuchen. Die Krisenintervention beinhaltete eine Internetrecherche – ein Tempel in der Nähe wurde gefunden und ein Bild von Hanuman ausgedruckt, was sie sich nach Hause mitnahm. In Begleitung einer deutschen Praktikantin war ihr ein Tempelbesuch möglich, was ihr eine große innere Erleichterung verschaffte.

Weitere Ressourcen sind, vergleichbar mit Patient(inn)en ohne Fluchterfahrungen:
- intellektuelle Bewältigung
- sportliche Fähigkeiten
- künstlerische, kreative Fähigkeiten
- Liebe zur Natur
- weitere Leidenschaften wie Kochen, Internet und neue Medien

Hilfreich kann sein, strukturelle Barrieren im Exil im Rahmen der Krisenintervention zu überwinden und diese Ressourcen wieder verfügbar zu machen – beispielsweise den Kontakt zu Sportvereinen herzustellen, Informationen mitzugeben, wo schöne Parks zu finden sind, oder den Kontakt zu Ehrenamtlichen vor Ort zu vermitteln.

Behandler(in) im Fokus – Selbstreflexion in der Krisenintervention

Da, wie eingangs beschrieben, Krisen in der Psychotherapie von Geflüchteten eher die Regel als die Ausnahme darstellen, geht es vorwiegend um eine Herausforderung an die behandelnden Psychotherapeut(inn)en: eigene Normen zu überdenken, in einen Reframing-Prozess einzutreten und die strukturellen Zumutungen („Wie kann ein Folteropfer nach 10 Jahren immer noch mit unsicherem Aufenthalt im Flüchtlingswohnheim leben?") dadurch etwas besser auszuhalten und mittragen zu können [361]. Eine Herausforderung liegt darin, weder abzustumpfen noch sich überfluten zu lassen von der Hilflosigkeit – was für alle Psychotherapeut(inn)en, speziell für Traumatherapeut(inn)en gilt. Ziel in der Krisenintervention mit geflüchteten Patient(inn)en ist es, möglichst rasch zurückzukehren zum normalen Behandlungssetting und immer wieder zu testen, inwieweit das übliche traumatherapeutische Behandlungsrepertoire trotz Krise möglich ist. Patient(inn)en mit und ohne Fluchtgeschichte benötigen gute Traumatherapie, und für die Psychotherapeut(inn)en in Deutschland ist hier möglicherweise eine Anpassung an die flüchtlingsspezifischen Lebensbedingungen erforderlich – *unsichere Lebensumstände sind die Norm und noch keine Krise*. Darüber hinaus ist eine selbstreflexive Haltung über die eigene kulturelle Prägung und die achtsame Wahrnehmung der eigenen ethnisierenden Kategorien in der transkulturellen Praxis enorm hilfreich (vgl. [359], [361], [364]). Unverzichtbar sind Supervision, günstigstenfalls mit transkulturell erfahrenem/r Supervisor(in), und die berufsgruppenübergreifende Vernetzung mit flüchtlingsspezifischen Hilfsstrukturen, um angesichts der strukturellen Ursachen von Krisen handlungsfähig zu bleiben. Im Zuge der gesetzlichen Veränderungen (vgl. Exkurs: Abschiebungen nach Asylpaket II) (S. 119) ist zu erwarten, dass zunehmend auch traumatisierte Patient(inn)en abgeschoben werden. Sich als Behandler(in) hier zu schützen und Unterstützung beim eigenen Umgang mit abgeschobenen Patient(inn)en zu holen, wird essenziell sein, um die Arbeit mit geflüchteten Traumapatient(inn)en trotz – oder gerade wegen – der gesetzlichen Verschärfungen für bestimmte Flüchtlingsgruppen fortsetzen zu können.

Kriseninterventionen

Ziele in der akuten Krisenintervention sind eine emotionale Entlastung und das zeitliche Überbrücken der Krise, Verhindern von fremd- und autoaggressiven Handlungen inklusive Suizidprävention sowie der Schutz von möglicherweise belasteten Kindern der Patient(inn)en.

Psychotherapeutische Kriseninterventionen in der direkten Interaktion mit Patient(inn)en

- *Notfallplan:* Wie bereits in Fallbeispiel 4 (S. 120) der Hinweis auf „persönliches *Non-Suizid-Versprechen*" verdeutlicht, sind nonsuizidale mündliche Versprechen oft wirksamer als Verträge. Notfallpläne sollten in jedem Einzelfall angepasst an die Kommunikationsstruktur und Milieuzugehörigkeit erfolgen. In der Regel hat es sich bewährt, wesentliche entlastende Sätze und die Reihenfolge der vereinbarten Schritte zu notieren – in Deutsch und in der Sprache der Patientin, notiert durch die Dolmetscherin beispielsweise. Dieses Blatt nimmt der Patient mit und trägt es immer bei sich. Auch bei Analphabeten ist dies möglich, dann muss die schriftliche Form durch eine gemeinsame Skizze veranschaulicht werden. Es ist günstig, beim nächsten Termin nachzuhaken, ob der Notfallplan wirksam war, ob nachgebessert werden sollte und ob weiterhin alles verständlich ist.
- *Ressourcenarbeit:* An Ressourcen, die in der Vergangenheit wirksam waren, kann auch im Exil angeknüpft werden, s. Ressourcen der geflüchteten Patient(inn)en (S. 122).
- *Psychoedukation:* Die ständige Aufklärung ist ein wesentlicher Bestandteil auch der Krisenintervention. Eine Herausforderung besteht darin, im transkulturellen und multisprachlichen Kontext immer wieder nach Formulierungen zu suchen, die im Einzelfall verständlich sind, und dabei die Angst und Sorge vor einem Kontrollverlust zu dämpfen bzw. Handlungsoptionen zu verdeutlichen. Bei einem Patienten, der als Automechaniker gearbeitet hat, sind anschauliche Beispiele in Bezug auf Motoren sinnvoll (bereits hierbei können seine Kompetenzen einbezogen werden), bei einer Hausfrau und Mutter können Beispiele aus der Küche einbezogen werden etc.
- *Stabilisierung über Tagesstruktur:* Detaillierte Absprachen über die Möglichkeiten der Tagesstruktur sind ein wesentlicher Bestandteil und umso

wichtiger, je isolierter ein geflüchteter Patient ist. Geflüchtete Alleinstehende sind besonders oft in psychischen Krisen völlig sich selbst überlassen; hier wird die Vernetzung vor Ort (s. nächste Punkte) umso wichtiger.

- *Realitätsorientierung* über Achtsamkeitsübungen, Realitätsüberprüfung und *Symptomkontrolle:* Dies sind übliche traumatherapeutische Vorgehensweisen, die auch während einer Krisenintervention mit geflüchteten Patient(inn)en einen wesentlichen stabilisierenden Bestandteil in der Behandlung darstellen. Während einer Krise sind für einen Patienten häufig intensivere Reize nötig, um sich auf die aktuelle Realität konzentrieren zu können. Während beispielsweise in normalen Therapiephasen „Hände reiben" eine Achtsamkeitsübung einleiten kann, ist während der Krise möglicherweise ein enges Gummiband um das Handgelenk erforderlich, das einen heftigen Reiz beim Spannen und Loslassen auslöst und damit wirkungsvoller aus den Intrusionen „zurückholen" kann. Oder ein angenehmer Rosenduft muss durch einen heftigen Zitronenessiggeruch abgelöst werden, um während einer Krise noch wahrgenommen zu werden. Wie bei allen Traumapatient(inn)en sollte natürlich beim Einsatz von sensorischen Reizen sehr sorgfältig im Einzelfall vorgegangen werden, um Trigger zu vermeiden.
- *Objekte zum Transfer von therapeutischen Absprachen in den privaten Raum* mitgeben: Bewährt hat es sich zudem, den Patient(inn)en ein Objekt aus dem Therapieraum während der Krise mitzugeben, vor allem bei psychosenahen und dissoziativen Symptomen. Zum einen verdeutlicht es die zeitliche Begrenztheit: „Nach der Krise können Sie es mir zurückgeben, wenn Sie möchten". Zum anderen hilft es vielen geflüchteten Patient(inn)en ihren Berichten nach, sich an den sicheren Therapieraum zu erinnern und auch im privaten Zuhause auf therapeutische Absprachen zurückgreifen zu können. „Ich bin außer mir, aber dann sehe ich dieses Kissen und nehme es in die Hand, und dann erinnere ich mich an unser Gespräch und weiß, morgen telefonieren wir kurz, das kann ich doch schaffen", meldete ein Klient aus Mazedonien nach bewältigter Krise zurück. Solche Objekte sind beispielsweise dekorative Gegenstände (Figuren, Steine), kleine Einrichtungsgegenstände (kleine Lampe, Kissen) etc. Auch im Austausch gegen selbstverletzende Gegenstände (Messer, Rasierklingen) hat sich dieses Vorgehen bewährt, wobei dann i. d. R. eine stationäre Einweisung erfolgen sollte (s. nächster Punkt).
- *Realer guter Ort* vs. imaginativer guter Ort: Ein realer guter Ort, an dem sich geflüchtete Patient(inn)en aufhalten können, ist während einer Krise oft wirkungsvoller als imaginative innere Orte, die während der Traumatherapie enorm hilfreich sind. Solche realen guten Orte sind bei Patient(inn)en beispielsweise: Stadtbibliothek, Park, Treff für die ehrenamtlichen Helfer(inn)en, Vogelvoliere in der Nachbarschaft, ein bestimmter Baum in Wohnortnähe.

Kontakt zu weiteren Versorgungsstrukturen

Für Medikation und stationäre Einweisung gelten dieselben Regeln wie bei allen anderen Patient(inn)en. Möglichst frühzeitig soll ihnen die grundsätzliche Möglichkeit einer stationären Behandlung erläutert und diese – gerade bei geflüchteten Patient(inn)en! – gut angebahnt werden. Bedauerlicherweise berichten gerade diese immer wieder, dass sie von der Aufnahme abgewiesen werden, wenn sie sich im Notfall selbst dorthin wenden. Häufig haben sie keinen Arzt gesehen, sondern werden bereits im 1. Kontakt mit Klinikpersonal abgewiesen mit der Begründung: „Bringen Sie einen Dolmetscher mit!". Umso wichtiger ist der direkte kurze Kontakt zum aufnehmenden Arzt per Telefon, im optimalen Fall kann ein(e) Dolmetscher(in) direkt mitgeschickt werden. Hilfreich ist, per Fax die wesentlichen Angaben zum Patienten schriftlich der Klinik zur Verfügung zu stellen, inklusive Ansprechpartner(inn)en im Hilfsnetz (Rechtsanwalt, Sozialarbeiter(in), Ehrenamtliche) und im weiteren Verlauf den Kontakt zu den stationären Behandlern zu halten. Essenziell bei der stationären Behandlung von Traumapatient(inn)en ist natürlich, eine gute, gewaltfreie Erfahrung in der Psychiatrie zu ermöglichen, was eventuelle spätere Krisenintervention in der weiteren Behandlung erleichtert. Sehr schwierig wird es, wenn Patient(inn)en in der Heimat

- belastende Erfahrungen in der stationären Behandlung (Verfolgung von Dissidenten durch Psychiatrien im Herkunftsland),
- mit der Einnahme von Psychopharmaka (Inhaftierungen, Zwangsprostitution) oder
- Erfahrung von erniedrigender Behandlung durch Ärzte während psychiatrischer Behandlung

gemacht haben (beispielsweise bei Angehörigen von Minderheiten).

Soziales Umfeld einbeziehen

Das direkte soziale Umfeld des geflüchteten Patienten ist von der Krise ebenso betroffen und sollte in den Notfallplan (s. Psychotherapeutische Kriseninterventionen in der direkten Interaktion mit Patient(inn)en) (S. 124), wenn möglich, einbezogen werden. Besonders wichtig ist hierbei, die zeitliche Begrenzung der Krise gut abzusprechen, damit beispielsweise die Familie die Patientin nicht andauernd schont und damit eine Chronifizierung fördert. Während einer akuten Krise gelten andere Regeln – beispielsweise soll die erkrankte Mutter dann nicht allein gelassen werden –, während im Anschluss wieder die Rollenübernahme der Mutter als Erziehungsperson in den Fokus gerückt wird. Auch das soziale Umfeld eines geflüchteten Alleinstehenden ist sehr wichtig – Kontaktpersonen und Community hier in Deutschland, die Angehörigen in der Heimat und die Kontakte dorthin. Dies kann gleichermaßen eine Ressource als auch eine Belastung bedeuten und sollte sorgfältig exploriert werden (vgl. Fallbeispiel 4 (S. 120) und Fallbeispiel 5 (S. 123). Häufig spielen bei geflüchteten Traumapatient(inn)en sowohl patriarchale Strukturen als auch kollektivistische Prägungen eine Rolle, die ihrerseits sowohl spezifische Belastungen (Erwartungsdruck, Scham, Abwertung, geringer Handlungsspielraum) als auch Ressourcen (hohe soziale Unterstützung, Verantwortungsgefühl, Anker in suizidalen Krisen) darstellen können.

Vernetzen mit flüchtlingsspezifischen Unterstützungsstrukturen

Aus beiden Fallbeispielen (4 und 5) wird deutlich, dass die gute Vernetzung der Behandler(inn)en mit weiteren Hilfsstrukturen essenziell ist, zum einen, um wirksame Kriseninterventionen zu ermöglichen, und zum anderen, um die eigenen zeitlichen Ressourcen und fachlichen Kompetenzen nicht völlig zu überfordern. Wesentliche flüchtlingsspezifische Hilfsstrukturen sind:
- Rechtsanwälte mit Berufserfahrung im Asyl- und Ausländerrecht (dies ist nicht per se Ausbildungsbestandteil)
- erfahrene Sozialarbeiter(inn)en von Flüchtlingsberatungsstellen bzw. Psychosozialen Zentren für Flüchtlinge
- ehrenamtliche Unterstützer(inn)en vor Ort

Sozialarbeiter(inn)en ohne flüchtlingsspezifisches Fachwissen ebenso wie gesetzliche Betreuer und Vormünder sind oft ebenfalls von der komplexen rechtlichen Materie überfordert. Es ist grundsätzlich empfehlenswert, bei Behandlungsbeginn und unabhängig von einer Krise, sich in den Fragen der Sozialarbeit und der rechtlichen Unterstützung gut zu vernetzen (Weblinks s. Kap. 8).

Bescheinigungen als psychosoziale Interventionen

Erfolgt die Krise infolge einer rechtlichen Destabilisierung (sozialrechtlich, ausländerrechtlich, asylrechtlich), so ist i. d. R. ein Schreiben der Behandler(in) erforderlich, um Veränderungen in die Wege zu leiten. Auch wenn sich beispielsweise ambulante Psychotherapeut(inn)en sehr wünschen, sich nur und ausschließlich auf die Behandlung konzentrieren zu können und grundsätzlich nichts zu schreiben, so hat doch auch diese Entscheidung direkte Konsequenzen für den geflüchteten Patienten, da er spezifischen rechtlichen Rahmenbedingungen unterliegt (beispielsweise der „Mitwirkungspflicht"). Zudem sind die entscheidungsbefugten Behörden oftmals nicht informiert, dass Psychotherapeut(inn)en keine Bescheinigungen schreiben möchten und fassen das Nicht-Vorliegen solcher Dokumente eher so auf, dass dann wohl auch kein störungsspezifischer Sachverhalt vorliegt. Bescheinigungen können hilfreich sein in Bezug auf…
- Wohnsituation
- Arbeitserlaubnis
- Umverteilung/Umzug
- Zugang zum Sprachkurs
- Maßnahmen des Jobcenters/der Agentur für Arbeit
- Entscheidungen im Aufenthaltsrecht (Verwaltungsgericht, Bundesamt für Migration und Flüchtlinge, ggf. Ausländerbehörde)

Zum Thema Bescheinigungen, Stellungnahmen und Gutachten wurden Standards definiert, die online zugänglich sind (s. http://sbpm.web-comservice.de/u. Kap. 8.6).

In der Krisenintervention mit *Dolmetschereinsatz* ist das Vor- und Nachgespräch mit Dolmetscher(inn)en umso wichtiger [370], zur Entlastung und zur Aufklärung über die professionellen Vorgehensweisen in der Krise, die sich von der üblichen Behandlung unterscheiden.

4.4 Kriseninterventions

Fallbeispiel 6: Frau A. drohen innerfamiliäre Gewalt und Abschiebung

Frau A. wurde von ihrem Psychiater zu einem Clearing-Gespräch an ein Psychosoziales Zentrum für Flüchtlinge vermittelt. Das 1. Gespräch zeigte eine Frau in einer ungeklärten Aufenthaltssituation, völlig überfordert, aktuell alleinerziehend mit 3 Kindern im Schulalter, die ihr alles bedeuteten. Der Mann war einige Wochen vorher vom Jugendamt wegen häuslicher Gewalt der Familie verwiesen worden. Dies war für Frau A. einerseits eine Entlastung, andererseits war sie damit der moralischen Verurteilung in ihrer Familie wie auch in der Kirchengemeinde ausgesetzt – dort sagte ihr der Priester, dass sie keine „Tochter Gottes" mehr sei und statt der Trennung ihrem Mann verzeihen müsse. Zwei Monate zuvor hatte Frau A. einen Suizidversuch mit Tabletten begangen und war für 10 Tage stationär psychiatrisch behandelt worden. Auslöser des Suizidversuches waren sexuelle Gewalt durch den Ehemann sowie die Ablehnung ihres Asylantrags und die Angst, jederzeit abgeschoben zu werden (Ablehnung als „offensichtlich unbegründet", Eilantrag der Rechtsanwältin abgelehnt).

Vorgeschichte: Frau A. war zu dem Zeitpunkt bereits mehr als 2 Jahre in Deutschland, hatte gut Deutsch gelernt, ihre Kinder gingen hier zur Schule, in den Sportverein, zum Musikunterricht. In der späteren Anamnese wird deutlich, dass es seit 15 Jahren immer wieder zu massiver Gewalt durch den Ehemann gekommen war und sich Frau A. ohnmächtig dieser ausgeliefert fühlte. Frau A. gehört zu der Minderheit der koptischen Christen und stammt aus einem arabischsprachigen Land.

Symptomebene: Zu Anfang der Gespräche wirkt sie oftmals gefasst, erst in der detaillierten Exploration wird die extreme Belastung deutlich: Massive Schlafstörungen, Reizbarkeit, Vergesslichkeit, Kontrollverlust (sie könne sich nicht immer kontrollieren und werde z. B. den Kindern gegenüber ungeduldig, mache Sachen kaputt), depressive Erschöpfung, Lustlosigkeit, Kraftlosigkeit, Hoffnungslosigkeit, kombiniert mit Schuldgefühlen gegenüber den Kindern. Die Patientin äußert lebensmüde Gedanken, ist von suizidalen Absichten während der Krisenintervention jedoch distanziert und absprachefähig. Sie berichtet psychosomatische Symptome (Schmerzen, Schwindel, Tinnitus) sowie wiederkehrende Albträume, Flashbacks, ausgeprägtes Vermeidungsverhalten. Sie spricht auch von für sie unerklärlichen, mutmaßlich dissoziativen Symptomen und äußert große Angst „verrückt zu werden". Zudem hat die Patientin Angst, ihr Befinden beispielsweise in der Reisefähigkeitsuntersuchung beim Gesundheitsamt wahrheitsgetreu anzugeben, weil ihr dann vielleicht die Kinder weggenommen würden.

Ressourcen und Risikofaktoren: Frau A. hat trotz geringer formaler Schulbildung bereits gut Deutsch gelernt und sich ein aktives soziales Netz aufgebaut. Sie ist in mehreren Kirchengemeinden sowie im Kindergarten und der Schule ihrer Kinder engagiert und hat sich eine kleine Arbeit organisiert. Sie kann die aktuelle Situation reflektieren und die Belastung, die damit auch für ihre Kinder verbunden ist, wahrnehmen und kann für ihre Kinder Unterstützung organisieren. In der schwierigen Situation zwischen Selbstschutz, Schutz der Kinder und Erwartungen von Familie, Gemeinde und Gesellschaft kann sie verschiedene Perspektiven einnehmen. Ihr fällt es allerdings schwer, für sich selbst ausreichend Unterstützung einzufordern und sich selbst ausreichend zu schützen – sie hat über viele Jahre massive Gewalt durch Ehemann und Schwiegerfamilie ertragen und bereits mehrere Suizidversuche überlebt. Nach ihren moralischen und religiösen Überzeugungen hat sie kein Recht, sich zu trennen – gleichzeitig sieht sie, dass eine Trennung auch besser für ihre Kinder ist.

Folgende Krisenintervention wurden mit Frau A. durchgeführt:

In den Wochen nach dem Erstkontakt fanden engmaschige Kontakte zur Krisenintervention statt. Die Kontakte fanden i. d. R. mit Hinzuziehen einer für das therapeutische Setting geschulten arabischsprachigen Dolmetscherin der gleichen Konfession wie die Klientin statt. Gleichermaßen verfügte die Klientin bereits über beachtliche Deutschkenntnisse, sodass bei terminlicher Verhinderung der Dolmetscherin aufgrund von Notfallterminen Gespräche auch gut ohne diese durchgeführt werden konnten. Zentrale Ziele dabei waren Suizidprävention, Herstellen von äußerer Sicherheit, insbesondere Schutz vor ihrem Ehemann und Klärung der aufenthaltsrechtlichen Situation, therapeutisches Beziehungs- und Unterstützungsangebot.

- *Nachbesprechen des Suizidversuches* und Einschätzen des aktuellen Suizidrisikos. Dies war aktuell aufgrund der erfolgten Trennung vom Ehemann und dem Wissen, dass im Psychosozialen Zentrum für Flüchtlinge ihre rechtlichen Probleme bearbeitet werden und sich um ihr Wohlergehen gesorgt wird, reduziert.
- Hilfestellung beim *Herstellen äußerer Sicherheit:*
  - Begleitung beim *Ausländerrechtlichen Verfahren* (durch einen sozialarbeiterisch tätigen Kollegen, durch Vermittlung einer Rechtsanwältin, Telefonkontakte mit der Anwältin)
  - Einschätzung der Bedrohung durch den Ehemann und Treffen von Absprachen mit Frau A., was in verschiedenen potenziellen Situationen zu tun ist, wann die Therapeutin erreichbar ist; Vereinbarung, dass die Patientin bei drohender Gefahr die Polizei informiert
  - Vergewisserung, dass die Wohnung sicher ist und wer einen Schlüssel haben darf
- *Festigen des sozialen Netzes:*
  - Kontaktaufnahme mit Dritten und Vernetzung im Helfersystem mit Einverständnis von Frau A.
  - Telefonate mit der ehrenamtlichen Helferin, um ihre Einschätzung zur Situation, zum Ehemann, zur Entwicklung zu erhalten
- *Kontaktaufnahme mit dem Psychiater*
- *Kontaktaufnahme mit einer Frauenberatungsstelle:* Bei einem Kontakt mit der Polizei wurde die Patientin zunächst abgewiesen („man könne ja nicht bei sämtlichen Ehestreitigkeiten intervenieren"). Erst nachdem Frau A. dann den Entlassungsbrief aus der Psychiatrie gezeigt hatte, in dem eine Vergewaltigung vor dem Suizidversuch von Frau A. berichtet worden war, leitete der Polizeibeamte aufgrund des Charakters der Straftat (Offizialdelikt) Ermittlungen ein. Kurz darauf kam Frau A. mit einem Brief in die Therapiesitzung, in dem sie vorgeladen wurde, als Zeugin auszusagen. Erst bei der Besprechung des Briefes mit der Therapeutin verstand sie, dass aufgrund ihres Termins bei der Polizei ein Ermittlungsverfahren gegen ihren Mann lief, was sie nicht gewollt hatte. In Rücksprache mit einer Mitarbeiterin einer Frauenberatungsstelle und mit der Anwältin wurde mit Frau A. erörtert, welche Möglichkeiten sie hatte, sich in dem Verfahren zu verhalten. Eine Anzeige gegen ihren Mann war aktuell nicht das, was sie wollte. Sie wollte ausschließlich „in Ruhe gelassen werden". Zudem befürchtete sie, insbesondere ihre Söhne würden ihr eine Anzeige nie verzeihen. Schon allein aufgrund der Trennung, die nach Intervention des Jugendamtes erfolgt war, befürchtete sie, im Fall einer Abschiebung von der Schwiegerfamilie dafür bestraft zu werden und die Kinder an diese abgeben zu müssen, wie es geltendem Recht im Herkunftsland entspricht. Frau A. hatte in Deutschland, so sagte sie selbst, die Erfahrung machen dürfen, dass sie das deutsche Recht besser vor ihrem gewalttätigen Ehemann schütze, ihr eine Scheidung ermögliche – der unklare Aufenthaltsstatus machte diesen Schutz jedoch zu einem temporären Schutz, auf den sie sich nicht verlassen konnte und der ihre Handlungsmöglichkeiten trotz des Rechtssystems stark einschränkte.
- Hilfeangebot zu Klärung der Besuchsregelung mit dem *Jugendamt*
- *Ressourcenaktivierung;* da diese Patientin über viele Ressourcen verfügte, geschah dies in erster Linie durch ein Spiegeln und Rückmelden ihrer Ressourcen und Problemlösekompetenzen, ferner durch Ermutigung durch gemeinsames Sehen der Erfolge
- *Beziehungsangebot „sicherer therapeutischer Raum",* ein empathisches Kümmern seitens der Therapeutin, was auch durch Anrufe bei der Patientin gezeigt wird. Die Patientin ist nach außen und ihren Kindern gegenüber immer stark und funktioniert im Alltag – im Psychosozialen Zentrum konnte sie sich hilflos zeigen und ihre Geschichte erstmals erzählen.

Psychoedukation, Entpathologisieren der Symptomatik: die Patientin hat Angst, „verrückt" zu werden, weil sie sich aktuell so durchlässig und so wenig belastbar wahrnimmt (sie fange plötzlich in der Schule an, zu heulen, verlege Schlüssel und beschuldige ihre Kinder, ihr diese nicht zurückgegeben zu haben etc.). Die genaue Exploration und das Wahrnehmen der Symptomatik verknüpft mit Erläuterungen zu traumaspezifischen und Belastungssymptomen sowie die von der Therapeutin gegebene Versicherung, dass die Symptome eine aktuelle Reaktion darstellen, schaffte eine Entlastung.

Eine ausführliche *Diagnostik* unter Einbezug der traumatischen Erlebnisse in der Biografie konnte erst nach der akuten Krisenintervention stattfinden; diese ermöglichte das Verfassen einer Stellungnahme, mit der die Anwältin einen erneuten Eilantrag auf Abschiebungsschutz mit dem Ziel der Klage gegen den negativen Asylbescheid stellte.

Frau A. meldete sich zunehmend selbstständig, wenn sie wieder mehr Albträume hatte und es ihr schlechter ging – meist stand das in Zusammenhang mit äußeren Belastungsfaktoren: eine Kontaktaufnahme durch ihren Ex-Mann, ein Anruf vom Schwager, der ihr drohte, sie dürfe nicht alleine leben und müsse sich versöhnen, ein Brief von der Ausländerbehörde oder vom Gesundheitsamt. Neben krisenorientierten Unterstützungsangeboten konnte sie zunehmend auch von traumaorientierten stabilisierenden Interventionen profitieren (z. B. Selbstberuhigungsstrategien, Achtsamkeitsübungen im Hier und Jetzt, hilfreiche Gedanken).

Herausforderungen: Frau A.s Glaube und ihre aktive Teilnahme an kirchlichen Aktivitäten waren eine wichtige Ressource, gleichzeitig wurde sie dort mit der moralischen Verurteilung ihrer Entscheidung, sich zu trennen, konfrontiert. Zudem war es schwierig, das Ausmaß der Bedrohung durch den in der Vergangenheit sehr gewalttätigen Mann einzuschätzen und einen Umgang damit zu finden.

Was gelernt werden kann: Die Patientin präsentierte sich zu Beginn recht stabil – nur durch das Wissen um den Suizidversuch war das Ausmaß der Krise deutlich. Zudem drohte tatsächlich ganz akut eine Abschiebung in einen gewaltvollen Herkunftskontext, was die Krise weiter verschärft hätte. Insbesondere zu Anfang war es gut, die Patientin aktiv zu unterstützen und dabei immer soweit möglich die Ressourcen der Patientin einzubinden und sie zu ermutigen, sich ihrer Ressourcen zu bedienen (z. B. eine Freundin um Begleitung zum Amt bitten). Die Kooperation mit der Frauenberatungsstelle und einer guten Rechtsanwältin, die den Fall überblickte, sowie die gemeinsame Arbeit mit einem Sozialarbeiter waren hilfreich, um asyl- und ausländerrechtlich brisante Situationen einschätzen zu können und die Patientin darauf vorbereiten bzw. mit einem guten Gefühl beruhigen zu können. Bezüglich des Umgangs mit der Bedrohung durch den Ehemann und bei der Entscheidung der Patientin gegen ein aktives Betreiben eines Strafverfahrens gegen ihren Ehemann war hilfreich, sich in die Situation der Patientin hineinzuversetzen und an ihren Bedürfnissen orientiert eine akzeptable Lösung in der aktuellen Situation zu erzielen – hierbei waren die Wertvorstellungen der Therapeutin durchaus herausgefordert.

Fazit

Hilfreich ist es in der Krisenintervention mit Geflüchteten, …

- sich zu vernetzen – über das übliche Hilfesystem hinaus sind Sozialarbeiter(inn)en aus Flüchtlingsberatungsstellen oder Unterkünften und ggf. Rechtsanwält(inn)en einzubeziehen.
- die Sprachbarriere zu überwinden: für das psychotherapeutische Setting geschulte Dolmetschende hinzuzuziehen bzw. eine gemeinsame Sprache (Erst-, Zweit-, Drittsprachen…) einzusetzen; bei Einweisungen in die Psychiatrie wesentliche Informationen mit Einverständnis des/der Patient(in) weitergeben, Sprachmittlung in der Psychiatrie ansprechen.
- sich von den strukturellen Barrieren in der Regelversorgung nicht abhalten zu lassen und beharrlich die gleichen Standards in der Behandlung Geflüchteter abfragen.
- die Ressourcen der Geflüchteten systematisch zu erfassen und in den Interventionen zu nutzen, auch wenn der eigene Wertekanon hierbei herausgefordert wird.
- die eigenen Normen zu überdenken. Möglicherweise kommt es auf der Seite der Psychotherapeut(inn)en zu einem Reframing-Prozess – äußere Unsicherheit ist häufig die Norm bei geflüchteten Patient(inn)en und nicht immer gleichbedeutend mit einer akuten Krise. Nicht alles an äußeren Belastungen, das für kriegsunerfahrene Psychotherapeut(inn)en untragbar erscheint, löst tatsächlich eine Krise bei geflüchteten Patient(inn)en aus. Es sind die psychischen Reaktionen des Patienten, die eine Krise erkennbar machen.
- zu bedenken, dass selbst bei unsicherem Aufenthalt sehr viele traumatherapeutische Interventionen durchführbar sind.

4.4.3 Literatur

[353] Abilgaard P. Stabilisierende Psychotherapie in akuten Krisen. PITT für die psychotherapeutische Grundversorgung. Stuttgart: Klett-Cotta; 2013
[354] Berry JW. Acculturative Stress. In: Wong P, Wong L, Hg. Handbook of Multicutural Perspectives on Stress and Coping. New York: Springer; 2006: 287
[355] Bundesregierung. Bericht im Kabinett – Mehr Abschiebungen als im Vorjahr (17.02.2016). Im Internet: https://www.bundesregierung.de/Content/DE/Artikel/2016/02/2016-02-17-rueckfuehrungen.html; Stand: 02.12.2016

[356] Chernivsky M. Anti Bias Ansatz zum Umgang mit Differenz und Diskriminierung. In: Van Keuk E, Ghaderi C, Joksimovic L et al. Hrsg. Diversity. Transkulturelle Kompetenz in klinischen und sozialen Arbeitsfeldern. Stuttgart: Kohlhammer; 2011: 66 ff

[357] Deutscher Bundestag. Drucksache 18/7538. Gesetzentwurf der Fraktionen der CDU/CSU und SPD. Entwurf eines Gesetzes zur Einführung beschleunigter Asylverfahren (16.02.2016). Im Internet: http://dip21.bundestag.de/dip21/btd/18/075/1807538.pdf; Stand: 02.12.2016

[358] Flatten G, Hofmann A, Liebermann P, Siol T, Wöller W, Petzold ER. Posttraumatische Belastungsstörung. Quellentext und Leitlinie. Stuttgart: Schattauer; 1999

[359] Gavranidou M, Abdallah-Steinkopff B. Psychotherapeutische Arbeit mit Migranten: Alles anders oder gleich? Gestalttherapie, Forum für Gestaltperspektiven 2008; 22(2): 93ff

[360] Gerlach C, Pietrowsky R. Trauma und Aufenthaltsstatus: Einfluss eines unsicheren Aufenthaltsstatus auf die Traumasymptomatik bei Flüchtlingen. Verhaltenstherapie und Verhaltensmedizin 2012; 33 (1)

[361] Ghaderi C, van Keuk E. Geflüchtete in der Psychotherapie – Heilung im politisierten Raum. In: Ghaderi C, Eppenstein T, Hrsg. Flüchtlinge – multiperspektivische Zugänge. Heidelberg: Springer VS; 2016: 257 ff [im Druck]

[362] Haasen C, Levit O, Gelbert A et al. Zusammenhang zwischen psychischer Befindlichkeit und Akkulturation bei Migranten. In: Psychiatrische Praxis 2007; 34: 339 ff

[363] Huber M. Trauma und die Folgen, Paderborn: Junfermann; 2003

[364] Kahraman B. Die kultursensible Therapiebeziehung. Gießen: Psychosozial; 2006

[365] Özkan I. Migrationsstress, Alter und Lernen – Betrachtungen der Zusammenhänge sowie Implikationen für die Didaktik [Dissertation]. Göttingen: Universität Göttingen; 2011

[366] Özkan I, Belz M. Ressourcenorientierte traumazentrierte Behandlung von Migranten. In: Feldmann RE, Seidler GH, Hrsg. Traum(a) Migration: Aktuelle Konzepte zur Therapie traumatisierter Flüchtlinge und Folteropfer. Gießen: Psychosozial; 2013: 193 ff

[367] Sonneck G, Kapusta N, Tomandl G, Voracek M, Hrsg. Krisenintervention und Suizidverhütung. 2. Aufl. Stuttgart: UTB facultas; 2012

[368] Van der Kolk A, McFarlane AC, Weisaeth L, Hrsg. Traumatic Stress. Grundlagen und Behandlungsansätze. Paderborn: Junfermann; 2000

[369] Van Keuk E, Ghaderi C. Diversity-Kompetenz in der transkulturellen Psychotherapie. In: Keuk E, Ghaderi C, Joksimovic L et al., Hrsg. Diversity. Transkulturelle Kompetenz in klinischen und sozialen Arbeitsfeldern. Stuttgart: Kohlhammer; 2011: 146 ff

[370] Van Keuk E, Ghaderi C. Erfahrungsbericht aus der Praxis: Dolmetschereinsatz in der Psychotherapie. In: Reddemann L, Bausch B., Hrsg. TRAUMA – Zeitschrift für Psychotraumatologie und ihre Anwendungen 2013; 2. Themenschwerpunkt „Mehrsprachigkeit und Trauma"

[371] Wolf V, van Keuk E. Abschiebungen von geflüchteten Patientinnen und Patienten aus der Regelversorgung. Psychotherapeutenjournal 2016; 4: 334 ff

[372] Zick A, Küpper B. Vorurteile und Toleranz von Vielfalt – von den Fallen alltäglicher Wahrnehmung. In: Van Keuk E, Ghaderi C, Joksimovic L et al., Hrsg. Diversity. Transkulturelle Kompetenz in klinischen und sozialen Arbeitsfeldern. Stuttgart: Kohlhammer; 2011: 54 ff

[373] Zito D, Martin E. Umgang mit traumatisierten Flüchtlingen. Weinheim/Basel: Beltz Juventa; 2016

5 Lebensabschnitte

5.1 Unbegleitete Kinder und Jugendliche

Esther Kleefeldt, Anika Dienemann

5.1.1 Unbegleitete minderjährige Geflüchtete – Ankommen in Deutschland

Begriff, aktuelle Situation und Hintergrund

Kinder und Jugendliche, die alleine nach Deutschland gekommen sind und weder über Personensorge- noch Erziehungsberechtigte im Inland verfügen, werden als unbegleitete minderjährige Flüchtlinge (umF) oder unbegleitete minderjährige Ausländer (umA) bezeichnet. Der vorliegende Artikel verwendet im Folgenden die Bezeichnungen unbegleitete minderjährige Flüchtlinge.

Nach Schätzungen des *Bundesfachverbandes unbegleitete minderjährige Flüchtlinge (BumF)* kamen im Jahr 2015 rund 30 000 unbegleitete Minderjährige in Deutschland an. Der Zugang hat sich damit im Vergleich zum Jahre 2014 mindestens verdreifacht. Die Hauptherkunftsländer waren Afghanistan, Syrien, Irak, Eritrea und Somalia. Die spezifischen Fluchtursachen sind sehr unterschiedlich: In Afghanistan sind junge Menschen vor allem durch Unruhen und von Anwerbung und Kontrolle durch radikale Gruppen bedroht. In Syrien herrscht weiterhin Bürgerkrieg. In Eritrea droht Verfolgung durch das Regime und der Zwangsdienst im Militär ab etwa dem 15. Lebensjahr. Im Irak werden vor allem Jugendliche und junge Volljährige von radikalen Gruppen angeworben und kontrolliert, zudem droht Minderheiten die Verfolgung. In Somalia werden Jugendliche ebenfalls von radikalen Gruppen angeworben und kontrolliert.

Unbegleitete minderjährige Geflüchtete sind eine hoch vulnerable Gruppe [383]. Bis zu 97 % haben traumatische Erfahrungen, signifikant mehr als begleitete Minderjährige [391]. Zudem fehlen wichtige Schutzfaktoren wie soziale Unterstützung durch die Familie. „Die Psyche eines Kindes ist besonders verletzlich, da sein noch ungefestigtes Welt- und Selbstbild sich an der Traumaerfahrung orientiert und folglich geprägt ist von traumabezogenen Erwartungen" [390]. Das bedeutet, dass die Welt als feindselig, unberechenbar und chaotisch wahrgenommen wird. Es überwiegen Gefühle der Hilflosigkeit und des Ausgeliefertseins. Die Prävalenzraten für psychische Störungen sind daher um ein Vielfaches höher als diejenigen der Normalbevölkerung. Sie variieren stark in Abhängigkeit von Untersuchungsdesign und Stichprobe. Hohe Prävalenzraten finden sich jedoch insbesondere für die Posttraumatische Belastungsstörung (17–71,3 %), für depressive Störungen und für Angststörungen (s. Kap. 2).

Während der Minderjährigkeit sind Kinder und Jugendliche nicht nur (unabhängig von ihrem Aufenthaltsstatus) vor Abschiebung in ihr Herkunftsland oder in einen Drittstaat geschützt, sie haben zudem Anspruch auf Inobhutnahme und jugendhilferechtliche Leistungen. Inobhutnahme nach § 42 SGB VIII bezeichnet die vorläufige Aufnahme und Unterbringung eines Kindes oder Jugendlichen in Notsituationen durch das Jugendamt. Dies beinhaltet die vorläufige Ausübung von Funktionen der elterlichen Sorge und Bestimmung des Aufenthaltes.

Das Aufnahmeverfahren: von der vorläufigen Inobhutnahme bis zur Hilfebeendigung

Unbegleitete minderjährige Flüchtlinge sind besonders schutzbedürftig, ihnen stehen laut internationalen Übereinkommen besondere Rechte zu. Seit Inkrafttreten des Kinder- und Jugendhilfeweiterentwicklungsgesetzes (KICK) im Oktober 2005 müssen unbegleitete minderjährige Geflüchtete unmittelbar nach ihrer Ankunft in Deutschland in Obhut genommen, engmaschig betreut und in Einrichtungen der Jugendhilfe untergebracht werden ([377], [389], § 42a Rn 3, Nr. 12). Mit Inkrafttreten des ‚Gesetzes zur Verbesserung der Unterbringung, Versorgung und Betreuung ausländischer Kinder und Jugendlicher' im November 2015 müssen alle unbegleitet eingereisten Minderjährigen durch den örtlichen Träger der öffentlichen Jugendhilfe, in der Regel das Jugendamt, vorläufig in Obhut genommen werden.

Bestehen Zweifel über die Minderjährigkeit, so muss das Jugendamt dies im Rahmen der vorläufigen Inobhutnahme klären. Liegen Ausweisdokumente vor, so sind diese in erster Linie ausschlaggebend. Verfügen Betroffene über keine Identitätspapiere muss das Alter im Wege einer sogenannten „qualifizierten Inaugenscheinnahme" eingeschätzt werden. Betroffene, beziehungsweise ihre rechtlichen Vertreter, können beantragen, dass das Alter mit Hilfe eines medizinischen Verfahrens eingeschätzt wird. Altersfeststellungsverfahren finden statt, obwohl „[...] es allgemein anerkannt [ist], dass zurzeit keine Methode zur Verfügung steht, mit der das genaue Alter einer Person bestimmt werden kann" [379]. Infolge der Unzulänglichkeit der Verfahren zur Alterseinschätzung kommt es immer wieder zu Konflikten und unterschiedlichen Einschätzungen mit gravierenden Folgen für die Jugendlichen.

Nach Feststellung der Minderjährigkeit muss das örtlich zuständige Jugendamt innerhalb von 7 Werktagen ermitteln, ob Belange des Kindeswohls, wie beispielsweise Möglichkeiten der Familienzusammenführung in Deutschland oder gesundheitliche Belange, der Durchführung der Verteilung in das nächste Bundesland, das seine Aufnahmequote noch nicht erfüllt hat, entgegenstehen. Steht der Verteilung nichts entgegen, muss der junge Mensch innerhalb eines Monats verteilt und an das hiermit neu zuständig werdende Jugendamt zugewiesen werden.

Die Umsetzung des neuen Aufnahmeverfahrens zeigt jedoch massive Defizite auf und verursacht neue Belastungen, die in der psychotherapeutischen und pädagogischen Arbeit berücksichtigt werden müssen: Obwohl die Gefahren, die bei Durchführung der Verteilung gegen den Willen des Kindes oder Jugendlichen entstehen, bekannt sind, können viele Jugendämter aufgrund u. a. der kurzen Fristen ihren Prüfauftrag nicht erfüllen. Die Folge ist, dass Jugendliche und Kinder auch bei Gefährdung des psychischen oder seelischen Wohls zum Verteilverfahren angemeldet werden. In vielen Fällen fehlen ärztliche Stellungnahmen und Einschätzungen zur Verteilfähigkeit durch eine pädagogische Fachkraft.

An die vorläufige Inobhutnahme schließt sich die reguläre Inobhutnahme an, in deren Rahmen das sogenannte Clearing-Verfahren durchgeführt wird. Das Clearing-Verfahren dauert in der Regel 3 Monate. Ziel ist die Klärung der Situation und Perspektiven des unbegleiteten Minderjährigen unter Berücksichtigung des Kindeswohls. Das Jugendamt hat im Rahmen der regulären Inobhutnahme, spätestens aber 1 Monat nach Beginn der vorläufigen Inobhutnahme einen rechtlichen Vertreter zu bestellen. Dieser Vormund kann als Amtsvormund, ehrenamtlicher Einzelvormund oder Berufsvormund tätig sein. Dieser leitet dann das aufenthalts- und asylrechtliche Verfahren ein – soweit dies nicht bereits im Rahmen der vorläufigen oder regulären Inobhutnahme geschehen ist – und beantragt bedarfsgerechte Anschlussmaßnahmen. Letztere umfassen das gesamte Leistungsspektrum des SGB VIII. Dies beinhaltet die Unterbringung in betreuten Wohnformen, Pflegefamilien, etc., aber auch Hilfen zur Erziehung (HzE), Psychotherapie, u. a.

Für viele Kinder und Jugendliche ist die Anschlussmaßnahme nach der Inobhutnahme der erste Ort, an dem sie einen geregelten Alltag, Bezugspersonen, Ruhe und Schutz finden können. Hier kann und muss eine kontinuierliche pädagogische und psychosoziale Arbeit beginnen. Dabei sind regelmäßige Hilfeplangespräche in Verantwortung des Jugendamtes und unter Beteiligung der Jugendlichen, ihrer Bezugsbetreuer(innen) sowie des Vormundes der Dreh- und Angelpunkt für die Gestaltung von Gegenwart und Zukunft der jungen Menschen.

Der Übergang in die Volljährigkeit stellt für viele umF eine neuerliche Bruchstelle in ihrem Leben dar. Denn obwohl ihnen ein Anspruch auf Hilfen für junge Volljährige bis zum 21. Lebensjahr gemäß SGB VIII zusteht, kommt es immer wieder zu abrupten Hilfebeendigungen bei Eintritt in die Volljährigkeit. Durch die z. T. sehr langen Wartezeiten während der Inobhutnahme erreichen einige Jugendliche schon in dieser Phase das 18. Lebensjahr, bevor Bedarfe ermittelt und Zuständigkeiten geklärt werden. Oftmals findet eine eigenständige Prüfung des Jugendamtes für die Gewährung von Hilfen für junge Volljährige nicht statt. Sie verlassen die Inobhutnahme ohne Bedarfsermittlung und weiterführende Hilfe.

Zwischen Jugendhilfe- und Aufenthalts- und Asylrecht

Seit 2015 hat die Bundesregierung zahlreiche restriktive und zum Teil beschleunigte Gesetzesänderungen im Kinder- und Jugendhilferecht und im Aufenthalts- und Asylrecht vorgenommen, die Auswirkungen auf die Lebenssituation von unbegleiteten minderjährigen Geflüchteten in Deutschland haben. Ihre Unterbringung, Versorgung und Betreuung hat sich durch Gesetzesverschärfungen, fehlende Infrastruktur und die Versteigung von

Notversorgungen in Folge erhöhter Zugangszahlen drastisch verschlechtert. Standards der Jugendhilfe wurden zum Teil durch Provisorien abgelöst: Notversorgung wie die Unterbringung in Hostels und Turnhallen sowie eingeschränkte Versorgung in Form von ambulanten Hilfen haben sich etabliert. Die jungen Menschen leiden – entgegen der gesetzlichen Vorgaben – unter langen Wartezeiten bei der Gewährung von Hilfen und der Klärung von asyl- und aufenthaltsrechtlichen Angelegenheiten. Zudem sind die Versorgungsstrukturen sehr heterogen, es zeigen sich bedeutende kommunale Unterschiede in Unterbringung und Hilfegewährung.

Der Spagat zwischen den unterschiedlichen Rechtssystemen stellt die Minderjährigen und alle Akteure des Hilfesystems vor große Herausforderungen. Die Jugendhilfe als individuelle Förderung steht dem Aufenthalts- und Asylrecht als Ordnungsrecht in seinen Aufgaben, Verantwortungsbereichen und Zielen zum Teil konträr entgegen. Für unbegleitete Kinder und Jugendliche gilt der Vorrang der Jugendhilfe. Kindeswohlorientierte Hilfemaßnahmen werden dennoch immer wieder durch ordnungsrechtliche Beschränkungen konterkariert. Dies zeigt sich etwa in aller Deutlichkeit an Gesetzesänderungen zur Zuwanderungsbeschränkung, in denen u. a. der Familiennachzug für subsidiär Schutzberechtigte unbegleitete Minderjährige für 2 Jahre ausgesetzt wurde [375]. Dies steht dem im § 1 SGB VIII verankerten Recht auf Erziehung und Elternverantwortung eklatant entgegen.

Die unsichere Bleibeperspektive, die fehlende Familienzusammenführung und die z. T. sehr langen Aufenthalts- und Asylverfahren erschweren die pädagogische und psychotherapeutische Arbeit und lösen in den jungen Menschen große Verunsicherungen und Ohnmachtsgefühle aus. Ein junger Erwachsener beschreibt diese folgendermaßen: „Also, ich weiß es nicht. Das ist nicht meine Situation. Ob ich kann oder nicht, ob es Sinn macht so etwas [eine Aufenthaltserlaubnis] zu bekommen. Oder wann das ist, morgen, heute, ich weiß nicht wann. Ich weiß es nicht. Trotzdem habe ich Hoffnung. Die Art, wie die Leute mit mir sprechen, denn mir wird gesagt, dass ich zur Schule gehe, alles läuft, ich habe keine Probleme mit der Polizei, so was sagen die anderen. Man muss Geduld haben. Es bringt nichts, Druck auszuüben oder zu kämpfen. Das entscheidet irgendjemand. Wie ich bin, mich verhalte, vielleicht entscheidet er für dich, was er machen würde" [374].

Um Verunsicherungen und Ohnmachtsgefühle zu vermeiden, ist die Kommunikation und Zusammenarbeit zwischen allen Akteur(inn)en, insbesondere zwischen Jugendhilfeeinrichtung, Jugendamt, Vormund, Psychotherapeut(inn)en, kommunaler Ausländerbehörde und der Außenstelle des BAMF notwendig. Dabei sollten gemeinsam die Bedarfe des jungen Menschen ermittelt und individuelle Handlungsmöglichkeiten umgesetzt werden.

Die Lebenssituation unbegleiteter Minderjähriger – Herausforderungen und Bedarfe

Die Flucht eines unbegleiteten Kindes oder Jugendlichen geht oftmals mit einer enormen Verantwortungsübernahme und einem erzwungenen Erwachsenwerden einher. Durch die auf der Flucht entwickelten Überlebenskompetenzen wird jungen Geflüchteten nicht selten eine besondere Widerstandsfähigkeit zugeschrieben. Von dieser Annahme gehen jedoch massive Gefahren aus, wird doch die besondere Vulnerabilität der als „übermäßig autonom" [392] erscheinenden Kinder und Jugendlichen verdeckt. Die jungen Geflüchteten sind in erster Linie Kinder und Jugendliche, deren Grundbedürfnisse über einen bestimmten Zeitraum nicht erfüllt wurden und teilweise weiterhin nicht erfüllt werden. Als Maßnahme des Selbstschutzes entwickeln sie eine *compensatory omnipotence* [392]. Diese Kompensationsmuster müssen bei der Bedarfsermittlung und Hilfegewährung Berücksichtigung finden, damit jungen Menschen die Möglichkeit gewährt wird, altersgemäße Entwicklungsschritte nachzuholen und neue Orientierung zu finden.

Die ersten Erfahrungen und Erlebnisse im Aufnahmeland prägen die jungen Menschen in besonderem Maße. Das Erleben von wechselnden (Not-)Unterkünften, Bezugspersonen und unterschiedlichen Versorgungssituationen, die das Aufnahmeverfahren oft mit sich bringt, führen zu großer Unsicherheit. In der Praxis finden die jungen Menschen oft erst in den Anschlussmaßnahmen eine adäquate pädagogische Versorgung und einen kontinuierlichen Zugang zu psychotherapeutischer Versorgung. Bis dahin vergehen zum Teil Monate. Die Kinder und Jugendlichen benötigen am neuen Ort Zeit, um sich zu orientieren und Vertrauen in die neue Unterbringung zu fassen. Vor diesem Hintergrund braucht die Ermittlung der konkreten Bedarfe oft mehr Zeit, als beispielsweise die gesetzliche Frist der vorläufigen Inobhutnahme vorgibt. Es braucht Kooperationen und Vernetzungen zwischen den Akteuren, um flexibel auf die sich verändernden Hilfebedarfe der jungen Menschen reagieren zu können und ihnen ein Ankommen in Deutschland zu ermöglichen.

Die jungen Menschen waren in ihrem Heimatland und auf der Flucht mitunter verschiedensten Formen von Gewalt und Fremdbestimmung ausgeliefert, und auch im Aufnahmeland wird dieses Gefühl durch die als übermächtig empfundenen Entscheidungsstrukturen reproduziert. So kann die Hilflosigkeit, die sie während der Flucht und Aufnahme in Deutschland erfahren, eine Bruchstelle im Leben der Kinder und Jugendlichen markieren und das Vertrauen in die eigene Handlungsfähigkeit erschüttern. Eine junge Erwachsene beschreibt ihre unsichere Bleibeperspektive und das Gefühl des Ausgeliefertseins: „Ja, also, ich habe seit dem Tag, seitdem ich in Deutschland bin, seitdem habe ich eine Duldung, also nur ein paar Monate Aufenthalt gehabt. Das ist irgendwie, nur Duldung, am Anfang und jetzt. Irgendwann hat man diese Energie nicht mehr, dass man weiterkämpfen [kann]" [374]. Die unsichere Zukunftsperspektive verursacht einen enormen Druck. Ein Jugendlicher berichtet: „Das ist richtig schwer. 100 % jeden Moment denken die, wann ist meine Anhörung, wie geht das weiter, schieben die mich wieder nach Afghanistan ab? Das ist eine große Sorge" [374].

Vor diesem Hintergrund stellen die Aufenthaltssicherung sowie die Partizipation an und Transparenz der Verfahrensabläufe zentrale Bausteine für eine gelingende Hilfe dar. Die Bestellung eines Vormundes, die frühzeitige Klärung der aufenthaltsrechtlichen Perspektive und ggf. das Stellen von Asylanträgen sowie die ausländerrechtliche Registrierung sind grundlegend. Die Minderjährigen benötigen hier möglichst frühzeitig Gewissheit, denn die Flucht endet für die meisten Kinder und Jugendlichen erst, wenn ihr Aufenthalt gesichert ist und sie einer einschätzbaren Zukunft entgegensehen können. Zur Gestaltung einer Zukunftsperspektive ist der Zugang zu Bildung in Form von Sprachkursen, Schule und Ausbildung grundlegend.

Einige unbegleitete Minderjährige leiden zudem unter dem Druck, vielfältige Aufträge erfüllen zu müssen. Zum Teil gibt es hohe Erwartungen durch die Angehörigen der Minderjährigen, oder die jungen Menschen müssen Geld verdienen, weil sie Schlepperkosten bezahlen oder Angehörige versorgen müssen. Das Helfernetzwerk muss hier sensibel auf diese oft tabuisierten Themen reagieren und nach den Ursachen von auffälligen Verhaltensänderungen, etwa Delinquenz oder dem Rückzug aus dem Hilfesystem, suchen, um die tatsächliche Situation der Jugendlichen einschätzen zu können.

Das Beziehungserleben einiger unbegleiteter Minderjähriger ist stark geprägt von Verlusterfahrungen und Unsicherheit, gleichzeitig geht dieses Erleben oft mit einem großen Bindungswunsch einher. Bindungslosigkeit und Desorientierung stellen das Helfernetzwerk vor besondere Herausforderungen [392]. Ein junger Volljähriger beschreibt die Schwierigkeit des Vertrauensaufbaus: „Es gibt überhaupt kein Vertrauen da. Also die Betreuer, glaube ich, die müssen das verstehen. Diese Person, wie versuche ich von der Person sein Vertrauen zu gewinnen? Da ist eigentlich, meine persönliche Meinung, bei mir hat es fast ein Jahr gedauert, überhaupt diesen Leuten zu vertrauen. Obwohl die meine Betreuer waren. Ja, da muss dieses Vertrauen erstmal da sein und sich erstmal öffnen. Und da war oft der Punkt, die Person will erstmal dir helfen. Dann muss ich dann sagen, okay, ich bin jetzt bereit für die Hilfe. Da fängt eigentlich das meiste an" [374].

Für viele unbegleitete Minderjährige sind die verschiedenen Aufgaben, Rollen und Ziele der unterschiedlichen Akteure des Helfernetzwerkes undurchsichtig, was Misstrauen und Verunsicherung auslöst. Kinder und Jugendliche brauchen in erster Linie äußere Sicherheit und klare Strukturen, um Beziehungsangebote annehmen zu können. Dabei ermöglichen verlässliche Beziehungen und kontinuierliche Strukturen die Entwicklung einer inneren Sicherheit. Auch die Rolle von Personen außerhalb des professionellen Helfernetzwerkes muss in der Hilfegestaltung Berücksichtigung finden. Nicht selten sind Freunde, Personen aus dem Fluchtverbund und die Familie von zentraler Bedeutung. Die Volljährigkeit führt, wenn die Jugendhilfe nicht verlängert wird, zur Beendigung der Hilfen und zum Abbruch der Vertrauensbeziehungen innerhalb des Hilfesystems. Eine junge Frau berichtet von dieser Erfahrung: „Aber für mich war es nicht so einfach, sie zu lassen. Weil sie war die einzige Person, die mich richtig versteht. Seit ich […] in Deutschland bin, sie verstehen mich. Obwohl ich aggressiv bin, sie versteht mich, egal, sie ist immer da für mich. Sie zu lassen, ist nicht so einfach, war ein bisschen traurig" [374].

Vor diesem Hintergrund kommt der Gestaltung von langfristigen Hilfen und dem frühzeitigen Aufbau von Netzwerken außerhalb der regulären Jugendhilfe, wie z. B. der Einbindung in regionale Vereine, Schulen, Jugendfreizeitangebote ebenso wie der Anbindung an Beratungsstellen, Jugendmigrationsdienste, Pat(inn)en- und Mentor(inn)enprojekte und Psychotherapeut(inn)en eine hohe Bedeutung zu. Die jungen Menschen erhalten so die Chance, auch außerhalb der regulären Hilfe Anlaufstellen zu finden, die nach Beendigung der Jugendhilfe verlässliche Strukturen und Beziehungen ermöglichen. Zudem müssen Hilfeverlängerungen wie z. B. die Hilfe für junge Volljährige möglichst frühzeitig beantragt werden.

5.1.2 Psychotherapie mit unbegleiteten Kindern und Jugendlichen

Warum Psychotherapie? – Flucht, Trauma und besondere Belastungen

Vielfach erleben junge Geflüchtete mehrere traumatische Prozesse – vor, während und auch nach der Flucht. Keilson [384] prägte hierfür den Begriff der sequenziellen Traumatisierung. Die Zeitspanne nach der Flucht, in der traumatische Erfahrungen begriffen und verarbeitet werden, ist entscheidend für den weiteren Verlauf der Entwicklung und die Schwere der traumatischen Folgeschäden.

Während dieser 3. traumatischen Sequenz [384] nach ihrer Ankunft in Deutschland sind junge Geflüchtete in Deutschland multiplen zusätzlichen Belastungen ausgesetzt (vgl. z. B. [381]). Sie müssen den Verlust der Eltern, der Heimat und traumatische Ereignisse im Herkunftsland sowie auf der Flucht verkraften. Sie sollen die Sprache lernen, zur Schule gehen, einen Schulabschluss erwerben, einen Ausbildungsplatz finden. Auf der Flucht mussten sie in der Regel monatelang auf sich allein gestellt überleben, nun müssen sie sich den Regeln und Erwartungen im Aufnahmeland anpassen. Zudem leiden unbegleitete Geflüchtete unter dem meist über Jahre andauernden unsicheren Aufenthaltsstatus, der sich extrem belastend auf alle Lebensbereiche auswirkt. Dies geschieht während der ohnehin belastenden Lebensphase der Adoleszenz, in der Identitätsfindung und Autonomiebestrebungen viel Raum einnehmen.

Auch der Kontakt ins Herkunftsland kann, wenn er denn vorhanden ist, einen weiteren Belastungsfaktor darstellen. Die dort verbliebenen Familienmitglieder haben Erwartungen, oft finanzieller Art. Es entsteht ein Rechtfertigungsdruck, weil nur schwer vermittelbar ist, dass es in Deutschland mehrere Jahre dauert, einen Schulabschluss zu erwerben und eine Berufsausbildung zu absolvieren, und dass in dieser Zeit kaum Geld verdient werden kann. Zudem erzeugt die Tatsache Schuldgefühle, dass Angehörige immer noch in Gefahr sind, es ihnen körperlich oder psychisch schlecht geht. Die Verhältnisse im Herkunftsland können sich in Abhängigkeit von den politischen Rahmenbedingungen schnell ändern, Kontakte können jederzeit abreißen, so dass die Jugendlichen häufig nicht wissen, wo ihre Familienangehörigen gerade sind, ob sie in Sicherheit sind, ob sie noch leben.

So bewegen sich unbegleitete Kinder und Jugendliche in einem Spannungsfeld, sind hin- und hergerissen zwischen zu vielen unterschiedlichen und teilweise unvereinbaren Anforderungen. Sie benötigen daher besondere Unterstützung und Begleitung, gerade in ihrer Anfangszeit in Deutschland. Diese Unterstützung kann verschiedene Formen annehmen. Um mit traumatischen Erfahrungen umgehen zu lernen und posttraumatische Symptome zu reduzieren, ist in vielen Fällen Psychotherapie das Mittel der Wahl.

Psychotherapie ist jedoch nicht nur aus humanitären Gesichtspunkten geboten, um Leid zu lindern, sondern auch aus ökonomischen, um hohe Folgekosten durch chronische Erkrankungen sowie fehlende Inklusion und gesellschaftliche Teilhabe zu verhindern.

Inhalte der Psychotherapie

Unbegleitete Kinder und Jugendliche stellen sich meist mit Symptomen wie Schlafstörungen, Alpträumen, intrusiven Erinnerungen und „Flashbacks", Konzentrationsstörungen, Angst, Aggressivität oder Traurigkeit vor. Unter diesen Symptomen leiden sie gleich 3-fach: Zum einen, weil die damit einhergehenden Körpergefühle und Emotionen sehr unangenehm und schwer zu ertragen sind, zum zweiten, weil Symptome wie Schlaf- und Konzentrationsstörungen sie in ihrer Funktions- und Leistungsfähigkeit enorm einschränken. Und zum dritten, weil sie nicht mit ihrem Selbstbild kompatibel sind: „Ich bin doch nicht verrückt", „Früher war ich nicht so".

Obwohl diese Symptome meist als Traumafolgen entstanden sind, ist klassische Traumatherapie gerade in der Anfangszeit in Deutschland in der Regel nicht das Mittel der Wahl: Jugendliche können traumatische Erlebnisse oft zunächst nicht aufarbeiten, sondern möchten sie „gut wegpacken". Ihr Fokus liegt auf gegenwarts- und zukunftsbezogenen Themen. Dies erscheint sinnvoll vor dem Hintergrund der geschilderten gegenwärtigen Herausforderungen. Diese zu meistern verlangt den Einsatz aller zur Verfügung stehenden Energie und Ressourcen. Vergangene Traumata spielen in der Psychotherapie oft nur indirekt eine Rolle, da Folgesymptome wie Schlaf- und Konzentrationsstörungen oder intrusive Gedanken sich störend auf die notwendige Alltagsbewältigung auswirken. Kinder und Jugendliche möchten zuerst die Probleme anpacken, die ihren derzeitigen Alltag bestimmen und deren gute Lösung letztlich über ihre Zukunft entscheidet. *So ist der Auftrag an Psychotherapeut(inn)en oft weniger die Heilung psychischer Erkrankungen, sondern mehr die Begleitung durch eine hoch belastende Anfangszeit in Deutschland, in der die Selbstheilungskräfte (noch) nicht wirken können.* Dies beinhaltet

- Erklärungen für die unerklärlichen Symptome geben, um damit Gefühlen von Schuld und Scham entgegenzuwirken,
- Vermittlung von Informationen,
- einen sicheren Ort bieten, an dem erzählt werden darf,
- und insbesondere da sein und gut zuhören.

Häufige Themen in der Psychotherapie sind zudem Erwartungen und Regeln in Deutschland (Jugendhilfe, Schule, Arbeitsmarkt), Erwartungen aus dem Herkunftsland, Bewältigung von Konflikten, Bindung und Beziehung, Stigmatisierung und Ausgrenzung, „dazugehören wollen" und damit einhergehend auch kulturelle Anpassung und Identitätsfindung. Verbessern sich die Rahmenbedingungen und können erfolgreich Ressourcen aufgebaut bzw. aktiviert werden (Spracherwerb, soziales Netzwerk, Freizeitaktivitäten, Schulabschluss, Berufsausbildung, Aufenthalt), sehen Kinder und Jugendliche oft keine Notwendigkeit mehr für eine Psychotherapie. Die psychischen Probleme mögen nicht (gänzlich) verschwunden sein, aber nun genügen zunächst die eigenen Ressourcen, um sie zu bewältigen. Nach einer Phase der Stabilisierung und Normalisierung nehmen unter Umständen psychische Symptome wieder zu und können einen Anlass für die erneute Aufnahme einer Psychotherapie darstellen.

Möglichkeiten und Grenzen der Psychotherapie

Nicht immer ist eine Psychotherapie mit unbegleiteten Minderjährigen möglich oder sinnvoll. Einige Jugendliche haben aufgrund altersbedingter oder kultureller Stereotypen und Normen Vorurteile gegenüber Psychotherapie. Diese wird möglicherweise als stigmatisierend wahrgenommen. Es besteht die Angst, bei Gleichaltrigen als schwach und uncool zu gelten. Dies kann dazu führen, dass Psychotherapie abgelehnt wird. Oft bestehen daneben Ängste, tatsächlich verrückt geworden zu sein und dies durch die Inanspruchnahme einer Psychotherapie öffentlich zu machen.

Gerade zu Beginn einer Psychotherapie begegnen Psychotherapeut(inn)en häufig tief sitzendem, generalisiertem Misstrauen: Unbegleitete Minderjährige haben gelernt, vorsichtig zu sein und niemandem zu trauen. Dies erwies sich als notwendige Überlebensstrategie und sollte daher nicht als *Störfaktor* abgelehnt und bearbeitet, sondern als in der Vergangenheit notwendige Überlebensstrategie wertgeschätzt werden. Hinzu kommt, dass das Eingehen einer Beziehung aufgrund vielfältiger und wiederholter Verlusterfahrungen unter Umständen angstbesetzt ist, weil jede Beziehung das Risiko beinhaltet, *erneut im Stich gelassen zu werden.* Daher kann es langwierig und schwierig sein, eine vertrauensvolle therapeutische Beziehung aufzubauen, und viel Geduld von beiden Seiten erfordern.

Hinzu kommen ganz praktische Aspekte, die bei der Therapieplanung berücksichtigt werden müssen: Junge Geflüchtete haben einen sehr vollen Terminkalender: Neben der (Ganztags-)Schule müssen dort Nachhilfe, Sport, regelmäßige Aktivitäten und Gespräche bei der betreuenden Einrichtung und weitere Freizeitaktivitäten Platz finden. Ein zusätzlicher wöchentlicher Psychotherapietermin stellt eine Hürde dar, die nur mit sehr viel Eigenmotivation und Selbstdisziplin gemeistert werden kann. Daher macht es Sinn, in den ersten Gesprächen sehr genau abzuklären, wie realistisch die Wahrnehmung regelmäßiger Termine über einen längeren Zeitraum hinweg ist.

Aufgrund der vielfältigen Problemlagen, die nur bedingt psychotherapeutisch zu lösen sind, aber auch, um paralleles Arbeiten oder das Übersehen wichtiger Faktoren zu verhindern, ist eine *multidisziplinäre Zusammenarbeit und eine gute Aufgabenteilung mit Betreuer(inne)n, Vormündern,*

Lehrer(inne)n, Mitarbeitenden des Jugendamtes, Ärzt(inn)en und weiteren Mitgliedern des Hilfesystems vonnöten.

Aufträge, Ziele und Motivation

Junge Geflüchtete kommen meist nicht allein in die Psychotherapie sondern vermittelt über eine andere Person. Dies sind Betreuende der zuständigen Jugendhilfeeinrichtung, gelegentlich ehrenamtliche Unterstützende, Vormünder, Mitarbeitende des Jugendamtes, u. a. Die Tatsache, dass sie vermittelt kommen, ist ein wichtiger Faktor, der bei der Klärung der Therapiemotivation und -ziele berücksichtigt werden muss. Die Vermittlung kann eine notwendige Hilfestellung sein, wenn unbegleitete Minderjährige nicht über Möglichkeiten psychotherapeutischer Versorgung informiert sind, nicht über die erforderlichen Sprachkenntnisse verfügen oder schlicht keine Vorstellung davon haben, was Psychotherapie ist und was sie bewirken kann. Oft beinhaltet die Vermittlung aber auch Aufträge an die Psychotherapie, die explizit oder implizit kommuniziert werden. Beispielsweise kann die Therapie von der betreuenden Einrichtung gewünscht werden, wenn ein Jugendlicher einen sehr hohen Betreuungs- und Gesprächsbedarf hat oder auffälliges Verhalten wie Aggressivität oder sozialen Rückzug zeigt. Dies geht jedoch nicht immer mit einem entsprechenden Veränderungswunsch des Jugendlichen einher.

Liegen verschiedene explizite oder implizite Aufträge des Kindes oder Jugendlichen und weiterer *Auftraggeber* vor, die sich unter Umständen widersprechen, ist es für den Verlauf der Psychotherapie und die Möglichkeit eines *contracting* von entscheidender Bedeutung, die Auftragslage transparent zu machen. Gemeinsam mit dem Kind oder Jugendlichen sollte entschieden werden, welche Aufträge (so wie sie sind oder in abgewandelter Form) für die Psychotherapie angenommen und welche abgelehnt werden sollen (in Anlehnung an das *Auftragskarussell* [388]). Die Ergebnisse der Auftragsklärung sollten in Absprache mit dem Jugendlichen nach Möglichkeit auch an weitere (verdeckte) Auftraggeber kommuniziert werden, um falschen Erwartungen und damit einhergehenden potenziellen Missverständnissen vorzubeugen. Auch wenn es das Therapeut(inn)endasein erleichtern und im besten Fall die Psychotherapie positiv beeinflussen kann, sollte die Kooperation mit Dritten sich nach den Wünschen des Kindes oder Jugendlichen richten, damit eine vertrauensvolle therapeutische Beziehung aufgebaut und die Psychotherapie als sicherer und geschützter Raum wahrgenommen werden kann. In Abhängigkeit von Alter und Entwicklungsstand muss hierbei jedoch eine Balance gefunden werden zwischen Wahrung der Autonomie des Kindes oder Jugendlichen und Wahrnehmung des Schutzauftrages. In jedem Fall gilt es, transparent zu handeln, Kommunikation mit Dritten sollte stets auch in der Psychotherapie besprochen werden.

Wird Psychotherapie als von außen aufgezwungen wahrgenommen, so wirkt sich dies negativ auf die etwaig vorhandene intrinsische Motivation aus, auch wenn mit den besten Absichten gehandelt wird. Ist aufseiten des Kindes oder Jugendlichen kein Therapiewunsch oder kein Therapieziel vorhanden, wird eine Psychotherapie keine Veränderung bewirken. In diesem Fall ist es hilfreich, davon auszugehen, dass hierfür gute Gründe vorliegen. Möglicherweise erweisen sich andere Unterstützungsmöglichkeiten, beispielsweise durch die betreuende Jugendhilfeeinrichtung, den Vormund, einen ehrenamtlichen Mentor, den nahegelegenen Fußballverein etc. als hilfreich.

Therapieverständnis, Rollen und Aufgaben

Meist haben Geflüchtete (auch Erwachsene) keine oder von unseren westlichen Konzepten abweichende Vorstellungen, was eine Psychotherapie sein könnte, und dementsprechend auch davon, was Psychotherapeut(inn)en und Klient(inn)en tun sollten. Diese Fragen können oft nicht in einem Gespräch geklärt werden, sondern ziehen sich durch den gesamten Therapieverlauf und müssen immer wieder neu besprochen und ausgehandelt werden. Insbesondere wenn die Konzepte von Krankheit, Gesundheit und Heilung, die im Herkunftsland vorherrschen, sehr von den in der westlichen Welt verbreiteten abweichen, sind rein verbale Erklärungen meist unzureichend, um ein gemeinsames Verständnis herzustellen. Erfolgversprechender ist es, auf *learning by doing* zu setzen und Klient(inn)en die Erfahrung machen zu lassen, wie Psychotherapie funktioniert und dass sie wirkt.

Es gibt viele Rollen, in die sich Psychotherapeut(inn)en gedrängt fühlen können oder in die sie freiwillig schlüpfen, beispielsweise die des „Täters", „Opfers", „Retters" oder „Mitwissers" [380]. In der Arbeit mit jungen Geflüchteten besteht be-

sonders oft die Erwartung, die Rolle eines allmächtigen, idealisierten Retters zu übernehmen. Dieser vereint in sich Eigenschaften
- der verlorenen Eltern („Sie müssen für mich sorgen, mich beschützen"),
- eines Zauberers („Sie sollen die Vergangenheit ausradieren")
- und eines allwissenden Ratgebers („Sie sind der Experte, Sie müssen mir sagen, was ich tun soll").

Somit wird der nachvollziehbare Wunsch an Psychotherapeut(inn)en herangetragen, endlich die viel zu schwere Last und Verantwortung abzugeben. Angesichts des großen Leides der Kinder und Jugendlichen können Psychotherapeut(inn)en dazu neigen, auf diesen Wunsch einzugehen – ist das eigene Leben doch in der Regel so viel besser verlaufen und sind die eigenen Ressourcen ebenso ungleich größer. Dieses Vorgehen ist verständlich, aber wenig hilfreich. Psychotherapeut(inn)en können nicht, auch nicht teilweise, die Verantwortung für das Leben ihrer Klient(inn)en übernehmen. Es macht wenig Sinn, für diese Entscheidungen zu treffen, wo es doch immer die Klient(inn)en selbst bleiben, die mit den Konsequenzen der Entscheidung leben müssen.

In der Arbeit mit unbegleiteten minderjährigen Flüchtlingen ist die Psychotherapie häufig nicht klar von Sozialberatung, Betreuung und Begleitung abzugrenzen. Der Anspruch, Psychotherapie nach festen Handlungsanleitungen wie etwa Manualen durchzuführen, geht meist an den Bedarfen der Kinder und Jugendlichen vorbei. Die komplexen Rahmenbedingungen und der nicht klar eingrenzbare Hilfebedarf erfordern häufig, auch im engeren Sinne *nicht-therapeutische* Aufgaben zu übernehmen. Diese Aufgaben sind ebenso vielfältig wie die Anliegen der jungen Geflüchteten. Sie können engmaschige Absprachen und gemeinsame Gespräche mit weiteren Unterstützern wie Betreuenden, Vormündern und Rechtsanwält(inn)en beinhalten. Häufig spielt der Aufenthaltsstatus auch in der Psychotherapie eine Rolle, insbesondere bei Erreichen der Volljährigkeit. Anfragen nach der Erstellung einer psychologischen Stellungnahme zur Vorlage im aufenthaltsrechtlichen Verfahren sind die Regel. Selbstverständlich können Psychotherapeut(inn)en derartige Aufgaben als nicht zum eigentlichen Auftrag zugehörig ablehnen. Wenn der Jugendliche jedoch zwangsweise in sein Herkunftsland zurückgeführt wird, kann auch der eigentliche Psychotherapie-Auftrag nicht mehr erfüllt werden.

So gibt es viele weitere Aufgaben, die in einem individuellen Abwägungsprozess in Abhängigkeit von der eigenen Persönlichkeit, dem therapeutischen Selbstverständnis und dem gesunden Menschenverstand angenommen oder abgelehnt werden können. Dies kann bedeuten, die Psychotherapeutenrolle vorrübergehend zu verlassen und zum Gutachter, Sozialarbeiter oder Begleiter zu werden, mit allen Risiken und Nebenwirkungen, die das für die Beziehung und den weiteren Verlauf der Psychotherapie mit sich bringt. In der Arbeit mit (jungen) Geflüchteten ist eine klare Abgrenzung der eigenen Tätigkeit oft nicht möglich, und es kommt zu einer Ausweitung der Rolle (s. Fallbeispiel).

Kinder- und Jugendlichen- oder Erwachsenen-Psychotherapie?

„Jedes Trauma stört die Entwicklungslinie eines Kindes. Besonders das empfindliche Gleichgewicht zwischen Autonomie und Abhängigkeit" [390]. Unbegleitete minderjährige Flüchtlinge haben zumindest einen Teil ihrer Kindheit oder Jugend „verpasst". Sie mussten früh Verantwortung übernehmen, den Alltag bewältigen, auf sich allein gestellt überleben. Altersspezifische Bedürfnisse konnten so nicht ausgelebt werden. Es kam zu wiederholten Bindungsabbrüchen.

Daher wirken sie im ersten Eindruck meist älter, erwachsener, reflektierter, als es ihr Alter vermuten ließe. Das *vorzeitige Erwachsenwerden* findet jedoch eher auf der funktionalen, kognitiven Ebene statt, wohingegen altersspezifische emotionale Entwicklungen oft nicht vollzogen wurden. Die traumatischen Erlebnisse in Kindheit und Jugend führen zu ausgeprägten, wenig kontrollierbaren, plötzlich und unverhältnismäßig auftretenden Emotionen. Häufig sind Psychotherapeut(inn)en mit Wut und Aggressivität konfrontiert, aber auch mit Gefühlen der Einsamkeit und Angst. Neben der Regulierung von Emotionen sind auch Reflexions- und Kommunikationsfähigkeit unter Umständen nicht altersgemäß entwickelt, was zu Schwierigkeiten im Alltag in Deutschland führt und den Leidensdruck erhöht.

So sind unbegleitete Minderjährige beides zugleich: „zu jung und zu alt" für ihr Alter. Meist spiegeln die Erwartungen der Kinder und Jugendlichen an Psychotherapeut(inn)en dies wider: Sie möchten sowohl als Erwachsene behandelt als auch nachbeeltert werden.

Wie lässt sich damit therapeutisch umgehen? Auf diese Frage gibt es keine einfache Antwort. In den meisten Fällen ist es erforderlich, beiden Wünschen nachzukommen, gleichzeitig oder sukzessive. Eine Kombination aus Kinder- und Jugendlichen- und Erwachsenenpsychotherapie muss jeweils angepasst an die individuellen Bedarfe erfolgen. In jedem Fall sollten Psychotherapeut(inn)en alle Anliegen und Wünsche, die an sie herangetragen werden, ernst nehmen, mögen sie aus therapeutischer Sicht auch scheinbar zunächst wenig zusammenpassen. Hilfreich ist das Wissen darum, dass unbegleitete Kinder und Jugendliche ganz normale Kinder und Jugendliche sind, die sich jedoch darin von gleichaltrigen Deutschen unterscheiden, dass sie zusätzlich zu normalen Teenager-Problemen flucht- und traumaspezifische Probleme mitbringen und so einen besonderen Unterstützungs- und Hilfebedarf haben. Sie benötigen daher Zeit, um noch einmal Kind sein zu können, um hier ankommen zu können und um daraufhin freiwillig den Entschluss fassen zu können, erwachsen sein zu wollen.

Haltung und Vorgehen in der der psychotherapeutischen Arbeit

Eine ressourcenorientierte therapeutische Haltung und Arbeit ist hilfreich, um die Selbsthilfekräfte im Sinne der nachhaltigen Wirksamkeit der Psychotherapie zu stärken.
„Ressourcenorientierung heißt nicht, dass wir eine Erfahrung schönreden, die Probleme nicht ernst nehmen (...). Ressourcenorientierung heißt, den Fokus zu verändern, der Klientin zu ermöglichen, sich auf etwas anderes zu konzentrieren und erst einmal einen Boden zu schaffen, von dem aus Probleme betrachtet werden können" [380].

Oder wie Amadou sagt (s. Fallbeispiel): „,Du musst dir selbst helfen', haben Sie gesagt, jetzt helfe ich mir selbst". Minderjährige, die es allein bis nach Deutschland geschafft haben, sind nicht nur Opfer schrecklicher Erfahrungen, sie sind auch Überlebende und in gewissem Sinne Widerstandskämpfer. Sie verfügen über Fähigkeiten und Ressourcen, die jedoch häufig von der ausgeprägten Symptomatik und dem hohen Leidensdruck überlagert werden. Diese Ressourcen gilt es wahrzunehmen, wertzuschätzen und zu nutzen. Dies beinhaltet die Förderung positiver Aktivitäten, insbesondere Sport, kreative Tätigkeiten und soziale Kontakte. Explizit wertgeschätzt und komplimentiert werden sollte auch alles, das bereits geschafft wurde:

- „Wie war es zu Anfang der Therapie?"
- „Wie war es, als du in dieser lebensbedrohlichen Situation warst?"
- „Wie hast du es geschafft, all das zu schaffen?"

Unbegleitete minderjährige Flüchtlinge sind eine hoch heterogene Gruppe in Bezug auf den kulturellen und ethischen Hintergrund, Bildungsniveau, Lebensgeschichte, Persönlichkeit und individuelle Problemlagen. Auf Grund der komplexen Problemlagen ist es auch bei umfassender kultur- und traumaspezifischer Vorbildung und ausführlicher Anamnese unmöglich, die Lebensrealität (gegenwärtig und vergangen) von Klient(inn)en zu erfassen, unmöglicher noch, sie zu verstehen. Es bedarf daher keiner einheitlichen, auf mögliche traumatische Erfahrungen konzentrierten therapeutischen Behandlung, sondern eines individuellen personenzentrierten und flexiblen Ansatzes (s. a. [378], [392]). Zur Entlastung, Stabilisierung und Kontrolle von Traumafolgesymptomen eignet sich eine Vielzahl von u. a. in der Traumatherapie bewährten Techniken [382], [385], [386], [387]. Jede Psychotherapie erfordert jedoch auch neue Ideen und ein auf den Klienten zugeschnittenes Vorgehen. Um wirklich helfen zu können, müssen Therapeut(inn)en immer wieder ihre „Wohlfühlzone" verlassen und sich auf unbekanntes Terrain begeben. Oft besteht die beste Handlungsoption darin, im Sinne von *trial and error* eine Vorgehensweise oder Methode anzubieten und an der Reaktion festzustellen, ob sie geeignet ist. Um dann getreu dem Grundsatz zu verfahren: „Wenn es funktioniert – mach mehr davon. Wenn das, was du tust, nicht funktioniert, dann mach etwas anderes" ([376], 115).

Hierzu gehören Mut und Frustrationstoleranz – Dinge auszuprobieren, Fehler in Kauf zu nehmen und nicht immer alles unter Kontrolle haben zu können.

Fallbeispiel: Amadou

Amadou (Name geändert) stammt aus Mali. Er kam als 16-Jähriger allein nach Deutschland. In Mali war er von Rebellen aus seinem Dorf entführt und mehrere Monate in einem Trainingscamp auf brutale Art und Weise auf den Kampf vorbereitet worden. Er wurde gezwungen bei einem Angriff dabei zu sein, dann gelang ihm die Flucht. Da sein Leben akut bedroht war, musste er das Land und seine Familie verlassen und gelangte schließlich nach Deutschland.

Er kommt zur Psychotherapie, weil er zu viele Gedanken in seinem Kopf hat, schlecht schläft und sich in der Schule nicht konzentrieren kann. Immer wieder wird er von Gedanken an seine Vergangenheit gequält. Dann erzählt er, wie es bei den Rebellen war und in der Zeit davor, als er noch bei seiner Familie lebte. Er fertigt Skizzen an von seinem Dorf und von dem Angriff, den er miterlebte. Wenn er erzählt, will er nicht unterbrochen werden, „dann muss ich zu Ende erzählen, nächste Woche kann ich vielleicht nicht mehr erzählen".

Im Laufe der Monate geht es ihm besser, er lernt Deutsch, kommt in der Schule gut mit und arbeitet auf einen Schulabschluss hin. Die Psychotherapie, die anfangs auf Englisch stattfand, kann auf Deutsch fortgesetzt werden. Eines Tages kommt er völlig aufgelöst zum Termin, offensichtlich in einer akuten Krise. Er hat die Zusage für einen Ausbildungsplatz bei einem Unternehmen bekommen, doch die Ausländerbehörde verweigert ihm die Arbeitserlaubnis. „Sie haben mir geholfen, auf einen Baum zu klettern. Jetzt bin ich hochgeklettert und sie wollen ihn abschneiden." Gemeinsam überlegen wir, wie der Baum erhalten werden kann, und schalten weitere Helfer ein, die zur Ausländerbehörde begleiten u. a. Zudem arbeiten wir heraus, dass die Situation sehr schwierig ist, aber nicht die schwierigste, die Amadou je bewältigt hat. Und wir beschließen, nicht aufzugeben. Er bekommt die Arbeitserlaubnis schließlich und kann seine Ausbildung beginnen. Diese gestaltet sich als Herausforderung, zeitlich und inhaltlich. Wir schaffen es, ihm einem Nachhilfelehrer und einen Mentor zu vermitteln, die ihn bei der Ausbildung unterstützen.

Heute hat Amadou sein 1. Ausbildungsjahr beendet. Er kommt nur noch im Rhythmus von 6 Wochen zur Psychotherapie und kann sich vorstellen, sie mittelfristig ganz zu beenden. Jetzt sagt er über die Therapie und über sein Leben: „Früher dachte ich, Therapie ist wie zum Arzt gehen, ich habe nicht gedacht, es geht um Reden. Beim ersten Mal in der Therapie dachte ich, es ist Zeitverschwendung, beim 4. Mal dachte ich, es gibt mir doch etwas, dann dachte ich, es ist wie Schule, ich muss immer hingehen. Ich muss immer erzählen, was in meinem Kopf ist. Wenn ich nicht reden kann, habe ich Schmerzen in meinem Herzen, dann rede ich mit mir selbst. Hier erzähle ich meinen Stress, wir teilen das miteinander. Therapie ist für mich wie aus einem dunklen Loch gezogen zu werden. Jemand reicht mir eine Hand und hilft mir, hinauszuziehen.

Das Leben ist manchmal Ok, manchmal nicht. Das ist, als würde jemand anrufen und sagen, da ist noch dreckig, du musst sauber machen, dann mache ich sauber und denke, jetzt ist gut, dann ruft jemand anders an und sagt ‚hier ist dreckig', und dann muss ich da wieder sauber machen, und so geht das immer weiter. Ich muss immer wieder von vorne anfangen. Das Geheimnis ist, niemals aufzugeben, das macht den Unterschied."

Fazit

Geflüchtete Kinder und Jugendliche sind gerade in der Übergangssituation ihrer Anfangszeit in Deutschland meist sehr belastet. Viele Jugendliche haben traumatische Erfahrungen gemacht, aber nicht jeder unbegleitete Minderjährige ist traumatisiert oder entwickelt eine Traumafolgestörung. Junge Geflüchtete sind auch Überlebenskünstler, sie verfügen über vielfältige Ressourcen.

Um ein Ankommen in Deutschland zu ermöglichen, benötigen unbegleitete minderjährige Flüchtlinge vor allem strukturelle Rahmenbedingungen, in denen sie sich in einem stabilen Umfeld eine Zukunftsperspektive aufbauen können. Hierfür müssen Jugendhilfe-Einrichtungen und qualifiziertes Personal bereitstehen, um die Kinder und Jugendlichen in allen Jugendhilfe- und aufenthaltsrechtlichen Verfahren entsprechend dem Primat des Kindeswohls zu schützen und zu unterstützen. Das Kindeswohl muss entsprechend der Gesetzeslage bei jeder Entscheidung, sei es im Rahmen der Verteilung im Bundesgebiet, Unterbringung, Hilfegewährung oder im aufenthaltsrechtlichen Verfahren, vorrangig berücksichtigt werden.

Hilfsangebote sollten offen und flexibel gestaltet werden, um den komplexen Rahmenbedingungen, in denen sich unbegleitete Kinder und Jugendliche bewegen, Rechnung zu tragen. Ziel ist es, durch Anstrengungen und Angebote von unterschiedlicher Seite den Bedarfen des Jugendlichen zu entsprechen. Kommunikation und Transparenz zwischen den Akteur(inn)en des Hilfesystems sind unabdingbar; es sollten regelmäßige Hilfeplangespräche unter Beteiligung aller Helfer(inn)en stattfinden, an denen das Kind oder der Jugendliche partizipieren kann.

Die Wiederherstellung von Beziehung, die Vertrauen beinhaltet, und die Erlangung psychischer Stabilität sind unabdingbare Voraussetzungen für unbegleitete Minderjährige, um sich in Deutschland eine Zukunftsperspektive aufbauen zu können. Psychotherapie kann zur Stabilisierung beitragen und beim Umgang mit Traumafolgesymptomen unterstützen. Psychotherapeutische Arbeit mit unbegleiteten minderjährigen Flüchtlingen ist jedoch komplex, da diese multiple Belastungen aus ihrer Vergangenheit und Gegenwart mitbringen und die Zukunft ungewiss ist. Die psychische Gesundheit ist immer ein Produkt vielfältiger Faktoren, insbesondere auch des Gefühls, dazuzugehören und eine sinnvolle Aufgabe zu haben. Vorgehen und Methoden in der Psychotherapie sollten daher flexibel an diese komplexen Rahmenbedingungen angepasst werden.

Die vielfältigen Herausforderungen in der Arbeit mit unbegleiteten Minderjährigen stellen aber auch eine Chance dar: Nicht nur Kinder und Jugendliche, auch Helfer können von gelungenen Hilfeprozessen profitieren. Junge Geflüchtete geben uns die Möglichkeit, unsere fachlichen Kompetenzen und unseren Horizont zu erweitern.

5.1.3 Literatur

[374] Bundesfachverband unbegleitete minderjährige Flüchtlinge Karpenstein J, Schmidt F. Auswertung von Interviews mit unbegleiteten minderjährigen und jungen volljährigen Flüchtlingen. Berlin: 2016. Im Internet: http://www.b-umf.de/de/themen/junge-volljaehrige; Stand: März 2016

[375] Bundesfachverband unbegleitete minderjährige Flüchtlinge. Pressemitteilung vom 04.02.2016: Sonderlager, Familientrennung, Abschiebung trotz Gefahren: Flüchtlingskinder sind Leidtragende der Kabinettsbeschlüsse. 2016. Im Internet: http://www.b-umf.de/images/20160204_PM_Asylpaket2.pdf; Stand: März 2016

[376] De Shazer S. Wege der erfolgreichen Kurztherapie. Stuttgart: Klett-Cotta; 1995

[377] Deutscher Bundestag. Entwurf eines Gesetzes zur Verbesserung der Unterbringung, Versorgung und Betreuung ausländischer Kinder und Jugendlicher. Drucksache 18/5921. 07.09.2015. Im Internet: http://dipbt.bundestag.de/dip21/btd/18/059/1805921.pdf; Stand: März 2017

[378] Engelhardt AM. Integrative (trauma-)therapeutische Arbeit mit unbegleiteten minderjährigen Flüchtlingen. Gesprächspsychotherapie und Personenzentrierte Beratung 2016; 1: 6–12

[379] European Asylum Support Office (EASO). Handbuch zur Praxis der Altersbestimmung in Europa. 2013. Im Internet: https://www.easo.europa.eu/sites/default/files/public/20139603_DE_V4.pdf; Stand: März 2017

[380] Hantke L, Görges HJ. Handbuch Traumakompetenz. Basiswissen für Therapie, Beratung und Pädagogik. Paderborn: Junfermann; 2012

[381] Hargasser B. Unbegleitete minderjährige Flüchtlinge. Sequentielle Traumatisierungsprozesse und die Aufgaben der Jugendhilfe. 3. Aufl. Frankfurt a. M.: Brandes & Apsel; 2016

[382] Huber M. Wege der Traumabehandlung. Trauma und Traumabehandlung. Teil 2. Paderborn: Junfermann; 2003

[383] Huemer J, Karnik NS, Voelkl-Kernstock S, Granditsch E, Dervic K, Friedrich MH, Steiner H. Child Adolesc Psychiatry Ment Health. 2009 Apr 2; 3(1): 13. DOI: 10.1186/1753–2000–3–13.

[384] Keilson H. Sequentielle Traumatisierung bei Kindern. Deskriptiv-klinische und quantifizierend-statistische follow-up Untersuchung zum Schicksal der jüdischen Kriegswaisen in den Niederlanden. 2. Aufl. Stuttgart: Enke; 2005

[385] Kleefeldt E. Wissen vom eigenen Nichtwissen – Hindernisse, Herangehensweisen und Handlungsmöglichkeiten in Beratung und Therapie junger Flüchtlinge (Arbeitstitel). In: Koch Th, Hrsg. Junge Geflüchtete auf Heimatsuche. Systemisches Handeln in einem sensiblen Kontext. Im Druck: voraussichtliches Erscheinungsdatum Frühjahr 2018

[386] Liedl A, Schäfer U, Knaevelsrud, C. Psychoedukation bei posttraumatischen Störungen. Manual für Einzel- und Gruppensetting. 2. Aufl. Stuttgart: Schattauer; 2013

[387] Reddemann L. Imagination als heilsame Kraft. Zur Behandlung von Traumafolgen mit ressourcenorientierten Verfahren. 14. Aufl. Stuttgart: Klett-Cotta; 2008

[388] Schlippe, A von. Das Auftragskarussell oder auch Münchhausens Zopf. In: Fliegel St, Kämmerer A. Hrsg. Psychotherapeutische Schätze. 101 bewährte Übungen und Methoden für die Praxis. 6. Aufl. Tübingen: dgvt; 2009

[389] Wiesner R, Loos C. Nachtragskommentierung. Gesetz zur Verbesserung der Unterbringung, Versorgung und Betreuung ausländischer Kinder und Jugendlicher. 2015. Im Internet: https://rsw.beck.de/cms/?toc=WiesnerSGB.20; Stand: März 2017

[390] Wirtgen W, Iskenius EL, Eisenberg W. Wunden, die nicht verheilen: Kinderflüchtlinge in Deutschland. Im Internet: http://refugio-vs.de/downloads/files/145/Kinderfl%C3%BCchtlingen_in_Deutschland.pdf; Stand: März 2017

[391] Witt A, Rassenhofer M, Fegert JM, Plener PL. Hilfebedarf und Hilfsangebote in der Versorgung von unbegleiteten minderjährigen Flüchtlingen. Eine systematische Übersicht. Kindheit und Entwicklung 2015, 24, 209–224

[392] Zimmermann, David. Migration und Trauma. Pädagogisches Verstehen und Handeln in der Arbeit mit jungen Flüchtlingen. Gießen: Psychosozial; 2012

5.2 Familien

Maria Borcsa

5.2.1 Einleitung

Dieses Kapitel widmet sich Familien, die neben Krieg und Flucht die Missachtung von Menschenrechten direkt oder indirekt erlebt haben. Um ihre physische und/oder psychische Existenz zu retten, sind sie aus bestehenden Sozial- und Kulturbezügen herausgetreten und suchen Sicherheit in neuen Lebenskontexten. Mit diesem Prozess gehen Verlusterfahrungen an materiellen und ideellen Bezügen einher. Mehr oder weniger lange Zeit befinden sich die betroffenen Familien in einem Schwebezustand, in welchem alte Systemregeln nicht mehr und neue noch nicht gelten. Diesen Zustand teilen sie zwar mit solchen Migrantenfamilien, die freiwillig ihr Land verlassen haben, doch kommen bei geflüchteten Familien noch zusätzliche Aspekte hinzu:

- manche Familienmitglieder haben in den Krisen- und Kriegsgebieten traumatisierende Erfahrungen durchleben müssen,
- die Flucht selbst kann für ein Familiensystem schwer zu bewältigen sein,
- oder es kommt im Kontext der (ungeklärten) Asylsituation zu intrafamiliärem Stress.

5.2.2 Kenntnisse aus der Migrationsforschung

Familie als soziale Institution ist zu einem hohen Maße kulturabhängig, womit eine freiwillige oder erzwungene Migration Regeln, Rollen, zuweilen auch die Hierarchien einer Familie infrage stellen kann. Viele Familien sind in der Lage die ihnen zur Verfügung stehenden Ressourcen auszuschöpfen, andere geraten durch die Veränderungsdynamik an die Grenzen ihrer Belastbarkeit. Risiko- und Schutzfaktoren wirken bei Familien mit freiwilliger oder erzwungener Migration in einer Wechselwirkung. Kia-Keating et al. [408] stellen diese Faktoren ausgehend von einer Übersicht vorhandener empirischer Studien zusammen.

Risiko- und Schutzfaktoren in Familien, die ihre Herkunftskultur verlassen haben:

Risikofaktoren

Migrantenfamilien sind einem spezifischen psychologischen Stress ausgesetzt, der durch das Navigieren in einem neuen kulturellen Lebensumfeld entsteht: neben der Notwendigkeit, sich eine fremde Sprache anzueignen, fehlt es an kulturbasiertem Wissen, wie institutionelle Ressourcen aktiviert werden können (z. B. im Schul- oder Gesundheitswesen). Auch der Aufbau eines neuen sozialen Umfeldes wird unter dem Begriff *Akkulturationsstress* subsummiert.

Unter *Akkulturationsgefälle* versteht man Natur und Ausmaß des Unterschiedes zwischen Eltern und Kindern, wie stark Werte und Verhalten der neuen Kultur angenommen werden. Es lassen sich in Migrationsfamilien *dissonante, konsonante und selektive Akkulturation* unterscheiden [403]. Im 1. Fall dominiert eine Trennungslinie zwischen der Eltern- und Kind(er)generation in Bezug auf Sprache und kulturelle Regeln. Im 2. Fall vollzieht sich die sprachliche und kulturelle Anpassung bei den Generationen in ähnlichem Tempo. Die selektive Akkulturation beschreibt, dass sowohl Eltern als auch Kinder in der Lage sind, die Herkunftssprache und einige Regeln der Herkunftskultur in Teilen zu bewahren, während Neues angeeignet wird. Risikobehaftet ist die dissonante Akkulturation, da sie die Familiendynamik und damit die kindliche Entwicklung negativ beeinflussen kann.

Kulturbasierte Konflikte sind ausgeprägte familiäre Spannungen, die in denjenigen Unterschieden begründet liegen, welche kulturellen Werte von welchen Familienmitgliedern als wichtig und gültig angesehen werden; diese Auseinandersetzungen können sich auf der Paarebene abspielen, aber besonders zwischen Eltern und Kindern zum Tragen kommen. Sie unterscheiden sich von gewöhnlichen Alltags- und Ablösungskonflikten, da sie die bis dato unhinterfragten Grundlagen des partnerschaftlichen oder familiären Zusammenlebens per se infrage stellen können.

Kinder und Jugendliche aus Migrantenfamilien sind durch sekundäre Sozialisationsinstanzen (Kindergarten, Schule etc.) meist früher und stärker in den gesellschaftlichen Alltag des Aufnahmelandes eingebunden als die Elterngeneration. Zumeist erlernen sie die neue Sprache schneller, und nicht selten werden sie Aufgaben übernehmen, die im Herkunftsland elterliche Aufgaben wären. Die *Delegation der Kinder als Kultur- und Sprachmittler* bezieht sich auf die Kommunikation mit Ämtern, den Vertreter(inne)n des Sozial- und Gesundheitswesens, die Erledigung finanzieller Angelegenheiten etc. Sie erlangen hierdurch eine neue Position in der Familienkonstellation, die zu einer expliziten Hierarchie eine implizite hinzufügen kann, denn diese Kenntnisse und Fähigkeiten können familienintern mit Macht und Prestige verknüpft sein. Empirische Untersuchungen verweisen einerseits darauf, dass für Kinder und Jugendliche diese Verantwortungsübernahme überfordernd wirken kann (Parentifizierung), sie wird aber von einigen Befragten auch als konstruktiver Beitrag zum Funktionieren der Familie betrachtet (für einen Überblick s. [408]).

In manchen Familien sind deren Mitglieder über Monate, Jahre oder auch Dekaden voneinander getrennt. Ob es sich bei der *Familientrennung* um sequenzielle Migrationen handelt (Familienmitglieder verlassen nach und nach das Herkunftsland) oder um sogenannte „Astronauten-Familien", bei dem ein Elternteil mit dem Kind/den Kindern das Land verlässt, während das andere vor Ort bleibt, oder vielmehr ein Kind zunächst allein in das Aufnahmeland kommt – all diese Trennungen können die langfristigen Familienbeziehungen stark verändern. Denn auch wenn sie lang ersehnt wurden, können Familienzusammenführungen mit ambivalenten Gefühlen verknüpft sein: die ursprüngliche Trennungssituation geht mit Anpassungsreaktionen einher, es kommt zu Veränderungen im sozialen Umfeld und zum Aufbau neuer Bindungen zu Personen, die nun wiederum verlassen werden müssen; eine erneute Trauerarbeit wird notwendig. Neben dem Entwicklungsstand des Kindes spielen für die langfristige Familiendynamik folgende Faktoren eine Rolle:
- Dauer der Trennung,
- Trennung von einem oder von beiden Elternteilen,
- wie viel Kontakt aufrechterhalten wurde bzw. werden konnte,
- Gründe für die Migration,
- das Ausmaß an Belastungen, die diese mit sich brachten,
- schließlich die Qualität und Unterstützung durch nicht-elterliche Betreuer(innen).

Insbesondere Flüchtlingsfamilien sind vor, während und auch nach einer Migration potenziellen Gewalterfahrungen ausgesetzt. Elterliche posttraumatische Symptome aufgrund Gewaltexposition sind signifikant mit der psychobiologischen Vulnerabilität der Kinder verknüpft (Kap. 5.2.4).

Familien mit *ungeklärtem aufenthaltsrechtlichem Status* befinden sich in einer zusätzlichen, z. T. als existenziell bedrohlich empfundenen Unsicherheit. Diese Schwellensituation bindet ein hohes Maß an emotionalen, kognitiven und zeitlichen Ressourcen, die nicht für familieninterne Zwecke eingesetzt werden können. Eine asylrechtliche Anerkennung geht mit Zugang zu Ressourcen im Aufnahmeland einher, ein illegaler Status oder die unklare aufenthaltsrechtliche Situation verhindert diesen Zugang.

Neben dem sogenannten Minderheitenstress – nicht mehr zur kulturellen Majorität zu gehören, sondern zu einer gesellschaftlichen Minorität – kann es zu *Diskriminierungserfahrungen* kommen. Familien können mit diesen Erlebnissen sehr unterschiedlich umgehen, doch es gibt eine starke Evidenz, dass Diskriminierungen einen großen Einfluss auf die mentale Gesundheit von Familienmitgliedern haben und dass dieses Themenfeld auch in der psychotherapeutischen Behandlung spezifische Aufmerksamkeit erfordert [422].

Protektive Faktoren

Das elterliche Erziehungsverhalten wirkt sich auf den Familienzusammenhalt und auf die mentale Gesundheit der Kind-Generation aus und erfordert in der Post-Migration ein höheres Maß an Flexibilität im Anschluss an veränderte Familienrollen, -hierarchien und -grenzen. Ist diese Flexibilität gegeben wirkt sie auf die *Familienkohäsion* als Schutzfaktor.

Die *Pflege der Herkunftskultur* und das Aufrechterhalten von Sitten und Gebräuchen inklusive deren Bedeutungsweitergabe an die Kind-Generation kann für diese resilienzfördernd sein. Neuere Ansätze machen deutlich, dass ein familiäres Regelwerk, welches eine Sowohl-als-auch-Haltung bezüglich Herkunfts- und Aufnahmekultur pflegt, mit größerem familiärem Wohlbefinden einhergeht [403], [413].

Einen wichtigen, nachhaltigen Schutzfaktor für Familien mit Migrationshintergrund stellen soziale Netzwerke dar, sei es durch die Schule, in der Nachbarschaft oder in der Gemeinde. In der präventiven oder therapeutischen Arbeit sollte daher der *sozialen Unterstützung* besondere Bedeutung beigemessen werden.

Im Unterschied zu Migrantenfamilien ist bei Flüchtlingsfamilien die Wahrscheinlichkeit einer Traumatisierung durch die Kriegs- und Fluchterfahrung deutlich erhöht. Aus diesem Grunde soll dieses Thema im Weiteren näher beleuchtet werden.

5.2.3 Familie und Trauma

In zirkulären Prozessen wird ein Familiensystem durch die Traumatisierung eines ihrer Mitglieder beeinflusst, es beeinflusst aber auch seinerseits die Verarbeitung traumatischer Erlebnisse von Familienmitgliedern. Unterstützende familiäre Beziehungen können einerseits negative Effekte eines Traumas abfedern, andererseits können individuelle Traumatisierungen im gesamten Familiensystem eine sekundäre Traumatisierung hervorbringen (s. Kap. 5.3.1). Es lässt sich gar von strukturellen Veränderungen innerhalb von Familiensystemen mit Trauma-Erfahrung sprechen: dem traumatisierten Familienmitglied kann mehr Aufmerksamkeit als gewöhnlich zukommen, die an anderer Stelle im System fehlt. Hyper-Vigilanz und Kontrollbestrebungen können die Kommunikation, Interaktionen, innerfamiliäre Grenzen und das Rollenverhalten innerhalb des Familiensystems verändern. Eine posttraumatische Re-Organisation rund um die Bedürfnisse und Einschränkungen des traumatisierten Familienmitgliedes kann zwar zeitweilig eine Hilfe für die Familie darstellen, Angstgefühle und Verletzlichkeiten zu umgehen, und im Sinne der Familienhomöostase kurzfristig funktional erscheinen. Langfristig jedoch kann eine solche Systemveränderung mit chronisch dysfunktionalen Verhaltensmustern einhergehen [394]. Zudem stehen posttraumatische Stressreaktionen im Wechselwirkungszusammenhang nicht nur zu Familienbeziehungen, sondern auch zu sozialen Beziehungen im weiteren Sinne, bspw. zu Peers, Freunden oder Kollegen. Direkte innerfamiliäre Prozesse wie Rückzug vom Partner bzw. aus der Familie können durch den Rückzug aus dem sozialen Gefüge verstärkt werden, aber auch zu einer Gefährdung bis hin zum Verlust des Arbeitsplatzes führen und mit finanziellen Sorgen einhergehen; Prozesse, die wiederum auf die Familie zurückwirken.

Figley & Kiser ([404], 30) beschreiben 4 verschiedene Wirkungsweisen traumatischer Ereignisse auf Familienbeziehungen:
1. simultane Effekte durch traumatische Erfahrungen aller Familienmitglieder
2. Stellvertretereffekte – wenn ein Familienmitglied von einer Katastrophe ereilt wird, die anderen Mitglieder zu dem betroffenen Familienmitglied jedoch keinen direkten Kontakt herstellen können (z. B. im Krieg)
3. Effekte im Familiensystem durch die persönliche Veränderung eines traumatisierten Familienmitgliedes, auf die die anderen Familienmitglieder reagieren
4. intrafamiliäre Traumata bei Kindesmisshandlung und -missbrauch oder Gewalt in der Paarbeziehung.

Die verschiedenen Konstellationen bringen jeweils unterschiedliche Bedürfnisse bei den einzelnen Familienmitgliedern hervor, auf die die anderen Mitglieder antworten. Die Systemdynamik zeigt sich in 2-facher Richtung – einerseits gibt es eine Tendenz zu größerem Zusammenhalt aufgrund des Bedürfnisses nach Beistand, andererseits bringen traumatische Erlebnisse auch physischen und emotionalen Rückzug einzelner Familienmitglieder mit sich, um traumatische Themenbereiche zu meiden [400]. Soziokulturelle Traumata (durch Krieg, politisch motivierte Gewalt, Folter, aber auch durch das Leben in gewaltregulierten Stadtbezirken) haben zudem die Tendenz, über die Generationen hinweg weitergegeben zu werden (s. Kap. 5.2.4).

Die Effekte von Traumatisierungen für das Familiensystem stellen sich in erster Linie als Mangel an vollständiger Präsenz der Familienmitglieder dar – signifikante Momente der umfassenden Bandbreite an Emotionen, Gedanken und an Antworten auf Bedürfnisse fehlen. Das Ergebnis ist, dass sich die Familienmitglieder nicht wirklich miteinander verbunden fühlen. Fehlende emotionale Durchlässigkeit mit dem Empfinden, nicht vollständig verstanden zu werden, können zum Einnehmen fester bzw. rigider Rollen und zum Aufbau von mangelhaften, nicht alle Familienmitglieder einbeziehenden Konfliktlösungsstrategien führen [397]. Die Familienmitglieder lernen, ihre Wege miteinander zu bestreiten, während sie gleichzeitig unverbunden bleiben. Diese Schutzstrategien können die Systemdynamik ineffektiver Copingstrategien verstärken und in sich zum Problem werden. Die Familie reagiert auf Stress und produziert zugleich Stress – es entsteht eine spezifische Systemumwelt aus dem Scheitern der angemessenen Verarbeitung einer Traumatisierung von einem oder mehreren Familienmitgliedern, aber auch als Folge von fehlenden Trauerreaktionen. Mit Catherall [397] lässt sich ein 3-dimensionales Modell (▶ Tab. 5.1) nutzen, um den Einfluss eines Traumas auf Familien zu beurteilen:

Tab. 5.1 Traumatisches Ereignis – dysfunktionales Coping – Scheitern der Trauma-Verarbeitung in/als Familie und die Auswirkungen.

Gebiet	Auswirkungen
1. Familienbindungen: beeinträchtigte Fürsorge	• emotionale Undurchlässigkeit zwischen Familienmitgliedern (Vernachlässigung kindlicher Bedürfnisse, persönliche Isolation, Unsicherheit) • Parentifizierung von Kindern (inauthentische Erfahrungen des kindlichen Selbst)
2. Familienwirklichkeit: konsensuelle Verzerrung	• verzerrte Weltsicht (familiäre Isolation, fehlangepasste Glaubenssätze und Einstellungen) • Familienmythen über das Ereignis (emotionale und relationale Verengung) • dysfunktionale Familienregeln (abnehmende Effizienz der Problemlösungsstrategien)
3. Familiensymptome: ungelöste Traumathemen	• Reproduktion der Traumathemen, Re-Inszenierungen und Projektionen im Zusammenhang mit dem Trauma (Übernahme der Projektionen durch die schwächsten Familienmitglieder) • kontinuierliche Beschäftigung mit Fragen der Sicherheit (Ängste, Misstrauen, Unsicherheit) • von überlebenden Familienmitgliedern übernommene Delegationen („*Survivor Missions*" – Unterdrückung bestimmter Aspekte des Selbst) • anhaltendes symptomatisches Verhalten von betroffenen Familienmitgliedern (chronischer Familienstress)

Beeinträchtigte Gebiete in Familienfunktionen nach Traumatisierung eines oder mehrerer Familienmitglieder, nach: Catherall DR. Treating traumatized families. In: Figley CR, ed. Burnout in families: The systemic costs of caring. Innovations in Psychology Book Series. St. Lucie Press; 1998: 187–212; 194

Neben diesen heuristischen Beurteilungskategorien stellen Korittko und Pleyer [409] ausgearbeitete Informationsblätter und weitere Hilfen bei der Diagnosestellung zur Verfügung (z. B. Familienfragebogen zur Indikationsprüfung einer traumaorientierten Therapie), auf die hier direkt verwiesen wird. Weitere Ausführungen zur Diagnostik s. [406].

5.2.4 Soziokulturell traumatisierte Familien – Sprechen oder Schweigen?

Forschungsarbeiten im Nachgang von Holocaust-Traumata [402] befürworteten die Schlussfolgerung, dass Schweigen über die traumatischen Erlebnisse eine generationale Weitergabe begünstigt. So entstanden auch familientherapeutische Ansätze, die auf die konstruktive Kommunikation innerhalb der Familien fokussieren, um aus der Tabuisierung herauszuführen (z. B. [421]). Können die *Auswirkungen von (soziokulturellen) Traumata auf das Familiensystem* als vielschichtig bezeichnet werden, so gestaltet sich die Situation bei zusätzlicher Erfahrung einer Flucht und in einer Asyl-Situation noch komplexer, da *kulturelle Unterschiede* im Umgang mit den Erfahrungen eine weitere Ebene einführen, aber auch die *aktuelle Lebenssituation* mit all ihren Kontextfaktoren besondere Aufmerksamkeit erfordert. Der vermittelte (familiäre) Umgang mit existenziell bedrohlichen Erlebnissen ist von Kultur zu Kultur unterschiedlich und hat einen zusätzlichen Einfluss auf die psychotherapeutische Beziehung. Möglicherweise spielt die Grundeinstellung einer westlich sozialisierten Therapeutin, wie familiäre Unterstützung am besten zu gewährleisten ist, eine Rolle in der Wahl der besprochenen Themen oder Interventionsformen [405], die jedoch an den Bedürfnissen der nicht-westlichen Familie vorbeigehen kann.

Sangalang und Vang [414] erarbeiten in einem systematischen Review den derzeitigen wissenschaftlichen Kenntnisstand (Veröffentlichungszeitraum 2001–2015) über intergenerationale Weitergabe von Traumata in Flüchtlingsfamilien. Auch hier gründet der Großteil bestehenden Wissens auf Befragungen der Nachfahren von Holocaust-Überlebenden (14 von 20 in das Review aufgenommene Arbeiten), die heute in Israel, Brasilien USA, Canada oder Australien leben. Weitere Studien beziehen sich auf zeitnähere Fluchtbewegungen aus Südostasien, dem mittleren Osten und Nordafrika. Bei 10 dieser Untersuchungen fanden Kontrollgruppenvergleiche statt; die Ergebnisse verweisen hier deutlich auf eine *höhere Lebenszeitprävalenz bzgl. negativer Grundgestimmtheit bzw. ausgeprägter depressiver Symptomatik, post-traumatischem Stress (im Sinne einer sekundären Traumatisierung)* und *Angststörungen* bei den Nachkommen im Vergleich zu den Kontrollgruppen (Kinder nicht-traumatisierter Eltern).

- Konzentrationsschwierigkeiten,
- das Empfinden, für die Gefühle der Eltern mitverantwortlich zu sein,
- emotionaler Missbrauch oder Vernachlässigung in der Familie
- und eigenes gewalttätiges bzw. delinquentes Verhalten

können transgenerationale Nachwirkungen sein. Drei Studien weisen gemischte Ergebnisse auf: höhere angegebene Lebenszufriedenheit bei stärkerem Ausmaß an körperlichen Erkrankungen, stärkere psychische Belastung, aber nur, wenn beide Eltern betroffen waren, Abhängigkeit der transgenerationalen Weitergabe von der Stärke der Ausprägung einer posttraumatischen Belastungsstörung (PTBS) des entsprechenden Elternteils. Lediglich in 2 Studien finden sich *keine* signifikanten Auswirkungen von Trauma-Erfahrungen auf die Nachfolgegeneration.

Einschränkend ist zu allen Studien zu sagen, dass die Art und Weise der Konzeptualisierung und Erfassung der parentalen traumatischen Erfahrung in den Untersuchungen uneinheitlich ist und fast keine von diesen das Ausmaß des ursprünglichen Traumas anhand von Skalenwerten erfasst hatte. Weiterhin wurden keine protektiven Faktoren erhoben. Auch gilt es, zu betonen, dass die gegenwärtigen Flüchtlingsfamilien zumeist aus einem nicht-westlichen Kulturkreis fliehen, so dass Schlussfolgerungen, die man aus Studien zu Familien mit Holocausterfahrungen zieht, nicht direkt übertragbar sind. Eine norwegische *Langzeitstudie* mit Geflüchteten aus Vietnam stützt dessen ungeachtet die Hauptbefunde, indem sie aufzeigt, dass die PTBS-Symptome, die im 1. Jahr im Aufnahmeland bei den Vätern diagnostiziert wurden, die mentale Gesundheit der Nachkommen 23 Jahre später vorhersagen konnten [419].

Zum Zusammenhang von *Sprachmustern und psychischem Wohlbefinden* in Flüchtlingsfamilien legen Dalgaard und Montgomery [401] ein aktuelles Review vor; sie fanden 3 Kategorien:
a) Studien, die auf einen positiven Effekt offener Kommunikation über das Trauma verweisen
b) Studien, die von negativen Effekten offener Kommunikation über das Trauma berichten
c) Studien, in denen die Enthüllung traumatischen Materials aus der Vergangenheit ins Verhältnis zur kindlichen Entwicklung gesetzt wurde.

Es scheint, dass *nicht die Formen enthüllender oder verheimlichender Kommunikationsmuster per se unterstützend oder schädlich sind, sondern das Timing und die Art und Weise der Einführung des Themas in die Familienbeziehungen.* Gerade in der Kommunikation mit der jüngeren Generation spielt sowohl das Alter der Kinder in der Familie eine Rolle als auch die Frage, ob diese selbst traumatischen Erfahrungen ausgesetzt waren. Die Sensitivität gegenüber der kognitiven und emotionalen Reife und Bedürfniswelt eines Kindes wird im Konzept der „angepassten Enthüllung" in den Mittelpunkt gestellt. Dabei kann eine Strategie des Schweigens bei prä-adoleszenten Kindern sehr wohl adaptiv sein: bei Kindern jünger als 12 Jahren ist ein *expressiver* Trauma-Kommunikationsstil stärker assoziiert mit Skalenwerten von Ängstlichkeit, wohingegen adoleszente Mädchen bei *restriktiven* Trauma-Kommunikationsformen eine höhere Neigung zu internalisierenden Symptomen zeigten. Auch ist die starke Einbettung intimer Kommunikationsformen in die jeweilige Kultur zu beachten – unterschiedliche Sprachstile haben anders geartete Effekte in verschiedenen Kulturen. Insgesamt scheint eine Kommunikationsform, die die Bereitschaft der Eltern signalisiert, über die inneren, *aktuellen* Befindlichkeiten der Kinder zu sprechen, von größerer Bedeutung als eine vergangenheitsbezogene Enthüllung traumatischen Materials.

5.2.5 Therapeutische Haltung

Vieles, was für die dyadisch-therapeutische Beziehung notwendig ist, gilt es auch in der Arbeit mit Flüchtlingsfamilien zu beachten (s. Kap. 3.2); hinzu kommen jedoch Aspekte, die dem familiären Mehrpersonensetting zuzuordnen sind.

Rollenklarheit

Zumeist stellt die Therapeutin für geflüchtete Menschen eine Repräsentantin der Aufnahmekultur dar, mit allen auf sie gerichteten positiven wie negativen Erwartungen und Projektionen. Dieser Tatbestand gilt sowohl im dyadischen Einzel- als auch im Mehrpersonensetting einer Familiensitzung. Dabei ist es möglich – und das erhöht die Komplexität der therapeutischen Situation –, dass die jeweiligen Familienmitglieder unterschiedliche Bewertungen hinsichtlich der Aufnahmekultur haben. So werden auch divergente Projektionen wirken, die zu Koalitionen mit einzelnen Familienmitgliedern einladen können (z. B. sich der jugendlichen Tochter näher zu fühlen, die versucht, gegen den Willen der Elterngeneration ihre Autonomiebestrebungen durchzusetzen). Die explizite Darstellung der Gesetzeslagen im Aufnahmeland, z. B. was in einem gewissen Lebensalter juristisch erlaubt ist und was nicht, kann zuweilen klärend für die therapeutische Beziehung sein und der Therapeutin helfen, ihre engagierte Neutralität [411] zurückzuerlangen. Zur Rollenklarheit gehört auch die Klärung der Rolle des Sprachmittlers und dass kein Familienmitglied als Dolmetscher eingesetzt wird (s. Kap. 3.1 und Fallbeispiel 2 in Kap. 3.2. (S. 59).

Ressourcenorientierung

Es ist immer wieder wichtig, sich den Tatbestand zu vergegenwärtigen, dass geflüchtete Familien (-mitglieder) ein hohes Maß an individuellen und oft auch gemeinschaftlichen Ressourcen (z. B. Weitergabe von Informationen) verfügen, sonst hätten sie weder die Flucht auf sich genommen noch das Zielland erreicht. Insbesondere in der Arbeit mit Familien, in der Traumatisierung eine Rolle spielt, bringt das frühe gemeinsame Erarbeiten der Ressourcen Stabilität und Sicherheit und bildet erst die Basis für eine weiterführende therapeutische Arbeit.

Transparenz und Dialogfähigkeit

Der Verlust an Einflussmöglichkeiten und Kontrolle, die durch Kriegs- und Fluchterfahrungen, aber insbesondere auch durch Asyl- bzw. Exilsituation selbst entstehen (zumeist sind die Auswirkungen der aktuellen Situation auf die Familienväter am stärksten ausgeprägt, da diese zunächst mit dem größten Statusverlust innerhalb der Familie umgehen müssen) gebietet ein transparentes und dialogisches therapeutisches Vorgehen bzgl. Art, Dauer und Verlauf einer Therapie (Ünal 2009, de Haene et al. 2012).

Bereitschaft zur interdisziplinären Kooperation

Aufgrund der Komplexität der Problemlagen von geflüchteten Familien ist das Vorhandensein eines Netzwerkes von professionellen Helfer(inne)n mit unterschiedlicher Berufsausbildung unerlässlich – dies gilt sowohl für ambulante als auch stationäre Settings (s. Kap. 4.4, [410]). Rechtliche Fragen, Fragen zur Bildungs- und Arbeitswelt u.v.m. sind verständliche Anliegen in Familien [395], die von Psychotherapeut(inn)en in Kooperation mit Vertreter(innen) anderer Professionen bearbeitet bzw. an diese delegiert werden sollten. Neben dem Einbezug von Dolmetscher(innen)n kann auch eine Konsultation mit einem Ethnologen sinnvoll erscheinen [415].

5.2.6 Überweisungskontexte und Aufträge

Ein besonderes Augenmerk wird in der systemischen Therapie auf Überweisungskontexte und Aufträge gerichtet [412]. Gerade geflüchtete Familien(-mitglieder) befinden sich seit Ankunft im Aufnahmeland in einem Helfer(innen)netzwerk, das aus unterschiedlichen Professionen besteht. Zugleich kann die Kenntnis über psychosoziale und psychotherapeutische Dienste in Deutschland begrenzt sein, so dass ein Angewiesensein auf Vermittlung und Überweisung besteht. Sveaass & Reichelt [416] empfehlen, *die überweisende Person (z. B. Ärztin, Sozialarbeiter, Mitarbeiter des Jugendamts etc.) in das erste Familiengespräch einzubeziehen*, um Gemeinsamkeiten, aber auch Unterschiede in den Anliegen und Aufträgen der Beteiligten zu klären. In einer Untersuchung, bei der in 27 von 50 Fällen die überweisende Person beim 1. Gespräch anwesend war, wurden reihum alle Gesprächsteilnehmer(innen) zu den Anliegen, der Problemdefinition, den bisherigen Lösungsversuchen, zu den Erwartungen an eine Psychotherapie und den Ideen, welche Unterstützung als hilfreich empfunden werden würde, befragt. In der anschließenden Konversation wurde eine Reflexion über das Gesagte angeregt. Das Ziel des gemeinsamen Erstgesprächs war, eine Vereinbarung zu treffen, ob gemeinsam und ggf. über welches Problem gearbeitet wird, auf welche Weise dies geschieht und unter Einbezug von welchen weiteren Personen (inklusive Helfer(inne)n). Es zeigte sich, dass die Flüchtlingsfamilien – im Unterschied zu den Überweisenden – ihre Problemlage häufiger auf die aktuelle Asyl-und Exilsituation als auf die Erlebnisse in der Vergangenheit bezogen. Nichtsdestotrotz wurde ein Kontrakt zur Familientherapie in Anwesenheit des Überweisers häufiger geschlossen (als in der Gruppe ohne dessen Anwesenheit), auch wenn die Meinungen zur Problemlösung zunächst auseinandergingen. Zudem wurde auch häufiger als in den Gesprächssituationen, in denen der Überweisende nicht anwesend war, eine klare Beendigung der Zusammenarbeit nach dieser Sitzung möglich, wenn keine gemeinsame Basis gefunden wurde. Die Nichtanwesenheit der Überweiserin führte in mehr Fällen zu einem unklaren Kontrakt, bei der sich erst nach mehreren Sitzungen herausstellte, ob eine psychotherapeutische Behandlung gewünscht bzw. die richtige Hilfeform war.

Der Hauptvorteil einer gemeinsamen Sitzung scheint darin zu liegen, dass Erwartungen, aber auch Zweifel der Familie expliziert und mit größerer Sorgfalt vonseiten aller anwesenden Helfenden beantwortet werden können. Die Strategie eines frühen, gemeinsamen Erstgespräches wird insgesamt als effiziente Möglichkeit angesehen, zu verhindern, dass Menschen auf Wartelisten ausharren, die andere Hilfestellungen brauchen oder (noch) nicht bereit für einen therapeutischen Prozess sind, da andere (existenzielle) Themen im Vordergrund stehen.

5.2.7 Therapeutische Methoden und Settings

Im Folgenden werden einige systemisch-familientherapeutische Methoden und Settings vorgestellt, die in der Arbeit mit geflüchteten Familien eingesetzt werden können (s. zusätzlich [406]).

Arbeiten mit Genogrammen, Fotos, Landkarten

Das Zeichnen von Genogrammen (Familienstammbäumen) kann im Migrationskontext eine besondere Rolle spielen [411], [417], [424]. Da zumeist nicht alle Familienmitglieder einer dreigenerationalen Familie emigriert sind, spannt das gemeinsame Malen eines Genogramms einen Bogen zwischen der Lebensphase vor der Flucht und der Zeit heute. Durch diese Arbeit können abwesende Verwandte und Mitglieder der erweiterten Familie (zu denen je nach Kultur auch Nicht-Blutsverwandte zählen, s. [420]) symbolisch in den psychotherapeutischen Kontext einbezogen werden. Mithilfe zirkulärer Fragen lassen sich diese (auf soziale Ressourcen bezogene) Prozesse verstärken, z. B.: „Was hätte die Großmutter mütterlicherseits geraten, was Sie in dieser Situation tun können?" Woodcock [422], [423] betont, dass in der Arbeit mit Genogrammen beide Zeitebenen – Vergangenheit *und* Gegenwart – Berücksichtigung finden sollten. Innerhalb von Familien mit freiwilliger oder erzwungener Migration gibt es beide Tendenzen: eine zeitlich rückwärtsgewandte, auf die Herkunftskultur bezogene (insbesondere Großelterngeneration, aber auch Vertreter der Elterngeneration) und eine, die zeitlich in der Gegenwart bzw. in der Zukunft die Orientierung sucht, welche auch eher mit der Aufnahmekultur verknüpft ist (Kindergeneration). So schlägt er vor, in die therapeutische Arbeit – soweit vorhanden – sowohl Fotos aus der Herkunftskultur als auch aus der aktuellen Lebensphase einzubeziehen.

Eine Weltkarte sollte in keinem Raum, in dem mit Migranten- und Flüchtlingsfamilien gearbeitet wird, fehlen. Sowohl zum Kontaktaufbau mit der Familie ist diese wertvoll und signalisiert Interesse an der Familienbiografie, doch ist sie auch im weiteren Therapieverlauf potenziell von Nutzen, denn es ist wahrscheinlich, dass Großfamilien aus Kriegs- und Krisengebieten in unterschiedlichen Ländern ihren gegenwärtigen Aufenthaltsort haben [396].

Rituale

Auch wenn Formen und Inhalte von Ritualen sich nach Kulturen unterscheiden, ist das Vorhandensein derselben ein geteiltes Fundament von Gemeinschaften und Gesellschaften. Diese anthropologische Konstante kann psychotherapeutisch genutzt werden und hat in der systemisch-familientherapeutischen Arbeit eine lange Tradition [407].

> **Fallbeispiel: Reinigungsritual nach dem Kontakt mit einem Leichnam als Beitrag zur Entlastung und Reintegration einer traumatisierten Äthiopierin**
>
> Schreiber [415] beschreibt die Vorbereitung und Durchführung von Trauerritualen im Exil mit einer Frau, verheiratet und Mutter von 4 Kindern. Die 31-Jährige floh mit einem Teil der Familie von Äthiopien nach Israel, durchquerte wochenlang die Wüste, wobei bei einem panikartigen Aufbruch ihr Baby im Tumult erdrückt wurde und zu Tode kam; sie nahm den toten Körper und trug es mehrere Tage mit sich.
>
> Nach 2 Jahren im Aufnahmeland und zahlreichen Krankenhausaufenthalten aufgrund körperlicher Beschwerden (u. a. asthmatische Anfälle) wurde sie mit einer Verdachtsdiagnose auf eine

akute Psychose in eine Psychiatrie eingeliefert. Eine lange, stationär durchgeführte Exploration und Konsultation mit einem Ethnologen ergab, dass die Volksgruppe, zu der die Frau zählte, an spirituelle Zusammenhänge (Geister) glaubte, die nach dem Kontakt mit einem Leichnam Reinigungsrituale einforderten. Da sie diese nach dem Tragen des toten Körpers nicht absolviert hatte und als „unrein" galt, wendeten sich in Folge ihr Mann und ihre Schwiegermutter von ihr ab. Es zeigte sich nun, dass die Frau an einer PTBS und komplexen Trauerreaktion litt, die durch das Familiensystem verstärkt wurden, da verbliebene soziale Ressourcen verlorengegangen waren.

Das Ritual eines reinigenden Bades wurde gemeinsam mit der erweiterten Familie und Mitgliedern der äthiopischen Gemeinde vorbereitet und im Jordan (nur dort war es nach israelischem Recht zulässig) durchgeführt. Therapeutische Nachbereitungen bezogen sich auf die Wiederherstellung der Rolle der Mutter als Autoritätsperson in der Familie (die älteste Tochter war durch die psychische Abwesenheit der Mutter in der Familienhierarchie auf die Elternebene gerückt und hatte Erziehungsaufgaben gegenüber ihren Geschwistern übernommen). Die Aufnahme neuer Aktivitäten und Freundschaften und die Wiederherstellung der familialen Position brachten signifikante Verbesserungen hervor, die sich in einem 30-monatigen *Follow-up* als stabil erwiesen. Die Frau hatte ein weiteres Baby zur Welt gebracht, gab aber nach wie vor an, um das verlorene Kind zu trauern.

Die Vorbereitung und Durchführung von Ritualen gerade im interkulturellen Kontext von Verlust und Trauer ist zwar ein Prozess, der Kenntnisse, Zeit und Geduld erfordert, dafür jedoch komplexe Systemveränderungen initiiert, welche durch andere Interventionen kaum realisiert werden können. Eine besondere Herausforderung in diesem Zusammenhang kann die Ermöglichung von rituellen Handlungen sein, wie sie einerseits im Herkunftsland gelten, doch zugleich mit den Lebensbedingungen im Aufnahmeland vereinbar sind.

Aufsuchende Therapie

Formen systemischen Arbeitens, die die westlich geprägte Form der Psychotherapie mit ihrer Komm-Struktur verlassen, sind aufsuchende Arbeitsweisen. Charlés [399] beschreibt die Arbeit mit einer kriegsversehrten und mobilitätseingeschränkten liberianischen Frau und 2-fachen Mutter, die 15 Jahre vor der Ankunft im Aufnahmeland (USA) in einem Flüchtlingslager an der Elfenbeinküste lebte, wohin sie im 12. Lebensjahr aus Liberia floh. Im Zuge von Kriegshandlungen, die in das Camp übergriffen, wurde sie an ihren Beinen schwer verletzt. Sie stellte einen Asylantrag in die USA, wobei sie die Kinder mitnehmen konnte, der Vater jedoch im Camp verblieb. Die therapeutische Arbeit in der Wohnung der Patientin weist gemeindeorientierte Züge auf. Es werden Menschen in die Sitzungen einbezogen, die (zunächst zufällig) vorbeikommen und als Ressourcen identifiziert werden. Die Autorin betont, durch deren Einbezug systemische Interventionen mit einer größeren lebensweltlichen Passung setzen zu können, gerade wenn keine näheren Verwandte vor Ort sind, die sonst das soziale Gefüge bilden würden. Gegen Ende der gemeinsamen Arbeit wurde – mithilfe der zuständigen Sozialarbeiterin – die Zusammenführung mit ihrem Mann, dem Vater ihrer Kinder, vorbereitet.

Nutzung von Informations- und Kommunikationstechnologien (IKT)

Das Aufkommen von IKT verändert die Lebensbedingungen von mononationalen und transnationalen Familien. Denkt man insbesondere in kollektivistischen Familienzusammenhängen (Großfamilien, mehrgenerationale Familienbeziehungen), so wird erkennbar, dass Flucht bzw. Migration heutzutage nicht mehr zwangsläufig Familienbeziehungen im Herkunftsland abreißen lassen. Es kann vielmehr zu globalisierten Familientypen kommen, bei der geflüchtete Familienmitglieder in verschiedenen Ländern oder Kontinenten leben, doch Lebenszyklus-Entscheidungen nach wie vor gemeinsam getroffen werden, wobei Kommunikationstechnologien eine große Rolle spielen. Borcsa und Hille [396] beschreiben, wie innerhalb einer Großfamilie – in der ein Teil in Syrien verblieben ist, andere Mitglieder hingegen in 5 verschiedene Länder geflohen sind und nun dort leben – gemeinsam Entscheidungen zur Hochzeit der ältesten Tochter gefällt werden. Dies geschieht durch Kontaktanbahnung der späteren Ehegatten via Skype® (zwischen Syrien und Norwegen), gefolgt von telefonischen und persönlichen Verhandlungen zwischen den Herkunftsfamilien der Brautleute, bis hin zur ersten persönlichen Begegnung des zukünftigen Paares „unter Aufsicht" in der Türkei und der Organisation einer Hochzeitsfeier in Istanbul.

Im therapeutischen Kontext können IKT eingesetzt werden, um geografisch abwesende Familienmitglieder in die therapeutische Sitzung zu integrieren [393]. Ein Vorgehen, das sich insbesondere bei anstehenden Familienzusammenführungen anbietet und diese einleiten kann [398]. Diese Vorbereitungen sind nicht zu unterschätzen, da Familienzusammenführungen nach längerer Trennung von beiden Seiten ambivalent besetzt sein können.

Fazit

Während die psychotherapeutische Versorgung in Deutschland individuumzentriert entweder die erwachsene Eltern- oder aber die Kindgeneration als Patient(inn)en definiert, wird der *Beziehung zwischen den Eltern und Kindern* insgesamt zu wenig Aufmerksamkeit geschenkt. Gerade im Falle von soziokulturell bedingten traumatischen Erlebnissen ist jedoch die transgenerationale Weitergabe im Familiensystem gut beforscht und bedarf einer Anpassung unserer Versorgungsstrukturen. Traumatische Erfahrungen eines oder mehrerer Familienmitglieder setzen zirkuläre Prozesse in Gang, die protektiv wirken können, aber auch ein Risikopotenzial für zukünftige Generationen darstellen.

5.2.8 Literatur

[393] Bacigalupe G, Lambe S. Virtualizing intimacy: Information communication technologies and transnational families in therapy. Fam Process 2011; 50 (1): 12–26

[394] Barnes M, Figley CR. Family therapy: Working with traumatized families. In: Lebow J, ed. Handbook of clinical family therapy. Hoboken, NJ: Wiley; 2005: 309–326

[395] Björn, G. J., Gustafsson, P. A., Sydsjö, G., Berterö, C. 2013. Family therapy sessions with refugee families: A qualitative study. Conflict and Health, 7(1), 1–9

[396] Borcsa M, Hille J. Virtual relations and globalized families – the Genogram 4.0 Interview. In: Borcsa M, Stratton P, eds. Origins and originality in family therapy and systemic practice. Cham u. a.: Springer; 2016: 215–234

[397] Catherall DR. Treating traumatized families. In: Figley CR, ed. Burnout in families: The systemic costs of caring. Innovations in Psychology Book Series. 1998: 187–212

[398] Carranza ME. Cross-border family therapy: An innovative approach to working with Latina refugee women in therapy. Women & Therapy 2012; 35(1–2): 57–67

[399] Charlés LL. Home-based family therapy: An illustration of clinical work with a Liberian refugee. J Syst Ther 2009; 28 (1): 36–51

[400] Coulter S. Systemic psychotherapy as an intervention for post-traumatic stress responses: an introduction, theoretical rationale and overview of developments in an emerging field of interest. Journal of Family Therapy 2013; 35(4): 381–406

[401] Dalgaard NT, Montgomery E. Disclosure and silencing: A systematic review of the literature on patterns of trauma communication in refugee families. Transcult Psychiatry 2015; 52(5): 579–593

[402] Danieli Y. International handbook of multigenerational legacies of trauma. New York: Guilford; 1998

[403] Falicov CJ. Emotional Transnationalism and family identities. Fam Proc 2005; 44: 399–406

[404] Figley CR, Kiser LJ. Helping traumatized families. 2nd ed. New York: Routledge; 2013

[405] de Haene L, Rober P, Adriaenssens P, Verschueren K. Voices of dialogue and directivity in family therapy with refugees: Evolving ideas about dialogical refugee care. Fam Proc 2012; 51(3): 391–404

[406] Hanswille R, Kissenbeck A. Systemische Traumatherapie. Konzepte und Methoden für die Praxis. 3. Aufl. Heidelberg: Carl Auer Systeme; 2014

[407] Imber-Black E, Roberts J, Whiting RA, Hrsg. Rituale in Familien und Familientherapie. 6. Aufl. Carl Auer Systeme: Heidelberg; 2015

[408] Kia-Keating M, Capous D, Juang L, Bacio G 2016. Family factors: Immigrant families and intergenerational considerations. In Patel S, Reicherter D, eds. Psychotherapy for immigrant youth. Cham u. a.: Springer International

[409] Korrittko A, Pleyer K-H. Traumatischer Stress in der Familie. Systemtherapeutische Lösungswege. 5. Aufl. Göttingen: Vandenhoeck & Ruprecht; 2016

[410] Möllering A. Stationäre Psychotherapie mit traumatisierten Migranten. In: Erim Y, Hrsg. Klinische Interkulturelle Psychotherapie. Stuttgart: Kohlhammer; 2009: 176–186

[411] Oestereich C. Systemische Therapie interkulturell. In: Machleidt W, Heinz A, Hrsg. Praxis der interkulturellen Psychiatrie und Psychotherapie. Migration und psychische Gesundheit. München: Elsevier, Urban & Fischer; 2011; 420–426

[412] Palazzoli MS, Boscolo L, Cecchin G, Prata G. The problem of the referring person. J Marital Fam Ther 1980; 6 (1), 3–9

[413] Papadopoulos R, Hildebrand J. Is home where the heart is? Narratives of oppositional discourses in refugee families. In: Papadopoulos R, Byng-Hall J, eds. Multiple Voices: Narrative in systemic family psychotherapy: London: Duckworth 1997: 206–236

[414] Sangalang CC, Vang C. Intergenerational trauma in refugee families: a systematic review. J Immigr Minor Health 2016; 1–10. DOI: 10.1007/s10903-016-0499-7

[415] Schreiber S. Migration, traumatic bereavement and transcultural aspects of psychological healing: Loss and grief of a refugee woman from Begameder county in Ethiopia. Br J Med Psychol 1995; 68 (2): 135–142

[416] Sveaass N, Reichelt S. Engaging refugee families in therapy: Exploring the benefits of including referring professionals in first family interviews. Fam Proc 2001; 40 (1): 95–114

[417] v. Sydow K. Systemische Therapie. München: Reinhardt; 2015

[418] Ünal H. Psychotherapie mit Flüchtlingen und Folterüberlebenden. In: Erim Y, Hrsg. Klinische Interkulturelle Psychotherapie. Stuttgart: Kohlhammer; 2009: 158–175

[419] Vaage AB, Thomson PH, Rousseau C, Wentzle-Larsen T, Ta TV, Hauff E. Paternal predictors of the mental health of children of Vietnamese refugees. Child Adolesc Psychiatr Ment Health 2011; 5(2): 1–11

[420] Watts-Jones D. Toward an African American genogram. Fam Proc 1997; 36(4): 375–383
[421] Weingarten K. Witnessing the effects of political violence in families: Mechanisms of intergenerational transmission of trauma and clinical interventions. Journal of Marital and Family Therapy 2004; 30(1): 45–59
[422] Woodcock J. Refugee children and families: Theoretical and clinical approaches. In: Dwivedi KN, ed. Post traumatic stress disorder in children and adolescents. London: Whurr; 2000: 213–240
[423] Woodcock J. Healing rituals with families in exile. J Fam Ther 1995; 17(4): 397–409
[424] Yznaga SD. Using the genogram to facilitate the intercultural competence of Mexican immigrants. The family journal: Counseling and therapy for couples and families 2008; 16(2): 159–165

5.3 Ältere Menschen

Ahmad Bransi

Die Bevölkerungsabteilung der Vereinten Nationen stellt eine zunehmende Alterung der Weltbevölkerung fest und definiert „ältere Menschen" als Personen, die das 60. Lebensjahr erreicht bzw. überschritten haben. Dabei berücksichtigt diese Definition Faktoren wie lokale kulturelle Normen und Lebenserwartung. Die Mehrzahl der älteren Menschen (55 %) sind Frauen. Unter den über 80-jährigen finden sich sogar 65 % Frauen [435]. Mit dieser allgemein zunehmenden Alterungstendenz der Weltbevölkerung wird vermutlich auch der Anteil älterer Flüchtlinge und Migrant(inn)en steigen.

Alte Flüchtlinge und Migrant(inn)en sind eine bislang wenig bekannte Gruppe in der Psychiatrie, Psychotherapie und Psychosomatik. Ihre biografischen Erfahrungen und Vorstellungen von Gesundheit und Krankheit sowie evtl. geringe Sprachkenntnisse haben oft einen deutlichen Einfluss auf ihr Krankheitsverhalten und auf die Behandlung.

5.3.1 Ältere Flüchtlinge

In Deutschland suchen aktuell mehr Menschen als je zuvor Schutz und Sicherheit. Die meisten Asylanträge in der EU in den vergangenen Jahren wurden in Deutschland und in Schweden gestellt. Ca. 1,1 Mio. Flüchtlinge wurden im Jahre 2015 registriert und knapp 500 000 Asylanträge gestellt [429], wobei in den kommenden Jahren weiterhin eine große Zahl von Anträgen erwartet wird. 71,1 % der Asylerstantragsteller waren jünger als 30 Jahre alt. Mehr als ⅔ aller Erstanträge wurden von Männern gestellt. 0,5 % (2382 Personen) der Antragsteller waren dabei 60 bis unter 65 Jahre alt (54,3 % Männer, 54,4 % Frauen), und weitere 0,5 % (2395 Personen) waren sogar 65 Jahre und älter (46,6 % Männer, 53,4 % Frauen) [428].

Die hohe Flüchtlingskommissarin der Vereinten Nationen, Sadako Ogata, stellte 1999 fest: „Ältere Flüchtlinge sind zu lange unsichtbar gewesen" [437]. Dabei weist die Gruppe der älteren Flüchtlinge verschiedene Besonderheiten auf, die ihre Lebenssituation erschweren. Diese Gruppe verdient deswegen eine besondere Betrachtung. So sind die älteren Flüchtlinge aufgrund einer evtl. verminderten Mobilität sowohl auf der Flucht als auch im Aufnahmeland besonderen Herausforderungen und Anstrengungen ausgesetzt. Besonders bei körperlichen Beschwerden ist die Flucht aus den Krisenregionen erschwert. Im Aufnahmeland können diese Personen wegen ihrer Beschwerden oft die Registrierungsstellen nicht erreichen, weil diese zu weit weg sind oder weil das lange Anstehen in einer Schlange zu anstrengend für sie ist. Auch die Versorgung mit Nahrung, Wasser und medizinischer Hilfe ist deswegen eingeschränkt [436]. Unter den älteren Flüchtlingen finden sich häufig auch Personen, die unter chronischen Krankheiten leiden, die aus verschiedenen Gründen nicht behandelt werden. Besonders diese Personen werden als Belastung für ihre Umgebung empfunden [436].

5.3.2 Psychischer Gesundheitszustand von älteren Flüchtlingen

Über die gesundheitliche Situation der älteren Flüchtlinge gibt es kaum Datenmaterial – beschrieben wird demgegenüber oft die psychosoziale Gesundheitssituation der (unbegleiteten) Minderjährigen, also derer, die am entgegengesetzten Pol der Altersspanne zu verorten sind. Dennoch können Aussagen zur Entstehung und Aufrechterhaltung psychischer Störungen bei Flüchtlingen fortgeschritteneren Alters gemacht werden.

Die psychosozialen Lebensbedingungen im Aufnahmeland mit dem unsicheren Aufenthaltsstatus, der Integrationsstress, die beeinträchtigenden Lebensbedingungen und die erschwerten Anpassungsbedingungen erhöhen die Vulnerabilität für psychische Beschwerden und spielen eine große Rolle bei der Entstehung und Aufrechterhaltung von psychischen Störungen [427], [438].

Besonders für ältere Menschen stellt die Flucht ein gesundheitliches Risiko dar. Ältere Flüchtlinge verlieren bei der Flucht mehr als nur ihre Familien oder Besitztümer. Sie verlieren mit der Flucht auch ihre Unabhängigkeit, sodass nach Befragung des Flüchtlingskommissars der Vereinten Nationen (UNHCR) für viele von ihnen offensichtlich „keinen Grund mehr gibt, zu leben". Als Beispiel wurde der Fall eines alten Mannes berichtet, der allein in einem Lager in der ehemaligen jugoslawischen Republik Mazedonien saß und weinte. Seine wenigen Habseligkeiten habe er fest umklammert und sich geweigert, weiterzugehen. Er schien jeden Willen, zu leben, verloren zu haben [437].

Eine besondere Belastung, neben möglicherweise anderen, z. B. traumatischen Ereignissen, stellt für diese Menschen die Tatsache dar, dass sie im letzten Abschnitt ihres Lebens aus ihrer eigenen Welt gerissen wurden. Haus, Besitz, Land, die sozialen Bezüge, die eigene soziale Rolle und die damit verbundene Selbstdefinition, alltägliche Aufgaben und die vorgezeichnete eigene Zukunft gehen plötzlich verloren. Eine neue Lebensplanung muss anstelle der verlorenen eintreten, in einem anderen Land mit fremden kulturellen Normen und unbekannten Möglichkeiten und entsprechend einer ungewissen und unsicheren Zukunft. Zwar müssen auch junge Flüchtlinge ihr Leben im fremden Aufnahmeland neu gestalten und neue Normen bzw. Strukturen annehmen. Auf verschiedenen Ebenen wird jedoch für diese Gruppe diskutiert, wie sie im wirtschaftlichen Leben des Aufnahmelandes integriert werden können, und sie haben deswegen eine bessere Zukunft im Blick. Ältere Flüchtlinge sind dagegen eine wenig wahrgenommene Personengruppe, sie haben im Normalfall keine besonderen sozialen Aufgaben und warten nur, dass „ihre Zeit in der Fremde abläuft". Besonders belastend erleben alleinstehende ältere Menschen eine oft bestehende chronische Abhängigkeit von Hilfsorganisationen und den sozialen Ausschluss, wenn sie von ihren Familien getrennt werden.

5.3.3 Ressourcen älterer Flüchtlinge

Ältere Flüchtlinge verfügen auch über positive Ressourcen, die therapeutisch genutzt werden können. Sie verfügen über reiche Lebenserfahrung und Wissen, die ihnen ermöglichen, Entscheidungen zu treffen und an Aktivitäten teilzunehmen, die ihr Leben und das Leben ihrer Familie und Gemeinschaften betreffen. Oft nehmen sie Führungspositionen in ihren Gemeinschaften ein und sind diejenigen, die die eigene Kultur und Traditionen bewahren und an die nächsten Generationen übermitteln, und dadurch einen entscheidenden Beitrag zum Wohlergehen ihrer Familien leisten [437].

5.3.4 Besondere Aspekte der seelischen Gesundheit

Eine vollständige Unterscheidung zwischen den Aspekten der seelischen Gesundheit älterer Flüchtlinge und denen älterer Migrant(inn)en ist kaum möglich. Dazu gibt es bisher keine bzw. nicht ausreichend Literatur. Außerdem stammen viele Flüchtlinge aus den Kulturkreisen, aus denen auch viele in Europa lebende ältere Migrant(inn)en stammen. Sie bringen deswegen ähnliche Vorstellungen von seelischer Gesundheit, Krankheit und Behandlung mit sich, die im Folgenden dargestellt werden.

Die Erfahrung mit älteren Migrant(inn)en zeigt, dass diese häufig spezifische Vorstellungen von den Gesundheitseinrichtungen und von der medizinischen Behandlung haben. Dabei passen die Einrichtungen der psychologisch-psychotherapeutischen und der psychiatrischen Versorgung nur sehr selten in diese Vorstellungen. Die Tatsache, dass psychische und psychosomatische Beschwerden häufig als Begleiterscheinungen bei körperlichen Krankheiten anzutreffen sind, erschwert es diesen Patient(inn)en, diese Symptome als Ausdruck einer psychischen Störung wahrzunehmen. Dieses trifft insbesondere für ältere Migrant(inn)en mit somatischen Komorbiditäten zu, die lange hausärztlich nach somatisch ausgerichteten Therapie-Ansätzen behandelt werden. Auch sprachliche Missverständnisse können dazu führen, dass psychische und somatoforme Beschwerden lange als Ausdruck körperlicher Erkrankungen verstanden und deswegen somatisch und symptomorientiert abgeklärt und behandelt werden, sodass eine indizierte psychiatrische oder psychotherapeutische Versorgung erst sehr spät erfolgt oder ganz unterbleibt.

Ein weiterer wichtiger Aspekt bei älteren Migrant(inn)en sind die Scham und die Vorurteile in Zusammenhang mit seelischen Störungen. Psychische Beschwerden sind für die meisten Migrant(inn)en, insbesondere die älteren, ein äußerst sensibles Thema, das oft mit Scham und Vorurteilen besetzt ist. Ihre Vorurteile entwickeln sich anhand der mitgebrachten Informationen und der Einstellungen zu psychischen Krankheiten in den Herkunftsländern. Psychische Beschwerden werden daher nicht angesprochen und nach Möglichkeit verheimlicht. Um Erleichterung zu finden, werden oft religiöse Expert(inn)en und Heiler(innen) in Anspruch genommen. Dies trägt durch die Hoffnung auf Heilung zwar zu einer kurzfristigen Erleichterung bei dem Patienten und seiner Umgebung bei, langfristig wird eine dauerhafte Entlastung jedoch nicht erreicht [431].

5.3.5 Gesundheitsverhalten

Verschiedene Zugangsbarrieren führen bei den älteren Migrant(inn)en zu einer psychiatrischen, psychosozialen und psychotherapeutischen Unter- bzw. Fehlversorgung. Sprachliche und kulturelle Schwierigkeiten in der Symptompräsentation, insbesondere bei älteren Migrant(inn)en mit somatischen Komorbiditäten, führen oft zu somatischen Fehldiagnosen, die häufig langwierig somatisch abgeklärt und erfolglos behandelt werden [426].

Die mangelnden Sprachkenntnisse erschweren zudem den Transfer und die Annahme von Informationen über Möglichkeiten und Angebote des Versorgungssystems. Entsprechend werden die Diagnosestellung und Akzeptanz einer psychischen Diagnose erschwert. Minderinformation und Unkenntnis über die vorhandenen Angebote führen auch zu verminderter Inanspruchnahme. Zu dieser führt auch eine hohe Schamschwelle in Zusammenhang mit den psychischen Beschwerden. Schuldgefühle und die Vorstellung, dass psychische Symptome und psychiatrische Diagnosen verwerfliche, charakterbezeichnende Schwächen sind, stellen weitere Hindernisse dar.

5.3.6 Krankheitsverständnis

Soziokulturelle Unterschiede haben Einfluss auf das Erleben von Krankheiten und der Wahrnehmung und Interpretation von Symptomen. Diese Unterschiede beeinflussen wiederum die Verhaltenskonsequenzen bei Krankheiten. Bei der Symptombeschreibung werden zudem oft Chiffren benutzt, die nur durch ihren kulturellen Hintergrund und ihre Bedeutung verstanden werden können [430].

Vielen alten Migrant(inn)en fehlt die Vorstellung von einer psychischen Störung oder Belastung als „Krankheit"; es fehlen ihnen auch entsprechende Krankheitskonzepte und Erklärungsmodelle für die psychischen Krankheiten. Zur Erklärung der verschiedenen psychischen Leidenszustände werden deswegen oft kulturspezifische, subjektive Erklärungsmodelle angewendet, die Einfluss auf den Umgang mit den vorliegenden Beschwerden und Belastungen nehmen. Gängige Erklärungsmodelle sind z. B. Schicksalsschlag, Gottesstrafe oder die Wirkung magischer Praktiken, z. B. Verwünschung. Die Ursachen der psychischen Beschwerden werden durch diese Erklärungsmodelle externalisiert, weshalb die Krankheiten als überwältigend und wenig beeinflussbar erlebt werden. Die Introspektionsfähigkeit und die Bereitschaft, die Krankheit anzunehmen, sind deswegen vermindert. Die Patient(inn)en suchen nach organischen Ursachen für ihre Beschwerden und lehnen eine notwendige psychiatrische oder psychotherapeutische Behandlung ab. Die Annahme einer psychischen Diagnose ist besonders vermindert, wenn körperliche Symptome der psychischen Störung im Vordergrund der Symptomatik stehen und die psychische Ursache stark verdecken [426].

5.3.7 Einfluss auf die Behandlung

Dieses Krankheitsverständnis mit der verminderten Bereitschaft, eine psychische Krankheit zu akzeptieren, hat bedeutende Folgen für die Behandlung. Psychische Krankheiten und Beschwerden werden oft als eine moralische Schwäche angesehen, weshalb die Patient(inn)en ihre persönlichen Gefühle und psychischen Beschwerden oft nicht äußern. Stattdessen werden Konflikte und Traumata meist als Schmerzen oder sonstige körperliche Beschwerden geäußert, da körperliche Beschwerden keine moralische Schwäche darstellen [433]. Dies führt oft zu zahllosen, unnötigen Untersuchungen und zur Verordnung nicht indizierter Medikamente oder nicht nötiger Krankenhausaufenthalte [426].

Die Externalisierung der psychischen Krankheiten verhindert die Annahme der persönlichen Anteile am Krankheitsgeschehen und der persönlichen Kontrolle über Behandlung und Heilungsprozess. Viele Patient(inn)en können im Verlauf der Behandlung deswegen nur ein geringeres Verständnis für ihre Krankheiten entwickeln und können dadurch keine langfristigen und planvollen Strategien zur Krankheitsbewältigung entwickeln [432].

5.3.8 Die therapeutische Arbeit

Im Gegenteil zu westlichen Kulturen, in denen das Denken vom Leib-Seele-Dualismus geprägt ist, kennen östlich und viele südliche Kulturen keinen Dualismus. Körper und Geist bilden in diesen Kulturen eine untrennbare Einheit, die den Menschen ausmacht. Diese Denkweise und die ungewöhnlichen Krankheitskonzepte, die viele ältere Menschen aus anderen Kulturen mitbringen, erschweren die therapeutische Arbeit, besonders wenn der Patient die Wahrnehmung gewinnt, dass sein Therapeut die körperlichen Beschwerden „psychologisiert".

Respekt vor den kulturellen Einstellungen und Traditionen der Patient(inn)en und Verständnis für ihre Krankheitsmodelle bzw. -konzepte sind die Grundsteine für die Behandlung. Viele ältere Migrant(inn)en und Flüchtlinge haben zu Beginn der Behandlung keine Vorstellung davon, dass es sich bei ihren Beschwerden um Symptome einer psychischen Krankheit handelt. Die Ursachen der Krankheiten sind ihnen so wenig bekannt wie die Behandlungsstrategien. Viele von ihnen kommen mit einer traditionellen Vorstellung von einer ärztlichen Behandlung und der Erwartung einer aktiven ärztlichen Handlung bei einer passiv empfangenden eigenen Haltung. Diese ärztliche Handlung soll die Linderung der Beschwerden bringt. Oft sind sie nach der 1. Beratung enttäuscht, da ihre mitgebrachte traditionelle Vorstellung nicht erfüllt wird. Ein Ausdruck dieser Enttäuschung ist häufig die Bitte nach einem anderen Medikament in den folgenden ambulanten Vorstellungen, da das alte nur Nebenwirkungen verursachte oder nicht zur der gewünschten Besserung führte.

Daher ist es sehr wichtig, bereits zu Beginn der Behandlung eine therapeutische Allianz mit diesen Patient(inn)en zu bilden und mit ihnen eine gemeinsame Vorstellung von der Krankheit, ihren Ursachen und der Behandlungsstrategie zu entwickeln. Der Aufbau dieser therapeutischen Allianz [432] vermittelt dem Patient Verständnis und Akzeptanz und ermöglicht ihm, Scham, Schuldgefühle, Sühne, Bestrafung, Trauerarbeit und andere Selbstzuschreibungen zu reflektieren.

Fallbeispiel aus der eigenen Ambulanz: Frau H., Kurdin aus dem Irak

Die 65-jährige, deutlich älter aussehende kurdische Patientin aus dem Irak war nach dem gewaltsamen Tod ihres Mannes monatelang in Begleitung von entfernten Verwandten auf der Flucht nach Deutschland, um in der Nähe ihrer Kinder zu leben. Sie wurde einem kleineren Ort, etwa 50 km entfernt vom Wohnort ihrer Kinder, zugeteilt. Neben Angst und chronischen Schlafstörungen mit häufigen Albträumen vom Krieg leidet die Patientin an Schmerzen im rechten Arm bei fehlverheilter Fraktur. Besonders schwer fällt ihr die Anpassung in ihrer neuen Heimat. Ihre fehlende Mobilität und der nicht erfüllte Wunsch, den erträumten Schutz und die gewünschte Nähe ihrer Kinder zu bekommen (diese gehen mittlerweile beruflichen Beschäftigungen nach, berichten selbst von Schlafstörung, Gereiztheit und Nervosität und bitten selbst um Medikamente, als sie ihre Mutter zur ambulanten Behandlung begleiten), führen zu ausgeprägter depressiver Stimmung mit Todeswunsch und dem Wunsch, in ihre alte Heimat ungeachtet der Gefahren dort zurückzukehren. Zwar findet sie im ambulanten Behandlungssetting eine Erleichterung und kommt deswegen gerne zum Gespräch, fragt aber immer wieder nach der aktiven ärztlichen Handlung und äußert regelmäßig den Wunsch nach einem anderen Medikament, das ihre Beschwerden schnell beheben soll.

Fazit

In Zusammenhang mit der seelischen Gesundheit weisen ältere Flüchtlinge und Migrant(inn)en viele besondere Aspekte auf. Vor allem ältere Flüchtlinge erleben durch ihre Flucht besondere Belastungen: Sie verlieren nicht nur ihre Familien und Besitztümer, sondern auch ihre Unabhängigkeit. Aufgrund verschiedener Zugangsbarrieren sind viele von ihnen psychiatrisch und psychotherapeutisch unterversorgt. Während jüngere Patient-(inn)en diese Zugangsbarrieren mehr oder weniger überwinden können, haben ältere Migrant-(inn)en größere Schwierigkeiten damit. Die Anwesenheit von Fachpersonen, die in erster Linie die Kultur, Denkschemata und auch die Sprache dieser Patient(inn)en kennen, ermöglicht das frühzeitige Erkennen von psychischen Leidenszuständen, erleichtert eine frühzeitige Annahme eines entsprechenden Behandlungsangebots, erspart dadurch viel individuelles Leid und verhindert möglicherweise eine Chronifizierung der Krankheit.

Viele Patient(inn)en sind vor der Aufnahme einer psychiatrisch-psychotherapeutischen Behandlung lange Zeit mit ihren psychischen Symptomen in somatischer ärztlicher Betreuung. Oft sind bei diesen Patient(inn)en bewegende Schicksale und Lebensgeschichten eruierbar, die im Zusammenhang mit ihrer persönlichen und psychosozialen Ausstattung zum Teil zur Entwicklung des Leidens beigetragen haben.

Eine psychiatrisch-psychotherapeutische Begleitung, v. a. in einem muttersprachlich und kulturell verstehenden Setting, trägt deutlich zu einer Verbesserung der Behandlungsqualität dieser Patientengruppe bei. Vorurteile, negative Erfahrungen mit dem Versorgungssystem und das Gefühl, nicht verstanden zu werden, erschweren die Behandlung. Erschwerend ist auch der Umstand, dass nur eine geringe Anzahl von muttersprachlichen und kulturell interessierten Therapeut(inn)en zur Verfügung steht und für die Bearbeitung der komplexen Themen, die diese Menschen mit sich bringen, ein großer zeitlicher Aufwand notwendig ist.

5.3.9 Literatur

[425] Assion, HJ, Bender M, Koch E, Pollmächer T. Flüchtlinge in Not – Fachverbände und Kliniken sind gefordert: Psychiatrische und psychotherapeutische Hilfe frühzeitig anbieten. Eine Stellungnahme der Bundesdirektorenkonferenz (BDK). Psychiat Prax 2016; 116–119, DOI: 10.1055/s-0042-101218

[426] Baer N, Cahn T. Psychische Gesundheitsprobleme. In: Meyer K, Hrsg. Gesundheit in der Schweiz. Nationaler Gesundheitsbericht 2008. Bern: Huber; 2009

[427] Brandmaier M. „Ich hatte hier nie festen Boden unter den Füßen". Traumatisierte Flüchtlinge im Exil. In: Feldmann RE, Seidler GH, Hrsg. Traum(a) Migration. Aktuelle Konzepte zur Therapie traumatisierter Flüchtlinge und Folteropfer. Gießen: Psychosozial; 2013: 15–35

[428] Bundesamt für Migration und Flüchtlinge (BAMF). Aktuelle Zahlen zu Asyl. Ausgabe: Dezember 2015. (15.06.2016). Im Internet: http://www.bamf.de/SharedDocs/Anlagen/DE/Downloads/Infothek/Statistik/Asyl/aktuelle-zahlen-zu-asyl-dezember-2015.pdf?__blob=publicationFile; Stand: 19.10.2016

[429] Bundesamt für Migration und Flüchtlinge (BAMF). Pressemitteilung vom 15.06.2016. 55.259 Asylanträge im Mai 2016. Im Internet: http://www.bmi.bund.de/SharedDocs/Pressemitteilungen/DE/2016/06/asylantraege-mai-2016.html; Stand: 04.05.2016

[430] Hornung, R. Prävention und Gesundheitsförderung bei Migranten. In: Hurrelmann K, Klotz,T, Haisch J. Lehrbuch Prävention und Gesundheitsförderung. 4. Aufl. Bern: Huber; 2014: 367–376

[431] Kayser A. Transkulturelle Kompetenz in der Psychiatrie. Krankenpflege 2010; 10: 16–17

[432] Kizilhan, J. Interkulturelle Aspekte in der Verhaltenstherapie. In: Machleidt, W, Heinz A, Hrsg. Praxis der interkulturellen Psychiatrie und Psychotherapie. Migration und psychische Gesundheit. München: Urban und Fischer Elsevier; 2010: 401–427

[433] Koch E. Psychiatrie, Psychotherapie, Psychosomatische Rehabilitation und Migration. In: Beauftragte der Bundesregierung für Migration, Flüchtlinge und Integration, Hrsg. Gesunde Integration. Dokumentation der Fachtagung am 20. und 21. Februar 2003, Berlin. Berlin: Deutscher Bundesverlag; 2003: 43–53

[434] Razum R, Spallek J. Wie gesund sind Migranten? Erkenntnisse und Zusammenhänge am Beispiel der Zuwanderer in Deutschland. In: Fokus Migration. Bundeszentrale für politische Bildung, Kurzdossier Nr.12, 2009 (5.06.2016). Im Internet: http://www.bpb.de/gesellschaft/migration/kurzdossiers/57300/flucht-migration-und-gesundheit; Stand: 19.10.2016

[435] Regionales Informationszentrum der vereinten Nationen für Westeuropa. UNIC/123: Lebenserwartung hat weltweit um 20 Jahre zugenommen. Auftakt zum Internationalen Jahr der Senioren 1999 (31.07.2016). Im Internet: http://www.unric.org/de/pressemitteilungen/4930; Stand: 19.10.2016

[436] Uno-Flüchtlingshilfe: Ältere Menschen auf der Flucht. Die besondere Situation älterer Flüchtlinge (31.7.2016). Im Internet: https://www.uno-fluechtlingshilfe.de/fluechtlinge/fluechtlingsschutz/aeltere-fluechtlinge.html; Stand: 19.10.2016

[437] UNRIC. Zweite Weltversammlung zur Frage des Alterns: Kein Sicherheitsnetz für ältere Migranten und Flüchtlinge. Madrid, Spanien, 8.–13. April 2002. Im Internet: https://www.unric.org/html/german/senioren/presse/8.pdf; Stand: 19.10.2016

[438] Weiss R. Macht Migration krank? Eine transdisziplinäre Analyse der Gesundheit von Migrant(inn)en. Zürich: Seismo; 2005

6 Vernetzung und Zusammenarbeit

6.1 Geflüchtete und Sozialberatung – ein Überblick

Maria Würfel

6.1.1 Rahmenbedingungen der Sozialen Arbeit mit Geflüchteten

Professionstheoretischer Zugang

Fachkräfte der Sozialen Arbeit sind seit Mitte des 20. Jahrhunderts in der Flüchtlingshilfe tätig – einem Arbeitsbereich, der angesichts gesellschaftlicher, politischer und rechtlicher Entwicklungen fortwährenden Veränderungen unterliegt. Die Fachkräfte arbeiten dabei mit einer Zielgruppe, die aufgrund ihres aufenthaltsrechtlichen Status de jure benachteiligt ist [455]. Die *International Federation of Social Workers (IFSW)* definiert „die Förderung des sozialen Wandels, der sozialen Entwicklung und des sozialen Zusammenhalts sowie die Stärkung und Befreiung der Menschen" ([446], 1) als übergreifende Ziele der Sozialen Arbeit. Das Fundament bilden dabei „die Prinzipien der sozialen Gerechtigkeit, die Menschenrechte, gemeinsame Verantwortung und die Achtung der Vielfalt". Im Rahmen des professionstheoretischen Diskurses findet die Auseinandersetzung mit diesen Prinzipien seinen Niederschlag im Begriff des Tripelmandats.

Das Tripelmandat geht davon aus, dass Sozialarbeitende üblicherweise von dreierlei Seiten Aufträge oder Mandate zum Handeln erhalten: Jeweils ein Mandat erhalten die Fachkräfte vom Sozialstaat und von den Klient(inn)en. Die Aufträge dieser beiden Akteure können dabei in Widerspruch zueinander stehen. Das 3. Mandat stellt das eigene Professionsverständnis der Sozialarbeitenden dar. Es ermöglicht den Fachkräften „gegenüber beiden Auftraggebern eine normative und fachlich selbständige Position" ([454], 96) einzunehmen. Folglich besteht eine grundlegende Aufgabe Sozialer Arbeit darin, ihr Arbeitsfeld professionell zu reflektieren und daraus politische Forderungen im Namen der Klient(inn)en zu formulieren und an ihrer Erfüllung mitzuwirken [440]. Zugleich sorgt Soziale Arbeit dafür, dass ihre Klient(inn)en befähigt werden, ihre Rechte selbst wahrzunehmen, und unterstützt sie dabei, eine aktive Rolle in der Gesellschaft zu erhalten.

Bundesweite Unterschiede der Rahmenbedingungen Sozialer Arbeit

Prägend für das vorliegende Kapitel sind die *föderalen Unterschiede* in den Bereichen *Unterbringung* und *(Sozial- und Verfahrens)beratung* für Asylsuchende.

Die Soziale Arbeit mit Geflüchteten findet in der Praxis in verschiedensten Settings und vor unterschiedlichen Rahmenbedingungen statt. Grund hierfür ist §44, Absatz 1, AsylG, der festlegt, dass die Bundesländer für die Schaffung und Unterhaltung von Aufnahmeeinrichtungen zuständig sind. In Folge haben sich in den einzelnen Bundesländern unterschiedliche Unterbringungssysteme mit unterschiedlichen Zuständigkeiten entwickelt [459]. In der Praxis finden sich daher 1-stufige, 2-stufige und 3-stufige Unterbringungssysteme, in denen auf die Unterbringung in der Erstaufnahmeeinrichtung mancherorts der Aufenthalt in Gemeinschaftsunterkünften und in einigen Bundesländern eine Anschlussunterbringung erfolgt [470]. Große Unterschiede gibt es auch in Bezug auf die Dauer des Asylverfahrens. Während das gesamte Verfahren, von der Asylantragstellung bis zum Erhalt des Bescheides, in den Ankunftszentren innerhalb von 48 Stunden erfolgen kann [443], kann sich das Verfahren andernorts, je nach Höhe der Zugangszahlen und Herkunftsland bis zu 17 Monaten hinziehen [458].

Die Regelung über den Zugang zu einer Sozialberatung durch Fachkräfte der Sozialen Arbeit regeln die jeweiligen Landesaufnahmegesetze. Der Aspekt der Verfahrensberatung, welcher sich auf asylrechtliche Fragestellungen konzentriert, wird dabei je nach Einrichtung unterschiedlich gewichtet und teilweise komplett ausgeklammert. Auch der Anteil an aufsuchender Sozialarbeit und Gemeinwesenarbeit unterscheidet sich in der Praxis. In den Bundesländern kommen je nach gesetzlicher Regelung und Verteilungsschlüssel auf ein Stellendeputat für Soziale Arbeit zwischen 50 und 120 Asylsuchende. Hinzu kommt, dass der Zugang zu qualifizierter Flüchtlingsberatung nicht für alle Stufen des Unterbringungssystems geregelt ist. In der Folge sind die Zugangsmöglichkeiten zur Flüchtlingsberatung für Asylsuchende und besonders schutzbedürftige Antragsteller deutschlandweit und je nach Verfahrensdauer unterschiedlich ausgestaltet [470]. Dies ist in besonderer Weise für so genannte besonders schutzbedürftige Personen relevant, die aufgrund einschlägiger Merkmale speziellen Unterstützungsbedarf haben.

Aufgrund der großen Differenzen in der Bundesrepublik entsteht ein breites Aufgabenspektrum für Sozialarbeitende. Da sich zudem viele Aufgaben der Sozialen Arbeit aus Problemstellungen ergeben, welche erst durch prekäre Aufenthalts- und Unterbringungsbedingungen in Deutschland entstehen [455], werden im Folgenden die Aufgaben der Sozialen Arbeit vor dem Hintergrund der täglichen Herausforderungen und Besonderheiten der Asylsuchenden beleuchtet. Hierbei wird deutlich, dass die *psychischen Belastungen der Geflüchteten aufgrund der Erfahrungen in den Heimatländern und der Flucht* häufig von den *Stressoren der Bedingungen während des Asylverfahrens selbst* überlagert werden [440].

Grundständige Aufgaben der Sozialen Arbeit mit Geflüchteten

Eine wichtige Aufgabe der Sozialarbeitenden besteht in der Mitwirkung bei der Identifizierung sogenannter besonders schutzbedürftiger Personen. Die „Richtlinie 2013/32/EU des Europäischen Parlaments und des Rates vom 26. Juni 2013 zu gemeinsamen Verfahren für die Zuerkennung und Aberkennung des internationalen Schutzes" definiert in Absatz 29 bestimmte Gruppen, bei denen aufgrund ihrer Vulnerabilität ein besonderer Schutzbedarf besteht und aus dem sich ein Bedarf an „besondere[n] Verfahrensgarantien, unter anderem aufgrund ihres Alters, ihres Geschlechts, ihrer sexuellen Ausrichtung, ihrer Geschlechtsidentität, einer Behinderung, einer schweren Erkrankung, einer psychischen Störung oder infolge von Folter, Vergewaltigung oder sonstigen schweren Formen psychischer, physischer oder sexueller Gewalt" ergibt. Zu den besonderen Verfahrensgarantien zählt eine adäquate Unterstützung während des Asylverfahrens. Da in der Bundesrepublik kein standardisiertes Verfahren zur Identifikation der besonders Schutzbedürftigen existiert, ist die Feststellung der Schutzbedürftigkeit in der Folge abhängig von der Qualifizierung, Sensibilisierung und den Kapazitäten der am Asylverfahren beteiligten Akteure [440]. Erschwert wird die Identifizierung vulnerabler Gruppen zusätzlich durch Unkenntnis der Asylsuchenden darüber, welche Informationen für eine erfolgreiche Intervention der Sozialarbeiter(innen) oder auch Psycholog(inn)en und des Arztes/der Ärztin wichtig sein könnten. Oft fehlen nicht nur Worte über Erlebtes, emotionale Themen und Gefühle zu sprechen, sondern es ist darüber hinaus häufig zu beobachten, dass jene, die aus einer Welt des Krieges fliehen, nicht den Anspruch erheben, besonders wichtig und individuell in ihrem Leid zu sein, und somit bestimmten anamnestischen Informationen in Erst- oder Anamnesegesprächen nicht die angemessene Wichtigkeit einräumen. Zudem hegen viele Asylsuchende aufgrund der Erfahrungen in ihren Heimatländern ein grundlegendes Misstrauen gegenüber staatlichen Strukturen und öffentlichen Institutionen [456]. Die Begriffe der Schweigepflicht und Vertraulichkeit wie auch deren gewissenhafte Ausübung sind vielen völlig unbekannt. Sozialarbeiter(inne)n gelingt es häufig nur durch intensive Beziehungsarbeit, eine vertrauensvolle Basis zu schaffen, auf deren Grundlage die Identifizierung besonders Schutzbedürftiger und die Bearbeitung ihrer Probleme erst möglich wird.

Gerade für diese Gruppe ist die Unterstützung durch Sozialarbeiter(innen) im Sinne von Aufklärung über das Asylverfahren, Rechte und Pflichten dabei elementar wichtig. Besonders traumatisierte und psychisch erkrankte Geflüchtete haben häufig nicht die Ressourcen, sich im komplexen System des Aufnahmelands zurechtzufinden und für ihre Rechte einzustehen. Die Herausforderungen bei der Identifizierung besonders Schutzbedürftiger haben zur Folge, dass viele vulnerable Personen nicht (rechtzeitig) identifiziert und folglich im Verlauf des Verfahrens strukturell benachteiligt werden. Aufgabe der Sozialen Arbeit ist es, nach der Feststellung eines besonderen Schutzbedarfes falls erforderlich auf eine Entschleunigung des Verfahrens nach Art. 24 Absatz 3 UA 2 AsylVfRL hinzuwirken.

Fachkräfte der Sozialen Arbeit bieten in allen Phasen des Asylverfahrens und darüber hinaus Allgemeine Sozialberatung an. Bei Fragestellungen zu Themen wie Schwangerschaft, Sucht und LGBT (Lesbian, Gay, Bisexual, Transgender) haben Sozialarbeitende aufgrund ihrer Kenntnisse über die Strukturen vor Ort die Möglichkeit der Vermittlung an Fachberatungsstellen. Die (Beratungs-)Tätigkeit im Rahmen der Flüchtlingssozialarbeit ist dabei geprägt von der interdisziplinären Zusammenarbeit mit Vertreter(inne)n der Disziplinen Medizin, Psychologie und Recht [448]. Weitere

Schnittstellen gibt es mit Mitarbeitenden der Polizei, Dolmetscher(inne)n, verschiedenen Ämtern und Behörden. Sozialarbeitende fungieren dabei häufig als *Case Manager* in dem Sinne, dass Bedarfe erkannt und in Kooperation mit anderen Akteuren systematisch bearbeitet werden.

Die Vermittlung von Informationen zum Asylverfahren und den damit verbundenen Rechten und Pflichten stellt einen weiteren wichtigen Schwerpunkt in der Beratung von Asylsuchenden dar. Relevant ist die Verfahrensberatung insbesondere im Hinblick auf die Verschärfung der Asyl- und Aufenthaltsgesetze und die damit verbundenen gestiegenen Mitwirkungspflichten der Asylsuchenden [453]. Die Aufklärung über das Asylverfahren kann dabei orientierend, stabilisierend und ermächtigend wirken. Bei komplexen asylrechtlichen Fragestellungen werden Sozialarbeitende zudem vielerorts durch Fachanwälte unterstützt [440].

Unabhängig von den Unterbringungssystemen sind alle Asylsuchenden nach Absatz 1, § 47 und Absatz 1, § 53 AsylG verpflichtet, in der Erstaufnahmeeinrichtung beziehungsweise im Anschluss daran in der zugewiesenen kommunalen Gemeinschaftsunterkunft zu wohnen. Dabei ist der Aufenthalt in der Erstaufnahme auf 6 Monate befristet (ausgenommen Asylsuchende aus einem sicheren Herkunftsstaat nach § 29a) und nicht an bestimmte Verfahrensschritte gekoppelt. Wie oben erwähnt, ergeben sich viele Problemstellungen der Geflüchteten erst aus den prekären Unterbringungsbedingungen in der Erstaufnahme und den Gemeinschaftsunterkünften. Die räumliche Enge und das Wohnen in 4-, 6-, oder 8-Bettzimmern mit unbekannten Menschen stellen besonders häufig beklagte Stressquellen dar. So gibt es häufig keine ausreichenden Rückzugsmöglichkeiten bei Konflikten [441], keine Privatsphäre und ein durch den Lagercharakter gekennzeichnetes Gefühl der Unsicherheit. Die Unterbringung in Gemeinschaftsunterkünften ist zudem mit schlechterer psychischer Gesundheit assoziiert als die Unterbringung in dezentralen oder privaten Wohnarrangements [457]. Gerade diese räumliche Unsicherheit und ein kontinuierlich fehlender „sicherer Ort" können bisweilen (re-)traumatisierend wirken [449]. Die Aufgaben der Sozialen Arbeit in Bezug auf eine prekäre Unterbringungssituation bestehen in der Weitergabe von Missständen an die entsprechenden Stellen und die Mitwirkung an der Beseitigung derselben.

Die Unterstützung beim Zugang zu medizinischer Versorgung stellt eine weitere wichtige Aufgabe der Sozialen Arbeit während des Asylverfahrens dar. Die Situation in der Unterbringung und die Unsicherheit in Bezug auf den Ausgang des Asylverfahrens, auf welche später eingegangen wird, wirken als Stressoren und damit negativ auf die (psychische) Gesundheit der Asylsuchenden. Diese werden vor die Aufgabe gestellt, ihre Hoffnungen nach Sicherheit, die sie mit der Flucht nach Deutschland verbinden, mit den Unsicherheiten, die sie im Asylverfahren erleben, zu vereinen. Die bestehende Diskrepanz kann dabei (re-)traumatisierend wirken [452]. Für Asylsuchende besteht in der Folge eine erhöhte Prävalenz für die Entwicklung psychischer Krankheiten [456] (s. auch Kap. 2.3). Der dadurch entstehende erhöhte Bedarf an (professioneller) Unterstützung steht im Widerspruch zu den Gesundheitsleistungen, die Geflüchteten während des Asylverfahrens rechtlich zustehen. Die medizinische Versorgung beschränkt sich während des Asylverfahrens auf die „Behandlung akuter Erkrankungen und Schmerzzustände" (§ 4, Absatz 1, Satz 1, AsylbLG) (s. auch Kap. 1.3.4 u. 1.3.3). Der Zugang zum deutschen Gesundheitssystem ist für Asylsuchende damit deutlich erschwert und insbesondere in Bezug auf die Behandlung von psychischen Störungen nur in begründeten Ausnahmefällen möglich. Dies stellt für Asylsuchende einen weiteren, beträchtlichen postmigratorischen Stressor dar. Aufgrund häufig bereits jahrelang andauernder Konflikte im Heimatland hatten viele Geflüchtete seit langer Zeit keinen Zugang zur Gesundheitsversorgung. Im Rahmen der Identifizierung besonders Schutzbedürftiger versuchen Sozialarbeitende, Asylsuchende beim Zugang zu psychologischer und medizinischer Versorgung zu unterstützen. Gelingt dies, kann die Weiterleitung von Attesten an die Regierungspräsidien, die Einrichtungsleitungen, oder das BAMF hilfreich sein, um eine medizinisch indizierte Verlegung zu veranlassen oder aber die Glaubwürdigkeit geschilderter Traumata im Rahmen der Anhörung zu unterstreichen. In anderen Fällen können Sozialarbeiter(innen) die Rechtmäßigkeit einer abgelehnten Gesundheitsleistung prüfen lassen, für Kostenklärungen mit den zuständigen Behörden in Kontakt treten und gegebenenfalls versuchen, Zugang zu unentgeltlicher medizinscher Versorgung über Vereine wie MediNetz e. V. (http://medibueros.m-bient.com) herzustellen. Da der Zugang zu medizinischer Versorgung vielerorts nicht bedarfsdeckend ist, besteht nach stationären Aufenthalten in (psychiatrischen oder psychosomatischen) Kliniken häufig ein Mangel an geregelter Nachsorge. Sozialarbeitende versuchen hier vor und nach stationären Aufenthalten mit Hilfe von regelmäßigen Beratungsgesprächen und alltagstrukturierenden Angeboten Klient(inn)en zu stabilisieren.

6.1.2 Besondere Aufgaben der Sozialen Arbeit im Asylverfahren

Neben den oben beschriebenen allgemeinen Bedingungen ergeben sich aus den einzelnen Asylverfahrensschritten weitere spezifische Herausforderungen für die Antragsteller(innen) und, damit verbunden, spezielle Aufgaben für die Sozialarbeitenden. Im Folgenden sollen die Asylverfahrensschritte daher zunächst kurz skizziert und die daraus entstehenden Herausforderungen für die Asylsuchenden dargestellt werden. Ein Überblick über die dadurch erwachsenden Aufgaben der Sozialarbeitenden ermöglicht einen differenzierten Blick auf das Arbeitsfeld.

Das Asylverfahren beginnt mit dem geäußerten Asylgesuch durch die Geflüchteten in der Bundesrepublik Deutschland. Viele Asylsuchenden wurden auf der Flucht von ihren Familienmitgliedern getrennt oder reisen nicht zeitgleich in das Bundesgebiet ein. Sozialarbeitende unterstützen in diesen Fällen dabei, die Familie ausfindig zu machen und eine Familienzusammenführung innerhalb Deutschlands zu ermöglichen, indem sie unterstützen, Anträge bei den zuständigen Behörden zu stellen. Gesetzlich ist dies jedoch nur möglich, wenn es sich bei den zusammenzuführenden Personen um verheiratete Eheleute oder Eltern und minderjährige Kinder handelt (Grundlage hierfür ist Art. 6 GG zum Schutz von Ehe und Familie). Halten sich Familienmitglieder jedoch in einem anderen Bundesland auf, ist eine Familienzusammenführung in der Praxis nur selten möglich. Ist eine Zusammenführung medizinisch indiziert, können Sozialarbeitende mit Hilfe von ärztlichen Bescheinigungen auf eine länderübergreifen Umverteilung hinwirken. Gerade wenn besonders schutzbedürftige Asylsuchende nicht durch ihre Verwandten unterstützt werden können, führt dies oft zu einer Verschlechterung ihres Gesundheitszustandes. Bereits vertrieben und geflohen, ist es ihnen häufig auf Grund von bürokratischen und rechtlichen Rahmenbedingungen nicht möglich, sich im Ankunftsland von ihren Familienmitgliedern unterstützen zu lassen. Dies behindert in Folge überdies die Integration.

Im Rahmen der persönlichen Asylantragstellung erfolgt im nächsten Schritt das sogenannte Dublin-Verfahren. In diesem Zuständigkeitsverfahren, das vor der eigentlichen Prüfung des Asylantrages stattfindet, wird geklärt, welcher europäische Staat für die Prüfung des Asylantrages zuständig ist. Ist der Antragsteller, die Antragstellerin durch einen sogenannten sicheren Drittstaat eingereist und dort durch die Abgabe von Fingerabdrücken erkennungsdienstlich behandelt worden, liegt die Zuständigkeit für das Verfahren bei ebendiesem Staat [444]. Jedoch werden nicht alle Fingerabdrücke, welche Geflüchtete auf ihrer Flucht abgeben, von anderen Mitgliedstaaten in das EURODAC-System eingespeist, sodass in der Zeit der Zuständigkeitsprüfung auf Seiten der Asylsuchenden ein hoher Grad an Unsicherheit dahingehend besteht, ob das eigentliche Asylverfahren in Deutschland durchgeführt werden kann. Ergibt die Dublin-Prüfung schließlich, dass ein anderer Mitgliedstaat für die Durchführung des Asylverfahrens verantwortlich ist, führt dies oft zu akuten und häufig auch suizidalen Krisen [456]. Können Betroffene allerdings nachweisen, dass sie im zuständigen Dublinstaat mit untragbaren Bedingungen konfrontiert waren, oder misshandelt wurden, können Sozialarbeiter(innen) dabei unterstützen, Klagen gegen den Dublinbescheid einzureichen, und Kontakte zu Rechtsanwält(inn)en vermitteln, sodass eine Rückführung in den Drittstaat vermieden werden und das Asylverfahren in Deutschland stattfinden kann. Dies ist möglich, wenn die Bundesrepublik Deutschland von ihrem Selbsteintrittsrecht nach Art. 17 Abs. 1 Dublin-III-VO Gebrauch macht.

In der später folgenden sogenannten Anhörung sind Asylsuchende aufgefordert, ihre individuellen Fluchtgründe einem sogenannten Entscheider darzulegen, welcher das Geschilderte auf Plausibilität und Glaubwürdigkeit prüft. Hierbei muss der Asylbewerber so detailliert und chronologisch wie möglich von allen zentralen Geschehnissen, die für das Erlangen des Flüchtlingsschutzes relevant sind, berichten [444]. Gerade jene häufig mit Scham und Schrecken besetzten Ereignisse, für die der Geflüchtete vielleicht noch nie Worte und Ausdruck gefunden hatte, müssen detailliert geschildert werden. Diese von Asylsuchenden häufig als sehr belastend empfundene Situation kann traumatisierend oder retraumatisierend wirken [449], da innerhalb der Anhörung verschiedene Aspekte mehrfach abgefragt werden, um den Wahrheitsgehalt von Aussagen zu prüfen. Darüber hinaus können besonders Geflüchtete, welche an einer posttraumatischen Belastungsstörung leiden, aufgrund der bekannten Symptomatik Sprünge in ihren Erzählungen, Erinnerungslücken und ereignisbezogene Amnesien aufweisen [439], durch welche das Erzählte als unglaubwürdig eingestuft werden kann. Im schlimmsten Fall kann dies zu einer Ablehnung des Asylgesuches führen.

Daher ist generell davon auszugehen, dass besonders Schutzbedürftige im Asylverfahren systematisch benachteiligt werden. Gerade für traumatisierte Asylsuchende ist deshalb ein frühzeitiger Kontakt mit Sozialarbeiter(inne)n essenziell, welche nicht nur auf die Anhörung vorbereiten können, sondern bei Bedarf auch durch einen Antrag einen gesondert auf traumatisierte Asylsuchende geschulten Sonderanhörer [444] bestellen können. Für traumatisierte Geflüchtete muss also sichergestellt werden, dass ihr Trauma bereits vor der Anhörung als solches identifiziert wird. Eine Diagnose muss hierbei durch einen Arzt oder Psychologen erfolgen, welcher auf Hinweise von Mitarbeitenden anderer am Asylverfahren beteiligter Akteure angewiesen ist und zu welchem in der Praxis nur in seltenen Fällen (vor der Anhörung) Zugang besteht. Die Mitwirkung bei der Entschleunigung des Verfahrens und bei Bedarf eine Begleitung zur Anhörung als Beistand sind weitere Aufgaben der Sozialen Arbeit, die unterstützend und stabilisierend wirken können.

Die Mitgliedstaaten der Europäischen Union und weitere 8 Länder gelten nach § 29 AsylG als „sichere" Herkunftsländer. Asylanträge aus diesen Ländern lehnt das BAMF als offensichtlich unbegründet ab, wenn der Antragsteller nicht nachweisen kann, dass ihm „abweichend von der allgemeinen Lage im Herkunftsstaat Verfolgung im Sinne des §3 Absatz 1 oder ein ernsthafter Schaden im Sinne des §4 Absatz 1 droht". Diese zusätzliche Hürde benachteiligt besonders schutzbedürftige Personen aus diesen Staaten, die aufgrund einer psychischen Erkrankung nicht in der Lage sind, die notwendigen Nachweise zu beschaffen. Eine Aufgabe in der Beratung von Klient(inn)en aus „sicheren" Herkunftsländern besteht unter anderem in der Information über aufenthaltsrechtliche Perspektiven zum Asylverfahren, wie etwa eine Aus- und spätere Wiedereinreise im Zusammenhang mit einem Arbeitsvisum. Um die Klient(inn)en in die Lage zu versetzen, eine ausgewogene Entscheidung über ihre weiteren Schritte zu treffen, gehört es darüber hinaus zu den Aufgaben der Sozialen Arbeit, zur sogenannten „freiwilligen" Ausreise zu beraten. Sozialarbeitende können in der Zusammenarbeit mit Beratungsstellen in Deutschland und den Herkunftsländern, in Weitervermittlung an die Regierungspräsidien und die Internationale Organisation für Migration (IOM) dazu beitragen, dass Klient(inn)en bei einer Rückkehr ins Herkunftsland unterstützt werden.

Nachdem die ersten Schritte des Asylverfahrens abgeschlossen sind und i.d.R. eine Verlegung in eine kommunale Unterkunft erfolgt ist, beginnt für viele Asylsuchenden häufig eine neue Phase der Unsicherheit und Hilflosigkeit. Auf der einen Seite besteht die an die Asylsuchenden gerichtete Erwartung der Aufnahmegesellschaft, sich schnellstmöglich zu integrieren (s. neues Integrationsgesetz vom 31. Juli 2016), welches durch die „aufenthaltsrechtliche und versorgungspraktische Sonderbehandlung'" jedoch maßgeblich erschwert wird ([460], 75). Andererseits sind viele Asylsuchende durch starke Schuldgefühle gegenüber den in der Heimat zurückgebliebenen Familienmitgliedern belastet, welche sich häufig weiter in einer lebensbedrohlichen Situation befinden. Die permanente Sorge und Trauer um die Zurückgelassenen [447] stellt einen bedeutsamen psychosozialen Stressor und einen inneren Konflikt dar, welcher sich nicht auflösen lässt.

Besonders schwierig in der kommunalen Unterbringung gestaltet sich zudem die Tatsache, dass der Aufenthaltsstatus der meisten Asylsuchenden weiterhin ungeklärt ist. So bleibt für viele die fortdauernde Angst vor einem negativen Bescheid oder einer Abschiebung bestehen, zumal sie häufig Zeugen einer solchen werden (beispielsweise betrug die Gesamtschutzquote für Afghanistan im Mai 2016 lediglich 45,2 %; [445]). Die daraus resultierende unsichere Zukunftsperspektive kann zu einer massiven weiteren, anhaltenden psychosozialen Belastung [440], Überforderung und anhaltenden Traumatisierung führen.

Des Weiteren führen die fehlende Anerkennung von Qualifikationen aus dem Heimatland und der mangelnde Arbeitsmarktzugang sowie die Lebenssituation in den Gemeinschaftsunterkünften häufig zu veränderten Rollen innerhalb des sozialen Gefüges oder der Familie. Diese können in Verbindung mit einem erlebten Statusverlust [456] vermehrt zu intra- und interpersonellen Konflikten sowie Hoffnungs- und Perspektivlosigkeit führen.

Die Geflüchteten befinden sich in einer Situation der erlernten Hilflosigkeit [464], in der sie feststellen müssen, dass sie sich in einer schwierigen Situation befinden, aus der sie sich selbst nicht befreien können, sondern abhängig von Versorgungsleistungen sind, für die sie sich bedanken müssen, obwohl sie deren Hilfe nicht in Anspruch nehmen wollen ([448], 8). Die so erzwungene Hilflosigkeit und die fehlenden Selbstwirksamkeitserfahrungen können verheerend für das weitere Leben in Deutschland sein, welches – so es erfolgreich sein soll – enorme Integrationsanstrengungen und Eigeninitiative erfordert.

Die Soziale Arbeit versucht hier zum einen integrationsfördernd zu arbeiten und im Sinne von *Empowerment* [465], [469] Wege aufzuzeigen, wie trotz restriktiver Bedingungen das Leben so selbstverantwortlich gestaltet werden kann, dass eigenständiges Handeln möglich ist. Teil dieses ressourcenorientierten Ansatzes ist es, individuelle Stärken und Fähigkeiten herauszuarbeiten, um vor deren Hintergrund gemeinsam eine Lebensperspektive zu entwickeln, in der diese Ressourcen genutzt werden können [462].

Durch die Gestaltung gruppenspezifischer Freizeitangebote und die Integration von Geflüchteten in die Stadtteile versuchen Sozialarbeiter(innen) darüber hinaus, eine Tagesstruktur und Beschäftigungsmöglichkeiten anzubieten und die gesellschaftliche Teilhabe zu fördern, auch wenn dies in Anbetracht der Herausforderungen häufig nur begrenzt für Entlastung sorgen kann.

Ferner sind Sozialarbeitende Ansprechpartner(innen) für alle Fragen des alltäglichen Lebens und unterstützen bei der Vermittlung von Kita-, Kindergarten-, Schul- und Ausbildungsplätzen wie auch bei der Vermittlung von Arbeitsplätzen und Deutsch- und Integrationskursen [463]. Eine weitere Aufgabe der Sozialen Arbeit besteht in der Unterstützung bei der Anerkennung von Bildungs- und Berufsabschlüssen aus dem Heimatland.

Während die Integration in Deutschland auf verschiedenen Ebenen beginnt, erhalten die Asylsuchenden den so genannten Bescheid. Der Bescheid ergeht schriftlich und hat für das weitere Leben des Asylsuchenden weitreichende Konsequenzen, weshalb mit ihm viele Hoffnungen und Ängste verbunden sind. Auf der Grundlage der Anhörung entscheiden die Mitarbeitenden des BAMF über den Asylantrag. Geprüft wird dabei, ob für den Antragsteller eine der „vier Schutzformen – Asylberechtigung, Flüchtlingsschutz, subsidiärer Schutz oder ein Abschiebungsverbot" – vorliegt [444]. Ist dies nicht der Fall, wird der Asylantrag abgelehnt.

Hier beginnt ab der Zustellung des Bescheides die Frist, bis zu welcher der Asylbewerber ausreisen muss. Diese beträgt bei einer Ablehnung einen Monat, bei einer Ablehnung als „offensichtlich unbegründet" 7 Tage. Der Antragsteller hat die Möglichkeit, Widerspruch einzulegen, wobei Sozialarbeitende unterstützen und auch hier gegebenenfalls Kontakte zu Rechtsanwälten herstellen können. Falls der Antragsteller nicht vor Ablauf der Frist ausreist, droht ihm eine Abschiebung. Diese erfolgt unangekündigt und kann zu jeder Tages- und Nachtzeit erfolgen. Drohende Abschiebungen lösen hohen psychischen Stress aus. Häufig spitzt sich bei bestehenden Vorbelastungen die psychische Symptomatik im Zuge von angedrohten, aber auch von beobachteten Abschiebungen zu [441]. Sozialarbeiter(innen) sind hier häufig die einzigen Ansprechpartner und müssen durch Krisenintervention im Rahmen der Möglichkeiten stabilisieren, insbesondere, da die Androhung einer Abschiebung ebenfalls suizidale Krisen auslösen kann.

Klient(inn)en, die ausreisepflichtig sind, bei denen jedoch Abschiebehindernisse bestehen, erhalten eine Duldung nach § 60a AufenthG [444]. Bei dieser handelt es sich um „ein Dokument über die befristete Aussetzung der Abschiebung, das immer wieder neu beantragt werden muss" [463]. Liegen nach Ablauf der Frist weiter Abschiebehindernisse vor, kann eine weitere Duldung erteilt werden. In der Praxis kommt es in einigen Fällen dadurch zu so genannten Kettenduldungen, bei denen die Betroffenen mehrere Jahre ohne Bleibeperspektive in Deutschland leben. Gesetzliche Restriktionen zum Arbeitsmarktzugang und die Residenzpflicht führen in der Praxis zu einer rechtlichen Benachteiligung Geduldeter. Die Dauer und der Ausgang des Asylverfahrens sind für diese Gruppe teilweise auf Jahre ungewiss und stellen eine hohe psychische Belastung dar. Hinzu kommt, dass „gesundheitliche Erkrankungen und psychische Störungen" [442] mit dem Asylpaket II „als Abschiebehindernisse ausgeschlossen" wurden. In der Praxis entsteht dadurch ein Teufelskreis. Häufig kann erst eine bescheinigte Suizidalität die Abschiebung aussetzen, jedoch nur, solange sie akut ist.

Im Falle eines positiven Bescheides erhält der Geflüchtete, abhängig vom Schutzstatus, eine 1- oder 3-jährige Niederlassungserlaubnis [444]. Die

Anerkennung der Asylberechtigung nach § 16a GG und die Zuerkennung des Flüchtlingsschutzes nach § 3 AsylG ermöglichen den privilegierten Familiennachzug in den ersten 3 Monaten nach der Anerkennung. Dieser Prozess nimmt einige Zeit in Anspruch und erfordert einen großen bürokratischen Aufwand, bei welchem Sozialarbeiter(innen) unterstützen können. Sobald ein positiver Asylbescheid vorliegt, entfällt die Pflicht, weiter in der kommunalen Unterbringung zu wohnen. Sozialarbeiter(innen) können nun bei der Integration in den lokalen Wohnungsmarkt unterstützen [459]. In dieser Phase können sich Geflüchtete für sozialarbeiterische Unterstützung an die lokalen Migrationsberatungsstellen für erwachsene Zuwanderer (MBE) wenden (Suchmaschine für MBEs im gesamten Bundesgebiet: http://webgis.bamf.de/BAMF/control). Hier gehören zu den Aufgaben der Sozialen Arbeit die Beratung zu den Themen Bildung, Arbeit, Sicherung des Lebensunterhalts sowie die Unterstützung bei der Antragstellung für Sozialleistungen.

6.1.3 Grenzen und Herausforderungen für Sozialarbeitende

Die beschriebene Komplexität des Asylverfahrens und die damit verbundenen Herausforderungen für die Asylsuchenden bergen eine Vielzahl an Anforderungen an die Fachkräfte Sozialer Arbeit. Die Sozialanwaltschaft für die Klient(inn)en, die in allen Arbeitsbereichen die Grundlage Sozialer Arbeit darstellt, ist im Bereich der Flüchtlingshilfe besonders relevant [440]. Grund hierfür ist die strukturelle und rechtliche Benachteiligung dieser Zielgruppe, die durch sprachliche Hürden und interkulturelle Unterschiede verstärkt wird [463]. Für die Sozialarbeitenden wird die Ausübung der sozialanwaltschaftlichen Rolle durch die Rahmenbedingungen der Flüchtlingsarbeit deutlich erschwert. In der Praxis erhalten Sozialarbeiter(innen) häufig mandatswidrige Aufträge, wie Amtshilfe zu leisten oder etwa bei Abschiebungen mitzuwirken [455]. Hier benötigen die Fachkräfte Unterstützung durch die Wohlfahrts- und Fachverbände, um mandatswidrige Aufgaben ablehnen und sich abgrenzen zu können. Hinzu kommt, dass die Auftraggeber der Sozialberatung an vielen Orten zugleich für die Unterbringung der Asylsuchenden zuständig sind. Sozialarbeiter(innen) stehen damit vor dem Dilemma, im Sinne der Klient(inn)en mit den entsprechenden Stellen gut zusammenzuarbeiten, diese jedoch gleichzeitig auf Missstände hinzuweisen und auf deren Beseitigung hinzuwirken.

Die kurzfristige Einstellung vieler Fachkräfte in diesem stark wachsenden Arbeitsbereich hat zudem zu einer Überforderung der Mitarbeitenden und ihrer Arbeitgeber geführt. Fachliche Standards und die Unterstützung der Fachkräfte mit Supervision und Fortbildungen sind vielerorts erst im Anschluss installiert worden. Diese strukturellen Mängel erhöhen die Gefahr von Sekundärtraumatisierung für die Helfenden selbst [452] (s. auch Kap. 7.1). Eine fehlende einheitliche Regelung eines Betreuungsschlüssels bei gleichzeitiger Befristung der Arbeitsverträge führt des Weiteren vielerorts, gerade aufgrund des hohen Bedarfs an sozialarbeiterischer Unterstützung, zu einer Überforderung der Sozialarbeiter(innen). Für die Fachkräfte entsteht eine weitere Dilemma-Situation, da sie die Nöte und Bedarfe der Klient(inn)en kennen, diesen aufgrund der zeitlich und personell begrenzten Ressourcen aber häufig nicht fachlich adäquat entsprechen können.

Ein weiterer wichtiger Baustein in der Sozialen Arbeit mit Geflüchteten besteht in der Zusammenarbeit, Koordination und Schulung von Ehrenamtlichen. Hier gilt es, klar zu definieren, welche Aufgaben Ehrenamtliche übernehmen können und an welchen Stellen Fachkräfte benötigt werden [463].

Der Einsatz der Sozialen Arbeit für eine *de jure* schlechter gestellte Population trägt unausweichlich zu einer Frustration der Helfer(innen) bei, welche vor allem ihren begrenzten Hilfsmöglichkeiten geschuldet ist. Nicht nur im Sinne von Gegenübertragungen und systemischen Auswirkungen kann sich daher das Gefühl der Hilflosigkeit und der Abhängigkeit von der deutschen Bürokratie vom Geflüchteten auf die Sozialarbeitenden übertragen und diese belasten.

6.1.4 Chancen der Sozialen Arbeit und Schnittstellen zur Psychotherapie

Eine Chance der Sozialen Arbeit besteht zunächst in der frühzeitigen Identifizierung besonders schutzbedürftiger Geflüchteter und damit in der zeitnahen Erkennung einer Traumatisierung oder psychischen Erkrankung sowie der Möglichkeit, Unterstützungsmöglichkeiten zur Stabilisierung der Betroffenen zu installieren. Dies ist besonders durch die Niedrigschwelligkeit des sozialarbeiterischen Angebots sowie die Vertraulichkeit des Beratungskontaktes möglich.

Sozialarbeiter(innen) können, im Vergleich zu anderen Akteuren im Asylverfahren, die individuellen Interessen der Geflüchteten sozialanwaltschaftlich vertreten, Bedarfe aufzeigen und Möglichkeiten schaffen, diesen nachzugehen. So versuchen sie, rechtliche Handlungsspielräume im Sinne der Klient(inn)en maximal auszuschöpfen [461], um positive Veränderungen der Lebenssituation zu bewirken [440]. Gerade für psychisch Erkrankte können sie Kontakte zu Kliniken, Psycholog(inn)en, Psychotherapeut(inn)en, Ärzt(inn)en oder sogenannten BAfF-Zentren (Bundesweite Arbeitsgemeinschaft der Psychosozialen Zentren für Flüchtlinge und Folteropfer e. V.; für eine Übersicht der bundesweiten Zentren: http://www.baff-zentren.org/mitgliedszentren-und-foerdermitglieder/) herstellen, für Kostenklärungen mit den beteiligten Behörden in Kontakt treten und durch politische Forderungen öffentlich auf die dringend notwendigen Bedarfe an professioneller und frühzeitiger psychologischer, psychotherapeutischer und ärztlicher Versorgung aufmerksam machen.

In der Praxis wird die professionelle Versorgung psychisch erkrankter Geflüchteter aufgrund der Komplexität und Vielschichtigkeit der Problemstellungen nicht allein durch Psychotherapie zu bewerkstelligen sein [440]. Vielmehr ist eine enge Kooperation und Verzahnung verschiedener Professionen notwendig, um die Situation der Asylsuchenden optimal zu verbessern und den vielfältigen Bedarfen gerecht zu werden. Die Interdisziplinarität als Kernkompetenz der Sozialen Arbeit dient im Asylverfahren dazu, die Multiproblemlagen der Klient(inn)en zielführend zu bearbeiten. Aufgrund der häufig verschiedenen beteiligten Akteure kann die Soziale Arbeit im Rahmen des *Case Management* [450] eine vermittelnde und koordinierende Rolle einnehmen. Des Weiteren können Sozialarbeiter(innen) durch fremdanamnestische Angaben psychotherapeutische Anamnesen ergänzen und Informationen in Bezug auf asylrechtliche- und verfahrensrelevante Rahmenbedingungen geben und auf damit zusammenhängende Stressoren hinweisen [440]. Um den Geflüchteten bestmöglich zu unterstützen, ist eine enge Kooperation zwischen den Professionen sinnvoll. Hierbei kann von einer klaren Aufgaben- und Rollenverteilung profitiert werden, deren Inexistenz häufig gerade von Psychotherapeut(inn)en beklagt wird. So können sich die Soziale Arbeit „als parteiische Vertretung nach außen" und die „Psychotherapie als Ort der inneren Reflexion" ideal abgrenzen und ergänzen ([440], 141). Durch „Realitätstherapie" ([448], 9) der Sozialen Arbeit kann die Psychotherapie entlastet werden, sodass sie sich verstärkt der Behandlung psychischer Probleme widmen kann: „Denn wenn sich jemand um die aktuellen Sorgen der Gegenwart kümmert, dann ist der Kopf freier, um auch Spannungen der Vergangenheit zu lösen" ([440], 141).

Die Soziale Arbeit hat darüber hinaus selbst vielfältige Möglichkeiten, auf psychisch erkrankte Asylsuchende stabilisierend einzuwirken. So können psychosoziale Basisangebote in Form von regelmäßigen Gesprächen und der Schaffung einer Tagesstruktur wie auch Psychoedukation und Enttabuisierung ihrer Symptomatik [462] stabilisierend wirken. Gerade traumatisierte Geflüchtete, welche verschiedenste Kontrollverluste ertragen mussten, brauchen verlässliche Strukturen und Orientierung [462]. So kann die Herstellung von Ordnung der äußeren Welt durch Sozialarbeiter (innen) „auch fundamentale Auswirkungen auf die innere Welt" haben ([466], 104).

Durch ihre fortwährende Ansprechbarkeit, die Bereitschaft, für das Gegenüber „da zu sein", und im Sinne von *„Containment"* gemeinsam Schwieriges und Untragbares auszuhalten und zu akzeptieren [467], können Sozialarbeiter(innen) weiter unterstützen. Wenn auch nicht im Konkreten, so doch im übertragenen Sinn können Sozialarbeiter (innen) einen „sicheren Ort" schaffen, welcher im Kontrast zum „inneren und äußeren Chaos" der Geflüchteten beruhigend wirken kann [466]. Durch die *Empowerment*-Ansätze der Sozialen Arbeit kann der Geflüchtete darüber hinaus wieder zum Subjekt seines eigenen Handelns werden.

Schließlich ist aus Sicht der Sozialen Arbeit die Wiederherstellung des Kohärenzsinns ein weiteres bedeutendes Ziel in der Arbeit mit Geflüchteten. Hilfe bei der Einordnung sowohl der traumatischen Erlebnisse im Herkunftsland als auch der Geschehnisse im Aufnahmeland sowie bei der Sinnfindung im Geschehen können stabilisierend wirken und zu besserer psychischer Gesundheit und besserer posttraumatischer Adaption beitragen [451], [468], [471].

Fazit ✓

Abschließend muss angemerkt werden, dass der Bedarf an sozialarbeiterischer Unterstützung gerade bei dieser multipel belasteten Population der Geflüchteten und im Zusammenhang mit den belastenden Aufenthaltsbedingungen in Deutschland außerordentlich groß ist und bei weitem nicht durch die bisher vorhandenen Betreuungsschlüssel abgedeckt werden kann. So müssen die erwähnten Aufgaben der Sozialen Arbeit immer vor dem Hintergrund dieses Betreuungsschlüssels gesehen und können als Ideal, aber nicht als Maßstab betrachtet werden.

Folglich variiert auch der Grad der Zusammenarbeit zwischen Sozialarbeiter(inne)n und Psychotherapeut(inn)en in der Praxis in großem Maße. So können sich Sozialarbeitende je nach Arbeitsauslastung mehr oder weniger in dieser Schnittstelle einbringen. In gesonderten Einrichtungen wie den BAFF-Zentren haben Sozialarbeiter(innen) weitreichendere Möglichkeiten der Einzelfallbegleitung, als es ihren Kolleg(inn)en in Gemeinschaftsunterkünften möglich ist (für ein multiprofessionelles Behandlungsangebot s. [456]).

Zusammenfassend lässt sich feststellen, dass die Arbeit mit Geflüchteten auf verschiedenen Ebenen ansetzt und der Kooperation verschiedener Professionen bedarf. Hierbei können sich Soziale Arbeit und Psychotherapie durch klare Aufgaben- und Rollenverteilung ideal ergänzen und zu einer verbesserten Versorgung der Asylsuchenden in Deutschland beitragen.

6.1.5 Literatur

[439] American Psychiatric Association. Diagnostic and statistical manual of mental disorders. 5th ed. (DSM-5). Washington DC: American Psychiatric Press; 2013
[440] Abdallah-Steinkopff B, Soyer J. Traumatisierte Flüchtlinge: Kultursensible Psychotherapie im politischen Spannungsfeld. In: Feldman RE Jr, Seidler GH, Hrsg. Traum(a) Migration: Aktuelle Konzepte zur Therapie traumatisierter Flüchtlinge und Folteropfer. Gießen: Psychosozial; 2013: 137–166
[441] Behrensen B, Groß V. Auf dem Weg in ein „normales Leben"? Eine Analyse der gesundheitlichen Situation von Asylsuchenden in der Region Osnabrück. Universität Osnabrück; 2004
[442] Bittenbinder E. Stellungnahme der BAfF zum Gesetzentwurf der Bundesregierung: Gesetz zur Einführung beschleunigter Asylverfahren (01.02.2016). Im Internet: http://www.baff-zentren.org/wp-content/uploads/2015/11/Stellungnahme_BAfF_Gesetz-zur-Einf%C3%BChrung-beschleunigter-Asylverfahren.pdf; Stand: 19.10.2016
[443] Bundesamt für Migration und Flüchtlinge (2016a). Ankunftszentren. Im Internet: http://www.bamf.de/DE/DasBAMF/Aufbau/Standorte/Ankunftszentren/ankunftszentren-node.html; Stand: 19.10.2016
[444] Bundesamt für Migration und Flüchtlinge (2016b). Ablauf des deutschen Asylverfahrens. Ein Überblick über die einzelnen Verfahrensschritte und rechtlichen Grundlagen. Im Internet: http://www.bamf.de/SharedDocs/Anlagen/DE/Publikationen/Broschueren/das-deutsche-asylverfahren.pdf?__blob=publicationFile; Stand: 19.10.2016
[445] Bundesamt für Migration und Flüchtlinge (2016c). Asylgeschäftsstatistik für den Monat Mai 2016. Im Internet: https://www.bamf.de/SharedDocs/Anlagen/DE/Downloads/Infothek/Statistik/Asyl/201605-statistik-anlage-asyl-geschaeftsbericht.pdf?__blob=publicationFile; Stand: 19.10.2016
[446] Deutscher Berufsverband für Soziale Arbeit (DBSH). Übersetzung der „Global Definition of Social Work". 2014. Im Internet: https://www.dbsh.de/fileadmin/downloads/%C3%9Cbersetzung_der_Definiton_Sozialer_Arbeit_deutsch_02.pdf; Stand: 19.10.2016
[447] Dörr M. Psychosoziale Arbeit mit (traumatisierten) Flüchtlingen. Sozial Extra 2008; 33–34, DOI: 10.1007/s12054–008–0106–9
[448] Emminghaus WB, Grodhues J, Morsch W. Manual 3: Zusammenarbeit von Sozialarbeit und Psychologie in der Traumaarbeit mit Flüchtlingen. Synergetische Effekte im Rahmen eines ganzheitlichen Ansatzes. In: Deutsches Rotes Kreuz, Hrsg. Materialien zur Traumaarbeit mit Flüchtlingen. Karlsruhe: Loeper Literaturverlag; 2003
[449] Gahleitner SB, Loch U, Schulze H. Zwischenmenschliche Gewalt. In: Schulze H, Loch U, Gahleitner SB, Hrsg. Soziale Arbeit mit traumatisierten Menschen. Plädoyer für eine Psychosoziale Traumatologie. 3. Aufl. Baltmannsweiler: Schneider Verlag Hohengehren; 2012: 12–21
[450] Galuske M. Methoden der Sozialen Arbeit. Weinheim: Beltz Juventa; 2013
[451] Ghazinour M, Richter J, Eisemann M. Quality of life among iranian refugees resettled in Sweden. Journal of Immigrant Health 2004; 6: 71–81
[452] Kizilhan JI, Utz KS, Bengel J. Transkulturelle Aspekte bei der Behandlung der Posttraumatischen Belastungsstörung. In: Feldman RE Jr, Seidler GH, Hrsg. Traum(a) Migration: Aktuelle Konzepte zur Therapie traumatisierter Flüchtlinge und Folteropfer. Gießen: Psychosozial; 2013: 261–279
[453] Loheide M. Stellungnahme der Diakonie Deutschland – Evangelischer Bundesverband – zum Entwurf eines Gesetzes zur Einführung beschleunigter Asylverfahren (sog. „Asylpaket II") (12.02.2016). Im Internet: http://www.diakonie.de/media/160212-Diakonie_STN_Asylpaket-II.pdf; Stand: 19.10.2016
[454] Maaser W. Lehrbuch Ethik. Grundlagen, Problemfelder und Perspektiven. 2. Aufl. Weinheim und Basel: Beltz Juventa; 2015
[455] Müller A, Prasad N, Riede M et al. Positionspapier: Soziale Arbeit mit Geflüchteten in Gemeinschaftsunterkünften – Professionelle Standards und sozialpolitische Basis. Im Internet: http://www.fluechtlingssozialarbeit.de/; Stand: 19.10.2016
[456] Pabst A, Gerigk U, Erdag S, Paulsen G. Flucht und Trauma: Ein multiprofessionelles Behandlungsangebot für psychisch erkrankte Flüchtlinge. In: Feldman RE Jr, Seidler GH, Hrsg. Traum(a) Migration: Aktuelle Konzepte zur Therapie traumatisierter Flüchtlinge und Folteropfer. Gießen: Psychosozial; 2013: 115–136

[457] Porter M, Haslam N. Predisplacement and postdisplacement factors associated with mental health of refugees and internally displaced persons. JAMA 2005; 294: 602–612
[458] Pro Asyl. Verfahrensdauer der TOP 15 HKL nach Erst- und Folgeantrag in Monaten. Im Internet: https://www.proasyl.de/wp-content/uploads/2015/12/Verfahrensdauer_2015-Tabelle1.pdf; Stand: 19.10.2016
[459] Robert Bosch Expertenkommission zur Neuausrichtung der Flüchtlingsunterbringung. Themendossier Unterbringung und Wohnen von Flüchtlingen: Engpässe überwinden – Kommunen entlasten. Im Internet: http://www.bosch-stiftung.de/content/language1/downloads/RBS_Kommissionsbericht_Unterbringung_Wohnen_ES.pdf; Stand: 19.10.2016
[460] Robert Bosch Stiftung. Was wir über Flüchtlinge (nicht) wissen. Der wissenschaftliche Erkenntnisstand zur Lebenssituation von Flüchtlingen in Deutschland. Eine Expertise im Auftrag der Robert Bosch Stiftung und des SVR-Forschungsbereichs. Im Internet: http://www.bosch-stiftung.de/content/language1/html/65920.asp; Stand: 19.10.2016
[461] Scherr A. Soziale Arbeit mit Flüchtlingen. Die Realität der „Menschenrechtsprofession" im nationalen Wohlfahrtsstaat. Sozial Extra 2015; 16–19, DOI: 10.1007/s12054-015-0053-1
[462] Scherwath C, Friedrich S. Soziale und pädagogische Arbeit bei Traumatisierung. München: Ernst Reinhardt; 2012
[463] Schirilla N. Migration und Flucht. Orientierungswissen für die Soziale Arbeit. Stuttgart: Kohlhammer; 2016
[464] Seligman MEP. Learned Helplessness. Annu Rev Med 1972; 23: 207–412
[465] Sohns A. Empowerment als Leitlinie Sozialer Arbeit. In: Michel-Schwartze B, Hrsg. Methodenbuch Sozialer Arbeit. 3. Aufl. Wiesbaden: VS Verlag für Sozialwissenschaften; 2009: 74–101
[466] Soyer J. Soziale Arbeit mit traumatisierten Flüchtlingen. In: Fritz F, Goner F, Hrsg. Wartesaal Deutschland. Ein Handbuch für die soziale Arbeit mit Flüchtlingen. Stuttgart: Lucius & Lucius; 2004
[467] Varvin S. Psychoanalyse mit Traumatisierten. Weiterleben nach Extremerfahrungen und kompliziertem Verlust. Forum der Psychoanalyse: Zeitschrift für klinische Theorie & Praxis 2013; 29: 373–389
[468] Veronese G, Pepe A. Sense of coherence mediates the effect of trauma on the social and emotional functioning of Palestinian health providers. Am J Orthopsychiatry 2014; 84: 597–606
[469] Von Grönheim H. Migrationsarbeit statt Flüchtlingssozialarbeit? Potentiale und Herausforderungen für eine inklusive Soziale Arbeit mit Flüchtlingen. Sozial Extra 2015, 28–31, DOI: 10.1007/s12054-015-0052-2
[470] Wendel K. Unterbringung von Flüchtlingen in Deutschland. Regelungen und Praxis der Bundesländer im Vergleich. Hrsg. Förderverein PRO ASYL e.V. Frankfurt am Main; 2014
[471] Zeidner M, Aharoni-David E. Memories of Holocaust-related traumatic experiences, sense of coherence, and survivors' subjective well-being in late life: some puzzling findings. Anxiety Stress Coping 2015; 28: 254–271

6.2 Begutachtung psychisch reaktiver Traumafolgen in aufenthaltsrechtlichen Verfahren

Ferdinand Haenel

6.2.1 Die Begutachtung und ihre Hindernisse

Die psychotraumatologische Begutachtung in aufenthaltsrechtlichen Verfahren birgt eine Reihe von Hürden, die der Gutachter zu nehmen hat, wenn er nicht an seiner Aufgabe scheitern will. Dazu gehören Symptome der Posttraumatischen Belastungsstörung, die sich mitunter schwer explorieren lassen, sowie die Tatsache, dass komorbide Störungen die spezifischen posttraumatischen Symptome überlagern können. Ebenso können sich zwischen Gutachter und Proband sehr schnell besondere Übertragungen und Gegenübertragungen entwickeln, die, werden sie vom Gutachter nicht ausreichend reflektiert, die Objektivität der gutachterlichen Beurteilung beeinflussen können. Eine Besonderheit zur Frage nach der Kausalität einer Posttraumatischen Belastungsstörung in Asylverfahren bietet die Tatsache, dass die in Frage stehenden Ereignisse der Haft und Folter zumeist nicht beweisbar sind. Ohnehin lassen sich auch die psychischen posttraumatischen Symptome nicht oder nur schwer objektivieren. Auch muss der ärztliche oder psychologische Gutachter Kenntnisse über rechtliche Hintergründe der Asyl- und Aufenthaltsgesetze verfügen und nach Möglichkeit Erfahrung im interkulturellen Begutachtungssetting unter Einbeziehung von Dolmetscher(inne)n mitbringen. Diesen Herausforderungen will sich der folgende Beitrag widmen.

Symptombedingte Besonderheiten bei der Exploration

Fallbeispiel 1: Herr D.

Nach einem Arbeitsunfall war Herr D., ein 35-jähriger türkischer Arbeitsmigrant, infolge einer schweren und chronischen Lumbalgie vielfach medikamentös analgetisch und konservativ ambulant wie auch stationär behandelt worden, ohne dass sich eine tiefgreifende Veränderung seiner Schmerzsymptomatik ergeben hatte. Anamnestisch war eine etwa 3 Jahre zurückliegende schwere Depression mit Suizidalität bekannt, die sich im Anschluss an die Rückkehr von einer Türkeireise entwickelt hatte und nach mehrmonatiger, auch stationärer psychiatrischer Behandlung remittiert war. Die weiterhin persistierende hohe Diskrepanz zwischen den relativ geringen röntgenologischen Befunden und der Schwere seiner klinischen Beschwerden sowie auffallende Hautnarben am Rücken, über deren Herkunft der Patient bislang keine befriedigende Erklärung gegeben hatte, veranlasste die aufmerksame Stationsärztin zu einer eingehenderen Exploration, die Folgendes zutage brachte: Auf besagter Urlaubsreise in seine Heimat vor 3 Jahren sei Herr D. wegen staatlich missliebiger Literatur, die ein Militärkontrollposten in seinem PKW gefunden hatte, für etwa 48 Stunden inhaftiert, verhört und gefoltert worden. Da man ihm bei der Freilassung gedroht habe, ihn wieder zu ergreifen, wenn er davon berichten würde, habe er sich aus Angst vor weiterer Nachstellung durch die Täter auch in Deutschland niemandem, auch nicht den nächsten Familienangehörigen, anzuvertrauen gewagt. Diesen war nach seiner Rückkehr seine Depressivität und Antriebslosigkeit aufgefallen, welche zunächst stationäre, auch zeitweise – wegen Suizidalität – geschlossene psychiatrische Aufenthalte zur Folge hatte. Nach Remission der depressiven Symptomatik arbeitete Herr D. in einer Umzugsfirma als Möbelpacker, wo er als überaus fleißiger und rastlos tätiger Mitarbeiter geschätzt war. Ein Arbeitsunfall hatte dieser Kompensations- und Bewältigungsstrategie ein jähes Ende bereitet.

Fallbeispiel 1 macht deutlich, wie *fortgesetztes Misstrauen und Angst vor erneuter Verfolgung* die Erhebung einer Anamnese mit weitreichenden Folgen für das therapeutische Vorgehen erschweren oder gar behindern können. Aber auch *Schuld- und Schamgefühle* und das bewusste *Vermeiden* von Gedanken, Gesprächen und Gefühlen, die mit den traumatischen Ereignissen in Verbindung stehen, können dazu führen, dass die gutacherliche Exploration in wesentlichen Punkten unvollständig bleibt. Das ist keineswegs eine neue Entdeckung, sondern ein Phänomen, das früher schon in Untersuchungen über psychisch reaktive Folter- und Traumafolgen von Konzentrationslageropfern im Nationalsozialismus festgestellt worden ist („Abkapslung extremtraumatischer Erfahrungen von der Umwelt, weil sie nicht ‚kommunikationsfähig' sind"; „Widerstand gegen die Exploration", [474].

Fallbeispiel 2: Herr Q.

Herr Q., ein 18-jähriger Jugendlicher, gab an, als Hirte in den Bergen Südostanatoliens von türkischen Soldaten aufgebracht, geschlagen, inhaftiert und gefoltert worden zu sein, weil er PKK-Kämpfern Schafe als Nahrungsmittel überlassen haben soll. Bei der psychiatrischen Untersuchung erklärte er arglos und schlicht, keinerlei psychische Beschwerden zu haben. Auch eingehendere Fragen des Gutachters werden abschlägig beantwortet. Da will der Gutachter die weitere Exploration schon beenden, als draußen im Flur vor dem Behandlungszimmer mit lautem Knall eine Türe zuschlägt. Herr Q. zuckt dabei mit auffälligem Schreck zusammen und fällt dabei fast vom Stuhl. Etwas verdutzt und amüsiert fragt der Gutachter den nunmehr etwas verlegen lächelnden Herrn Q., was denn das gewesen wäre und ob derlei übergroße Schreckreaktionen ihm auch anderswo im Alltag begegneten. Diesmal wird die Frage bejaht. Herr Q. würde im Asylbewerberheim, wo es nachts zuging wie im Taubenschlag, ständig aufgeschreckt und habe lange damit zu schaffen, den Pegel der inneren Erregung wieder abzusenken, sodass er kaum Schlaf finde, der ohnehin, wenn er mal einträte, von Albträumen mit Erlebnissen der Folter unterbrochen würde. Daran schloss sich nun eine ganze Kaskade spontaner Symptomangaben aus den Kriterien der Posttraumatischen Belastungsstörung an.

Die Posttraumatische Belastungsstörung birgt Symptome, in denen Betroffene unter intensiver psychischer Belastung und auch körperlichen vegetativen Reaktionen leiden, wenn sie mit inneren oder äußeren *Hinweisreizen* konfrontiert werden, die einen Aspekt des traumatischen Ereignisses symbolisieren oder mit ihm assoziativ verknüpft sind. Dies hat zur Folge, dass Gedanken, Gefühle oder Gespräche, die mit dem Trauma in Verbindung stehen, bewusst oder unbewusst vermieden werden, ebenso wie Aktivitäten, Orte oder Personen, die Erinnerungen an das Trauma wachrufen. Diese *Vermeidung* kann bis zur Unfähigkeit gehen, einen wichtigen Aspekt des Traumas zu erinnern. Ebenso können Schuld- und Schamgefühle Vermeidungssymptome hervorrufen.

Fallbeispiel 3: Herr C.

Herr C. ist ein um 10 Jahre vorgealterter 44-jähriger Kurde, freundlich und kooperativ. Nach anfänglicher Zurückhaltung versucht er sichtlich bemüht und beflissen, alle Fragen des Untersuchers mit leiser, schneller Stimme zu beantworten. Er wirkt dabei atemlos und erregt, was sich bei der Erhebung seiner Verfolgungsgeschichte noch verstärkt. Auch schwitzt er sehr stark. Er beginnt Daten und die zeitliche Ereignisfolge durcheinanderzubringen, was beim Dolmetscher Irritation auslöst und beim Untersucher Zweifel an der Richtigkeit seiner Angaben hinterlässt. Anhand von Gegenfragen oder anhand schlichter Wiederholungen seiner unstimmigen Angaben, verbunden mit der Zusicherung, dass für die Untersuchung genug Zeit zur Verfügung stehe, kommt Herr C. in die Lage, das in seiner Darstellung erneut auseinandergeratene Gefüge der Ereignis- und Zeitenfolge in einen inhaltlich plausiblen und nachvollziehbaren Zusammenhang zusammenzusetzen.

Bei einem 2. und 3. Untersuchungstermin zur Anamneseerhebung wiederholt sich jeweils das beschriebene Phänomen des Auseinanderfallens der Ereignis- und Zeitfolge in eben derselben Weise wie beim 1. Mal, und ebenso wie beim 1. Mal gelang es Herrn C., auf der Grundlage ruhiger Gegenfragen mit Geduld und Zeit alles stimmig und plausibel wieder zusammenzusetzen und durch weitere Einzelheiten zu ergänzen, ohne dass trotz der mehrfach gewechselten Ereignis- und Handlungsperspektiven Widersprüche in seiner Darstellung bestehen geblieben wären.

Herrn C.s Grundstimmung ist depressiv. Im Affekt wirkt er eingeengt und schwingungsarm. Bei herabgesetztem äußerem Antrieb zeigt er deutliche vegetative Zeichen eines angehobenen inneren Erregungspegels. Bei einer unbedachten Handbewegung des Untersuchers während der körperlichen Untersuchung schrickt Herr C. jäh zusammen und zieht seinen Kopf zwischen die Schultern ein.

Bei der körperlichen Untersuchung fällt eine große Zahl kleinerer, über den ganzen Rücken verteilter Narben auf, deren Herkunft Herr C. nicht angeben kann. Als Ursache einer weiteren, etwa 6 cm langen, sichelförmigen und chirurgisch sehr notdürftig mit wenigen groben Nähten versorgte Narbe über der linken Schulter nennt er einen Gewehrkolbenschlag anlässlich einer ersten Verhaftung. Als Ursache einer zweiten, quer an der Innenseite des rechten Oberschenkels verlaufenden, 4 cm lange und 2 cm breiten Narbe, die unter dem Hautniveau liegt und keine Zeichen einer chirurgischen Nahtversorgung aufweist, gibt Herr C eine unbehandelte Stichverletzung während einer 2. Haft an. Die nach längeren Gehstrecken schmerzhaften Fußsohlen mit reduzierten und weichen, leicht bis auf die Fußknochen eindrückbaren Fußballen sowie die breit aufliegenden Fußflächen mit fehlendem Abrollen der Zehen beim Gehen geben einen Hinweis auf Folter durch Falakka, d. h. durch Schläge auf die Fußsohlen [491].

Herr C. stammt aus Südostanatolien. Zum Zeitpunkt der Begutachtung lebte er schon 2 Jahre als Asylantragsteller in Deutschland. Er klagte über Schlaf- und Konzentrationsstörungen, Angstzustände und szenisches Wiedererleben von Foltererfahrungen bei Tage sowie nachts in Alpträumen, allgemeine Freudlosigkeit und fehlende Vitalität. Seinem Bericht zufolge sei er im Frühsommer 1995 nach Deutschland geflohen, da er in den beiden vorangegangenen Jahren jeweils für etwa 20 Tage von der türkischen Sicherheitspolizei inhaftiert, verhört und gefoltert worden sei und erneut mit Verhaftung und Folterung habe rechnen müssen. Als Landwirt eines freistehenden, 4 km vom nächsten Ort entfernten Bauernhauses sei er der Unterstützung von PKK-Angehörigen mit Nahrungsmitteln verdächtigt worden. Anlässlich seiner 1. Verhaftung hätten Angehörige der Spezialeinheiten sein Haus niedergebrannt und ihn mit seiner Familie in den Nachbarort umgesiedelt.

Nach der Art der Folter befragt, berichtet Herr C. von Schlägen mit Knüppeln auf den ganzen Körper, von Schlägen auf die Fußsohlen, von Faustschlägen ins Gesicht, von hartem Kaltwasserstrahl auf den unbekleideten Körper, von Elektroschocks und unzureichender Nahrung in einer Einzelzelle.

Entsprechend übereinstimmender Berichte von *Amnesty International,* Auswärtigem Amt und Presse sowie Schilderungen anderer Betroffener aus derselben Region zur politischen Situation in Südostanatolien Mitte der 90er Jahre wurde im Rahmen des Bürgerkrieges der Türkei gegen die PKK von beiden Kontrahenten Druck auf die Landbevölkerung ausgeübt, sich entweder dem so genannten „Dorfschützersystem" der türkischen Behörden anzuschließen oder der PKK medizinische Hilfe, Lebensmittel oder logistische Unterstützung zukommen zu lassen. Eine Position der Unparteilichkeit innerhalb dieser beiden, die Gesellschaft dort stark polarisierenden Kräfte gab es für die Landbevölkerung nicht.

Somit ergaben Vorgeschichte, psychisches Beschwerdebild sowie auch die psychischen Untersuchungsbefunde Hinweise auf die Diagnose einer ausgeprägten Posttraumatischen Belastungsstörung. Zusammen mit den Ergebnissen der körperlichen Untersuchung und dem, was über die damalige politische Situation Herr C.s Herkunftsregion bekannt war, war festzustellen, dass Herrn C.s Angaben zu seinem Asylantrag mit überwiegender Wahrscheinlichkeit auch erlebnisbezogen waren – doch nur für den Gutachter, nicht für das Bundesamt für Migration und Flüchtlinge (BAMF). Herr C.s Asylantrag war abgelehnt worden. Laut Anhörungsprotokoll hatte Herr C. exakt eine Stunde Zeit, mit Hilfe eines Dolmetschers seine Asylgründe „detailliert, widerspruchsfrei, und lebensnah" vorzutragen; einer Aufgabe, welcher Herr C. angesichts seiner psychischen Verfassung nicht gewachsen war.

Neben den bei Folterüberlebenden häufig anzutreffenden *Konzentrationsstörungen* und der *Verminderung der Gedächtnisleistung für wesentliche Bestandteile der traumatischen Erfahrungen (posttraumatische Amnesie)* sollte auch der Umstand beachtet werden, dass Asylantragsteller, die im Herkunftsland verhört und gefoltert worden sind, die *vergangenen Verhörsituationen emotional mit der gegenwärtigen Anhörung beim BAMF in Verbindung bringen* können. In psychoanalytischen Begriffen gesprochen befände sich dann der Interviewer des Bundesamtes in einer spezifischen Übertragung, nämlich der Täterübertragung. Entsprechend dem verhaltenstherapeutischen Modell wäre diese Situation in der Anhörung ein Hinweisreiz, der assoziativ mit einem Aspekt der traumatischer Erfahrungen verknüpft ist und damit intensive psychische Belastung bis zu körperlichen vegetativen Reaktionen hervorrufen kann. Dies kann bei den Betroffenen vordergründig zu zwei gänzlich einander entgegengesetzten Erscheinungsbildern führen: entweder zu ängstlich agitierter Unruhe, Erregung und Angespanntheit oder zu Emotionslosigkeit, Antriebsarmut und Wortkargheit. In solchen Momenten, die beim Behördenvertreter ebenso wie beim Gutachter oder Therapeuten auftreten können, sind die Betroffenen symptombedingt oft nicht in der Lage, ihre Vorgeschichte „widerspruchsfrei, erlebnisnah und detailgetreu", wie vom Bundesamt gefordert, zu schildern.

Komorbide Störungen

Von psychischen Folter- oder Bürgerkriegsfolgen Betroffene leiden i. d. R. nicht an einer einfachen PTBS, sondern an einer komplexeren Form [478], [481] mit einem hohen dissoziativen Anteil und möglichen weitere psychiatrischen komorbiden Störungen [484]. Besonders bei Personen, die lang anhaltender, auch mehrfacher, so genannter kumulativer Traumatisierung durch andere Menschen ausgesetzt waren, beschränkt sich das Spektrum psychisch reaktiver Folterfolgen keineswegs immer auf die in ICD und DSM zur Verfügung stehenden Diagnosekategorien der Posttraumatischen Belastungsstörung.

Abgesehen von der andauernden Persönlichkeitsänderung nach Extrembelastung (ICD-10: F62.0) als spezifische chronische Traumafolgestörung gibt es noch weitere psychische Störungen, die im Zusammenhang traumatischer Einwirkungen entstehen können. Diese können sein: Dissoziative Störungen, Somatisierungsstörungen, Zwangserkrankungen, Borderline Persönlichkeitsstörung, Angsterkrankungen, Depression, Substanzmittelabusus [481], [487]. Komorbide Störungen aus der allgemeinen Psychopathologie können die spezifischen Symptome einer Posttraumatischen Belastungsstörung überlagern und damit die gutachterliche Diagnostik und Kausalitätsbeurteilung erschweren.

Traumaspezifische Beziehungsaspekte

Die Beziehung zwischen Gutachter und Probanden spielt in der psychotraumatologischen Kausalitätsbegutachtung eine herausragende Rolle. Personen, die durch andere vorsätzlich psychisch traumatisiert wurden, neigen hierdurch zu Misstrauen, Feindseligkeit, Resignation und Rückzug, aber auch zu Scham- und Schuldgefühlen sowie der Erfahrung mangelnder Mitteilbarkeit des Erlebten. Für sie mag eine in einer beiläufigen Bemerkung, in Gestik oder Mimik des Gutachters vermutete oder antizipierte Skepsis wie der Schlüssel zu einem passenden Schloss wirken. Wenn es einschnappt, verharrt der Proband einsilbig und verschlossen in verletzter Resignation, und weitere Bemühungen des Gutachters um Klärung und Exploration laufen ins Leere. Insofern macht natürlich es Sinn, gleich zu Beginn der Exploration dem Probanden möglichst unvoreingenommen und aufgeschlossen gegenüberzutreten und ihm nach Möglichkeit durch kurze Einwürfe und beiläufige Bemerkungen kundzutun, dass man mit Personen in ähnlichen Problemlagen schon zu tun hatte und sich darin etwas auskennt.

Wie in der therapeutischen Beziehung mit Extremtraumatisierten [492] können sich auch beim Gutachter in seiner Beziehung zum Probanden sehr schnell extreme Gegenübertragungspositionen mit entweder zu großer Distanz und fehlender Empathie oder zu geringer Distanz mit der Gefahr der Überidentifizierung und sogar der persönlichen, empathischen Verstrickung einstellen [486]. Eine zu große Distanz und zu geringe Empathie kann sich beim Gutachter aus dessen unzureichenden Kenntnissen über psychische Traumafolgen entwickeln, oder weil er überhaupt dem PTBS-Konzept ablehnend gegenübersteht. Auch fehlende Informationen über politische, geschichtliche Fakten und Haftbedingungen in den Herkunftsländern oder der Umstand, dass der Gutachter von einem Bild einer im Grunde harmonischen Welt ausgeht und damit die Darstellungen des anderen für übertrieben und unglaubhaft hält, können zu einer unkritischen Distanz beitragen [492]. Aus der Sicht von Folterüberlebenden nimmt der Gutachter dann eine Eigenschaft der Täter an, insofern als er als Gutachter ebenso wie der Täter das Geschehene zu verleugnen scheint. Eine derartige Beziehungskonstellation ist auch ein Grund für die oft zu beobachtende resignative Zurückhaltung der Proband(inn)en in den Explorationsgesprächen, was nicht selten Gutachter(innen) zu der irrtümlichen Annahme gelangen lässt, hier einen Menschen ohne oder mit nur gering ausgeprägten traumabedingten psychischen Symptomen vor sich zu haben.

Ebenso können unverarbeitete lebensbedrohliche traumatische Erfahrungen in der Biografie des Gutachters zu dessen unreflektierter unkritischer Distanz gegenüber dem Probanden und dessen Schicksal führen, indem er die Auffassung vertritt, ihm sei ja damals auch nicht geholfen worden und er habe sich in seiner Not „zusammenreißen" müssen, weswegen er vom Probanden dasselbe erwarten könne. Umgekehrt kann jedoch aus dem gleichen Erfahrungshintergrund beim Gutachter auch die gegensätzliche Haltung einer zu geringen und überempathischen Distanz entstehen, wenn er eigene abgewehrte Bedürfnisse und Wünsche an den Probanden delegiert.

Auch mag eine zu geringe Distanz und zu große Empathie beim Gutachter
- aus der Abwehr eigener Schuld- und Schamgefühle [486],
- aus Erschütterung und Entsetzen über die vom Probanden geschilderte traumatische Erfahrung
- aus bewusster oder unbewusster Furcht heraus, von diesem in die Nähe der damaligen Täter („Täterübertragung") gerückt zu werden,

entstehen. Aus alledem kann eine zu große, undistanzierte und kämpferische Hilfsbereitschaft gegenüber dem Betroffenen erwachsen, die, wenn sie unreflektiert bleibt, den Gutachter dazu verleitet, gegenüber Kolleg(inn)en und Behörden unsachlich, pauschal und polemisch zu argumentieren. Gerade bei Traumafolgestörungen können besondere Aspekte der Übertragung und Gegenübertragung zwischen Gutachter und Probanden wesentliche, nicht zu unterschätzende Einflüsse auf das gutachterliche Ergebnis haben. Grundsätzliche Voraussetzungen für den professionellen Ablauf einer psychotraumatologischen Begutachtung sind daher
- das Wissen um die Möglichkeit solcher Einflüsse durch extreme Gegenübertragungsphänomene,
- die ständige Reflexionsbereitschaft des Gutachters, ob und in welchem Ausmaß extrem polarisierende Gegenübertragungsgefühle auf die gutachterliche Beurteilung gerade Einfluss nehmen oder nicht.

Vor diesem Hintergrund sollten wie in der Therapie auch hier Fortbildung, Intervision und Supervision als nützliche Hilfsmittel Bestandteil des fachlichen Handelns werden.

Fehlender Nachweis des traumatischen Ereignisses

Bei psychotraumatologischen Zusammenhangsgutachten im Sozialen Entschädigungsrecht mit Fragen nach möglichen psychischen Schädigungsfolgen gewalttätiger krimineller Überfälle (Opferentschädigungsgesetz) oder politischer Haft in der DDR (Strafrechtliches Rehabilitierungsgesetz) liegen die Nachweise über die traumatischen Ereignisse als mögliche Ursachen aktuell bestehender psychischer Traumafolgen anhand polizeilicher oder richterlicher Ermittlungsakten i. d. R. vor [484]. In asyl- und aufenthaltsrechtlichen Fragestellungen ist dies hingegen nicht der Fall. Denn dort wird mitunter dem Gutachter die Frage gestellt, ob und welche körperlichen oder psychischen Gesundheitsstörungen beim Kläger vorliegen und ob selbige ggf. Hinweise geben können, dass die Angaben des Klägers zu Haft und Folter im Herkunftsland gegenüber der Behörde, die über seinen Asylantrag entscheidet, dem BAMF, auch zutreffend, d. h. erlebnisbegründet sind oder nicht. Nun kann zwar allein aufgrund der Tatsache, dass beim Antragsteller Symptome der Posttraumatischen Belastungsstörung entsprechend den Kriterien B bis F nach ICD-10, DSM IV oder DSM-5 vorliegen, nicht automatisch auf ein bestimmtes Trauma in der Vorgeschichte als Ursache geschlossen werden. Jedoch können diese Symptome ein Indiz dafür bieten, dass in der Vorgeschichte des Probanden ein traumatisches Ereignis stattgefunden haben könnte. Anhand der Art und Weise, wie darüber berichtet wird und anhand des sich während der Begutachtung möglicherweise an bestimmten Stellen verändernden psychopathologischen Befundes kann der Kliniker durchaus abschätzen, inwieweit die Symptomatik mit der vorgeblichen traumatischen Vorgeschichte in einen kausalen Zusammenhang gebracht werden kann oder nicht. Hinweise hierfür liefern einmal die affektiven Konnotationen und/oder Vermeidungen unter der Schilderung traumatischer Erfahrungen [489]. Dabei kann es zu zwei gänzlich entgegengesetzten Formen, entweder der affektiven Überflutung oder aber der Affektisolierung, kommen. Während bei letzterer die Personen über traumatische Erfahrungen z. B. in einer Weise berichten, als habe es sich dabei um eine Art Betriebsausflug gehandelt, und ihre Darstellungen möglicherweise noch mit parathymem, d. h. unangemessenem Lächeln begleiten, weisen andere heftige emotional-affektive Zustände mit Angst, Verzweiflung und tiefer Kränkung auf, was während der Untersuchung bis zu szenischem Wiedererleben einzelner traumatischer Erfahrungsdetails nach Art eines sog. *Flashback* führen kann. Mitunter findet man auch deutliches Vermeidungsverhalten, sobald das Gespräch auf die vorgegebenen traumatischen Erlebnisse zusteuert, mit Zunahme der Erregung, Aufmerksamkeitsstörung, Vorbeiantworten an Fragen bis hin zu passageren dissoziativen Abwesenheitszuständen. All das sind klinische Befunde, die, wenn sie sich unabhängig von der Person des Untersuchers bei jeder fachgerecht durchgeführten Untersuchung beobachten lassen, deutliche Hinweise auf die Beschaffenheit eines traumatischen Ereignisses geben können. Es handelt sich dabei um klinische Indizien, die natürlich nicht ein bestimmtes Ereignis nachweisen können. Dies gilt jedoch auch für Gerichte und forensische Gutachter(innen): Sie können beim Fehlen von Außenkriterien nicht mit Bestimmtheit feststellen, ob ein Ereignis „tatsächlich" in bestimmter Weise stattgefunden hat oder nicht, und müssen sich mit brauchbaren Wahrscheinlichkeitsmaßstäben begnügen. Ebensowenig kann die Gutachterin feststellen, ob die vom Kläger oder Antragsteller vorgegebenen traumatischen Erfahrungen tatsächlich so auch stattgefunden haben, wie er sie geschildert hat, sondern stellt nur fest, ob die gemachten Angaben und der begleitende psychopathologische Befund Indizien enthalten, die mit hoher Wahrscheinlichkeit dafür oder dagegen sprechen, dass eine beobachtete Erkrankung kausal durch ein geschildertes traumatisches Ereignis entstanden ist.

Mangelnde Objektivierbarkeit der Symptomatik

Im Zusammenhang mit Begutachtungen, bei deren Ergebnis viel für die Antragsteller oder Kläger auf dem Spiel steht, muss auch überprüft werden, inwieweit die beklagten Beschwerden wirklich vorhanden sind oder vielleicht nur vorgetäuscht werden. Verdeutlichung, Aggravation und Simulation sind hierbei die wichtigen 3 Begriffe. Während die ersten beiden das Vorliegen einer reellen Symptomatik, die nur recht betont oder auch übertrieben dargestellt wird, nicht ausschließen, so handelt es sich bei der Simulation um das reine und auch bewusste Vortäuschen nicht vorhandener Beschwerden. Solches voneinander zu unterscheiden, gehört zur Alltagsroutine eines erfahrenen Klinikers. Weniger erfahrene Kolleg(inn)en verlassen sich dabei auf sogenannte Beschwerdevalidierungstests, welche nach dem immer gleichen Prinzip verfahren, indem schlichte und einfach zu lösende kognitive Aufgaben gestellt werden. Deren unterdurchschnittliche („suboptimalen") Lösungsergebnisse bei sonst mental unbeeinträchtigten Probanden sollen zumindest auf Aggravation, wenn nicht gar auf Simulation, also bewusstes Vortäuschen, hindeuten. Ihr Einsatz jedoch ist umstritten, weil sie weder auf ihre Validität noch Sensitivität überprüft sind und leicht durchschaut werden können. Zudem besteht gerade bei Probanden mit PTBS die Gefahr, dass Ihnen infolge ihrer symptomimmanenten Konzentrationsstörungen suboptimales Antwortverhalten im Beschwerdevalidierungstest ungerechtfertigter Weise unterstellt wird.

Plausibler erscheint hier dagegen die klinische Unterscheidung echter von vorgetäuschten posttraumatischen psychischen Symptomen anhand der Art und Weise, wie sie von den Probanden angegeben werden. Werden sie appellativ, etwas theatralisch, drastisch und phantastisch vorgebracht? Sind sie in mehreren Untersuchungssituationen widersprüchlich? Gibt es Diskrepanzen zwischen der subjektiven Beschwerdeschilderung und dem Verhalten des Probanden in der Untersuchungssituation oder seinem psychosozialen Funktionsniveau im Alltag?

Je mehr bejahende Antworten auf diese Fragen gegeben werden können, umso wahrscheinlicher, dass die Beschwerden nicht echt, sondern nur vorgetäuscht sind [475]. Vor einem Fehlschluss ist dabei zu warnen: Auch wenn bei aller subjektiv geschilderter Beeinträchtigung in der Vergangenheit therapeutische Hilfe nicht in Anspruch genommen wurde, muss das bei Asylsuchenden nicht bedeuten, dass sie Beschwerden vortäuschen, da das Versorgungsangebot für Flüchtlinge ohne Deutschkenntnisse im Gesundheitssystem der Bundesrepublik Deutschland noch immer unzureichend ist. Immerhin kann für die Echtheit psychischer Beschwerden die Art und Weise einen Hinweis bieten, wie eingehend und präzise deren Verlauf geschildert wird. Wird deren Ausprägung immer gleichbleibend und unausgesetzt stark angegeben oder wechselhaft nuanciert – vielleicht gar noch in Abhängigkeit ganz bestimmter Außenreize oder Trigger? Letztere könnten zudem auch näheren Aufschluss über die möglichen, zugrundeliegenden traumatischen Ereignisse geben, allerdings ohne dass hierüber eine sichere Aussage getroffen werden kann.

Rechtliche Hintergründe im Asyl- und Ausländerrecht

Ein Geflüchteter, der in der Bundesrepublik Deutschland Schutz vor politischer Verfolgung staatlicher Organe seines Herkunftslandes sucht, muss beim Bundesamt für Migration und Flüchtlinge (BAMF) einen Asylantrag stellen. Als erstes prüft das Bundesamt, ob es überhaupt zuständig ist. Das ist es nicht, wenn es nachweisen kann, dass der Antragsteller über eines der anderen europäischen Länder, einen so genannten „sicheren Drittstaat" eingereist ist. Es wird ihn demnach auffordern, seinen Antrag auf Asyl dort zu stellen. Hat es aber seine Zuständigkeit erklärt, so prüft das Bundesamt, ob es sich bei dem Antragsteller um einen Asylberechtigten handelt, also um jemanden, der in seinem Herkunftsland politisch verfolgt wurde und es aller Voraussicht nach bei seiner Rückkehr wieder werden wird. Trifft das Bundesamt anhand der in der Anhörung gemachten Angaben des Asylantragstellers und seiner ggf. zusätzlich beigebrachten Dokumente sowie auch anhand eigener Ermittlungen eine derartige Entscheidung auf Asylgewährung, so erhält der Antragsteller entweder Asyl nach Artikel 16a des Grundgesetzes, wenn er per Bordkarte seinen Direktflug in die Bundesrepublik Deutschland nachweisen kann, oder, falls nicht, so zumindest eine Aufenthaltserlaubnis auf der Grundlage der Flüchtlingsanerkennung nach § 3.1 Asylverfahrensgesetz (AsylVfG) in Verbindung mit § 60.1 Aufenthaltsgesetz (AufenthG). Falls jedoch diese Voraussetzungen vom Bundesamt nicht anerkannt werden, so muss es noch Hinweise für das Vorliegen eines so genannten „subsidiären Schutzes" nach § 4.1 AsylVfG und oder anderer Abschiebungsverbote nach §§ 60.2–60.7 AufenthG überprüfen. Damit gemeint sind die so genannten „zielstaatsbezogenen Abschiebungshindernisse", die nach der Rückkehr zu erwartende, nicht politisch bedingte lebenswidrige und lebenseinschränkende Umstände beinhalten, z. B.

- Diskriminierungen infolge seiner Homosexualität oder aus anderen Gründen,

- schwere Erkrankungen, die im Herkunftsland nicht ausreichend behandelt werden können und sich ohne angemessene Behandlung langfristig tiefgreifend und lebensbedrohlich zu verschlechtern drohen.

Erst hier beendet das Bundesamt seine Überprüfung und erteilt einen entsprechenden Bescheid, gegen den der Asylantragsteller über seine Rechtsanwalt Klage beim Verwaltungsgericht einreichen kann. Dort wird i. d. R. erneut die Überprüfung nach den oben beschriebenen Schritten durchgeführt, wobei hier mitunter medizinisch oder psychologische Expertisen Berücksichtigung finden, entweder dadurch, dass die Kläger über ihre Anwälte ärztliche oder psychologische Stellungnahmen aus laufenden Therapien einreichen, oder dadurch, dass per Beweisbeschluss das Verwaltungsgericht einen externen Gutachter beauftragt. Geht es hierbei um die Feststellung politischer Verfolgung nach Art. 16a GG sowie § 60.1 AufenthG, wird i. d. R. der Gutachter gefragt, ob und welche Gesundheitsstörungen vorliegen und mit welcher Wahrscheinlichkeit diese ggf. auf die in der Anhörung beim Bundesamt angegebenen Folter- oder Hafterlebnisse ursächlich zurückgeführt werden können. Bei Fragen nach gesundheitlich bedingten zielstaatsbezogenen Abschiebungshindernissen wird der Gutachter lediglich nach dem Vorliegen von Gesundheitsstörungen und ihrer möglichen Verschlechterung nach einer Rückführung ins Herkunftsland gefragt. Erst nach Durchlaufen aller möglichen Instanzen des Verwaltungsgerichtes ist mit dem letztendgültigen Gerichtsurteil das Asylverfahren beendet. Das kann Jahre dauern. Und wird die Klage des Asylantragstellers zurückgewiesen, beauftragt das Bundesamt die örtliche Landesausländerbehörde mit dessen Abschiebung ins Herkunftsland. Die Ausländerbehörde wiederum ist nun dafür verantwortlich, den abgelehnten Asylbewerber unversehrt und ohne Gesundheitsschaden in sein Herkunftsland zurückzuführen oder abzuschieben. Sie muss sicherstellen, dass er reise- bzw. flugfähig ist. Wenn er es nicht ist, dann besteht ein sogenanntes „inlandsbezogenes Vollstreckungshindernis". Statt des bisherigen, für Asylbewerber üblichen Aufenthaltstitels einer „Gestattung" erhält der Betreffende nun eine „Duldung", die solange besteht, wie die Gesundheitsstörung ihn an der Rückreise hindert. Dieser Vorgang nun verbirgt sich hinter der an Gutachter oft gestellten Frage nach der „Reisefähigkeit". Sie bezieht sich lediglich auf den Zeitraum des Transportes vom Zeitpunkt der Abholung vom Wohnsitz bis zur Durchquerung des Ankunftsgates am Zielflughafen. Die Schwierigkeit für den medizinischen und psychologischen Gutachter, der darauf eine Antwort finden will, liegt darin, dass er nicht einfach die Umstände in den Tagen und Wochen nach Ankunft des abgelehnten Asylantragstellers am Zielflughafen prognostisch ausblenden kann, wie es die Behörde entsprechend ihrer gesetzlichen Vorgabe tut. Wenn der Gutachter Reisefähigkeit attestiert, ist für ihn die Verantwortung für das Wohl und die Unversehrtheit des Probanden nach Durchschreiten des Gates in der Ankunftshalle des Zielflughafens noch nicht zu Ende. Er muss sicher sein können, dass auch in den Wochen danach beim Probanden keine nachhaltige und lebensgefährdende Verschlechterung seiner Gesundheitsstörung eintreten wird, und wo er das nicht ist, sollte er sich über die verkürzte Fragestellung des Auftraggebers hinaus entsprechend fachbezogen äußern.

Sprachliche und kulturell bedingte Erschwernisse

Bei psychotraumatologischen Begutachtungen in aufenthaltsrechtlichen Verfahren handelt es sich bei den zu Untersuchenden um Personen anderer Kulturen, anderer Traditionen, Religionen, Sprachen und möglicherweise auch mit unterschiedlichem Krankheitsverständnis und ungewohnten Symptommanifestationen [484]. Meist müssen Dolmetscher(innen) zur Exploration hinzugezogen werden. Dabei muss natürlich auf eine korrekte und möglichst wortgetreue sprachliche Übersetzung geachtet werden [480]. Anderseits gilt für die Beziehung Proband/Dolmetscher auch, was oben bezüglich traumaspezifischen Beziehungsaspekten zwischen Proband und Gutachter ausgeführt worden ist: Das um einen Dolmetscher erweiterte Explorationssetting führt zu einer komplexeren und störungsanfälligeren Beziehungstriade. Denn fehlendes Vertrauen des Probanden zum Dolmetscher erschwert ebenso die Exploration oder macht sie unmöglich wie Misstrauen gegenüber dem Gutachter. Wie im therapeutischen bilden auch im gutachterlichen Kontext alle 3 Beteiligten ein Beziehungssystem, in welchem sich bewusste wie auch unbewusste Gefühle, Wertungen, Gedanken und Phantasien des einen zum anderen einstellen. Diese können sich nicht nur auf die aktuellen Personen und die augenblickliche Situation beziehen, sondern auch – vielleicht in geringerem Ausmaße als im therapeutischen Prozess – in der Art ihrer Übertragung oder Gegenübertragung zueinander auf ältere Beziehungserfahrungen der Beteiligten zurückgreifen und dabei die Exploration beeinträchtigen [482]. Insofern ist Fallsupervision auch in diesem Tätigkeitsbereich sehr hilfreich für medizinische und psychologische Gutachter(innen).

6.2.2 Zur Problemlösung

Immerhin hat schon im Jahre 2001 eine Arbeitsgruppe erfahrener Kolleg(inn)en Standards zur Begutachtung psychisch traumatisierter Menschen (SBPM) entwickelt [477]. Diese Standards umfassen Voraussetzungen und Leitlinien zur Erstellung klinischer Gutachten in aufenthaltsrechtlichen Verfahren unter Einbeziehung der aktuellen wissenschaftlichen Erkenntnisse über psychisch reaktive Traumafolgen. Sie berücksichtigen deren oben dargestellte Besonderheiten und Erschwernisse bei der Begutachtung. Eine nach den Richtlinien der SBPM-Arbeitsgruppe entwickelte, gleichnamige, zertifizierte curriculäre Fortbildung wird von der Bundesärztekammer und vielen Landesärzte- sowie Psychotherapeutenkammern seit 2003 bundesweit mit großem Erfolg angeboten. Psychologische und ärztliche Fachkolleg(inn)en werden hierdurch in die Lage versetzt, klinische Gutachten zu Fragen nach Vorliegen psychisch reaktiver Traumafolgen und ihrer Genese in aufenthaltsrechtlichen Verfahren fachkompetent zu erstellen. Kolleg(inn)en, die erfolgreich diese Fortbildung absolviert haben, werden von den Berufskammern auf ihrer jeweiligen, im Internet abrufbaren Sachverständigenliste den Auftrag erteilenden Institutionen empfohlen. Mittlerweile pflegt auch die Deutschsprachige Gesellschaft für Psychotraumatologie (DeGPT) [479] auf die gleiche Weise eine Sachverständigenliste im Internet.

Fazit

Ohnehin ist die Begutachtung psychischer Folter- und Haftfolgeschäden oft schwierig, weil wesentliche Bestandteile der Symptomatik selbst einer hinreichenden Exploration und einer sich daraus ergebenden angemessenen Beurteilung im Wege stehen können (Kap. Symptombedingte Besonderheiten bei der Exploration). Komorbide Störungen können ferner die spezifischen Traumaymptome überlagern und die gutachterliche Diagnostik und Kausalitätsbeurteilung erschweren (Kap. Komorbide Störungen). Eine weitere große Herausforderung stellen besondere und extreme Gegenübertragungspositionen von zu großer oder zu geringer Distanz dar, die sich ebenso wie beim Therapeuten sehr schnell auch beim Gutachter im Beziehungskontakt mit Proband(inn)en mit Traumafolgestörungen einstellen können (Kap. Traumaspezifische Beziehungsaspekte). Der Gutachter muss aus den gemachten Angaben und dem begleitenden Befund die Wahrscheinlichkeit eines zugrundeliegenden traumatischen Ereignisses ableiten, meist ohne dass dieses bewiesen werden kann (Kap. Fehlender Nachweis des traumatischen Ereignisses). Dazu kommt, dass sich neben den Angaben zur Traumageschichte die geäußerten posttraumatischen Symptome nur sehr schwer objektivieren lassen (Kap. Mangelnde Objektivierbarkeit der Symptomatik), sodass für deren Validierung weitreichende klinische Erfahrungen, besonders auch im interkulturellen Kontext, und die Einbeziehung von Dolmetscher(inne)n notwendige Vorraussetzungen sind (Kap. Sprachliche und kulturell bedingte Erschwernisse, ferner Kap. 3.1). Ebenso notwendig sind Kenntnisse des Asylverfahrens und seiner rechtlichen Hintergründe (Kap. Rechtliche Hintergründe im Asyl- und Ausländerrecht), damit der Gutachter feststellen kann, ob die an ihn gerichtete medizinische oder psychologische Fragestellung den Kern der aufenthaltsrechtlichen Problemlage trifft. Falls nicht, sollte er sich am besten informell per Telefon mit seinem Auftraggeber verständigen.

So mag sich doch bei all den dargestellten Problemen eine gewisse Erleichterung dadurch einstellen, dass seit 2003 die Bundesärztekammer eine zertifizierte Fortbildung zur Begutachtung psychisch reaktiver Traumafolgen aufgelegt hat, welche von den Ärztekammern und Psychotherapeutenkammern verschiedener Bundesländer (Berlin, Baden-Württemberg, Bayern, Niedersachsen, Rheinland-Pfalz, Westfalen-Lippe) angeboten und durchgeführt wird. An dieses Verfahren hat sich die Deutschsprachige Gesellschaft für Psychotraumatologie (DeGPT, s. Kap. 8.6) angeschlossen und bietet auf ihrer Internetseite eine Liste von speziell ausgewiesenen Gutachter(innen) für mögliche Auftraggeber an.

6.2.3 Literatur

[472] American Psychiatric Association. Diagnostic and statistical manual of mental disorders. 4th ed. (DSM-IV). Washington DC: American Psychiatric Press; 1994

[473] American Psychiatric Association (APA). Diagnostic and statistical manual of mental disorders. 5th ed. (DSM-5). Washington DC: American Psychiatric Press; 2013

[474] Baeyer W. von, Häfner H, Kisker K. Psychiatrie der Verfolgten. Berlin: Springer; 1964

[475] Birck A. Traumatisierte Flüchtlinge. Heidelberg: Asanger; 2002

[476] Bundessozialgericht. Urteil vom 18.10.1995 Az: 9/9a RVg 4/92

[477] Bundesärztekammer, Hrsg. Curriculum „Standards zur Begutachtung psychisch reaktiver Traumafolgen in aufenthaltsrechtlichen Verfahren (SBPM)" einschließlich „Istanbul Protokoll". Überarb. Fassung 2012 (1. Fassung: 2001). Im Internet: http://www.bundesaerztekammer.de/fileadmin/user_upload/downloads/CurrStandardsBegutachtungTrauma2012.pdf; Stand: 19.10.2016

[478] Cloitre M, Donn WG, Brewin CR et al. Evidence for proposed ICD-11 PTSD and complex PTSD. A latent profile analysis: Eur J Psychotraumatology 2013; 4: 20706. Im Internet: http://dx.doi.org/10.3402/ejpt.v4i0.20706

[479] Deutschsprachige Gesellschaft für Psychotraumatologie (DeGPT). Begutachtung psychisch reaktiver Traumafolgen in aufenthaltsrechtlichen Verfahren bei Erwachsenen. Im Internet: http://www.degpt.de/curricula/begutachtung-aufenthaltsrechtliche-verfahren.html; Stand: 19.10.2016

[480] Dhawan S. Einsatz von Dolmetschern. In: Haenel F, Wenk-Ansohn M. Begutachtung psychisch reaktiver Traumafolgen in aufenthaltsrechtlichen Verfahren. Weinheim: Beltz; 2004: 144–159

[481] Flatten G, Gast U, Hofmann A, Wöller W, Reddemann L, Siol T, Liebermann P, Petzold ER. Posttraumatische Belastungsstörung, Leitlinie und Quellentext. Stuttgart: Schattauer; 2004.

[482] Haenel F. Aspekte und Probleme in der Psychotherapie mit Folteropfern unter Beteiligung von Dolmetschern. Systhema 1997; 11: 136–144

[483] Haenel, F. Special problems in the assessment of the psychological sequelae of torture and incarceration. In: M. Oehmichen, Hrsg. Maltreatment and Torture. Lübeck: Schmidt Roemhild; 1998

[484] Haenel F. Die Posttraumatische Belastungsstörung – psychiatrisch-psychotherapeutische Behandlung von Folter-Bürgerkriegsüberlebenden. In: Machleidt, W, Heinz A, Hrsg. Praxis der interkulturellen Psychiatrie und Psychotherapie. München: Urban und Fischer in Elsevier, 2011; 307–319

[485] Haenel F, Denis D. Freyberger HJ. Begutachtung psychisch reaktiver Traumafolgen im Rahmen des Opferentschädigungsgesetzes. In: Seidler HG, Freyberger HJ, Maercker A. Handbuch der Psychotraumatologie. Stuttgart: Klett-Cotta; 2011; 735–745

[486] Hoppe K. The emotional reactions of psychiatrists when confronting survivors of persecution. The Psychoanalytic Forum 1967; 3: 187–196

[487] Kessler RC, Sonnega A, Bromet E et al. Posttraumatic stress disorder in the national comorbidity survey. Arch Gen Psychiatry 1995; 52: 1048–1060

[488] Keßler S. Der asyl- und ausländerrechtliche Rahmen ärztlich-psychologischer Auskunftserstattung. In: Haenel F, Wenk-Ansohn M: Begutachtung psychisch reaktiver Traumafolgen in aufenthaltsrechtlichen Verfahren. Weinheim: Beltz; 2004: 127–143

[489] Leonhard M, Foerster K. Probleme bei der Begutachtung der Posttraumatischen Belastungsstörung. Med Sach 2003; 99: 150–155

[490] Schock K, Rosner R, Wenk-Ansohn M et al. Retraumatisierung – Annäherung an eine Begriffsbestimmung. Psychother Psych Med 2010; 60: 1–7

[491] Skylv G. Falanga – diagnosis and treatment of late sequela. Torture 1993; 3: 11–15

[492] Wilson J., Lindy J. Countertransference in the treatment of PTSD. New York: Guilford Press; 1994

[493] World Health Organisation (WHO). The ICD-10 Classification of mental and behavioral disorders and diagnostic guidelines. Geneva; 1992

7 Belastung und Selbstfürsorge der Helfer(innen)

7.1 Besondere Belastungen in der Psychotherapie mit Geflüchteten

Judith Daniels, Antje Manthey, Christoph Nikendei

In den letzten Jahren lässt sich ein wachsendes Interesse an den negativen Auswirkungen der therapeutischen Arbeit auf die Therapeut(inn)en beobachten. Die Belastung der Klient(inn)en kann in der Kombination mit begrenzten Ressourcen und Unterstützungsmöglichkeiten eine große Herausforderung für Helfende darstellen und in der Folge zu berufsbedingten Belastungen führen. Ausschlaggebend dafür ist der direkte Kontakt mit traumatisierten Menschen oder dem von ihnen berichteten Traumamaterial, welcher einen empathischen Bezug zu dem emotionalen Zustand und Leid anderer Personen bedingt. Neben dem *Burnout* ist dabei zunehmend auch die *Sekundäre Traumatisierung* als Spezifikum traumatherapeutischer Arbeit in den Blick geraten. Unter Sekundärer Traumatisierung versteht man die „Ansteckung" mit typischen posttraumatischen Symptomen im Verlauf der Arbeit mit traumatisierten Klient(inn)en. Es handelt sich dabei also um eine „übertragene" Traumatisierung, die zustandekommt, obwohl die Therapeutin nicht selbst mit dem traumatisierenden Ereignis konfrontiert ist.

Dabei erleben die Helfenden ähnliche Symptome wie sie von traumatisierten Menschen berichtet werden: Alpträume, intrusive Gedanken und Bilder, Depression, Gereiztheit, Bedrohungsgefühle – diese können einhergehen mit sozialem Rückzug –, Konzentrationsschwierigkeiten und erhöhten Konsum von Alkohol und Medikamenten.

Wie auch bei Primärtraumatisierungen führen traumatische Belastungen nicht zwangsläufig zu Symptomen oder Beeinträchtigungen. Die häufigste Folge traumatischer Ereignisse ist psychische Gesundheit, d. h. die Mehrzahl der exponierten Menschen ist resilient. Die Arbeit mit traumatisierten Menschen und die Beschäftigung mit traumatisierenden Inhalten kann auch zu großer Befriedigung, Sinnerleben und persönlichem Wachstum beitragen [494].

In [494] haben dies auch viele Therapeuten angegeben: (All participants rated their work at the center as rather or very meaningful).

7.1.1 Definition und Entstehungsmodelle der Sekundären Traumatisierung

Sekundäre Traumatisierung ist definiert als eine Traumatisierung, die *ohne direkte sensorische Eindrücke* des Ausgangstraumas sowie *mit zeitlicher Distanz* zum Ausgangstrauma entsteht [499]. Hierzu zählen die Übertragung posttraumatischer Stresssymptome auf Familienangehörige und die berufsbedingte Traumatisierung von Therapeut(inn)en. Obwohl diese Personen selber keine sensorischen Reize des traumatisierenden Ereignisses (wie Gerüche, Geräusche, Bilder) wahrnehmen, kommt es in der Folge einer traumatischen Verarbeitung von Informationen zur Symptombildung.

Sekundärtraumatisierung kann sich langsam aufbauen, zumeist beginnt sie jedoch direkt mit einer Reihe unterschiedlicher Symptome. Sie äußert sich häufig in Form verschiedener Symptome, die in vergleichbarer Form bei der Posttraumatischen Belastungsstörung (PTBS) auftreten:

- *Intrusion:* Das Symptomcluster Intrusion bildet das Leitsymptom der PTBS. Es umfasst verschiedene Formen des Wiedererlebens sowie psychische oder physiologische Belastungsreaktionen auf Hinweisreize. Dabei werden Intrusionen als Erinnerungsfragmente konzeptualisiert, welche durch wenig zeitliche und kontextuelle Einbettung, aber vielfältige assoziative Verknüpfungen charakterisiert sind. Intrusionen können nachts in Form von Alpträumen auftreten. Tagsüber werden sie häufig durch assoziierte Reize (sogenannte „Trigger") ausgelöst und können dann als scheinbar losgelöste auditive, visuelle, taktile oder olfaktorische Erinnerungsfragmente auftreten.
- *Vermeidung:* Dieses Symptomcluster umfasst zum einen Verhaltensweisen, die bewusst dazu dienen, Reize zu vermeiden, die mit dem Trauma assoziiert sind und häufig Intrusionen auslösen. Zum anderen umfasst es eine Abflachung der allgemeinen Reagibilität in Form von Interessenverlust, Entfremdung und sozialem Rückzug.
- *Physiologische Übererregung:* Unter dieser Kategorie werden überdauernde Angstsymptome oder Indikatoren eines dauerhaft erhöhten Erregungslevels zusammengefasst. Hierzu zählen z. B. Konzentrationsschwierigkeiten, Schlafstörungen und Schreckhaftigkeit.

> **Fallbeispiel 1: Psychologischer Psychotherapeut, 46 J., arbeitet in der medizinischen Ambulanz einer Landeserstaufnahmestelle**
>
> „Das Erstaunliche ist, dass ich die Patientin nicht einmal selbst gesehen habe, sondern mir nur von der Kollegin über sie berichtet wurde. Dennoch ist die Szene für mich so plastisch präsent. Die beiden treiben auf dem Meer – die Mutter und das Kind –, sie warten auf Rettung, versuchen sich schwimmend über Wasser zu halten. Das Kind kann nicht mehr, es geht ihm die Kraft aus. Es verabschiedet sich von der Mutter und sagt: ‚Mama, ich liebe dich'… Dann geht es unter… Ich habe keine Alpträume und nach außen hin bleibt es wahrscheinlich völlig unbemerkt, aber es treibt mir die Tränen in die Augen. Dann kommt unwillkürlich diese Szene, und das Unaushaltbare des Verlustes und die Macht- und Hilflosigkeit, die die Mutter gespürt haben muss, wird für mich auch spürbar. Vielleicht bin ich auch so verletzlich, da mein kleiner Sohn seinen besten Freund dieses Jahr verloren hat. Eine harte, sehr harte Konfrontation mit Verlust und Endlichkeit, so wie in der Szene auf dem Meer. Letztlich sieht man das untergehende Kind vor Augen und wie es ‚ich liebe dich, Mama!' sagt und muss dafür sorgen, dass einem selbst nicht der Boden unter den Füßen weggezogen wird…"

Während für die Diagnose einer PTBS diese Symptome in einem bestimmten Schweregrad und für eine Mindestdauer von 4 Wochen vorhanden sein müssen, gibt es keine einheitliche Definition von Schweregrad und Dauer der Symptome, um von einer Sekundärtraumatisierung zu sprechen. Sicherlich ist es aber sinnvoll, leichte, kurzanhaltende Belastungen als Bestandteil der psychosozialen Arbeit aufzufassen und nicht zu pathologisieren. Sollte die resultierende Belastung jedoch die Arbeitsfähigkeit stark beeinträchtigen und eine Dauer von 4 Wochen überschreiten, ist aufgrund des Risikos einer Chronifizierung ein aktiver Umgang mit der Belastung angeraten.

Ätiologische Theorien der PTBS gehen davon aus, dass eine Dissoziation während des Traumageschehens dazu führt, dass die Abspeicherung und Verarbeitung im Gedächtnissystem verändert abläuft [496]. Die Verarbeitung während des Traumas beeinflusst die Art und Weise, wie das Ereignis nach dem Trauma erinnert wird, und trägt somit unmittelbar zur Ausbildung von Intrusionen und partiellen Amnesien bei. Die Schwere der PTBS steht dabei in einem engen Zusammenhang mit der Qualität der Intrusionen, insbesondere dem Ausmaß, wie intensiv die traumatisierte Person den Eindruck hat, das Trauma wiederzuerleben.

Der relevanteste Risikofaktor ist in beiden Fällen die peritraumatische Dissoziation, d. h. eine Dissoziation, die während des traumatischen Ereignisses auftritt. Dissoziative Verarbeitung zeigt sich beispielsweise in emotionaler Taubheit oder einer veränderten Zeitwahrnehmung während der Konfrontation mit dem Traumamaterial. Das eigene Handeln wird als automatisiert, wie „auf Autopilot" erlebt, während die äußere Welt unreal oder traumähnlich erscheint. Dabei werden Details des Traumamaterials bzw. unsere Vorstellungsbilder davon mit einer geringeren Differenzierung zwischen dem Selbst und dem Anderen abgespeichert. So wird die Bedrohung als aktuelle, gegen den/die Helfer(in) gerichtete Bedrohung erinnert.

Mit neuropsychologischen Modellen lässt sich erklären, warum es in der therapeutischen, also äußerlich sicheren Situation zu einer traumatischen Verarbeitung kommen kann. So nimmt die Erstautorin dieses Beitrages an, dass dazu vermutlich 3 Prozesse beitragen, die im menschlichen Organismus angelegt sind: Empathie, Sensitivierung und Dissoziation [498]:

- Empathiefähigkeit stellt sowohl eine notwendige Bedingung für die therapeutische Arbeit als auch einen Risikofaktor für die Entwicklung einer Sekundären Traumatisierung dar. Sie ermöglicht die Übernahme von Emotionen.
- Diese kann wiederum zu einer Sensitivierung emotionsverarbeitender Gehirnregionen führen.
- Letztere bedingt vermutlich die dissoziative Verarbeitung von Traumamaterial seitens des Therapeuten oder der Therapeutin.

Die resultierenden Wahrnehmungsveränderungen ähneln weitgehend den Reaktionen von Traumaopfern in der traumatischen Situation und sind unter dem Stichwort „peritraumatische Dissoziation" in der Literatur als varianzstärkster Prädiktor der PTBS beschrieben worden [497], [509]. Es wird vermutet, dass es während der Dissoziation zu einer veränderten Abspeicherung von Informationen kommt, bei der zwar sensorische Eindrücke, nicht aber Kontextfaktoren abgespeichert werden [496].

Die meisten bisher publizierten Studien nutzen Fragebögen zur Erfassung der PTBS, welche an die Situation der Therapeut(inn)en angepasst wurden, um die Prävalenz der Sekundärtraumatisierung abzuschätzen.

Im deutschsprachigen Raum wird mittlerweile vor allem der *Fragebogen zu Sekundärtraumatisierung* (FST, vgl. ▶ Tab. 8.2 in Kap. 8.1) zur Erfassung verwendet, welcher auf der Website www.sekundaertraumatisierung.de zum Download bereit steht. Dieser wurde auf der Basis von 21 qualitativen Interviews mit Betroffenen sowie 6 Interviews mit Trauma-Supervisor(inn)en entwickelt [500], an einer Stichprobe von 1124 Personen untersucht [499] und mittlerweile anhand von 3 weiteren Stichproben psychometrisch überprüft [511]. Er basiert nicht auf einem theoretischen Konstrukt, sondern wurde datengeleitet entwickelt. Er umfasst somit keine Risiko- und Schutzfaktoren, sondern erfasst manifeste Symptome. Diese entsprechen zum einen den Symptomen der PTBS-Diagnose, gehen aber zum anderen auch darüber hinaus, da einzelne Items depressive Verstimmung, Substanzgebrauch und Veränderungen im Sicherheitsverhalten erfassen.

7.1.2 Begriffsverwirrung „Compassion fatigue" und „Vicarious traumatization"

Eingeführt wurde das Konstrukt der Sekundären Traumatisierung zuerst von McCann und Pearlman [507]. Sie beschrieben die Symptome unter der Bezeichnung *„Vicarious traumatization"* (vicarious; engl. = indirekt, mittelbar, nachempfunden) und fokussierten dabei vor allem auf die überdauernde Beeinflussung des Privatlebens der Therapeutin. Ihrer Ansicht nach werden langfristig die „kognitiven Schemata" der Therapeutin erschüttert [507]. *Vicarious traumatization* soll dementsprechend die negativ-veränderten kognitiven Schemata und die daraus resultierenden Verhaltensänderungen beschreiben. *Vicarious traumatization* wurde von den Autorinnen als langfristig wirkender Prozess charakterisiert, der im Rahmen der therapeutischen Arbeit mit traumatisierten Klient(inn)en unvermeidbar sei. Die Autorinnen betonen vor allem die Veränderungen der Grundüberzeugungen, die mit dem Wissen um menschliche Grausamkeit einhergehen. Trauma beinhaltet immer auch den Verlust an Vertrauen, Unschuld und Gewissheit. Der Verlust empfundener Normalität ist eine der wesentlichsten und überdauerndsten Folgen. Da Traumatherapeut(inn)en mit dem plötzlichen Verlust aller „Normalität" tagtäglich konfrontiert sind, sind sie gezwungen, die Möglichkeit eines ähnlichen Verlustes in ihrem eigenen Leben zu realisieren. Traumatherapie erschüttert die Grundüberzeugungen des Therapeuten in Bezug auf persönliche Sicherheit, Kontrolle und Vorhersagbarkeit, die das Selbst schützen. Es handelt sich somit um einen kumulativen Prozess, der zu überdauernden Veränderungen führt. Voraussetzung für die Entstehung der Sekundären Traumatisierung ist hier die empathische Verbindung mit den Klient(inn)en, wobei eine eigene Vortraumatisierung der Therapeutin als Risikofaktor gesehen wird. *Vicarious traumatization* ist also die spezifische Konsequenz der Arbeit als Traumatherapeut(in).

Figley [503] wiederum stellte als Erster einen direkten Bezug zwischen den Symptomen von Helfenden und der PTBS-Diagnose her: Er schlug vor, PTBS in *„Primary traumatic stress disorder"* umzubennen. Diese Diagnose solle für die direkt Betroffenen genutzt werden. Davon grenzte er die *„Secondary traumatic stress disorder"* ab, die sich auf die direkt Helfenden beziehen soll, und die *„Tertiary traumatic stress disorder"*, die sich wiederum auf die Helfer(innen) der Helfenden beziehen soll. Da diese Bezeichnungen mit einer Pathologisierung der beschriebenen Veränderungen einhergehen, Figley aber die beschriebenen Reaktionen als normal und angemessen auffasst, verwendete er in späteren Arbeiten nur noch die Bezeichnung „Compassion fatigue" (engl. = „Mitgefühlserschöpfung"). *Compassion fatigue* wird in diesem Sinne als eine natürliche Konsequenz gesehen, die nicht notwendigerweise ein Problem darstellt, sondern vielmehr als ein „natürliches Beiprodukt" betrachtet werden sollte. Diese Konzeptualisierung beruht auf der Annahme, dass eine empathische Identifizierung mit dem Opfer und seinem Leiden notwendig ist, um ein tieferes Verständnis zu entwickeln. Die Empathiefähigkeit führt laut Figley zu einer „emotionalen Ansteckung", aus welcher sich die *Compassion fatigue* entwickeln kann, wenn die Therapeutin mit dem Resultat ihrer Bemühungen nicht zufrieden ist oder wenn sie sich vom Leiden des Opfers nicht distanzieren kann.

> **Fallbeispiel 2: Medizinstudent, 25 J., freiwillige Mitarbeit als ärztlicher Assistenz in Flüchtlingslagern, u. a. in Griechenland** B
>
> „Sonst ist es viel so eine Machtlosigkeit, dass ich mich da so als kleines Teilchen fühle. […] Und ich kann da vielleicht versuchen, mal ein paar Wochen irgendwo mitzumachen, aber an der großen Problematik wenig ändern. Sodass ich sehr viel von dem was ich hier so tue, hinterfrage: Wie nutze ich meine Ressourcen hier und was könnte ich stattdessen damit machen? Dementsprechend Aktivitäten einzuordnen und manche dann auch wegzulassen. […] Und dann ist es schon tatsächlich so, dass ich mich in dem Moment völlig fehl am Platz fühle… diese Möglichkeiten haben nicht viele Menschen auf der ganzen Welt, und ich bekomme es einfach so geschenkt. Dass es für mich selbstverständlich ist und ich gleichzeitig aber einsehen muss, dass das von den Ressourcen, die unser Planet bereithält, gar nicht für jeden Menschen möglich wäre, so zu leben wie ich. Aber Schuld spielt auf dieser Ebenen natürlich viel mit rein."

Figley betont, dass bereits eine Exposition zum Traumamaterial *eines* Klienten ausreicht, um eine *Compassion fatigue* zu bewirken. Er postuliert ein rasches Einsetzen der Symptome, aber auch ein nur relativ kurzes Fortbestehen der Belastung. In diesem Sinne beschreibt *Compassion fatigue* keine pathologische Sekundärtraumatisierung, sondern eine akute Belastungsreaktion mit kurzer Dauer. Auch Figley [503] geht davon aus, dass die persönliche Traumageschichte des Therapeuten einen spezifischen Vulnerabilitätsfaktor darstellt. Er spezifiziert in seinen Theorietexten dazu 2 Hypothesen: Zum einen fokussiert er auf die Übergeneralisierung der Erfahrungen der Therapeutin. Es lässt sich kaum vermeiden, mit Klient(inn)en zu arbeiten, die ein ähnliches Trauma erlebt haben wie die Therapeutin selbst. Figley vermutet, die Therapeut(inn)en könnten infolgedessen mehr auf sich selbst fokussiert sein oder den Klient(inn)en die eigenen Bewältigungsmechanismen aufdrängen. Er setzt voraus, dass unbearbeitete Traumata des Therapeuten getriggert werden könnten und dieser infolgedessen an Intrusionen leiden könnte.

Beide Arbeitsgruppen [503], [507] entwickelten in der Folge eigene Fragebögen, die die jeweilige theoretische Ausrichtung widerspiegeln und mittlerweile mehrere Revisionen durchlaufen haben. *Vicarious traumatization* soll mit der *TSI Belief Scale* erfasst werden, *Compassion fatigue* mit dem *Compassion satisfaction and fatigue self-test*. Letzter wurde jedoch mittlerweile umbenannt, die aktuelle Nachfolgerversion heißt *Professional quality of life scale: Compassion satisfaction and fatigue subscales* (im Internet: http://www.proqol.org/ProQol_Test.html).

Obwohl beide Gruppen recht divergente Phänomene beschreiben – kumulative Belastung mit Veränderung der kognitiven Schemata versus plötzlich einsetzende, kurz anhaltende PTBS-artige Symptomatik –, sind sie sich in einer Annahme einig: Die eigene Vortraumatisierung seitens der Therapeut(inn)en stelle einen wesentlichen Risikofaktor dar. Dieser Annahme wurde in der Folge jedoch von anderen Autor(inn)en vehement widersprochen, da die Verarbeitung eines traumatischen Erlebnisses auch zur Entwicklung besonders geeigneter Bewältigungsstrategien geführt haben könnte, welche einen Schutzfaktor darstellen würden. Die empirische Forschung hat hierzu uneinheitliche Ergebnisse gebracht: In einigen Studien schien eine persönliche Trauma-Erfahrung eher ein Schutzfaktor zu sein, in anderen war sie assoziiert mit stärkerer Belastung [507]. Es scheint also eher auf die *individuelle Verarbeitung* des Traumas anzukommen als auf dessen *Existenz*.

7.1.3 Studien zur Sekundärtraumatisierung

Verschiedene Studien untersuchten, welche Risiko- und Schutzfaktoren mit dem Auftreten der Sekundärtraumatisierung bei Therapeut(inn)en assoziiert sind. Hinsichtlich der allgemeinen Berufserfahrung scheinen die bisherigen Ergebnisse uneinheitlich, was aber möglicherweise auch darauf zurückgeführt werden könnte, dass Therapeut(inn)en mit deutlicher Belastung das Feld der Traumatherapie verlassen. Auch die Menge an durchlaufener Weiterbildung oder verfügbarer Supervision scheint nicht einheitlich mit niedrigeren Belastungswerten assoziiert zu sein. Hingegen ist ein höheres Ausmaß an Exposition – also: wie viele traumatisierte Klient(inn)en einerseits aktuell und andererseits im Durchschnitt behandelt werden – über verschiedene Studien hinweg als ein Risikofaktor für eine stärkere Belastung mit sekundärtraumatischen Symptomen identifiziert worden.

Dies ist jedoch wenig erhellend, da bei einer häufigeren Beschäftigung mit Traumadetails das Risiko natürlich höher ist, die Inhalte einer spezifischen Traumageschichte nicht gut zu verarbeiten, sodass eine Sekundärtraumatisierung entstehen kann.

Die Hauptbelastung scheint durch die intrusiven Symptome zu entstehen, also durch das unwillkürliche Erinnern spezifischer Traumadetails. Dieses kann sich in unwillkürlich auftretenden Gedanken, Bildern, sensorischen Eindrücke oder in Alpträumen darstellen, welche mit dem berichteten Trauma assoziiert sind. Auch starke emotionale und psychophysiologische Reaktionen auf eine Erinnerung an das Berichtete zählen dazu und werden häufig berichtet.

Entscheidend ist jedoch, wie lange diese Belastung anhält. Eine kurzzeitige Beeinträchtigung durch PTBS-ähnliche Symptome wird, wie auch nach Akuttraumata, von vielen erlebt und als eine gesunde Reaktion angesehen. Erfasst man nur das Vorliegen PTBS-ähnlicher Symptome in der letzten Woche, ohne zu beachten, wie lange diese anhielten, so erfüllten z. B. 8 % der Psycholog(inn)en, 15 % der Sozialarbeiter(inn)en, und 34 % der Mitarbeiter(innen) im staatlichen Kinderschutz die Diagnosekriterien (s. Zusammenschau [502]). Diese Zahlen sind jedoch nicht belastbar, sondern nur ein erster Anhaltspunkt.

Dauern die Symptome jedoch länger an und erreichen einen gewissen Schweregrad, sind sowohl die Lebensqualität als auch die Arbeitsfähigkeit stark beeinträchtigt. In diesem Fall würde man dann von einer Sekundären Traumatisierung sprechen. Die Grenze zwischen gesunder Anpassungsreaktion und chronifizierter Symptombelastung wird jedoch bei jedem Untersuchungsinstrument etwas unterschiedlich definiert, sodass die Studien nur bedingt miteinander vergleichbar sind. Wegweisend ist in diesem Zusammenhang aber die letzte Revision des Diagnostischen Manuals psychischer Störungen (DSM-5), in welchem sich die Diagnose einer PTBS explizit auch auf wiederholte, berufsbezogene Expositionen zu Traumadetails beziehen kann. Legt man also die Diagnosekriterien für eine PTBS an, welche ein Andauern der Symptome für mind. 4 Wochen voraussetzen, so liegen die Prävalenzen meist deutlich niedriger, schwanken aber sehr stark. Einzelne Studien finden gar keine Anhaltspunkte für eine PTBS-entsprechende Belastung bei Psychotherapeut(inn)en [495], [510], andere berichten Punktprävalenzen von bis zu 45 % [506]. Unklar bleibt bei diesen Studien jedoch, wie lange die Symptome anhielten und wie viele Therapeut(inn)en es im Verlaufe des Berufslebens betrifft. In Deutschland wurde deswegen der *Fragebogen zu Sekundären Traumatisierung* (s. a. ▶ Tab. 8.2 in Kap. 8.1) anhand einer großen Stichprobe retrospektiv erhoben, um die Intensität und Dauer der Belastung nach dem belastendsten Erlebnis zu erfassen. Allerdings wurde diese Studie als Onlinestudie durchgeführt, d. h. es bleibt unklar, ob es sich um eine repräsentative oder selegierte Stichprobe handelte. Insgesamt nahmen 1124 Personen in helfenden Berufen an dieser Studie teil, in der Mehrzahl handelte es sich um psychologische und ärztliche Psychotherapeut(inn)en. Von diesen berichteten 29,1 % von einer Phase sehr hoher Symptombelastung [499], d. h. knapp ⅓ der Teilnehmenden hatte also mindestens einmal in ihrem Berufsleben eine solche Belastungsphase erlebt. Die Analyse der Dauer der Belastungsphase zeigte, dass diese Symptomatik bei knapp der Hälfte der Betroffenen länger als 4 Wochen andauerte, dann aber mehrheitlich innerhalb der ersten 3 Monate wieder abnahm. Dies hieße, dass ca. 14 % der Stichprobe retrospektiv von einer PTBS-ähnlichen Belastung berichteten. Von jenen 14 %, die eine solche Symptombelastung entwickelt hatten, berichteten dann allerdings wiederum 20,9 % von Veränderungen, die länger als 6 Monate anhielten. Hat sich eine Sekundärtraumatisierung erst einmal entwickelt, scheint also das Chronifizierungsrisiko recht hoch zu sein.

7.1.4 Studien zur Sekundärtraumatisierung im Umgang mit traumatisierten Flüchtlingen

Bisher ist wenig bekannt zu den spezifischen Belastungsfaktoren in der Arbeit mit Flüchtlingen. Erschwerend kommt hinzu, dass die Helfenden häufig auch selbst potenziell traumatischen Situationen ausgesetzt sind, es also zu einer Vermischung von primärer und sekundärer Traumabelastung kommt. Besondere Belastungsfaktoren mögen auch jene Mitarbeitenden erleben, die nicht spezifisch psychotherapeutisch arbeiten, sondern in der Organisation und Logistik von Hilfseinsätzen, in der Sozialarbeit und in den Übersetzungsdiensten. Legt man wiederum die Diagnosekriterien für eine PTBS an, so liegen die Prävalenzen bei Mitarbeitenden humanitärer Organisationen bei ca. 8–10% [502]. Einzelne Studien haben zudem deutliche Belastungsreaktionen bei Mitarbeitenden von Zentren für Folteropfer qualitativ beschrieben [494], [504]. Mehrere Studien haben dabei hervorgehoben, dass hier psychische Belastungen aufgrund verschiedener Faktoren auftreten können: Zum einen wird betont, dass die berichteten Erfahrungen oft weit außerhalb des persönlichen Erfahrungshorizontes der Berater(inn)en liegen, wenn beispielsweise Foltererfahrungen berichtet werden oder während der Flucht erlebte Traumata, die die Schemata der Berater(inn)en „sprengen" und eine kognitive Anpassung bedingen. Ein weiterer Belastungsfaktor liegt jedoch in den äußeren Umständen der Beratungssituation: Ist das Bleiberecht nicht geklärt und somit kein verlässlicher Schutz vor weiteren Übergriffen gegeben, erleben viele Berater(inn)en ihre Arbeit als einen Kampf gegen Windmühlen, sie fühlen sich als Teil eines inhumanen Systems und sind in ihren Behandlungsoptionen stark eingeschränkt [494], [505], [508], [512]. Auch hier sollte jedoch betont werden, dass dies nicht heißt, dass die Arbeit mit traumatisierten Flüchtlingen automatisch zu einer Belastung der Helfenden führen muss – ganz im Gegenteil zeigen alle Studien, dass die Mehrheit die sekundäre Exposition zu dem Traumamaterial gut verarbeiten und integrieren kann, sodass keine Symptombelastung entsteht.

Fazit

Zusammenfassend zeigt sich, dass die Sekundäre Traumatisierung ein wichtiges Thema für die Helfenden und damit auch für die Behandlung Hilfesuchender ist. Sekundäre Traumatisierung stellt kein Zeichen mangelnder Professionalität dar, sondern stellt eine mögliche Folge einer traumatogenen Informationsverarbeitung auf der Basis ausgeprägter Empathiefähigkeit dar. Aufgrund der Beeinträchtigung und des Chronifizierungspotenzials empfiehlt sich, der Prävention Beachtung zu schenken, wenn mit traumatisierten Menschen oder potenziell traumatisierendem Material wie Interviews und Berichten gearbeitet wird. Die eigenen dissoziativen Verarbeitungsmechanismen aktiv steuern zu lernen scheint dazu besonders wichtig zu sein. Zudem stützt sich die Prävention auf die 3 Bereiche, die in Kap. 7.2, „Selbstfürsorge und Supervision", näher ausgeführt werden:

- regelmäßiges Screening auf eigene Traumasymptome (z. B. mittels des Fortbildungsinstitut für Sekundärtraumatisierung, FST)
- ein individuelles Stress-Bewältigungsprogramm, z. B. bestehend aus Sport, Imaginationsübungen oder Yoga
- Prozessierung des Traumamaterials, z. B. in Form von Debriefing, Supervision, Berichten oder Symbolisierungen, falls sich visuelle Vorstellungsbilder gebildet haben

Sekundäre Traumatisierung ist eine normale Reaktion auf unnormale Informationen – und sollte als solche nicht weiter einer professionsweiten Tabuisierung unterliegen.

7.1.5 Literatur

[494] Birck A. Secondary traumatization and burnout in professionals working with torture survivors. Traumatology 2001; 7(2): 1–4

[495] Brady JL, Guy JD, Poelstra PL et al. Vicarious traumatization, spirituality, and the treatment of sexual abuse survivors: A national survey of women psychotherapists. Professional Psychology: Research and Practice 1999; 30(4): 386–93

[496] Brewin CR, Gregory JD, Lipton M et al. Intrusive images in psychological disorders: characteristics, neural mechanisms, and treatment implications. Psychol Rev 2010; 117 (1): 210–232

[497] Briere J, Scott C, Weathers F. Peritraumatic and persistent dissociation in the presumed etiology of PTSD. Am J Psychiatry 2005;162: 2295–2301

[498] Daniels J. Eine neuropsychologische Theorie der Sekundären Traumatisierung. Zeitschrift für Psychotraumatologie und psychologische Medizin 2007; 5(3): 49-61

[499] Daniels J. Sekundäre Traumatisierung – kritische Prüfung eines Konstruktes anhand einer explorativen Studie. Universität Bielefeld; 2003: 157

[500] Daniels J. Sekundäre Traumatisierung. Eine Interviewstudie zu berufsbedingten Belastungen von Therapeutinnen. Psychotherapeut 2008; 53(2): 100-107

[501] Daniels J. Sekundäre Traumatisierung. Kritische Prüfung eines Konstruktes [Dissertation]. Universität Bielefeld; 2006. Im Internet: https://pub.uni-bielefeld.de/publication/2305651; Stand: 18.01.2017

[502] Elwood LS, Mott J, Lohr JM et al. Secondary trauma symptoms in clinicians: a critical review of the construct, specificity, and implications for trauma-focused treatment. Clin Psychol Rev 2011; 31(1): 25–36

[503] Figley CR, ed. Compassion Fatigue: Coping with secondary traumatic stress disorder in those who treat the traumatized. New York: Brunner/Mazel; 1995
[504] Guhan R, Liebling-Kalifani H. The experiences of staff working with refugees and asylum seekers in the United Kingdom: a grounded theory exploration. J Immigr Refug Stud 2011;9: 205–228
[505] Gurris NF. Überlegungen zur stellvertretenden Traumatisierung bei Therapeuten in der Behandlung von Folterüberlebenden. Psychotraumatologie 2002; 3(4): 45, DOI: 10.1055/s-2002-35265
[506] Kassam-Adams N. Die Risiken der Behandlung sexueller Traumata: Streß, sekundäre Traumatisierung bei Psychotherapeuten. In: Stamm BH, Hrsg. Sekundäre Traumastörungen: Wie Kliniker, Forscher und Erzieher sich vor traumatischen Auswirkungen ihrer Arbeit schützen können. Paderborn: Junfermann; 2002: 66–74
[507] McCann IL, Pearlman LA. Psychological trauma and the adult survivor: theory, therapy, and transformation. New York: Brunner/Mazel; 1990
[508] Miqdadi D. "It's tough but it's worth it": Psychosocial counsellors' experience of working with Iraqi refugees in Jordan: an interpretative phenomenological analysis (2015). Im Internet: http://openaccess.city.ac.uk/12477/; Stand: 24.10.2016
[509] Ozer EJ, Best SR, Lipsey TL et al. Predictors of posttraumatic stress disorder and symptoms in adults: a meta-analysis. Psychol Bull 2003; 129 (1): 52–73
[510] Steed L, Bicknell J. Trauma and the therapist: The experience of therapists working with perpetrators of sexual abuse. The Australasian Journal of Disaster and Trauma Studies 2001; 1
[511] Weitkamp K, Daniels JK, Klasen F. Psychometric properties of the questionnaire for secondary traumatization. Eur J Psychotraumatol 2014; 5: 21 875. Im Internet: http://dx.doi.org/10.3402/ejpt.v5.21875
[512] Welsh MC. Vicarious traumatization and vicarious resilience: an exploration of therapists' experiences conducting individual therapy of refugee clients: a project based upon an investigation at Family Health Center of Worcester. Worcester, Massachusetts; 2014. Im Internet: http://scholarworks.smith.edu/theses/850/; Stand: 24.10.2016

7.2 Selbstfürsorge und Supervision

Benjamin Bulgay, Maria Borcsa

7.2.1 Erfahrungssituation von Helfer(inne)n

„Als ich die Bilder der Kinder gesehen habe, die mit einer Plastiktüte und leerem Blick hinter ihren Eltern herliefen, wollte ich spontan helfen. Das Elend und Leid der Flüchtlinge, besonders der Kinder, hat mich sehr berührt. Nun arbeite ich seit über einem Jahr mit minderjährigen Flüchtlingen, ein Jahr voller Aufs und Abs. Rückblickend muss ich sagen, dass mein Bild von den Flüchtlingen und der Arbeit mit ihnen verzerrt war."
Sozialpädagoge, 35 Jahre, zuvor tätig in der Betreuung von Familien mit verhaltensauffälligen Kindern.

Zahlreiche ehrenamtliche und professionelle Helfer(innen) sind in der Arbeit mit geflüchteten Menschen einer Vielzahl von neuen Erfahrungen und Belastungen ausgesetzt, auf die sie nicht zwangsläufig vorbereitet waren. Neben den unterschiedlichen Bedürfnissen und Persönlichkeiten und dem variierenden asylrechtlichen Status der geflüchteten Menschen oder Familien sind sie auch mit den jeweiligen kulturellen Besonderheiten der Herkunftsländer konfrontiert. Durch die schwerwiegenden Erlebnisse der Kinder, Jugendlichen und Erwachsenen können Helfer(innen) an die Grenzen ihrer Verarbeitungsmöglichkeiten kommen.

Die persönlichen Belastungen können aus verschiedenen Aspekten herrühren:
• aus verzerrter Wahrnehmung
• aus interkulturellen Differenzen
• aus psychischer und physischer Überforderung
• aus sekundärer Traumatisierung

Um die Arbeit zuverlässig, kompetent und nachhaltig meistern zu können, sind die persönliche Selbstfürsorge und die Verarbeitung der Erfahrungen in einer begleitenden Supervision unverzichtbar. Ziel ist, dass Psychotherapeut(inn)en, Sozialarbeiter(inn)en, Pädagog(inn)en und ehrenamtlich Engagierte die alltäglichen Belastungen bewältigen und ihre Tätigkeit zum Nutzen der geflüchteten Menschen ausüben können. Nicht nur kulturelle Unterschiede und traumatische Erlebnisse, auch benötigte und schwer zugängliche nicht-therapeutische Unterstützung (z. B. juristischer Art) können Helfer(innen) an die Grenzen ihrer Handlungsfähigkeit oder Belastbarkeit bringen. Supervision hat hier u. a. die Aufgabe, die Grenzen der eigenen Möglichkeiten zu thematisieren und den Umgang mit diesen Grenzen einzuüben. Daneben ist eine regelmäßige Supervision zur Prävention von sekundärer Traumatisierung geboten (s. Kap. 7.1). Supervision sollte zudem den Aspekt der Selbstfürsorge betonen und die Helfer(innen) darin bestärken, individuelle Stressbewältigungskompetenzen zu entwickeln und für emotionalen Ausgleich zu sorgen.

7.2.2 Supervision im Kontext der Arbeit mit geflüchteten Menschen

Definition und Anwendungsfelder von Supervision

Supervision wird als professionelle Beratung in beruflichen Kontexten definiert, mit dem Ziel, Einzelpersonen, Gruppen, Teams und andere Organisationseinheiten bei der Bewältigung von Schwierigkeiten im Arbeitsalltag sowie bei der Reflexion und Verbesserung beruflichen Handelns zu unterstützen [513]. Ihre Entwicklung basiert auf einer Pluralität von Einflüssen aus unterschiedlichen Disziplinen (Psychologie, Pädagogik, Soziologie, Philosophie u. a.) und nutzt mannigfache Theorien, Konzepte und Ansätze (z. B. Psychoanalyse, Systemtheorie, Organisationstheorien, Kommunikationstheorien, Gruppendynamik u.v.m). „Supervision arbeitet an den Schnittstellen Person-Tätigkeit-Rolle/Funktion-Organisation-Umwelt/Gesellschaft" ([514], 43), ein Zusammenhang, der im Kontext der professionellen Unterstützung von Geflüchteten eine besondere Bedeutung gewinnt. Gesellschaftlich-kulturelle Diskurse und Strukturen greifen in stärkerem Maße in die Arbeit ein als bei der Tätigkeit mit einem anderen Klientel: Neben medial vermittelten Erklärungsmustern für die Kriegs- und Fluchtsituation [517] sind Helfer(innen) mehr oder weniger subtilen politischen Narrativen ausgesetzt, die im eigenen Land ihre Arbeit honorieren oder aber – zumeist auf implizite Weise – abwerten.

Supervision selbst kann als Teil einer Organisationskultur verstanden werden, wobei Klienten-, Team- und Organisationsdynamik sich wechselseitig beeinflussen [515], d. h., „es besteht die Gefahr einer Therapeutisierung, wenn die Arbeit in der Supervision sich nur (…) auf die Helfer-Klient Beziehung konzentriert und damit die komplexen Zusammenhänge der Institutionalisierung von Arbeit auf leichter durchschaubare individuelle Beziehungen reduziert wird" ([516], 39). Aufgabe der Supervisor(inn)en wäre somit, möglichst alle Systemebenen einer Organisation nicht aus dem Blick zu verlieren.

Wie andere Beratungsformate hat auch Supervision den Anspruch, zunächst eine Klärung herbeizuführen, ob sie für ein Anliegen bzw. für einen Auftrag geeignet ist und somit ein Kontrakt (insbesondere über Zielstellung, Frequenz und Dauer) formuliert werden kann.

In der Arbeit mit geflüchteten Menschen kann in unterschiedlichen Arbeitskontexten Supervisionsbedarf entstehen, beispielsweise:
- im psychotherapeutischen oder pädagogischen Einzelsetting,
- in der Zusammenarbeit eines Teams (beispielsweise auf einer psychiatrischen Station) oder
- in der gesamten Organisationseinheit (z. B. in einem Flüchtlingswohnheim).

Diversity-orientierte Ansätze können in diesem Zusammenhang eine besondere Bedeutung gewinnen und Hilfestellung bieten: „Diversity bezieht sich auf die Mischung von Unterschiedlichkeiten UND Gemeinsamkeiten und meint, dass alle Individuen immer mehreren Merkmalsgruppen gleichzeitig angehören. Managing Diversity versucht, Vielfalt möglichst differenziert abzubilden und gleichzeitig Gemeinsamkeiten sichtbar zu machen." ([518], 81). Mithilfe der *„Diversity-Landkarte"* können neben den Kernaspekten der Persönlichkeit, zu denen Geschlecht, Ethnie/Herkunft, Hautfarbe, sexuelle Orientierung, Alter und physische/psychische Fähigkeiten zählen, sowohl beim Klientel als auch bei den Helfenden weitere Dimensionen in den Blick genommen werden, etwa Einkommen (im Herkunfts- und Aufnahmeland), Sprache/Dialekt, Familienstand etc. ([518], 83). So kann u. U. deutlich werden, dass die soziale Schicht einer geflüchteten Familie im Herkunftsland höher war als die des Helfers im Aufnahmeland. Die Auswirkung auf die Beziehungsdynamik zwischen den Klienten und dem/den Professionellen kann durch diese Analyse einer erweiterten Reflexion zugeführt werden.

Formen und Settings in der Supervision

Den unterschiedlichen Fragestellungen und Problemen stehen verschiedene Settings und unterschiedliche Methoden gegenüber, die je nach Bedarf eingesetzt werden können (auf Lehr- und Ausbildungssupervision, z. B. im Rahmen einer psychotherapeutischen Ausbildung, wird an dieser Stelle nicht eingegangen); die wichtigsten Modalitäten sollen hier exemplarisch benannt werden.

Fallsupervision

Im Zentrum steht das von einem Supervisanden eingebrachte Thema oder Problem (Fall). Das Einbringen eines Falles in die Supervision kann im Einzel-, Gruppen- oder Teamsetting erfolgen. Bei der Fallsupervision ist das „Ziel die Erweiterung der Wahrnehmung und ein vertieftes Verstehen als Grundlage für die Veränderung des Verhaltens und des beruflichen Handelns. Im Vordergrund der Fallsupervision steht die Beziehung zwischen Fachkraft und Klient/in, Therapeut/in und Patient/-in, Führungskraft und Mitarbeiter/in" ([513], 18). Der sogenannte Falleinbringer benennt – je nach Vorgehensweise des Supervidierenden – Grundaspekte des Falles und seine Fragestellung. Die Supervisor(inn)en stehen wiederum, je nach methodischer Ausrichtung, unterschiedliche Weisen zur Verfügung, die Fragestellung in Abhängigkeit von Setting und Kontext zu bearbeiten.

Einzelsupervision

Ein einzelner Supervisand wird von einem/einer Supervisor(in) beraten; eine Indikation besteht bei extremer emotionaler Betroffenheit, großen Enttäuschungen, starker professioneller Verunsicherung oder Berührung mit eigenen existenziellen Ängsten. Als ein spezifisches Einzelsupervisions-Setting kann die professionelle Beratung des Leiters einer Einrichtung benannt werden (Coaching).

Gruppensupervision

Dieses Setting setzt sich zusammen aus Personen, die nicht in derselben Einrichtung tätig sind und entweder in gleichen, ähnlichen oder aber in unterschiedlichen beruflichen Rollen und Funktionen arbeiten. Eine Gruppensupervision im Kontext der Flüchtlingsarbeit kann bspw. durch einen größeren Träger ins Leben gerufen werden, der mehrere Angebote (Wohnheime, Beratungsstellen etc.) bereitstellt und für ehrenamtliche und/oder professionelle Mitarbeiter(innen) unterschiedlicher Teams eine externe, unterstützende Begleitung sucht.

Teamsupervision

Teamsupervision lässt sich in einem weiteren und engeren Sinne fassen: im weiteren Sinne wird das Team als Setting genutzt, in dem sich die Reflexion auf ausgewählte Fälle bezieht, mit denen alle oder einzelne Teammitglieder arbeiten. Das Team stellt eine Ressource für den Supervisanden dar, um veränderte Sichtweisen und ggf. neue Lösungswege zu kreieren. Teamsupervision im engeren Sinne macht das Team selbst zum Thema der Reflexion und der Lösungssuche (s. eine detaillierte Prozessbeschreibung in [520]); eine Indikation besteht hier bei kollegialen Problemen, insbesondere, wenn diese sich auf die Arbeit mit den Klient(inn)en bzw. Patient(inn)en negativ auswirken oder in Wechselwirkung zu diesen stehen. Es wird dann von isomorphen Prozessen gesprochen, wenn sich z. B. Konflikte zwischen Mitarbeiter(innen) in einem Wohnheim auf der Ebene der Bewohner(innen) widerspiegeln und verstärken und vice versa. Spannungen zwischen den Mitarbeitenden, bspw. in der Wahrnehmung der Geschlechterrollen oder zwischen unterschiedlichen Kulturen, gilt es daher anzusprechen und ggf. aufzuarbeiten, um nicht unbewusst die Arbeitsqualität zu gefährden. Multikulturelle Teams können sich zudem in interkulturelle Zwiespalte verfangen, wenn einzelne Teammitglieder sich den Flüchtlingen kulturell (vermeintlich) näher fühlen. In der Arbeit mit Geflüchteten, in der es durch Abschiebungen zu Beziehungsabbrüchen kommen kann, können Trauerarbeit oder die Entwicklung von Trauerritualen für ein Team eine besondere Bedeutung gewinnen.

Intervision

Als spezifische, selbst-organisierte Supervisionsform ohne externe(n) Supervisor(in) kann die *Intervision* oder kollegiale Beratung benannt werden, insofern sie geregelten kommunikativen Strukturen folgt (s. z. B. [519]).

Grundsätze teambezogenen Arbeitens

Teambildung ist wichtig, um ein gemeinsames und einheitliches Betreuungs- oder Behandlungskonzept umzusetzen. Das Team braucht Gelegenheiten, sich auch außerhalb der Arbeit zu erleben. Gemeinsame Aktivitäten schaffen Nähe und Verbindlichkeit, die das Umsetzen der Richtlinien bei der Arbeit und die Vermeidung von Konflikten erleichtern und die zugleich der Selbstfürsorge dienen (gemeinsame sportliche Aktivitäten etc.).

7.2.3 Inhalte und Themen in der Supervision – Fokus: Arbeit mit unbegleiteten minderjährigen Asylbewerber(inne)n und Flüchtlingsfamilien

Im Folgenden werden relevante Themen, die sich in der Arbeit mit geflüchteten Menschen ergeben können, näher beleuchtet. Die Beispiele orientieren sich insbesondere an Erfahrungen, die in der Arbeit des Erstautors mit geflohenen Familien und mit unbegleiteten minderjährigen Flüchtlingen im Kontext eines Flüchtlingswohnheims gemacht wurden.

Fluchtgeschichten und traumatische Erfahrungen

Wenn geflüchtete Kinder, Jugendliche oder Familien Vertrauen in ihre Helfer(innen) aufgebaut haben, erzählen sie von ihren persönlichen Erfahrungen. Manche Geschichten aus dem Herkunftsland, die häufig von Angst, Gewalt und Tod beherrscht werden, sind oft nur schwer zu ertragen. Auch die Erlebnisse auf der Flucht, erlebte Misshandlungen, Tötungen von Familienmitgliedern, Hunger und Entbehrungen können die Helfer(innen) an die persönliche Belastungsgrenze bringen. Supervision bietet eine Möglichkeit, das Gehörte noch einmal zu thematisieren und die eigenen Gefühle dazu einzuordnen. Behandlungsformen traumatischer Ereignisse können in Einzel-, Gruppen- oder Teamsupervisionen reflektiert und die therapeutischen Prozesse unterstützend begleitet werden.

Nähe und Distanz

In der Arbeit mit geflüchteten Menschen – insbesondere mit unbegleiteten minderjährigen Asylbewerber(inne)n, die große Bedürftigkeit zeigen – können Schwierigkeiten mit Distanz und Nähe auftreten. Für Fachkräfte, die bspw. täglich in einem Heim mit Geflüchteten arbeiten, kann es schwerer als in anderen professionellen Kontexten sein, adäquate professionelle Distanz zu wahren. Aufgrund der engen Vertrautheit und der belastenden Situation von Flüchtlingen müssen die Helfer(innen) täglich einen Spagat zwischen Wertschätzung, Kulturverständnis und den eigenen Grenzen bewältigen. Stets besteht die Gefahr, dass die Helfer(innen) entweder vereinnahmt (zu viel Nähe) oder abgelehnt (zu viel Distanz) werden.

Helfer(innen) und Geflüchtete verbringen viel Zeit miteinander, sodass immer wieder enge Beziehungen, insbesondere auch geprägt von Mitgefühl und Hilfsbereitschaft, entstehen können. Die Weitergabe von privaten Telefonnummern, das Vernetzen mit den Klient(inn)en in sozialen Netzwerken und das Schließen von Freundschaften können Ergebnisse dieser Prozesse sein. Ziel der Supervision ist es, das Personal zu stärken und es dazu zu befähigen, seine eigenen Grenzen im Sinne einer professionellen Selbstdefinition zu bestimmen und immer wieder zu überprüfen.

Zum Schutz der Mitarbeiter(innen) ist es zentral, für das gesamte Team gültige Richtlinien zum Themenfeld ‚professionelle Distanz' zu erstellen und diese mit Überzeugung nach innen und außen zu vertreten. Dazu kann auch eine Führungssupervision mit der Leitung der Einrichtung von Bedeutung sein.

Regeln einhalten

Fallbeispiel 1: Probleme bei der einheitlichen Haltung des Teams

In einem Wohnheim für jugendliche Asylbewerber(innen) zeigt es sich aufgrund unterschiedlich starker biografischer Identifikation der Helfer(innen) mit der Herkunftskultur der Jugendlichen als eine Herausforderung, gegenüber diesen eine einheitliche Haltung zu zeigen. Einzelne Mitarbeiter(innen) mit dem nachvollziehbaren Wunsch, den Bedürfnissen der Geflüchteten gerecht zu werden, sind gewährender im Umgang als andere Kolleg(inn)en. Die emotionale Nähe zu den Empfindungen und Sorgen der Jugendlichen wird zum Anlass, Regeln aufzuweichen, bspw. beim verpflichtenden Schulbesuch. So wird zeitweilig zu nachsichtig mit jugendlichen Flüchtlingen umgegangen, die morgens „nicht aus dem Bett" kommen, weil sie ein diffuses Unwohlsein verspüren. Doch sobald das Team nicht „mit einer Stimme spricht", suchen einzelne Jugendliche Wege und Möglichkeiten, den allgemeingültigen Richtlinien, etwa dem verpflichtenden Schulbesuch, zu entgehen.

Der Aufbau einer einheitlichen Haltung und verpflichtender Richtlinien wird Thema der Teamsupervision. Den Mitarbeiter(inne)n wird deutlich, dass der Rückhalt des Teams nur funktioniert, wenn alle ein gemeinsames Ziel verfolgen und sich an die Regeln halten. Gelingt es den Jugendlichen, den einen oder anderen Mitarbeiter für einen Regelbruch zu gewinnen, wankt das gesamte Regelgerüst. Dann fühlt sich möglicherweise niemand mehr verpflichtet, die Richtlinien einzuhalten.

Ablehnung weiblicher Fachkräfte

Fallbeispiel 2: Co-Beratung als Ausweg aus einem Geschlechtsrollen-Dilemma

Wegen massiver Misshandlung flüchtet die Frau eines aus Nordafrika stammenden, muslimischen Ehepaares ins Frauenhaus. Dabei kann sie ihre jüngste Tochter – von insgesamt 4 Kindern – nicht mitnehmen. Der Arbeitsauftrag für die vom Jugendamt beauftragte pädagogische Fachkraft lautet, einen Vorschlag für den dauerhaften Verbleib der Kinder und eine Sorgerechtsempfehlung zu geben. Der Kindesvater weigert sich kategorisch, mit der weiblichen Fachkraft zu reden. Seine Gesprächsverweigerung löst Ärger und Hilflosigkeit aus. Bei der Fachkraft kommen Versagensängste auf, sie fühlt sich abgelehnt und respektlos behandelt. Das wiederum macht einen wertschätzenden und respektvollen Umgang mit dem Mann nahezu unmöglich.

In der Fallsupervision bekommt die Mitarbeiterin die Möglichkeit, ihren Ärger und ihre Wut anzusprechen. In der anschließenden Reflexion über kulturelle Zusammenhänge und Wertvorstellungen findet sie zurück zur Neutralität, überwindet ihre von Emotionen gesteuerten Reaktionen und initiiert eine Änderung der Vorgehensweise. Aus der Einzelberatung wird eine Co-Beratung, die zusätzlich mit einem männlichen Mitarbeiter besetzt wird. Dieser arbeitet mit dem Vater, die weibliche Fachkraft mit der Kindesmutter. Diese Form der Gesprächsführung erleichtert das Beibehalten einer sachlichen Position und eine klare, wertneutrale Beurteilung der Problematik. Das Ziel, beide Parteien zu einem gemeinsamen Gespräch zu bewegen, wird nach 10 Sitzungen erreicht. Nun kann zusammen geklärt werden, wie die Eltern die Betreuung der Kinder, besonders der jüngsten Tochter, künftig regeln.

Erziehung und Gewalt

In einigen Herkunftsländern der Geflüchteten ist die körperliche Züchtigung von Kindern ein kulturell bzw. milieuspezifisch akzeptiertes Erziehungsverhalten. Viele geflüchtete Familien verändern ihr Verhalten im aufnehmenden Land nicht unmittelbar, sondern agieren zunächst weiterhin so, wie sie es gewohnt waren. Hierdurch werden professionelle Helfer(innen) in der Arbeit mit Flüchtlingsfamilien wiederkehrend mit Gewalt gegen Kinder konfrontiert. Dieses Verhalten bringt sie in einen Zwiespalt. Einerseits müssten sie das Jugendamt ggf. über eine Kindeswohlgefährdung informieren, andererseits würden sie dadurch das Vertrauen der Familie verlieren, eine weiterführende Arbeit wäre anschließend kaum mehr möglich.

Fallbeispiel 3: Körperliche Züchtigung aufgeben

In einer Flüchtlingseinrichtung für Familien ist es nahezu an der Tagesordnung, dass Kinder körperlich gezüchtigt werden. Die professionelle Helferin bespricht das Problem in der Teamsupervision. Gemeinsam wird ein Konzept entwickelt, in dem den betreffenden Familien Schritt für Schritt andere Möglichkeiten aufgezeigt werden, ihre Kinder zu erziehen. Dabei wird immer wieder deutlich gemacht, dass Gewalt gegen Kinder in Deutschland ein Verstoß gegen das Gesetz darstellt und mit Kindesentzug geahndet werden kann. Die Familie bekommt damit die Chance, ihre Erziehungsstrategie zu ändern. Dabei wird sie von der professionellen Helferin und ggf. einem männlichen Kollegen aktiv unterstützt und täglich begleitet.

Schutz und Selbstschutz

Fallbeispiel 4: Handlungsabläufe zur Deeskalation von Konflikten

Konflikte zwischen den Bewohnern in einer Gemeinschaftsunterkunft, die schnell eskalieren, stellen die Helfer(innen) wiederholt auf eine Belastungsprobe. Dabei geht es zum einen darum, die Geflüchteten selbst vor Ausschreitungen und Handgreiflichkeiten zu schützen, zum anderen auch darum, die Sicherheit der Mitarbeiter(innen) zu gewährleisten. Ein Workshop zum Thema Schutz und Selbstschutz mit einem externen Berater wird für die gesamte Institution organisiert. Bei dieser Gruppenarbeit entwickeln die Mitarbeiter(innen) konkrete Handlungsabläufe, wie sie im Konfliktfall reagieren sollten.

Sexualität, sexuelle Belästigung und sexueller Missbrauch

Da in weiten Teilen des Islam ein Mädchen keinen Geschlechtsverkehr vor der Ehe haben darf (im Extremfall besteht die Gefahr der Tötung der Frau als Bestrafung), kann sich die sexuelle Lust der Erwachsenen auf Jungen richten. Manche geflüchteten Kinder und Jugendliche schildern es als Normalität, dass sie im Laufe ihres Lebens (immer wieder) sexuell missbraucht worden sind. Dies führt zuweilen auch dazu, dass der Missbrauch im aufnehmenden Land fortgeführt wird – ein Tatbestand, auf den die professionellen Helfer(innen) zu reagieren haben. Supervision kann hier im Sinne der Selbstfürsorge dazu beitragen, sich von eigener emotionaler Beteiligung zu distanzieren und handlungsfähig zu bleiben.

Fallbeispiel 5: Bedeutsame kulturelle Unterschiede im Umgang mit Sexualität thematisieren

Sexuelle Belästigungen innerhalb der Gruppe der unbegleiteten minderjährigen Geflüchteten können die Helfer(innen) vor diverse Probleme stellen. Mitarbeiter(innen) in einem Wohnheim, besonders weibliche, sehen sich in diesem Kontext mit der nicht-egalitären Stellung von Mann und Frau in der fremden Kultur konfrontiert. Es kann in der Folge schwer sein, mit den männlichen Geflüchteten weiterhin wertschätzend zu arbeiten.

Zum Thema Umgang mit Sexualität und sexueller Belästigung können in der Teamsupervision zunächst die kulturellen Besonderheiten thematisiert werden: bspw. existiert in Afghanistan eine Jahrhunderte alte Tradition des Knaben-Tanzes *(Baccha Baazi)*, das in kulturell tolerierte sexuelle Praktiken mit den minderjährigen Jungen mündet (Kinderprostitution). Auf der Basis spezifisch kulturellen Wissens im Zusammenhang zu sexuellen Regeln, Normen und Praktiken können Mitarbeiter(innen) mit jugendlichen Asylbewerber(inne)n leichter über das Thema ins Gespräch kommen, Unterschiede aufzeigen und konkrete Handlungsanweisungen einüben.

Assimilationsdruck der Helfer(innen)

Einige Helfer(innen) neigen dazu, sich den kulturellen Gepflogenheiten der Geflüchteten anzupassen. Sie möchten die Sprache und Gewohnheiten kennenlernen und z. T. auch übernehmen – dies alles, um den geflüchteten Menschen bei der Integration zu helfen. Helfer(innen) brauchen hier Unterstützung darin, ihre Person von ihrer Rolle zu trennen und klare Grenzen zu ziehen. Persönlich oder politisch motiviertes Überengagement sollte in Einzel- oder Teamsupervision reflektiert werden.

Beziehungsabbrüche und Beendigung der professionellen Arbeitsbeziehung

Neben den persönlichen Erlebnissen und Erfahrungen der Geflüchteten, müssen die professionellen Helfer(innen) auch häufiger als in der Arbeit mit anderer Klientel mit Beziehungsabbrüchen umgehen. Dies geschieht beispielsweise

- durch örtliche Veränderung aufgrund familiärer Zusammenführungen,
- durch das Erreichen der Altersgrenze der unbegleiteten minderjährigen Flüchtlinge,
- durch den Umzug in eine eigene Wohnung
- oder weil ein Bewohner in das Herkunftsland abgeschoben wird.

Beziehungsabbruch und Trennungen, die als Verluste erlebt werden, können von Trauer begleitet sein, die in der Supervision aufgearbeitet werden sollten.

Fazit

Helfer(innen) in der Arbeit mit geflüchteten Menschen benötigen qualifizierte Unterstützung in Form von regelmäßiger Supervision, um ihre Standpunkte immer wieder zu überdenken, sich gegen die vielfältigen Anforderungen abzugrenzen und bei Ambivalenzen und Paradoxien handlungsfähig zu bleiben. Eindeutige Grenzen zwischen Arbeit und Privatleben sind in diesem Kontext unentbehrlich, um professionelle Distanz und Rollenklarheit zu wahren. Supervision ist eine unerlässliche Unterstützung der Helfer(innen) und sollte ab dem 1. Tag der Arbeit regelmäßig – und nach Möglichkeit auch „auf Abruf" – zur Verfügung stehen. Dabei spielt Prävention eine große Rolle, um die Helfer(innen) vor Enttäuschungen und Frustrationen zu schützen oder einer sekundären Traumatisierung vorzubeugen. Für Organisationseinheiten kann zugleich die Stärkung der Team-Kooperation bedeutsam sein, denn Gegensätze zwischen Mitarbeiter(innen) sollten sich nicht negativ auf die Arbeit mit den Klient(inn)en auswirken. Hierbei kann auch eine Leitungs-Supervision eine besondere Bedeutung gewinnen.

Insgesamt sind gerade in der Arbeit mit geflohenen Menschen die Auswirkungen, die gesellschaftspolitische Diskurse auf den Arbeitsalltag haben können, nicht zu unterschätzen und sollten in die Reflexion einbezogen werden.

7.2.4 Literatur

[513] Deutsche Gesellschaft für Supervision e.V.: Supervision – ein Beitrag zur Qualifizierung beruflicher Arbeit. Broschüre. Im Internet: http://www.dgsv.de/wp-content/uploads/2011/12/grundlagenbroschuere_2012.pdf; Stand: 13.01.2017
[514] Hausinger B. Supervision. In: DGSv Kernkompetenz: Supervision. Ausgewählte Formate der Beratung in der Arbeitswelt. Köln: DGSv; 2010: 43–48
[515] Heltzel R. Supervision und Beratung in der Psychiatrie. Bonn: Psychiatrie; 2007
[516] Möller H. Was ist gute Supervision? Grundlagen – Merkmale – Methoden. Stuttgart: Klett-Cotta; 2001
[517] Papadopoulos RK. Refugee families: Issues of systemic supervision. J Fam Ther 2001; 23(4): 405–422
[518] Steinböck M. Diversity-kompetente Supervision. Der Umgang mit Unterschieden und Gemeinsamkeiten in der Supervision. Psychotherapie im Dialog 2015; 1: 80–84
[519] Tietze K.-O. Kollegiale Beratung: Problemlösungen gemeinsam entwickeln. Reinbek: Rowohlt; 2003
[520] Schlippe A v., El Hacchimi M, Jürgens G. Systemische Supervision in multikulturellen Kontexten. OSC Organisationsberatung – Supervision – Clinical Management 1997; 4(3): 207–224

8 Praxisleitfaden und Therapieführer

Anja Greinacher, Cassandra Derreza-Greeven, Christoph Nikendei

Dieses Kapitel soll praktische Hilfestellungen für die Arbeit mit traumatisierten Geflüchteten ermöglichen. Ausgehend von der diagnostischen Perspektive werden in Kap. 8.1 vorab Ursachen und Symptomatik der gängigsten Störungen nach einschneidenden Lebensereignissen und traumatischen Belastungen gegenübergestellt (▶ Tab. 8.1), um die *differenzialdiagnostische Einordnung von Traumafolgestörungen* zu ermöglichen. Um die Auswahl von *Fragebogeninstrumenten und Interviews zur Erfassung von Traumafolgestörungen, komorbiden psychischen Störungen, Ressourcen und Sekundärtraumatisierung* für eine ergänzende Diagnostik zu erleichtern, werden etablierte Instrumente mit Einsatzgebiet, sprachenbezogener Verfügbarkeit und psychometrischen Kennwerten aufgeführt (▶ Tab. 8.2). Eine *deutschlandweite Liste von Kliniken mit ambulanten und/oder stationären Behandlungsangeboten* (▶ Tab. 8.3), von Beratungs- und Behandlungszentren sowie Vereinen zur medizinischen Versorgung von Geflüchteten (Kap. 8.3) soll die häufig schwierige Suche nach einem verfügbaren Behandlungs- und Beratungsort unterstützen. Darüber hinaus finden sich *telefonische Hilfsangebote* (Kap. 8.4) *und online-Hilfsangebote* (Kap. 8.5) für Migrant(inn)en, Geflüchtete und Folteropfer, aber auch Helfer. In Kap. 8.6 werden *Listen mit Sachverständigen-Gutachter(inne)n* für die Begutachtung reaktiver psychischer Traumafolgen im sozialen Entschädigungsrecht, in der gesetzlichen Unfallversicherung sowie in aufenthaltsrechtlichen Verfahren zugänglich gemacht.

8.1 Diagnostik

Tab. 8.1 Kriterien zur diagnostischen Klassifizierung psychischer Belastungssyndrome nach einschneidenden Lebensereignissen und traumatischen Extrembelastungen (s. Kap. 4.1.6).

Diagnose	Ursache der psychischen Symptomatik	Zeitpunkt des Auftretens von Symptomen	Dauer der Symptomatik	im Vordergrund stehende Symptomatik
Akute Belastungsreaktion (ICD-10: F43.0)	außergewöhnliche physische oder psychische Belastung	unmittelbar	8–48 Stunden	gemischtes, wechselndes Bild: beginnend mit einer Art von „Betäubung", gefolgt von Sich-Zurückziehen, Unruhezustand oder Überaktivität; häufig vegetative Zeichen panischer Angst
Posttraumatische Belastungsstörung (PTBS) (ICD-10: F43.1)	Reaktion auf ein belastendes Ereignis oder eine Situation kürzerer oder längerer Dauer mit außergewöhnlicher Bedrohung oder katastrophenartigem Ausmaß	innerhalb von 6 Monaten	bis zu 3 Monate: akute PTBS; über 3 Monate: chronische PTBS	Intrusionen, Flashbacks (Nachhallerinnerungen), Hyperarousal, Vermeidungsverhalten, Albträume
Komplexe Posttraumatische Belastungsstörung (KPTBS) (ICD-11: Kap. 7b)	sich wiederholendes oder lang andauerndes traumatisches Ereignis	die Symptome können unmittelbar nach dem ersten traumatischen Ereignis oder auch erst Jahre später auftreten	Symptomatik kann unter Umständen lebenslang bestehen	Kernsymptome der PTBS plus anhaltende und umfassende Störungen in der Affektregulation, Funktionen des Selbst und Beziehungsfunktionen

Tab. 8.1 Fortsetzung

Diagnose	Ursache der psychischen Symptomatik	Zeitpunkt des Auftretens von Symptomen	Dauer der Symptomatik	im Vordergrund stehende Symptomatik
Anpassungsstörung (ICD-10: F43.2)	entscheidende Lebensveränderung oder nach belastenden Lebensereignissen	innerhalb eines Monats	nicht länger als 6 Monate (Ausnahme: bis zu 2 Jahre bei längerer depressiver Reaktion; F43.21)	Depressions- und Angstsymptome
Persönlichkeitsveränderung nach Extrembelastung (ICD-10: F62.0)	Extrembelastung, sodass Vulnerabilität der Person als Erklärung nicht in Erwägung gezogen werden muss	nach einer Extrembelastung (Konzentrationslager, Folter, Katastrophen, anhaltende lebensbedrohliche Situationen)	mindestens 2 Jahre	feindliche oder misstrauische Haltung gegenüber der Welt, sozialer Rückzug, Gefühle der Leere oder Hoffnungslosigkeit, chronisches Gefühl der Anspannung wie bei ständigem Bedrohtsein und Entfremdungsgefühl

Tab. 8.2 Diagnostische Interviews und Fragebogeninstrumente.

Fragebogen (FB)/ Interview (I)	Fokus	Anzahl der Items	Ausfüllzeit in Min.	verfügbare Sprachen	psychometrische Kennwerte
Fragebögen zur Erhebung traumatischer Erlebnisse bei Asylsuchenden und Geflüchteten					
PROTECT-Fragebogen [527]	Früherkennung von Personen mit traumatischen Erlebnissen; Stresssymptomatik	10	3	u. a. ar, bg, de, en, es, fa, fr, hu, nl, om, pl, ru, sh, so, sq	Keine Validierung
Comprehensive Trauma Inventory-104 (CTI-104) [530]	empirisch entwickelt, um die Erhebung traumatischer Kriegserlebnisse zu verbessen	104 Eventitems bei 12 Skalen (Event-Typs)	10–15	en, ku, vi	interne Konsistenz: Cronbachs α = .99 Test-Retest-Reliabilität: r = .83
Refugee Health Screener (RHS-15) [531]	Anzeichen von Angstzuständen, Depression und PTBS, familiären und persönlichen psychischen Geschichte, Stress-Reaktivität und Bewältigungskapazitäten	15	5	ar, es, ka, my, ne, ru, so	Spezifität: .86–.89
Fragebögen und Interviews zur Erfassung von Traumafolgestörungen					
Symptome der Posttraumatische Belastungsstörung (PTBS)					
Posttraumatische Stress-Skala (PTSS-10; FB) [538]	Screening der Belastung nach Akuttraumatisierung	10	3	de	interne Konsistenz: Cronbachs α = .93 Test-Retest-Reliabilität: r = .89 Kriteriumsvalidität: Sensitivität: 77.0 % Spezifität: 97.5 %
Impact of Event Scale, revised (IES-R; FB) [537]	posttraumatische Belastungsreaktionen (Schweregraderfassung, Verlaufsmessung)	22	7–15	de, el, es, fr, ja, zh, und weitere	interne Konsistenz: Cronbachs α = .79 – .92 Test-Retest-Reliabilität: r = .51 – .94

Tab. 8.2 Fortsetzung

Fragebogen (FB)/ Interview (I)	Fokus	Anzahl der Items	Ausfüllzeit in Min.	verfügbare Sprachen	psychometrische Kennwerte
Essener Trauma-Inventar (ETI; FB) [548]	Identifikation von traumatischen Ereignissen und diagnostischen Kriterien der akuten Belastungsstörung und PTBS	46	10–15	be, de, el, fa, fr, it, nl, pl, ru, sh, zh	*interne Konsistenz:* Cronbachs α = .82 – .95 *Kriteriumsvalidität:* Sensitivität: 97.3 % Spezifität: 98 %
Clinician-Administered PTSD Scale for DSM-5 (CAPS; deutsche Übersetzung: Klinische PTB-Skala für DSM-IV; KPS-TX; I) [522]	Diagnose und Schweregradbeurteilung der PTBS sowie der akuten Belastungsstörung	30	45–60	bs, de, en, fr, de, sv, zh	*interne Konsistenz:* Cronbachs α = .88 – .92
Havard Trauma Questionnaire (HTQ; I) [539]	Folter, Trauma und PTBS bei Geflüchteten	47 + offene Fragen	30	bs, hr, ja, km, lo, vi	*interne Konsistenz:* Cronbachs α = .90 *Interrater-Reliabilität:* r = .93
Symptome der KPTBS					
Interview zur Komplexen Posttraumatischen Belastungsstörung (I-KPTBS; I) [523], [544]	6 Störungsbereiche der KPTBS: • Regulation von Affekten und Impulsen • Wahrnehmung und Bewusstsein • Selbstwahrnehmung • Beziehung zu anderen Menschen • Somatisierung • Veränderungen von Lebenseinstellungen	40	20	de, en, fr, pt	*interne Konsistenz:* Cronbachs α = .73 – .85 *Konstruktvalididität:* gut
Klinische Interviews zur Erfassung psychischer Störungen					
Diagnostische Interviews zu Symptomen mehrerer Störungsbilder					
Strukturiertes Klinisches Interviews für DSM-IV, Achse I (SKID-I) [552]	ausgewählte psychische Syndrome und Störungen nach DSM-IV (Beginn und Verlauf)	variabel je nach symptomatischer Belastung durch „Sprungregel"	60 (10 min freier + 50 min strukturierter Teil)	de, el, en, es, he, it, nl, pt, ro, ru, zh	*Reliabilität:* befriedigend *Interrater-Reliabilität:* r = .57 – 1.00
Strukturiertes Klinisches Interview für DSM-IV, Achse II (SKID-II) [552]	Persönlichkeitsstörungen mit vorherigem Screening durch Fragebogen	Screeningfragebogen: 11; Interview: 117	30	de, el, en, es, fr, ko, nl, pl, ro, zh	*Validität:* gut *Test-Retest-Reliabilität:* r = .70 *Interrater-Reliabilität:* r = .78
Diagnostisches Interview bei psychischen Störungen (DIPS) [546]	Störungskriterien nach DMS-IV	–	90–120	de	*Validität:* gut

Tab. 8.2 Fortsetzung

Fragebogen (FB)/ Interview (I)	Fokus	Anzahl der Items	Ausfüllzeit in Min.	verfügbare Sprachen	psychometrische Kennwerte
Fragebögen zur Erfassung psychischer komorbider Störungen					
Symptome verschiedener Störungsbilder					
Patient Health Questionnaire (PHQ) [535]	depressive Störungen, Angststörungen, Alkoholmissbrauch oder -abhängigkeit, Essstörungen, somatische Störungen	78	10	cs, da, de, en, es, fi, fr, he, hu, it, ko, md, ms, nl, no, pl, ru, sv, zh	*Interne Konsistenz:* Cronbachs α = .79 – .88 *Kriteriumsvalidität:* Sensitivität: 75–86 % Spezifität: 70–94 %
Depressionssymptome					
Beck-Depressions-Inventar (BDI-II) [529]	Schweregrad einer depressiven Symptomatik	21	5–10	ar, de, fa, ja, zh + mehrere europäische Sprachen,	*Interne Konsistenz:* Cronbachs α = .90 – .93; *Validität:* r = .70 – .89
Angstsymptome					
State-Trait-Angstinventar (STAI) [534]	aktuelle und habituelle Angst	20 (State) + 20 (Trait)	2 × 15	>40 Sprachen, u. a. da, de, es, fi, fr, it, nl, no, pt, sv, th, zh	*Interne Konsistenz:* Cronbachs α = .90 *Retest-Reliabilität:* Trait r = .77 – .90; State r = .22 – .53
Hamilton Anxiety Rating Scale (HAM-A) [528]	Angststörungen	14	10–15	de, es, fr, kn	*Interne Konsistenz:* Cronbachs α = .77 – .92 *Interne Validität:* eingeschränkt
Panik- und Agoraphobie-Skala (PAS) [521]	Selbst- und/oder Fremdbeurteilungsverfahren für Panikstörungen und/ oder Agoraphobie	13	5–10	af, ar, da, en, nl, fr, de, el, he, hu, it, ja, pl, pt, es, sr, sv, tr	*Interne Konsistenz:* Cronbachs α = .70 – .94 *Test-Retest-Reliabilität:* r = .73 *konvergente Validität:* r = .58 – .76
Somatoforme Symptome					
Screening für Somatoforme Störungen (SOMS) [542]	Somatoforme Störungen	68 (Status), 53 (Verlauf)	5	de, pt	*Interne Konsistenz:* Cronbachs α = .73 – .88 *Test-Retest-Reliabilität:* r = .85 – .87 *Konstruktvalidität:* r = .45 – .59
Alkoholabhängigkeit					
Skala zur Erfassung der Schwere der Alkoholabhängigkeit (SESA) [532]	Abhängigkeitserkrankungen	28 + 5 Zusatzitems (Erfassung des Wiederauftretens des Syndroms nach Abstinenz)	5–10	de, en	*Interne Konsistenz:* Cronbachs α = .71 – .95

Tab. 8.2 Fortsetzung

Fragebogen (FB)/ Interview (I)	Fokus	Anzahl der Items	Ausfüllzeit in Min.	verfügbare Sprachen	psychometrische Kennwerte
Stress-Symptome					
Self-Report Inventory for Disorders of Extreme Stress (SIDES-SR) [536] 2 modifizierte deutschsprachige Versionen: Disorder of Extreme Stress Not Otherwise Specified (DESNOS), Traumativ Antecedents Questionnaire (TAQ)	Symptomschwere sowie Verlaufsbeobachtung	45 DESNOS: 48	10–15	de, en	Interne Konsistenz: Cronbachs α = .92 – .96 Test-Retest-Reliabilitäten: r = .90
Persönlichkeitsstile					
Persönlichkeitsstil und -störungs-Inventar (PSSI) [533]	Ausprägung von 14 Persönlichkeitsstilen	140	20	de, cs	Interne Konsistenz: Cronbachs α = .73 – .85 Test-Retest-Reliabilitäten: r = .68-.83
Dissoziative Symptome					
Fragebogen zu dissoziativen Symptomen (FDS) [547]	psychische und teilweise somatoforme Dissoziation	44	5–15	cy, de, en, fi, fr, he, ja, nl, pt, tr, ur	Interne Konsistenz: Cronbachs α = .83 – .95 Test-Retest-Reliabilitäten: befriedigend bis gut
Multidimensionales Inventar dissoziativer Symptome (MID) [525]	Häufigkeit verschiedener dissoziativer Erlebnisweisen	218	–	de	Interne Konsistenz: Cronbachs α = .69 – .94
Dissociation Questionnaire (DIS-Q) [550]	dissoziative Symptome	63		de (nicht validiert), en	
Dissociative Disorders Interview Schedule (DDIS) [543]	dissoziative Identitätsstörung und andere komplexe dissoziative Störungen	131	45–90	de	Güte-Kriterien: Reliabilität: gut Kriteriumsvalidität: Sensitivität: 94 % Spezifität: 100 %
Somatoform Dissociation Questionnaire (SDQ-20, Kurzform: SDQ-5) [540]	körperliche Aspekte der Dissoziation	20 (Kurzform: 5)	8	da, de, en, es, fr, he, it, md, nl, no, pl, pt, sv, tr, ur	Interne Konsistenz: Cronbachs α = .95 – .96 Validität: r = .62 – .85

Tab. 8.2 Fortsetzung

Fragebogen (FB)/ Interview (I)	Fokus	Anzahl der Items	Ausfüllzeit in Min.	verfügbare Sprachen	psychometrische Kennwerte
Erfassung psychischer Ressourcen					
Bochumer Ressourcenfragebogen (RESO-B) [551]	erfasste Bereiche: allgemeine Lebensbewältigung, erfolgreich bewältigte Krisen und aktuelle Problematik; objektive Ressourcen (Therapeutenfragebogen für aktuelle Problematik)	58	45	de	*Interne Konsistenz:* Cronbachs α = .63 – .89 *Reliabilität:* r = .67 – .93
Berner Ressourceninventar zur Erfassung von Patientenressourcen aus der Fremdbeurteilungsperspektive (REF) [549]	Ressourcenpotentiale durch Therapeut(inn)en oder Angehörige (objektivere Einschätzung als Selbsteinschätzung)	78	–	de	*Interne Konsistenz:* Cronbachs α = .72 – .89 *Reliabilität:* gut *Konstruktvalidität:* gut
Erfassung sekundärer Traumatisierung					
Fragebogen zur Sekundären Traumatisierung (FST) [524]	Inzidenz sekundärer Traumatisierung sowie deren Dauer	31	5	de, en	*Interne Konsistenz:* Cronbachs α = .94

af = Afrikaans, ar = Arabisch, be = Weißrussisch, bg = Bulgarisch, bs = Bosnisch, cs = Tschechisch, cy = walisisch, da = Dänisch, de = Deutsch, el = Griechisch, en = Englisch, es = Spanisch, fa = Farsi (Persisch), fr = Französisch, fi = Finnisch, he = Hebräisch, hr = Kroatisch, hu = Ungarisch, id = Indonesisch, it = Italienisch, ja = Japanisch, ka = Karenische Sprachen, km = Kambodschanisch (Khmer), kn = Kantonesisch, ko = Koreanisch, ku = Kurdisch, lo = Laotisch, md = Mandarin, ms = Malaiisch, my = Birmanisch, ne = Nepali, nl = Niederländisch, no = Norwegisch, om = Ethiopisch (Oromo), pl = Polnisch, pt = Portugiesisch, ro = Rumänisch, ru = Russisch, sh = Serbokroatisch, so = Somalisch, sq = Albanisch, sr = Serbisch, sv = Schwedisch, th = Thailändisch, tr = Türkisch, ur = Urdu, vi = Vietnamesisch, zh = Chinesisch

8.2 Behandlungsangebote

Tab. 8.3 Kliniken mit ambulanten und stationären Behandlungsangeboten für Migrant(inn)en und Geflüchtete.

Stadt	Einrichtung	ambulant [a]/ stationär [s]	Kurzbeschreibung	Homepage
Baden-Württemberg				
Mannheim	Zentralinstitut für Seelische Gesundheit (ZI), Institut für Psychiatrische und Psychosomatische Psychotherapie (IPPP)	a	wöchentliche ambulante Flüchtlingssprechstunde; Klinik stellt Sprach- und Kulturmittler **Zielgruppe:** Migrant(inn)en und Geflüchtete	https://www.zi-mannheim.de/behandlung/kv-psychother-hochschulambulanz.html
Stuttgart	Robert-Bosch-Krankenhaus, Abteilung für Psychosomatische Medizin	a	ambulantes Modellprojekt „Erste Schritte": Angebot für Mütter mit Migrationshintergrund und ihre Säuglinge; wöchentliches Treffen in Kleingruppe (max. 10 Teilnehmer) mit professioneller Betreuung **Zielgruppe:** Mütter mit ihren Säuglingen	https://www.rbk.de/standorte/robert-bosch-krankenhaus/abteilungen/psychosomatische-medizin.html

Tab. 8.3 Fortsetzung

Stadt	Einrichtung	ambulant [a]/ stationär [s]	Kurzbeschreibung	Homepage
Heidelberg	Universitätsklinikum Heidelberg, Klinik für Allgemeine Innere Medizin und Psychosomatik	a	wöchentliche ambulante Sprechstunde; telefonische Voranmeldung erbeten, damit eine entsprechende Sprachmittlung gewährleistet werden kann **Zielgruppe:** Migrant(inn)en und Geflüchtete	https://www.klinikum.uni-heidelberg.de/Willkommen.1088.0.html
Bad Herrenalb	Celenus Klinik Bad Herrenalb, Psychosomatische Fachklinik für medizinische Rehabilitation	s	stationäre transkulturelle Rehabilitation: Berücksichtigung migrationsbezogener Stressoren und kulturspezifischer Symptompräsentationen; herkunftsheterogene Kleingruppenangebote; Einzelgespräche in türkischer Sprache; ausreichende Deutschkenntnisse müssen vorhanden sein. **Zielgruppe:** türkischsprachige Migrant(inn)en und Geflüchtete	http://www.klinik-bad-herrenalb.de/ Flyer: http://www.klinik-bad-herrenalb.de/upload/pdf/BH_Transkult_01.2014.pdf
Bad Saulgau	Klinik am schönen Moos, Klinik für Psychosomatische Medizin, Psychiatrie und Psychotherapie	s	stationäre interkulturelle Psychosomatik: türkisch-stämmiges zweisprachiges Behandlungsteam; herkunftshomogene (Trauma-) Gruppentherapie, falls möglich geschlechtergetrennt; Deutschkenntnisse sind erforderlich **Zielgruppe:** türkischsprachige Migrant(inn)en und Geflüchtete	http://www.klinik-a-s-moos.de/Interkulturelle-Psychosomatik-fuer-tuerkische-und-andere-Mig.40.0.html
Tübingen	Universitätsklinikum Tübingen, Abteilung für Psychosomatische Medizin und Psychotherapie in Kooperation mit der Allgemeinen Psychiatrie und Psychotherapie mit Poliklinik	a	ambulante Einzel- und Gruppenbehandlung mittels Sprach- und Kulturmittler (Kurdisch: Kurmanschi) für Frauen aus dem Nordirak; in der Ambulanz zudem die Möglichkeit für diagnostische Gespräche einschließlich einer ausführlichen Beratung für Migrant(inn)en und Geflüchtete **Zielgruppe:** Frauen aus dem Nordirak, Migrant(inn)en und Geflüchtete	https://www.medizin.uni-tuebingen.de/Patienten/Kliniken/Medizinische+Klinik/Psychosomatische+Medizin+und+Psychotherapie.html
Ulm	Universitätsklinikum Ulm, Psychosomatische Medizin und Psychotherapie	a	hochschulambulante Diagnostik; zusätzlich besteht für Frauen aus dem Nordirak das Angebot einer Kunst-Gruppentherapie **Zielgruppe:** Frauen aus dem Nordirak, Migrant(inn)en und Geflüchtete	http://www.uniklinik-ulm.de/struktur/kliniken/psychosomatische-medizin-und-psychotherapie.html
Bayern				
Erlangen	Universitätsklinikum Erlangen, Psychosomatische und Psychotherapeutische Abteilung	a	ambulante Einzelbehandlungen zur Stabilisierung; Frequenz nach Bedarf **Zielgruppe:** Migrant(inn)en und Geflüchtete	http://www.psychosomatik.uk-erlangen.de/

Tab. 8.3 Fortsetzung

Stadt	Einrichtung	ambulant [a]/ stationär [s]	Kurzbeschreibung	Homepage
Furth im Wald	Johannesbad Fachklinik Furth im Wald	s	stationäre Suchttherapie für Migrant(inn)en; Einzel- und Gruppentherapie; mehrsprachige Psychotherapeut(inn)en und Ärzte; Angebot richtet sich an volljährige alkohol- und/oder medikamentenabhängige Frauen und Männer **Zielgruppe:** Migrant(inn)en aus den Staaten des ehemaligen Jugoslawien (Bosnien-Herzegowina, Kroatien, Mazedonien, Montenegro, Serbien und Slowenien) und russischsprachige Migrant(inn)en und Geflüchtete	http://www.fachklinik-furth.de/Suchttherapie-fuer-Migranten.aspx
Berlin				
Berlin	Klinik und Hochschulambulanz für Psychiatrie und Psychotherapie der Charité Berlin am Campus Benjamin Franklin	a	ambulante Sprechstunde auf Vietnamesisch und Arabisch; anschließend weiterführende ambulante Behandlung möglich **Zielgruppe:** arabisch- und vietnamesischsprachige Migrant(inn)en und Geflüchtete	https://psychiatrie.charite.de/
Berlin	Klinik für Psychiatrie und Psychotherapie der Charité Berlin am Campus Charité Mitte, Zentrum für interkulturelle Psychiatrie und Psychotherapie (ZIPP)	a	ethnopsychiatrische Ambulanz: Sprach- und Kulturmittler in ca. 25 Sprachen; Akutsprechstunde, in der auch Geflüchtete ohne Dokumente behandelt werden; ethnopsychiatrisch-/psychoanalytisch orientierte Einzel- und Gruppentherapie; transkulturelle Therapeutengroßgruppe für traumatisierte Familien **Zielgruppe:** Familien mit Fluchterfahrung, Migrant(inn)en und Geflüchtete	https://psy-ccm.charite.de/klinik/campus_charite_mitte/poliklinik/poliklinik_spezial-sprechstunden/zentrum_fuer_interkulturelle_psychiatrie_psychotherapie_zipp/
Hamburg				
Hamburg	Klinik und Poliklinik für Psychiatrie und Psychotherapie im Universitätsklinikum Hamburg-Eppendorf	a	ambulante psychotherapeutische Behandlung von Geflüchteten (traumaspezifische Kurzzeittherapie); Kapazität für 18–20 Patienten; klinikinterne Dolmetscher **Zielgruppe:** Migrant(inn)en und Geflüchtete	https://www.uke.de/kliniken-institute/kliniken/psychiatrie-und-psychotherapie/index.html

Tab. 8.3 Fortsetzung

Stadt	Einrichtung	ambulant [a]/ stationär [s]	Kurzbeschreibung	Homepage
Hessen				
Gießen	Universitätsklinikum Gießen, Klinik für Psychiatrie und Psychotherapie	a / s	Traumatherapiezentrum mit integrativer ambulanter Behandlung von Geflüchteten; Geflüchteten-spezifisches stationäres Behandlungskonzept: Sprach- und Kulturmittler; neben einer standardisierten Behandlung nach einem internen Klinikleitfaden werden grundlegende Stabilisierungstechniken vermittelt sowie juristisch komplexe Sachverhalte in die Behandlung integriert **Zielgruppe:** Migrant(inn)en und Geflüchtete	http://www.ukgm.de/ugm_2/deu/ugi_psy/index.html
Gießen	Vogelsbergklinik, Dr. Ebel Fachklinik für Psychotherapie und Psychosomatik	s	multimodales stationäres Behandlungsangebot mit muttersprachlichen Einzelgesprächen; jahrlange klinische Erfahrung in der Behandlung von PTBS bei türkischstämmigen Migrant(inn)en **Zielgruppe:** arabisch-, farsi-, dari-, polnisch-, türkisch-, russischsprachige Migrant(inn)en und Geflüchtete	http://www.ebel-kliniken.com/deutsch/fachkliniken/vogelsbergklinik/ihre-vogelsbergklinik/
Niedersachsen				
Bad Bodenteich	MediClin Seepark Klinik, Abteilung für Psychosomatische Medizin und Psychotherapie	s	stationäre interkulturelle Psychosomatik: herkunftsheterogene Gruppentherapie; Gruppe mit psychoedukativ-informativem Schwerpunkt zum Thema „Migration und seelische Gesundheit"; Voraussetzung: ausreichende Deutschkenntnisse; nach individueller Absprache ist auch die Behandlung von Patienten mit eingeschränkten Sprachkenntnissen möglich **Zielgruppe:** russisch-, bulgarisch-, serbisch-, ukrainisch-, polnisch-, japanisch- oder spanisch-, italienischsprachige Migrant(inn)en und Geflüchtete	http://www.seepark-klinik.de/Home/Themen/Medizin/Psychosomatische-Medizin-und-Psychotherapie/Interkulturelle-Psychosomatik.aspx
Göttingen	Klinik für Psychiatrie und Psychotherapie der Universitätsmedizin Göttingen	a	Ambulanz für transkulturelle Psychiatrie: Behandlung von Patienten auf Persisch, Tadschikisch und Dari möglich; Termine zur psychiatrischen Diagnostik, um Voranmeldung wird gebeten; für weitere Sprachen ist selbstständig ein Sprachmittler zu organisieren **Zielgruppe:** persisch-, tadschikisch-, darisprachige Migrant(inn)en und Geflüchtete	http://www.psychiatrie.med.uni-goettingen.de/

Tab. 8.3 Fortsetzung

Stadt	Einrichtung	ambulant [a]/ stationär [s]	Kurzbeschreibung	Homepage
Göttingen	Asklepios Fachklinikum Göttingen	a / s	ambulante (Flüchtlings-)sprechstunde und stationäres Behandlungsangebot unter kultursensiblen Aspekten basierend auf 4 Elementen: 1) bilinguale/ muttersprachliche Therapie, 2) Konsilium bei allen kultur- oder migrationsspezifischen Fragen, 3) Gruppentherapie, 4) Arbeit mit qualifizierten Sprachmittlern; Behandlung auf Türkisch, Russisch, Spanisch und Englisch möglich; für Patienten mit anderem Migrationshintergrund und basal ausreichenden Deutschkenntnissen spezielle sprachreduzierte Verfahren im Angebot **Zielgruppe:** insbesondere türkisch-, russisch-, spanisch- und englischsprachige Migrant(inn)en und Geflüchtete, aber auch Migrant(inn)en und Geflüchtete anderer Nationen	https://www.asklepios.com/goettingen/experten/instituts-ambulanz/kultursensitive-behandlung/
Nordrhein-Westfalen				
Münster	Universitätsklinikum Münster, Klinik für Psychosomatik und Psychotherapie	a	Trauma-Ambulanz: ambulante Therapiesitzungen ausschließlich für Frauen; dolmetschergestützt **Zielgruppe:** weibliche Migrant(inn)en und Geflüchtete	http://klinikum.uni-muenster.de/index.php?id=psychosomatik_uebersicht
Bielefeld	Evangelisches Krankenhaus Bielefeld, Klinik für Psychotherapeutische und Psychosomatische Medizin	a	Psychosoziales Zentrum für traumatisierte Geflüchtete: ambulante psychotherapeutische Krisenintervention sowie in begrenztem Umfang trauma-orientierte Kurzzeitpsychotherapie für Männer und Frauen; gruppentherapeutische Angebote bei Traumafolgestörungen (bislang nur für Frauen, weitere Gruppen in Planung): serbokroatischsprachig, begleitet von einer Sprach- und Kulturmittlerin, desweiteren englischsprachig; ambulante, halboffene Gruppen: 4-wöchiger Rhythmus; Laufzeit max. 1 Jahr **Zielgruppe:** serbokroatisch- & englischsprachige Migrant(inn)en und Geflüchtete	http://evkb.de/ueber-das-evkb/kliniken-institute-zentren/nervensystem/psychotherapeutische-und-psychosomatische-medizin/psychosoziales-zentrum-fuer-traumatisierte-fluechtlinge.html

Tab. 8.3 Fortsetzung

Stadt	Einrichtung	ambulant [a]/ stationär [s]	Kurzbeschreibung	Homepage
Düsseldorf	LVR-Klinikum Düsseldorf, Klinik und Poliklinik für Psychiatrie und Psychotherapie der Heinrich-Heine-Universität Düsseldorf	a	interkulturelle Ambulanz: kultursensible und traumaspezifische psychodynamische stabilisierende Psychotherapie, Kriseninterventionen, Psychoedukation, spezielle gruppentherapeutische Angebote für Geflüchtete, EMDR-Therapie, spezielle Kunsttherapie für Geflüchtete; Schwerpunkt: komplex traumatisierte und psychosomatisch erkrankte Migrant(inn)en und Geflüchtete; Sprach- und Integrationsmittler werden hinzugezogen **Zielgruppe:** albanisch-, arabisch-, bosnisch-, englisch-, französisch-, italienisch-, koreanisch-, kroatisch-, persisch-, russisch-, serbisch, türkischsprachige Migrant(inn)en und Geflüchtete	http://www.klinikum-duesseldorf.lvr.de/de/nav_main/fachgebiete/allgemeine_psychiatrie/interkulturelle_angebote/Inhaltsseite_KV.html
Dortmund	LWL-Klinik Dortmund	a	interkulturelle Ambulanz: Migrationssprechstunde, Traumatherapie, Gruppenangebote **Zielgruppe:** Migrant(inn)en und Geflüchtete	http://www.lwl.org/LWL/Gesundheit/psychiatrieverbund/K/lwl_klinik_dortmund/leistung/fachambulanzen/interkulturelle-ambulanz
Essen	LVR-Klinikum Essen, Kliniken und Institut der Universität Duisburg-Essen	a	interkulturelle Ambulanz: Diagnostik, Gruppenpsychotherapie, Entspannungs- und Symptombewältigungsgruppen, Aufklärungsgespräche über psychische Erkrankungen, stützende Gespräche, Familien- und Paargespräche; Hilfe bei der Vermittlung von Therapeut(inn)en für Migrant(inn)en aus anderen Kulturkreisen **Zielgruppe:** türkischsprachige Migrant(inn)en und Geflüchtete	http://www.klinikum-essen.lvr.de/de/nav_main/erwachsene/klinik_fuer_psychosomatische_medizin_und_psychotherapie/ambulanz_6/interkulturelle_ambulanz/interkulturelle_ambulanz_1.html
Sachsen				
Dresden	Uniklinikum Carl Gustav Carus, Klinik und Poliklinik für Psychotherapie und Psychosomatik	a	Trauma-Ambulanz/Migrationsambulanz: dolmetschergestützt; herkunftsheterogene Gruppentherapie; Einzelpsychotherapie bei spezifischer Indikation in begrenztem Umfang möglich; Projekt „Flüchtlingslotse": Ansprechpartner bzgl. Organisation von Terminen, Dolmetschern, Klärung der Kostenträger und Antragstellung für Therapie **Zielgruppe:** Migrant(inn)en und Geflüchtete	http://www.psychosomatik-ukd.de/patienteninformation/poliklinik/ambulanz-fuer-menschen-mit-migrationshintergrund/

Tab. 8.3 Fortsetzung

Stadt	Einrichtung	ambulant [a]/ stationär [s]	Kurzbeschreibung	Homepage
Pulsnitz	HELIOS Klinik Schwedenstein	a / s	Migrationsambulanz; stationäre Behandlung von Geflüchteten (insbesondere bei PTBS), inklusive Mutter-Kind-Station **Zielgruppe:** tschechisch-, russischsprachige Migrant(inn)en und Geflüchtete	http://www.helios-kliniken.de/klinik/pulsnitz-klinik-schwedenstein.html
Schleswig-Holstein				
Kiel	Universitätsklinikum Schleswig-Holstein, Zentrum für Integrative Psychatrie (ZIP) Campus Kiel, Klinik für Psychiatrie und Psychotherapie	a	Trauma-Ambulanz für Flucht und Migration: Erstkontakt erfolgt unter Hinzuziehung eines Sozialpädagogen; 5–10 Stabilisierungstermine möglich; auch längere traumatherapeutische Behandlungen möglich **Zielgruppe:** Migrant(inn)en und Geflüchtete	http://www.zip-kiel.de/psychiatrie/
Lübeck	Universitätsklinikum Schleswig-Holstein, Zentrum für Integrative Psychatrie (ZIP) Campus Lübeck, Klinik für Psychiatrie und Psychotherapie	A	Trauma-Ambulanz für Flucht und Migration: Patienten werden von multiprofessionellem Team (Ärzte, Psychologen, Sozialarbeiter, Ergo- und Physiotherapeuten) im Einzel- und Gruppensetting mithilfe im Hause geschulter Sprachmittler behandelt **Zielgruppe:** Migrant(inn)en und Geflüchtete	http://www.psychiatry.uni-luebeck.de/

Die Angaben basieren auf einer Befragung von insgesamt 206 Kliniken, darunter alle bundesdeutschen Universitätsklinika, die in Nikendei et al. [541] und Schauenburg et al. [545] aufgeführten Kliniken, als auch diejenigen Kliniken, deren Behandlungsangebote in Feldmann und Seidler [526] dargestellt werden. In dieser Liste aufgeführt sind die 26 Kliniken mit öffentlichem psychotherapeutischem Angebot spezifisch für Migranten, Geflüchtete und Asylsuchende.

8.3 Beratungs- und Behandlungszentren für Migrant(inn)en, Geflüchtete und Folteropfer

- Bundesweite Arbeitsgemeinschaft der Psychosozialen Zentren für Flüchtlinge und Folteropfer e. V. (BAfF), u. a. Refugio
  http://www.baff-zentren.org/mitgliedszentren-und-foerdermitglieder/
- Zentrum ÜBERLEBEN (http://ueberleben.org/) – Dachverband der nachfolgend aufgeführten Beratungs- und Behandlungszentren:
  - Behandlungszentrum für Folteropfer e. V. (bzfo)
    http://www.bzfo.de/
  - Zentrum für Flüchtlingshilfen und Migrationsdienste (zfm)
    http://migrationsdienste.org/
  - Jiyan Foundation for Human Rights
    https://www.jiyan-foundation.org/
  - Überleben-Stiftung für Folteropfer und Catania – Hilfe für traumatisierte Opfer
    http://www.catania-online.org/
- Migrationsberatungsstellen für Erwachsene Zuwanderer (MBE)
  http://webgis.bamf.de/BAMF/control
- Internationale Gesellschaft für Menschenrechte (IGFM): Angebote für Folteropfer und psychosoziale Beratungsstellen für Flüchtlinge
  http://www.igfm.de/menschenrechte/hilfe-fuer-den-notfall/folteropfer

- Deutsche Gesellschaft für Psychiatrie und Psychotherapie, Psychosomatik und Nervenheilkunde (DGPPN): Transkulturelle Versorgungsmodelle
https://www.dgppn.de/schwerpunkte/weitere-themen/psychosoziale-versorgung-von-fluechtlingen/liste-versorgungsmodelle.html
- Ambulanzen mit muttersprachlichen Angeboten im Landschaftsverband Rheinland (LVR)-Klinikverbund:
http://www.klinikverbund.lvr.de/de/nav_main/frpatienten/migrationintegration_1/migration__integration.html
- Therapie-Angebote für Menschen mit Migrationshintergrund im Landschaftsverband Westfalen-Lippe (LWL):
http://www.gesundheitsliste.lwl.org/suche#/?fulltext=&placesearch=&behandlungsangebot=therapieangebot-fuer-menschen-mit-migrationshintergrund
- „Netzheft NRW": Flüchtlingsberatungsstellen in Nordrhein-Westfalen
http://www.frnrw.de/
- Netzwerk für traumatisierte Flüchtlinge in Niedersachsen (NTFN) e. V.
https://www.ntfn.de/
- Psychosoziale Versorgungszentren für Asylsuchende in Rheinland-Pfalz (RLP, FAQ „Flüchtlinge"; S. 33)
https://mffjiv.rlp.de/de/themen/integration/humanitaere-zuwanderung-und-fluechtlinge/erstaufnahme-fuer-asylbegehrende/
- Koordinierungsstelle für ehrenamtliche Aktivitäten im Flüchtlingsbereich in Rheinland-Pfalz RLP „Aktiv für Flüchtlinge"
http://www.aktiv-fuer-fluechtlinge-rlp.de/adressen-rlp.html
- Verein zur medizinischen Versorgung von Flüchtlingen MediNetz e.V.
http://www.medibueros.org

8.4 Telefonische Hilfsangebote für Geflüchtete und Folteropfer

- Hilfetelefon „Gewalt gegen Frauen" des Bundesamt für Familie und zivilgesellschaftliche Aufgaben (BAFzA): mehrsprachige Beratung, Tel.: 08 000 116 016
http://www.hilfetelefon.de/aktuelles.html
- SeeleFon: Beratungstelefon für psychisch erkrankte Menschen und deren Angehörige des Bundesverbandes der Angehörigen psychisch erkrankter Menschen e. V. (BApK) mit einem Angebot für Flüchtlinge in den Sprachen Deutsch, Englisch, Französisch und Arabisch; montags, dienstags und mittwochs 10–12 Uhr sowie 14–15 Uhr
Tel: 0228/71 002 425
- Muslimisches SeelsorgeTelefon (MuTeS)
Tel.: 030/443 509 821
- Krisentelefon vom Netzwerk für traumatisierte Flüchtlinge in Niedersachsen (NTFN): telefonische Krisenberatung in den Sprachen Arabisch, Kurdisch, Englisch und Deutsch, jeden Freitag von 17–19 Uhr
Tel: 0511/856 445–10
https://www.ntfn.de/startseite/krisentelefon/

8.5 Online-Hilfe: Informations-, Selbstfürsorge- und Therapiemodule für Flüchtlinge und belastete Helfer

- NAWA: Informationen und Übungen für traumatisierte Menschen (Hrsg.: Psychosoziales Zentrum für Flüchtlinge Düsseldorf)
www.wiki.psz-duesseldorf.de/NAWA
- Ratgeber der BundesPsychotherapeutenKammer (BPtK) für Flüchtlingseltern „Wie helfe ich meinem traumatisierten Kind?" und für Flüchtlingshelfer „Wie kann ich traumatisierten Flüchtlingen helfen" auf Deutsch, Englisch, Arabisch, Persisch und Kurdisch:
http://www.bptk.de/publikationen/bptk-infomaterial.html
- Informations- und Selbstfürsorgetool für Helfende im Bereich der Arbeit mit geflohenen Menschen:
www.be-here-now.eu

8.6 Sachverständigen-Gutachter(innen)

Sachverständigen-Gutachter(innen) für die Begutachtung reaktiver psychischer Traumafolgen im sozialen Entschädigungsrecht, in der gesetzlichen Unfallversicherung sowie in aufenthaltsrechtlichen Verfahren:
- Arbeitsgruppe „Standards zur Begutachtung psychotraumatisierter Menschen SBPM": Standards zur Begutachtung von Flüchtlingen sowie praktische Informationen, Links und Fortbildungen

zum Thema „Stellungnahmen und Begutachtung" (vgl. Kap. 6.2.2)
http://sbpm.web-com-service.de/
- Sachverständigenliste der Deutschsprachigen Gesellschaft für Psychotraumatologie (DeGPT 2015)
http://www.degpt.de/servicebereiche/liste-gutachterinnen/
- Sachverständigenliste der Landespsychotherapeutenkammer Bayern
https://www.ptk-bayern.de/ptk/web.nsf/id/pa_begutachtung_psychotraumatisiert.html
- Sachverständigenliste der Landesärztekammer Berlin
https://www.aerztekammer-berlin.de/10arzt/37_Gutachter-Verzeichnis/40_Gutachter/index.html
- Sachverständigenliste der Landespsychotherapeutenkammer Baden-Württemberg
http://www.lpk-bw.de/sachverstaendige.html
- Sachverständigenliste der Landespsychotherapeutenkammer Rheinland-Pfalz
http://www.lpk-rlp.de/ueber-uns/sachverstaendigenliste.html?L=0Loh-Dietrich

8.7 Literatur

[521] Bandelow B. Panik- und Agoraphobie-Skala (PAS). Göttingen: Hogrefe; 1997
[522] Blake DD, Weathers FW, Nagy LM et al. The development of a clinician-administered PTSD scale. J Trauma Stress 1995; 8(1): 75–90
[523] Boroske-Leiner K, Hofmann A, Sack M. Ergebnisse zur internen und externen Validität des Interviews zur komplexen Posttraumatischen Belastungsstörung (I-kPTBS). Psychother Psychosom Med Psychol 2008; 58(05): 192–199
[524] Daniels J. Sekundäre Traumatisierung – kritische Prüfung eines Konstruktes [Dissertation]. Universität Bielefeld; 2006. Im Internet: https://pub.uni-bielefeld.de/publication/2305651, Stand: 18.01.2017
[525] Dell PF. The multidimensional inventory of dissociation (MID): A comprehensive measure of pathological dissociation. J Trauma Dissociation 2006; 7(2): 77–106
[526] Feldmann Jr RE, Seidler GH. Traum (a) Migration. Aktuelle Konzepte zur Therapie traumatisierter Flüchtlinge und Folteropfer (Therapie & Beratung). Gießen: Psychosozial; 2013
[527] Friele B, Saborowski N. Zur frühzeitigen Erkennung besonders schutzbedürftiger Asylsuchender. Der PROTECT-Fragebogen zur Aufnahme von Hinweisen auf psychische Belastungen. Asylmagazin 2015; 4: 100–114
[528] Hamilton M. Hamilton Anxiety Scale (HAMA). In: CIPS, ed. Internationale Skalen für Psychiatrie. Göttingen: Beltz Test GmbH; 1996: 19–21
[529] Hautzinger M, Keller F, Kühner C. Beck-Depressionsinventar (BDI-II). Frankfurt: Harcourt Test Services; 2006

[530] Hollifield M, Warner T, Jenkins J, Sinclair-Lian N, Krakow B, Eckert V, Karadaghi P, Westermeyer J. Assessing war trauma in refugees: Properties of the Comprehensive Trauma Inventory-104 (CTI-104). J Trauma Stress 2006; 19: 527–540
[531] Hollifield M, Verbillis-Kolp S, Farmer B, Toolson EC, Woldehaimanot T, Yamazaki J, SooHoo J. The Refugee Health Screener-15 (RHS-15): development and validation of an instrument for anxiety, depression, and PTSD in refugees. General hospital psychiatry 2013; 35(2): 202–209
[532] John U, Hapke U, Rumpf H-J, Schumann A. Entwicklung und Testgüte der Skala zur Erfassung der Schwere der Alkoholabhängigkeit (SESA). Sucht 2001; 47(6): 414–420
[533] Kuhl J, Kazén M. PSSI: Persönlichkeits-Stil-und Störungs-Inventar. 2., überarb. u. neu normierte Aufl. Göttingen: Hogrefe; 2009
[534] Laux L, Glanzmann P, Schaffner P, Spielberger CD. Das State-Trait-Angstinventar (STAI). Theoretische Grundlagen und Handanweisung. Weinheim: Beltz; 1981
[535] Löwe B, Gräfe K, Zipfel S et al. Diagnosing ICD-10 depressive episodes: superior criterion validity of the Patient Health Questionnaire. Psychother Psychosom 2004; 73(6): 386–390
[536] Luxenberg T, Spinazzola J, van der Kolk BA. Complex trauma and disorders of extreme stress (DESNOS) diagnosis, part 1: Assessment. Directions in psychiatry 2001; 21(25): 373–392
[537] Maercker A, Schützwohl M. Erfassung von psychischen Belastungsfolgen: Die Impact of Event Skala – revidierte Version (IES-R). Diagnostica 1998
[538] Maercker A. Posttraumatische-Stress-Skala-10 (PTSS-10). In: Hoyer J, Margraf J, Hrsg. Angstdiagnostik – Grundlagen und Testverfahren. Berlin: Springer; 2003: 401–403
[539] Mollica RF, Caspi-Yavin Y, Bollini P et al. The Harvard Trauma Questionnaire: validating a cross-cultural instrument for measuring torture, trauma, and posttraumatic stress disorder in Indochinese refugees. J Nerv Ment Diss 1992; 180(2): 111–116
[540] Nijenhuis ER, Spinhoven P, Van Dyck R et al. The development and psychometric characteristics of the Somatoform Dissociation Questionnaire (SDQ-20). J Nerv Ment Diss 1996; 184(11): 688–694
[541] Nikendei C, Munz D, Herzog W. Wegweiser für die stationäre psychodynamische Therapie von Essstörungen. Essstörungen – Therapieführer und psychodynamische Behandlungskonzepte. Stuttgart, New York: Schattauer; 2004: 305–419
[542] Rief W, Hiller W. Screening für somatoforme Störungen (SOMS). Manual. 2., vollst. überarb. u. neu normierte Aufl. Bern: Huber; 2008
[543] Ross CA. Dissociative identity disorder: Diagnosis, clinical features, and treatment of multiple personality: John Wiley & Sons; 1997
[544] Sack M. Schonende Traumatherapie: ressourcenorientierte Behandlung von Traumafolgestörungen. Stuttgart: Schattauer; 2010
[545] Schauenburg H. Klinikführer: stationäre psychosomatisch-psychotherapeutische Einrichtungen. Stuttgart: Schattauer; 2007
[546] Schneider S, Margraf J, Barlow DH, DiNardo PA., Becker ES. Diagnostisches Interview bei psychischen Störungen (DIPS). Berlin: Springer; 2006

[547] Spitzer C, Stieglitz R-D, Freyberger HJ. Fragebogen zu Dissoziativen Symptomen: FDS; ein Selbstbeurteilungsverfahren zur syndromalen Diagnostik dissoziativer Phänomene; deutsche Adaption der Dissociative Experience Scale (DES) von E. Bernstein-Carlson u. FW Putnam. Bern: Huber; 1999

[548] Tagay S, Erim Y, Stoelk B et al. Das Essener Trauma-Inventar (ETI) – Ein Screeninginstrument zur Identifikation traumatischer Ereignisse und posttraumatischer Störungen. Z Psychotraumatol Psychother Wiss Psychol Med 2007; 5(1): 75–89

[549] Trösken AK, Grawe K. Das Berner Ressourcen Inventar – Instrumente zur Erfassung von Patientenressourcen aus der Selbst- und Fremdbeurteilungsperspektive. In: Schemel H, Schaller J, Hrsg. Ressourcen – Ein Hand- und Lesebuch zur therapeutischen Arbeit. Tübingen: DGVT; 2003

[550] Vanderlinden J, van Dyck R, Vandereycken W et al. The dissociation questionnaire (DIS-Q): Development and characteristics of a new self-report questionnaire. Clin Psychol Psychother 1993; 1(1): 21–27

[551] Willutzki U, Stelkens G. Diagnostik von Ressourcen: Bochumer Ressourcenfragebogen (RESO-B) zur kontextspezifischen Erfassung der Potentiale von Patienten. Vortrag auf der Tagung der Fachgruppe Klinische Psychologie und Psychotherapie der Deutschen Gesellschaft für Psychologie. Würzburg: 19.05.2006

[552] Wittchen H-U, Zaudig M, Fydrich T. SKID. Strukturiertes klinisches Interview für DSM-IV. Achse I und II. Handanweisung. Göttingen: Hogrefe; 1997

Sachverzeichnis

A

Abschiebeverbot 22
Abschiebung 161
– verschärfte 120
Abschiebungshindernisse, zielstaatsbezogene 171
Achtsamkeitsübungen 125
Affektisolierung 170
Affektive Störung 39
Agoraphobie 39
Akkulturationsgefälle 142
Akkulturationsstress 79–80, 117, 142
Alkohol 40
Alkoholabhängigkeit 191
Allianz, therapeutische 154
Altersfeststellungsverfahren 132
Ambulanz 67
Amnesie, posttraumatische 168
Analphabeten, Fragebogen 83
Anamnese
– Erzählstruktur, ungewohnte 103
– Informationen, relevante anamnestische 82
– Lebensereignisse, belastende 111–112
Angst, fortwährende 166
Angststörung 37, 39
– Unterteilung 80–81
Anhörung, Entscheider 159
Ankunftsnachweis 24
Anpassungsstörung 37, 76
Antriebsstörung 80
Arbeitsbeziehung, professionelle, Beendigung 186
Arbeitsweisen, aufsuchende 149
Assimilationsdruck 186
Asyl, Rahmenbedingungen, rechtliche 20
Asylantrag
– BAMF 24
– Dublin-Verordnung 23
– erster, positiver 22
– Europäische Union 21
– Herkunftsländer 22
– Wartezeit, Stress 79
Asylantragstellung 15
– persönliche 159
Asylbewerber
– europäische 22
– Herkunftsländer 23
– Registrierung 24
Asylbewerberleistungsgesetz (AsylbLG) 25, 96
Asylpaket II 119
Asylpolitik, europäische 18

Asylrecht, Hintergründe, gesetzliche 171
Asylsuchende, Herkunfts- und Zielländer 21
Asylverfahren
– Ablauf 159
– Aufgabenteilung 24
– Entwicklung in Deutschland 23
– Fragebogendaten 83
– Sozialarbeiter 158
– weltweite 20
Attest 57
Aufenthaltserlaubnis 25
Aufenthaltssicherung, Kinder, unbegleitete 134
Auftragsklärung 137
Ausländer, unbegleiteter minderjähriger (umA) 131
Ausländerrecht, Hintergründe, gesetzliche 171
Ausreise, freiwillige 160
Autonomie 54

B

BAMF, Kapazitäten 25
Begegnung, psychotherapeutische 100
Begutachtung
– Erschwernisse, sprachliche und kulturelle 172
– Objektivierbarkeit, mangelnde 170
– psychotraumatologische 165–166
– Sachverständigen-Gutachter(innen) 200
– Standards 173
Behandler(in)
– Einstellungsmuster 104
– muttersprachlich arbeitende 70
Behandlung
– Bedingungen, soziale 101
– Flüchtling, älterer 153
– kultursensible 108, 110
– kultursensitive 112
– psychiatrische, Umsetzung 68
– psychotherapeutische, Rahmenbedingungen 70
– Versorgungsstrukturen 101–102
Behandlungsangebote
– ambulante und stationäre 193–195
– stationäre 97
Behandlungskosten, Gewährung 29

Behandlungssetting
– Kulturkreise, andere 105
– transkulturelles 68
Behandlungsteam
– inter- und transkulturell kompetentes 70
– multikulturelles 67
Bekannten-Dolmetschen 59
Belastungen, persönliche, Aspekte 181
Belastungsfolgen, Somatisierung 37
Belastungsreaktion, akute 75
Belastungsstörung, posttraumatische (PTBS) 28, 36, 74, 77
– Bleiberecht 37
– chronifizierte 120
– Ereigniskriterium 74
– Häufigkeit 74
– Hinweisreize 167
– Kinder 41
– Kompetenz, kultursensible 112
– komplexe 75, 168
– manifeste 77
– Medikation 37
– Prävalenz 38
– Schweregrade 75
– Störung, komorbide 80
– Symptome, häufigste 38
Belastungssyndrome, psychische, Klassifizierungskriterien 188
Beratung, kollegiale 183
Beratungs- und Behandlungszentren 199–200
Bescheid, Zustellung, Fristen 161
Bescheinigungen, Standards 126
Beschwerdevalidierungstest 171
Betäubungsmittel 40
Betreuung
– Bedingungen, soziale 101
– Versorgungsstrukturen 101–102
Bewusstseinsstörung, dissoziative 81
Beziehung
– therapeutische 53–54
– vertrauensvolle therapeutische 66
Beziehungsaspekt, traumaspezifischer 169
Beziehungsaufbau, wertschätzender 61
Beziehungsgestaltung, Gesellschaft, familienorientierte 104

Bindungslosigkeit, Kinder 134
Bombardierung 77
Burnout 175

C

Case Management 163
cash assistance 17
Clearing-Verfahren, Minderjährige, unbegleitete 132
Coaching 183
community interpreting 47–48
Compassion fatigue 177–178
compensatory omnipotence 133
Containment 163
Coping, dysfunktionales 145
Coping-Mechanismen 80

D

Denkmuster, rassistische 63
Depression 28
– Ausmaß und Aufenthaltsdauer 39
– Kinder 41
Depressive Störung 39, 80
Diabetes mellitus 35
Diagnoseverfahren, fremdsprachige 67
Diagnostik
– kultursensible 108
– psychometrische 83
– Sprachmittler(in) 84
Diskriminierung 46, 62
Dissoziative Störung 81
Distanz, professionelle 184
Diversity-Landkarte 182
Diversity-Management 70
Diversity-Prozess-Modell 61
Dolmetschen
– Grüne Karte 49
– konsekutives 50
Dolmetscher(innen) 48
– Bedarf 58
– Feinabstimmung, kommunikative 58
– Laiendolmetscher(innen) 51
– Sekundärtraumatisierung 61
Dolmetschgespräch 49
Dublin-Verfahren 159
Dublin-Verordnung 23
Duldung 172

203

Sachverzeichnis

E

Einzelfallprüfung 24
Einzelsupervision 183
Emotionsregulation, Kinder, unbegleitete 138
Empathiefähigkeit 61
Entschädigungsrecht, Sachverständigen-Gutachter(innen) 200
Entwicklungszusammenarbeit 17
Episode, schwere depressive 77
Erkrankung
- chronische nicht übertragbare 35
- gastrointestinale 33
- infektiöse gastrointestinale 34
- körperliche 32–33
- psychische 36–37
Erstaufnahme, Erstuntersuchung, gesundheitliche 29
Erstgespräch
- Flüchtlingsfamilie 147
- Setting, familiäres 103
Erstuntersuchung, ärztliche 96
Erstversorgung, medizinische 65
Erziehung, traditionelle 104
Erziehungsverhalten, elterliches 143
EU-Türkei-Vereinbarung 26
Europa, Asylantragsteller 15
Europäische Migrationsagenda 23
Europäische Union, Asylsuchende 21
Exilsituation, Belastung 117
Exploration, Besonderheiten, symptombedingte 165
Expositionstherapie, traditionelle, Kontraproduktivität 102
Extremtraumatisierter 169
Eye Movement Desensitization and Reprocessing (EMDR) 91–92

F

Fachkompetenz, interkulturelle 46
Fallsupervision 183, 185
- Fachkraft, weibliche, Ablehnung 185
Familie 142–143
- Kommunikationsmuster 146
- Methoden, therapeutische 148
- Netzwerk, therapeutisches 147
- soziokulturell traumatisierte 145
- traditionelle 104
- Trauma-Verarbeitung 145
- Traumatisierung 144
Familien-Dolmetschen 59
Familienbeziehung, Trauma, Wirkungsweisen 144
Familienhierarchie 149
Familientrennung 143
Familienzusammenführung 159
Flashback 75
- Kinder, unbegleitete 135
Flucht
- Erfahrungsberichte, Supervision 184
- Rahmenbedingungen, rechtliche 20
- Traumatisierung 76
- Trends, globale 14
Flucht-Erfahrungsberichte 79
Fluchtgeschichte, Therapie 55
Flüchtling
- älterer 151–152
- älterer, Arbeit, therapeutische 154–155
- älterer, Gesundheit 151–152
- älterer, Gesundheitsverhalten 153
- älterer, Krankheitsverständnis 153
- älterer, Ressourcen 152
- unbegleiteter minderjähriger (umF) 131
- – Aufnahmeverfahren 132
- – Beziehungsangebote 134
- – Lebenssituation 133
- – Psychotherapie 139
- – Vormund 132
- – Zukunftsperspektive, unsichere 134
- Verteilung, weltweite 21
Flüchtlingsberatung 156
Flüchtlingsfamilie, Methoden, therapeutische 148
Flüchtlingshilfe
- Konzepte 17
- Unterfinanzierung 16
Flüchtlingskinder, Gesundheitszustand 35
Flüchtlingslager 17
Flüchtlingspakt, globaler 19
Flüchtlingsschutz
- Aufgabenteilung 24
- Deutschland 23
- Verantwortungsteilung 19
Flüchtlingsvölkerrecht, internationales 17–18
Folter 77
- Nachweis, fehlender 170
Folterüberlebende 168
Fragebogen
- Störung, psychische komorbide 191, 193
- zu Sekundärtraumatisierung 177, 179
Frauenberatungsstelle 128
Fremdheit, kulturelle 46
Fugue, dissoziative 81
Führungssupervision 184

G

Geflüchtete
- Aufenthaltsorte 14
- Psychotherapie, körperliche Symptome 60
Gemeindedolmetschen
- Grüne Karte 49, 51
- Nachgespräch 50
- Standards 49
Gemeindedolmetscherdienst 48
- Praxistauglichkeit 52
Gemeinsames Europäisches Asylsystem 22
Gemeinschaftsunterkunft
- Belastungen 116
- Infektionskrankheit 33
Gemütsstörung 39
Genfer Flüchtlingskonvention 17, 19
Genogramm 148
Genozid 108
Gesellschaft, familienorientierte, Behandler(in), Einstellungsmuster 104
Gespräch, psychotherapeutisches 103
Gesundheitsamt, örtlich zuständiges (ÖGD) 29–30
Gesundheitsdaten 30
Gesundheitskarte, elektronische 29
Gesundheitsleistung
- abrechenbare 28
- Gewährleistung 29–30
- Versorgung, bedarfsgerechte 30
Gesundheitsrecht 27
Gesundheitssystem, Zugang 29
Gesundheitsversorgung
- Erkrankung, körperliche 32–33
- medizinische, adäquate 32–33
- psychiatrisch-psychotherapeutische 27–29
- Rahmenbedingungen, rechtliche 25–26
Gewalt, sexuelle 78
Gewalt, sexuelle, Gesundheitsversorgung 25
Gewalterfahrung 119
Gewalterleben 36
Gruppensupervision 183
Gutachten, Standards 126
Gutachter(in), Distanz und Empathie 169

H

Hauptzielländer 21
Helfer(in), Belastungen, besondere 175
Helfernetz 121–122
Hepatitis B 34
Herkunftsländer, sichere 160
Hilfe zur Selbsthilfe 54
Hilfetelefon 200
Hilflosigkeit, erlernte 161
Hilflosigkeitserleben 83
Hilfsprogramme, Unterfinanzierung 16
Hilfsstrukturen, Flüchtlingsspezifische 126
Hygienebedingungen, unzureichende, Infektionen 33
Hyperarousal 75

I

Ich-Identität, stabile 103
Identitätsfeststellung 24
Identitätsstörung, dissoziative 81
Imaginationsübungen 90
Impfung 33–34
Inaugenscheinnahme, qualifizierte 132
Infektionskrankheit 32–33
Infektionsschutzgesetz 33
Informations- und Kommunikationstechnologie (IKT) 149
Inobhutnahme 131–132
Institutsambulanz, psychosomatische/psychiatrische 67
Integrationsstress, Flüchtling, älterer 151
Interessensverlust 80
Interview, klinisches, Störung, psychische 190
Interviewdiagnostik, standardisierte 83
Interviewleitfäden, mehrsprachige 67
Intervision 183
Intrusionen 74

Sachverzeichnis

J

Jugendhilfe 133
Jugendliche
– Erkrankung, psychische 40
– unbegleitete 131–132
– unbegleitete, Psychotherapie 136

K

Kausalitätsbegutachtung, psychotraumatologische 169
Kinder
– Erkrankung, psychische 40
– Gesundheitszustand 35
– Gewalterfahrung 41
– Kultur- und Sprachmittler 143
– unbegleitete 131–132
– Züchtigung 185
Kinder- und Jugendhilferecht 132
Kinder- und Jugendhilfeweiterentwicklungsgesetz (KICK) 131
Kognitionsanalyse 109
Kommunikation und Therapie 45
Kompetenz, interkulturelle 68
Konflikt
– Deeskalation 186
– kulturbasierter, Familie 142
– weltweite 14, 16
Kongruenz, sprachliche, Validität 45–46
Königsteiner Schlüssel 24
Konzentrative Bewegungstherapie (KBT) 89
Konzept des sozialen Konstruktionismus 45
Körpertherapiemethoden 93
Krankheitsgewinn, sekundärer 37
Krankheitsverständnis 109
Krieg, Definition 76
Kriegstraumatisierung 36, 76
Kriegzitterer-Krankheit 76
Krise
– Abschiebung, drohende 120
– Asylverfahren, Ablehnung 118
– autoaggressive 114
– Belastung, äußere reale 115
– Definition 116
– der Verantwortungsteilung 18
– Moral- und Ehrvorstellungen 123
– Objekte zum Transfer 125
– schwere psychische 118
– suizidale 121
– traumatische 116–117

– Umfeld, soziales 126
– Veränderungskrisen 117
Krisenherde 14
Krisenintervention
– akute, Ziele 124
– Dolmetscher(in) 126
– Gewalt, familiäre 127
– Netzwerk 129
– Notfallplan 121
– Religiosität 123
– Selbstreflexion 124
– Setting, transkulturelles 122
Krisenintervention, Fallstricke 115
Kulturmittler(innen), geschulte 58

L

Laiendolmetscher(innen) 51
– Einweisung 51

M

Magen-Darm-Infektionen 34
Major Depression 120
Major Depressive Syndrome 39
man-made disaster 79
Managing Diversity 182
Masern 34
Medinetz 121
Meditation 90
Medizin, traditionelle, Syndrome, kulturspezifische 107
Mehrpersonensetting, familiäres 146
Menschen, ältere 151
Menschenrechte 27
Menschenrechtsverletzung, schwere, Therapie 65
Mentalisierungsfähigkeit 91
Migrant(in)
– Akkulturation 142
– Familiendynamik, Faktoren 143
– Risikofaktoren 142
– Sonnenberger Leitlinien 47
Migrationsanpassung, Stressoren 37
Migrationsbewegung 20
Migrationsforschung, Familie 142
Migrationsgeschichte, Therapie 55
Minderheitenstress 143
Minderjähriger, unbegleiteter, Beziehungserleben 134
Mindfulness-based Stress Reduction (MBSR) 90
Minor Depressive Syndrome 39

Missbrauch 186
Modell zur kultur- und machtsensiblen Therapiebeziehung 56–57
Monotraumatisierung 74
Motivationsanalyse 109

N

Narrative Expositionstherapie (NET) 92
Narrative Traumatherapie 102
New Yorker Erklärung 19
Niedergeschlagenheit 80
Niederlassungserlaubnis 25, 161
Non-Refoulment-Gebot 17, 19
Non-Suizid-Versprechen 124
Non-Suizid-Vertrag 121

O

Online-Hilfe, Flüchtinge/belastete Helfer 200
Opferentschädigungsgesetz (OEG) 68
Organisationskultur 182
Organmetapher 60

P

Panikstörung 39, 80–81
Parasiten 34
Parentifizierung 143
Persönlichkeitsveränderung nach Extrembelastung 76, 168
Phobie, soziale 39
Phobische Störung 80
Post-Migrations-Stress 79
Post-Vietnam-Syndrom 76
Postmigrationsstressoren 36, 39
Professional quality of life scale, Compassion satisfaction and fatigue subscales 178
Prozess, isomorpher 183
Psychische komorbide Störung, Fragebögen 191, 193
Psychodynamisch Imaginative Trauma Therapie (PITT) 91
Psychoedukation 111, 124
Psychose, Rassismuserfahrung 62
Psychotherapeut(in), muttersprachlich arbeitende 70
Psychotherapie 45, 65
– Anspruch 26
– Behandlungskapazitäten 30
– Belastung, gegenwärtige 57
– Erwartungen 105–106
– Erwartungshaltung, hohe 64

– Finanzierung 96
– Flüchtling, junger 135
– Hilfebedarf 58
– Inanspruchnahme, Barrieren 65–66
– Kinder, unbegleitete 136–138
– Mitarbeitende 66
– Rahmenbdingungen, interkulturelle 96
– Rahmenbedingungen, Umsetzung 68
– Sprachbarriere 46
– Symptome, körperliche 60
– Überlebensmodus 57
– Versorgungsstruktur 30
– Zugang, erschwerter 56
– Zusammenarbeit, Motivation 61

R

Rassismus, unbewusster 61–63
Raum, sicherer therapeutischer 128
Realitätsorientierung 125
Realitätstherapie 163
Reframing-Prozess 124
– hilfreicher 115
Reinigungsritual 148
Religiosität 123
Resilienz 80
Ressourcen
– Erfassung 122
– interpersonelle/individuelle 116
– psychische, Erfassung 193
Ressourcenorientierung 139
Ressourcenorientierung, Flüchtlingsfamilie 147
Retraumatisierung 36
Rezidivierende depressive Störung 80
Richtlinien, verpflichtende 184
Rituale 148

S

Salutogenese-Konzept 80
Schamkultur 111
Schlafstörung 81
Schmerzstörung, anhaltende somatoforme 78
Schmerzsyndrome 39
Schutzbedarf, besonderer 157
Schutzberechtigte, subsidiäre 25
Schutzquoten 25
Schutzstatus 161
Schweigen 145

Sachverzeichnis

Sekundärtraumatisierung 175–176
- Studien 178–179
Selbstfürsorge 181, 188–189
Selbstfürsorge- und Schutzverhalten 58
Selbstwertstabilisierung 121
Selbstwirksamkeit 57
Selbstwirksamkeitserwartung 80
Sexualität 111, 186
shell shock-disease 76
Skills-Training 90
Solidarität, innereuropäische 18
Somatic Experiencing (SE) 89, 93
Somatisierung 60
Somatoforme Störung 81
Sonnenberger Leitlinien 47
Sozialarbeiter(innen) 157
Sozialberatung, allgemeine 157
Soziale Arbeit 156
- Asylverfahren 159
- Aufgaben, besondere 159
- Aufgaben, grundständige 157–158
- Aufgaben, mandatswidrige 162
- Ehrenamtliche 162
- Empowerment 161
- Geflüchteter, traumatisierter 160
- Psychotherapie, Schnittstellen 162
- Rahmenbedingungen 156
- Vernetzung 163
- Versorgung, medizinische 158
- Zugangsregelung 156
Sprach- und Integrationsmittler(in) (SIM) 69
Sprachbarriere 46, 69
- Bewältigung 47
Sprachkompetenz bei Trauma 58
Sprachmittler(in)
- geschulte 58
- professionell ausgebildete 69
Sprachmittlung, Finanzierung 69
Statusverlust, erlebter 160
Stellungnahmen, Standards 126
Stereotypen, kulturelle, unbewusste 61–63
Stress-Symptome, Fragebogen 192
Substanzmissbrauch 40
Suchterkrankung 40

Suizidalität 40, 80
- Kinder 41
Supervision 188–189
- begleitende 181
- Definition 182
- Formen 183
- Inhalte 184–185
- Themen 184–185
- Trauer 186
Syrien-Konflikt 15
- Anrainerstaaten 21
- Fluchtbewegungen 20
Systemische Therapie 45

T

Tagesstruktur, stabilisierende 124
Teambildung 183
Teamstruktur, interkulturelle 67
Teamsupervision 183
- Haltung, einheitliche 184
- Sexualität, Wissen, kulturelles 186
Terror, Definition 76
Therapeut(in), Belastungen, besondere 175
Therapeutenrolle 66
Therapeutisierung 182
Therapie
- aufsuchende 149
- interkulturelle, Mentalität 55
- interkulturelle, Stolpersteine 54–55
- kultur- und machtsensible 56–57
Therapie, psychiatrisch-psychotherapeutische, Hintergrundinformationen 47
Therapiebeziehung 53–54
- Empathie eigene, fehlende 60
Therapiefähigkeit 54
Therapiemanuale, fremdsprachige 67
Top Ten Herkunftsländer, Asylbewerber 24
Trauerritual 122
Trauma 73
- Aspekte, subjektive 73–74
- Belastungsstörung, posttraumatische 74
- Definition 73–74
- Identifikation, Therapeut 61
- Kinder, Entwicklungslinie 138
- kollektives 108

- Kommunikationsformen 146
- Nachfolgegeneration, Auswirkungen 146
- Nachweis, fehlender 170
- soziokulturelles 145
Trauma-Ambulanz 67
Traumabearbeitung, konfrontative 86
Traumafolgen, Kinder, unbegleitete 135
Traumafolgestörung 30, 73–75
- Anamneseerhebung 81–82
- Diagnostik 81
- Fragebögen 189–190
- Gesamtbehandlungsplan 87
- Interviews 189–190
- Komorbidität, psychische 80
- körperliche 33
- Methoden 88
- Prädiktoren 79
- Schutzfaktoren 80
- Suizidrisiko 114
- Therapie 86–87
- Therapie, körperbasierte 89
- Versorgung, psychiatrische 28
Traumakonfrontation 102
Traumatherapie
- Bausteine, kulturspezifische 111
- Imaginationsübungen 90
- kognitiv-behaviorale 88
- konfrontationsbasierte 91
- leitliniengerechte konfrontative 87
- Methoden, körperorientierte 93
- Methoden, narrative 92
- narrative 102
- psychodynamische 88
- Ressourcenaktivierung 89
- Skills-Training 90
- Stabilisierungstechniken 89
- Stabilisierungsübungen, achtsamkeitsbasierte 90
- Studien 94–95
- Therapie, psychodynamische Methoden 90
Traumatisierung 73
- intendierte 77
- multiple 74
- sekundäre 175–176
- sekundäre, Erfassung 193
- sekundäre, Fragebogen 177
- sekundäre, Supervision 181
- sequenzielle 135
Tripelmandat 156
TSI Belief Scale 178
Tuberkulose 34

U

Überflutung, affektive 170
Übersetzer(in), Kongruenz, sprachliche, Validität 45–46
Übersetzungsgespräch 50
Überweisung, Flüchtlingsfamilie 147
Umfeld, soziales, Krise 126
Unfallversicherung, gesetzliche, Sachverständigen-Gutachter(innen) 200
UNHCR, Unterstützung, finanzielle 16
Unterbringung, Stressquellen 158

V

Veränderungskrise 117
Verantwortung, familiäre 123
Vergewaltigung 78
Verhörsituation, Übertragung 168
Versorgung
- medizinische, Zugang 96
- psychiatrisch-psychotherapeutische, Leitlinien 47
- psychiatrische 28
Versorgungsstrukturen, Kontakte 125
Verständigung, Sprachbarrieren 69
Vertriebene, Hauptzielländer 20
Vicarious traumatization 177
- Fragebogen 178
Volljährigkeit 132
Vollstreckungshindernis, inlandsbezogenes 172
Vormund 134
Vorsorgeprogramm, kinderärztliches 35

W

Wahrnehmungsverzerrung, traumaspezifische 118
Westbalkanländer 22–23
Windpocken 34

Y

Yoga 89–90

Z

Züchtigung, körperliche 185